U0909785

中国国际战略评论 2017

CHINA INTERNATIONAL STRATEGY REVIEW

世界知识出版社

卷首语

《中国国际战略评论》的编辑单位是内设于北京大学国际关系学院的实体科研机构——北京大学国际战略研究院（网站 www.iiss.pku.edu.cn）。自2008年创刊以来，我们以年度报告的形式，一直在跟踪、分析、评论国际战略形势发生的重大变化。现在献给读者的是第十个报告。在中国外文出版发行事业局和外文出版社的支持下，自2012年开始，《评论》还出版英文版（*China International Strategy Review*），为海外读者了解我们的观点和研究现状打开一个窗口。可喜的是，《评论》中英文版都获得了读者一定的认可度，使我们有信心将这个系列年度报告办得更好。

2016至2017年可能标志着世界政治的一个历史转折点。2016年英国通过公民投票决定脱离欧盟，美国选出了原为房地产富商的唐纳德·特朗普为总统。这两个出人意料的事件，反映了英美两国公众对现存政治建制和收入分配不公的强烈不满。近年来"强人政治"在许多国家复苏，大国间地缘政治、地缘经济竞争日趋激烈，其根源是全球政治、经济、社会的深刻变化。从积极、进步的方面看，大规模国际战争的危险仍然不大，同几十年前相比的人类暴力行为更加可控，世界大体上是和平的；世界经济发展虽然放缓，但财富仍在不断积累，人工智能等技术进步继续推动着创新，人类平均寿命越来越长。从消极、退步的方面看，世界范围内经济和社会发展失衡的现象愈发严重，地球生态环境继续恶化；无论采取的是哪种政治体制，各国都普遍出现了贫富悬殊加大的趋势，人们对公正缺失、社会不平等的现象越来越不满。世界各地的民粹主义思潮上涨，同诿过于外的民族主义相互呼应，相互渗透，形成对各国政治精英、知识精英的强大压力。美国等西方国家在后冷战时代倡导的"自由主义国际秩序"受到严重挑战，而国际新秩序的轮廓还没有出现在地平线上。

这一历史转折时期呼唤着国际战略家和相关领域的学者拓宽视野，对全球政治、经济、社会的重大变化做出及时而准确的判断。本卷《评论》刊载了中国、英国、俄罗斯、美国、日本、挪威、加拿大、新加坡、印尼等国专家学者的30篇评论，内容涵盖了当前国际上普遍关注的重大现实问题和中国对外关系问题。这份年度报告的时效性、深度、广度和总体质量，均比前几期有所提高。年度报告的编辑队伍也有所加强。

我们认真编写这个系列报告，志在广开言路，为战略研究提供更丰富的观点、更深刻的分析。期待读者继续给予支持和指正。

王缉思

2017年7月

目　录

特　稿

戴秉国在第二十六届海峡两岸关系学术研讨会开幕式上的致辞

戴秉国

很高兴出席第二十六届海峡两岸关系学术研讨会。首先，我代表此次会议的主办单位全国台湾研究会、中华全国台湾同胞联谊会和中国社会科学院台湾研究所，对来自大陆、台湾及港澳地区的各位代表和媒体朋友表示热烈欢迎和诚挚问候，对山西省有关单位对本次研讨会提供的大力支持和帮助表示衷心感谢！

海峡两岸关系学术研讨会自举办以来，始终坚持“加强学术对话、增进彼此友谊、推动两岸合作、促进国家统一”的大方向，汇聚与会专家学者智慧，为推动两岸关系和平发展建言献策发挥了重要的积极作用。

本届研讨会以“推动两岸融合，维护和平基础”为主题，围绕民进党重新执政后两岸关系发展面临的新形势与新挑战，推进两岸经济社会融合发展，加强两岸基层和青年交流等问题进行探讨，对维护两岸关系和平发展具有积极意义。希望各位专家学者以“两岸一家亲”为本，以民族大义为重，以两岸同胞福祉为念，共谋两岸融合发展之策。我们期待各位专家学者畅所欲言，发表真知灼见！

各位嘉宾、朋友们！

今年是两岸同胞打破隔绝状态、开启民间交流的第30年。30年来，两岸同胞携手努力，共同促进交流合作。特别是2008年以来，两岸关系在“九二共识”的基础上取得丰硕成果，两岸形成大交流、大合作、大发展的格局，增进了同胞亲情和福祉。但去年5月以来，两岸关系发展面临严峻挑战，两岸各领域的交流合作受到不同程度的影响，两岸同胞共同创造的、得来不易的和平发展成果受到

戴秉国　原国务委员，北京大学国际战略研究院名誉院长。本文为作者于2016年7月1日在第二十六届海峡两岸关系学术研讨会（山西太原）的演讲，已取得作者授权于本刊发表。

严重冲击。造成这一局面的根源是什么？是民进党当局拒不承认“九二共识”，不认同两岸同属一中的核心意涵，破坏了两岸互动的政治基础。一年来，民进党当局干了些什么呢？它顽固坚持“台独”立场，推行“亲美日、远大陆、转南向”为内涵的政经战略，阻挠两岸交流合作，削弱两岸经济联系，强化两岸对抗，煽动民意对立。民进党当局还利用执政资源，在岛内大力推动“去中国化”，建构“台独”框架和体系。最近，台当局修改岛内历史课纲，荒唐地将中国史放入东亚史，企图强行向岛内青年学生灌输“台独史观”，妄想着将青年一代培养成所谓“天然独”，进一步磨灭台湾同胞的中华民族意识。其口口声声称“维护两岸关系现状”“尽了最大善意”，这究竟是“维护现状”还是“改变现状”？究竟是“尽了善意”还是蓄意“煽动敌意”？

民进党当局这种不顾两岸民众利益福祉、损害中华民族根本利益、挑战包括台湾同胞在内的全体中国人认知底线的做法，与两岸同胞的愿望、与国际社会加强与大陆合作的大势背道而驰，是得不到民心、最终会被抛弃的。我看岛内很多民调，包括色彩偏绿机构的民调都显示，认为民进党上台后两岸关系变差，变差责任在民进党，有意愿到大陆发展的民众比例，都在五成以上。

还需特别指出的是，民进党上台以来，企图强化美台（台湾地区）实质关系，这方面可谓动作不断。美国方面也借机大打“台湾牌”，通过对台军售方案，甚至准备为其驻台机构“加派海军陆战队警卫”。近日美国国会又抛出所谓“美舰停台”相关法案。在此，我要告诫美方务必认识问题的严重性。如果美国找借口以这样那样的形式恢复在台驻军，美舰真的重新停靠台湾港口，就是公然违背中国建交的“断交”“废约”“撤军”三原则，打破作为“中美关系基础”的三个联合公报的承诺，必将严重威胁和平与中美关系健康稳定发展。中国坚决反对台湾与美国进行任何形式的官方往来和军事联系，坚决反对美国以任何借口向台湾出售武器、在台驻军，坚决反对美国开历史倒车。我们希望并愿意相信美国方面会以中美大局为重，及时纠正错误，更不要犯历史性错误；也再次奉劝民进党当局不要“挟洋自重”，以免“自食其果”。

谁都清楚的是，自去年岛内政局发生重大变化以来，大陆坚持对台大政方针不改变，继续积极推动两岸人员往来，促进两岸民间交流合作，认真倾听台湾同胞意见建议，陆续出台一系列便民、惠民政策措施，为台湾同胞在大陆营造更好的学习环境，创造更多的工作机会，提供更多的生活便利和社会保障，使他们逐渐能享受与大陆居民基本相同的待遇。这些政策真正回应了台湾同胞的诉求，得到广泛认可，台湾同胞到大陆学习、就业、创业、生活的意愿不断提高。我们对两岸关系发展的前景是有信心、有耐心的。

各位嘉宾、朋友们！

今天我们相聚在一起，就是要“寻道”。寻什么道呢？寻维护和平基础、推动两岸融合、促进两岸和平发展行稳致远之道。在此，我提三点意见。

一是坚持“九二共识”，反对“台独”政治基础。“九二共识”的核心意涵是两岸同属一个中国，不是“两个中国”“一中一台”。它清晰界定了两岸关系的性质，成为两岸关系和平发展的“定海神针”。民进党当局不仅不承认“九二共识”，反而推进“台独”进程，很显然这是单方面改变两岸关系的现状，没有诚意走和平发展的道路。

“台独”势力及其分裂活动是台海和平稳定和两岸关系和平发展最大的威胁。习近平总书记去年在纪念孙中山先生诞辰150周年的讲话中强调，“绝不允许任何人、任何组织、任何政党、在任何时候、以任何形式、把任何一块中国领土从中国分裂出去”，再次清晰表明了大陆反对任何形式的“台独”分裂行径的坚决态度，既包括激进的“法理台独”，也包括渐进的“柔性台独”。

我们希望台湾当局务必看清大势，以增进两岸同胞福祉为念，正确回应两岸同胞对两岸关系和平发展的期待，改变“台独”立场，停止各种形式的“台独”行为，回到“九二共识”共同政治基础的正道上来。邪道、黑道是走不通的，是绝对没有前途的。如若不信，历史巨人迟早会站出来做证明的。

二是进一步提升两岸经济合作水平，厚植两岸共同利益。两岸同胞是命运与共的骨肉兄弟，是血浓于水的一家人，这是任何人都无法改变的。为两岸同胞谋福祉、共同创造所有中国人的幸福生活与美好未来，始终是大陆发展两岸关系的着眼点和落脚点。我们愿意首先同广大台湾同胞分享大陆发展机遇，努力扩大两岸经济合作的社会效益，增强两岸同胞的受益面和获得感。大陆将积极为广大台湾同胞提供更多施展才华、实现抱负的舞台，将继续为台商提供更公平、开放的市场环境，欢迎台商以适当方式参与“一带一路”建设。

三是进一步扩大两岸同胞交流往来，深化两岸社会融合发展。融合发展是深化两岸交流合作、推动两岸关系和平发展、增进同胞亲情的有效途径。两岸同胞应从“两岸一家亲”理念出发，以融合加强彼此的了解和理解，以融合增进对两岸关系的正确认识，以融合增加对中华文明文化的认同，以融合推进两岸关系健康和平发展。深化融合发展，需要我们不断创新交流方式，引导广大台湾同胞，特别是青年朋友参与到两岸关系和平发展进程中来，需要我们进一步加强两岸文化精神纽带，需要我们携手克服困难，创造并维护好两岸共同家园。我们热忱欢迎台湾同胞加入，共同为实现“两个一百年”奋斗目标、为中华民族伟大复兴贡献力量。

“青松寒不落，碧海阔愈澄”。两岸交流30年的发展历程告诉我们，要交流、要合作、要发展是两岸同胞的共同愿望，是两岸关系不可逆转的历史潮流，打开的大门是关不上的。当前两岸虽经历风雨，但两岸同胞迎难而上、共同推动两岸关系和平发展的意志将更加坚定，两岸经济社会融合之路将更加开阔。

特　稿

英国与伊拉克战争中的武力使用：学术与政策思考

[英] 亚当·罗伯茨

内容提要：英国在伊拉克战争中的武力使用揭示了一些具有普遍意义的问题。从英国学界与政策界的不同视角观察，战略考虑与法律考虑的差异、国家诉诸战争的权利、国际法在战争中的适用，以及联合国决议的“持续权威”问题都在国内政治和国际政治中造成影响。

关键词：武力使用　学术　政策　法律

伊拉克战争2003年打响。在很大程度上，这不是一个光芒四射的故事：武力使用从开始的短暂成功滑落到未曾预料的困境当中，并基本以失败告终。或许有人认为，往事应该被静静尘封，但我们知晓，失败中总能提取出真知灼见，尤其是在本场战争中，出现了引起普遍以及持久兴趣的问题。许多国家可能会感兴趣，包括中国。笔者想解答的中心问题很简单：首先，诸多英国学者对伊拉克战争的怀疑态度是否符合情理？其次，官方报告是否坐实了他们的猜测？最后，从对伊政策制定的许多失败案例中，我们得到何种教训，对今日又有什么启发？

这场战争深深得影响了英美两国对海外军事行动的认识。两国对特定形式的、活跃的国际干预主义的怀疑态度普遍上涨，这从2011年叙利亚内战伊始直至2016年12月阿勒颇市围困反叛分子等事件中两国在干预问题上的迟疑态度可见一斑：西方弱化为对悲剧冷眼旁观的角色。毫无疑问，时间的钟摆终有回荡的一刻：如果读者从本文中推导出英国已对海外军事行动丧失兴趣，那也将是不对的。与此同时，由于西方不愿在叙利亚采取行动，其他行为体就行动了，包括俄罗斯。

[英] 亚当·罗伯茨（Adam Roberts）爵士　英国剑桥大学国际关系荣誉教授。本文是作者2016年12月10日在北京大学国际战略研究中心演讲稿的修订版。

确实，2016年英美两国的政治地震：英国脱欧投票（2016年6月23日）与特朗普赢得总统选举（2016年11月8日），与一个事实有关：至少从2001年起，两国在海外的军事干预行动令人沮丧，包括2001年开始的阿富汗军事行动、2003年伊始的伊拉克行动以及2011年的利比亚行动。这些行动均未有明确结果。虽然介入这些事件并非造成英国脱欧和特朗普赢得选举的唯一原因，这两人也并未提出明确的替代性外交政策，他们仅仅展现出某种特定外交政策的粗糙原型，并在某些场合暗示会对俄罗斯采取更为柔和的态度，虽然没有指明任何细节。然而，这些政治竞选活动确实得益于英美两国人民对既存外交政策的普遍不满。

2003年伊拉克战争揭示了一些问题，这些问题在当代其他危机中亦有出现，包括与诉诸并使用武力的合法性相关的问题。对一个国家而言，在既非是言之确凿的自卫行为，亦不是经得联合国安理会明确授权行动的情况下，使用武力是否合法？以转换原有独裁政治制度为目标的现代军事占领是否能与规范这种行为的法律一致？

伊拉克系列事件还引发了几个问题，它们不仅与法律相关，还与战略研究和历史判断有关：对英美两国，以及其他一些国家而言，同时参与几个有难度的军事行动是否明智？继任英国政府是否高估了本国在转化与自身文化、政治和军事传统截然不同的社会一事上的能力？

伊拉克系列事件还引发了几个问题，它们不仅与法律相关，还与战略研究和历史判断有关。

本文取材于公开出版物，将对上文提及的事件展开法律、战略与历史层面的分析。三种途径均为国际关系学术研究的组成部分。同时囊括三种迥然不同的学术方法在智识上很有挑战性，然而，从不同的角度对同一事件进行分析有其好处。这种跨学科 / 多学科方法也是我身与其中的、牛津大学2003年设立的《变动中的战争特征》项目所强调的。[1]

伊拉克战争不仅仅给英美两国留下了教训，对其他国家也有意义，包括中国。并且，就当中的某些事件而言，这些经验教训不但与未来的单个国家或联盟军事行动相关，也会影响到管理某些任务复杂的联合国维和行动。

为何关注英国在伊拉克战争中的角色？与美国相比，无论是从军队数量、其他涉及人员、责任区还是整体效果来说，英国的规模要小上许多。确实，在2003年到2005年5月期间，英国军队数量只占联盟部队的5%。[2] 然而，英国的介入所引起的问题与许多联盟成员国相似；再加上数份格外详细、深入的官方分析报告都以英国在伊拉克战争中的角色为调查对象。其中有三份最为人知悉，

1 牛津大学“变动中的战争特征”Leverhulme 项目2004年1月开始，缘由是牛津大学2002年11月申请的Leverhulme 基金会的项目中标了。这项研究计划，虽然开始时间晚于2003年美国为首的联盟部队入侵伊拉克，但已然关注了一系列与军事干预有关的问题。该项目尚未结束。

2 *Stability Operations in Iraq (Op Telic 2-5): An Analysis from a Land Perspective*, Covering the Period May 2003 to 31 January 2005, p. 1. Available at http://operationtelic.co.uk/?page_id=66，2017年5月8日登录。

分别是2011年的《巴哈·穆萨公开调查报告》（针对英军对被拘留者的处理）、[1] 2014年由曾任英国伦敦高等法院法官福布斯爵士（Sir Thayne Forbes）主持的有关英军在伊拉克非法行为指控的《斯维迪调查报告》[2] 以及2016年由伊拉克战争调查委员会主席齐尔考特爵士（John Chilcot）主持发布的《齐尔考特报告》（又名《伊拉克战争报告》）。[3] 除此以外，英国陆军也对伊拉克战争中的行动及所得教训进行了内部分析，当中的一份报告由本·巴里（Ben Berry）执笔，报告内容的时间跨度为2005至2009年，给出了分外直白冷峻的结论。[4]

英国对2003年伊拉克战争的看法

英国公众舆论对战争的看法随着时间的变化而改变。战争前夕，在联合国安理会未有新授权以及未能充分证明伊拉克拥有大规模杀伤性武器的情况下，公众大体上对使用武力持反对意见。而在2003年3月20日战争伊始，曾经的反感转为多数支持，有约56% 的公众支持。4月10日，美军进入巴格达，英国舆论的支持率一度达到66% 的峰值，随后逐步滑落。随后，美军对伊拉克囚犯的虐待被公开，支持率进一步下降，自此反战的呼声持续高于支持的人群。有趣的是，调查显示，许多人对他们先前所站阵营的记忆出现了偏差。2015年6月，当被询问到战争开始之时有否支持英军对伊军事行动，仅37% 受访者给出了肯定的答案；事实上当初是有56% 的公众表示支持。[5]

与公众的态度相比，英国学界对2003年的军事介入持续地持批评态度；但这种评估多基于印象而非科学依据，并不能代表英国学界的统一意见。大部分从事学术研究的国际法律师认为，以美国为首的干预行动从法律上说并不正当。[6] 许多历史学家也对这次军事行动持反对意见：他们当中的一些对西方军事力量

---

1 Sir William Gage (chair), *The Baha Mousa Public Inquiry Report*, 3 Vols., September 2011 (HC 1452-1), available at http://webarchive.nationalarchives.gov.uk/20120215203912/http://www.bahamousainquiry.org/report/index.htm, 2017年5月8日登录。

2 *Report of the Public Inquiry into Allegations of Unlawful Killing and Ill-treatment of Iraqi Nationals by British Troops in Iraq in 2004 (Al-Sweady Inquiry)*, 2 Vols., December 2014 (HC 819). Available at https://www.gov.uk/government/publications/al-sweady-inquiry-report，2017年5月8日登录。

3 Sir John Chilcot (chair), *The Report of the Iraq Inquiry*, 12 Vols., July 2016 (HC 264), available at http://www.iraqinquiry.org.uk/the-report/，2017年5月8日登录。

4 Sir John Chilcot (chair), *The Report of the Iraq Inquiry*, 12 Vols., July 2016 (HC 264), available at http://www.iraqinquiry.org.uk/the-report/，2017年5月8日登录。

5 YouGov polls conducted in UK between 2001 and June 2015. For the full Iraq tracker and full poll results, see https://yougov.co.uk/news/2015/06/03/remembering-iraq/，2017年5月8日登录。Of course some of those polled in 2003 will have died by 2015, but that cannot alone explain the discrepancy between the figures.

6 See e.g. letter from sixteen teachers of international law, *The Guardian,* London, posted 7 March 2003, https://www.theguardian.com/politics/2003/mar/07/highereducation.iraq，2017年5月8日登录。

与（尤其是中东地区的）本土族群之间互动的结果总体上持怀疑态度，而另一些则明确意识到1921到1932年期间英国在国联授权下介入伊拉克经历的重重困难与限制，他们完全有理由怀疑21世纪是否就能够做得更好。在2003年的介入以前，英国《卫报》发表了12名知名史学家的不同意见，有八位反对，两位支持。[1] 支持者的名单还可以更长，包括尼尔·弗格森教授，他是一名从不畏惧争议的杰出历史学家。

我在这些事情上所起的作用有限，但我在此表明自己的立场，是想帮助读者了解本人的立场，并可随之做出判断，判断本人是否有偏见、浅薄或者更糟糕。2001年到2015年间，笔者数次向官方机构递交正式文件，并在文件当中阐述了对英国反恐战争的官方信条以及武力介入伊拉克的批判，此处不赘述。[2] 这些努力成果甚微：议会委员会倾向以礼待之，邀请学者提供证据，讨论一些不错的问题，并在报告中提及递交的文件；但政府政策因此类交流而做出改变的情况极少。笔者的角色并不重要——许多英国学者在这当中扮演了更为重要的角色。

笔者绝非全盘反对所有的武力，也非反对所有的对外军事干预或是反恐行动。"9·11" 事件发生后，笔者对自2001年10月7日起、由美国发起的阿富汗军事行动表示支持，但对随后从结构上调整阿富汗宪政体系乃至阿富汗全社会的雄心勃勃的计划存有疑虑。此外，笔者也支持2015年开始的英国反"伊斯兰国"行动。

与美国不同的是，在英国，官方并未将2003年的伊拉克入侵事件视作应对国际恐怖主义行为的范例。实际上，正如《齐尔考特报告》中写道，"托尼·布莱尔鼓励布什总统将伊拉克事件置于'9·11'袭击后打击恐怖主义的宏大战略语境中"。[3] 伊拉克战争的一个关键时间点是2002年7月，当时，英国政府把"9·11"恐怖袭击以来的新态势纳入政策考量之中，发布了防务政策的"新章节"。[4] 这一文件因之后爆发的伊拉克战争而受到持续关注，显得意义重大，它预示了新一轮的干涉主义，低估了控制一个遥远而分裂的国度的难度，更不用说使其转型了。

2002年10月28日，笔者在一份备忘录中写下对"新章节"的些许批评，特别指出英国把"消除作为国际事务中的一种力量的恐怖主义"作为政策目标是危险的。批评集中在两个方面：首先，消除恐怖主义之难是众所周知的；并且，假设"消除"是目标，那么但凡有新的恐怖主义事件发生，都会是恐怖主义者的又

1 Matt Seaton, "Blast from the Past", *The Guardian*, posted 19 February 2003. Available at https://www.theguardian.com/world/2003/feb/19/iraq.artsandhumanities，2017年5月8日登录。

2 Most of my submissions are mentioned on my web page at the Department of Politics and International Relations at Oxford University: http://www.politics.ox.ac.uk/associates/adam-roberts.html，2017年5月8日登录。

3 Chilcot Report, Executive Summary, paragraph 54.

4 Chilcot Report, Executive Summary, paragraph 54.

一次胜利。这是笔者向下议院国防委员会递交的其中一份材料。2003年5月，委员会报告了这些问题，大致接受英国拓宽防务责任范围的政策，彼时英军在伊拉克的军事干预就表现不佳。[1]

在递交给委员会的备忘录中，笔者还对“经验显示，御敌于国门之外是更好的策略”一句提出批评：“尽管这一论据很有吸引力，但却存在两点重大局限。”

首先，这句话提出了一个错误的选择。无论在本土之外作战多么有利，都无法替代防御性反恐和打击恐怖主义。“9·11”事件前，美国机场安保措施之松散就是个好例子。

再者，回溯历史，反恐或是游击战都不支持这般确定的结论。事实上，许多反恐行动都只用有限的能力、意愿就在远方地域取得过成功。1948年后，英军在英属马来半岛与当地共产主义游击力量进行抗衡，尽管地理因素有所制约，英军的力量并未受到削弱。类似的，英军在北爱尔兰的行动也受到某些明显且重要的法律、政治及地理因素的制约：英国军队未对爱尔兰共和国展开军事行动，即使临时爱尔兰共和军发动了一些袭击。

在2002年10月的备忘录中，笔者就当前英国模式所存在的问题做了进一步论证：一些以打击恐怖袭击源头的反恐行动以灾难告终。1914年“萨拉热窝事件”如同捅开恐怖主义的马蜂窝，引发了第一次世界大战，并直接导致奥匈帝国哈布斯堡王朝的溃败。在同一份备忘录中，笔者还提到，1982年以色列入侵黎巴嫩同样能被归到这类结局不堪的反恐行动中去。

《齐尔考特报告的裁定》

2016年7月6日，由伊拉克战争调查委员会主席齐尔考特爵士主持发布了《齐尔考特报告》。这份报告主要调查了2001年至2009年间英国在伊拉克的所作所为。这份长达12卷的报告强烈批评在缺乏适当的情报、内阁讨论以及战后计划的情况下对伊拉克采取武力的决策。这些结论广受英国社会认可，包括英国政府，并无疑将对政策的制定过程产生影响。齐尔考特报告在详细解释军事占领阶段计划缺失方面开创了先河，并明确指出战前所采取的遏制策略应当被延续。

就英国派兵前往伊拉克的决定是否符合国际法规定进行判断，并非《齐尔考特报告》的任务。不过，《齐尔考特报告》认为，政府判断使用武力是否合法的过程令人不满。齐尔考特爵士批评前总检察长戈德·史密斯勋爵（Lord Goldsmith）于2003年2月与原白宫法律顾问约翰·贝林格（John Bellinger）见面

1 The House of Commons Defence Committee's report on *A New Chapter to the Strategic Defence Review* was published on 15 May 2003 (HC 93 I and II). It included my memorandum of 28 October 2002 and much other evidence. Available at http://www.publications.parliament.uk/pa/cm200203/cmselect/cmdfence/93/9302.htm, 2017年5月8日登录。

后转变了态度。

这份报告出版后，不少人认为应起诉伊拉克入侵时期担任英国首相的托尼·布莱尔（Tony Blair）。彼时，布莱尔对小布什总统在伊拉克问题上秘密且无条件支持的承诺（在2002年7月28日的文件中提到）是这位前首相后来被诟病的一大原因。2016年11月30日，英国下议院就是否对托尼·布莱尔向国会及民众提供误导性信息的行为（尤其在其于2003年3月18日在下议院做的演讲中）做进一步调查发起动议辩论，该动议以429票对70票被驳回。当许多人和事都与战争的发生息息相关时，只责怪其中一人是不对的——在重大公共事故发生之后，人们常常会产生这样的强烈想法。[1]

国际法应用于21世纪军事行动所遇到的问题

在深入讨论伊拉克战争中特定的国际法问题前，需要先了解一下背景。在21世纪的武装冲突中，国际法的作用一直是复杂的、有争议性的，在某些事件中甚至是无效的。有些时候，国际法本身就是冲突爆发及其解决的链条中的一环。原因很简单：国际法给各个政府施加了包括军备控制、人权、保育渔业资源在内的上百种义务，这些义务恰恰成为当代国际秩序的关键部分。这不可避免地导致在规范被违反之时使用武力的压力。

在21世纪的武装冲突中，国际法的作用一直是复杂的、有争议性的，在某些事件中甚至是无效的。

大量例子证实，国家会以维护国际法原则的理由使用武力，或者在自卫权的解释并不那么过硬情况下使用武力。即使是那些最为宣扬多边主义的国家在有些时候也会以自卫之类的名义来使用武力。例如，1995年3月9日，加拿大和西班牙之间发生了一次“比目鱼战争（The Turbot War）”，加拿大巡逻船在该国专属经济区约20海里外扣押了一艘名为“埃斯泰（Estai）”号的 西班牙拖网渔船，称其过度捕鱼的行为违反了北大西洋渔业组织（NAFO）规定的配额及渔网尺寸。欧盟渔业长官艾玛·博尼诺（Emma Bonino）强烈谴责加拿大这种仿若“有组织海盗行为”的武力举动。还有许多其他的欧盟国家支持西班牙，但英国与爱尔兰则站在加拿大一边。数据显示，“埃斯泰”号船上捕获的鱼中有70%—80% 尺寸过小或属于受保护群体，因此，这样的捕捞是非法的。这场纷争导致了一份全新的国际渔业管理协定的出台。很大程度上，因为加拿大的行为符合北大西洋渔业组织的规定，并且拥有多边合作框架，我们并未观察到公众对加拿大的愤懑与有效的指控。1998年12月4日，联合国国际法院声明，法庭无权对由西班牙在1995年提出的诉讼进行宣判。2005年7月26日，加拿大联邦法庭判决，加拿大

1 下议院2016年11月30日关于奇尔考特报告和议会责任的质询见https://hansard.parliament.uk/commons/2016-11-30/debates/16113047000001/ChilcotInquiryAndParliamentaryAccountability，2017年5月8日登录。

扣押“埃斯泰”号的事实未构成非法行为。[1]

人道主义干预作为一种由一个或多个国家参与的、对另一国家采取的、未征得对象国当局同意的，意在预防居民大幅伤亡的武力胁迫行为，是以法之名采取武力行动的一个显著例子。在国际关系中，判断人道主义干预是否公正向来是一道难题。而且越来越难，因为1945年以来，有两套法律体系取得了飞速的进展：一是包含了战争法在内的人权及人道主义规范，二是限制以自卫或联合国安理会授权为由使用武力的法律。

这两套法律体系在以达到人道主义目的为由的军事干预中时有冲突。北约成员国感到，他们1999年在科索沃镇压塞尔维亚人的行为是公正的，然而，并未有任何迹象表明它为一项可广泛接受的信条开设了先例。中俄两国从事发至今一直对北约的行动持批判态度。要找到一种普遍接受的方法使这两套法律决一胜负，是不可能的。

“保护的责任（R2P）”学说只能部分解决这个问题，其影响力十分有限。“保护的责任”被2005年9月联合国大会首脑会议接纳，它考虑到了强制干预别国的人道主义根据，但只有在联合国安理会的同意以及相关区域组织的协作下，这种干预的根据方能成立。[2]“保护的责任”学说在叙利亚深陷麻烦——西方国家甚至在极为严重的情景下仍不情愿出手行动，令这个学说显得格外苍白无力。更糟糕的是，该学说鼓励部分叙利亚反政府力量对国外军事援助产生期待，然而紧随期待的，是希望落空后的苦涩。

总体来说，国际法有时对既存纷争起加速激化的作用，又或者造成新的纷争；它对自我正义和国际误解都有影响。大西洋两岸在国际刑事法庭的分歧，以及美国拒绝参与其他一些条约都是实例。国际法的执行往往是选择性的，因而不可避免地被打上“双重标准”的标签。这种指控在南北关系中尤为显著，因为人们认为国际刑事法庭对待非洲国家不公正。2016年下半年，非洲三国布隆迪、冈比亚和纳米比亚开始退出该体系。

在围绕入侵和占领伊拉克的辩论中，国际法成为一个大问题。对于诉诸战争权（jus ad bellum）和战时法（jus in bello）当中“违法”一词的认知，从四个方面否定联盟的军事行动。

在围绕入侵和占领伊拉克的辩论中，国际法成为一个大问题。对于诉诸战争权（jus ad bellum）和战时法（jus in bello）当中“违法”一词的认知，从四个方面否定联盟的军事行动：一是在伊拉克内部，一些逊尼派穆斯林派别及其武

---

1 *Keesings Record of World Events 1995*, pp. 40447-40448; British Sea Fishing website, “The Turbot War”, http://britishseafishing.co.uk/the-turbot-war/; ICJ Judgment of 4 December 1998, http://www.icj-cij.org/docket/files/96/7533.pdf; and “Court Backs Canada’s Seizure of Trawler During ‘Turbot War’”, CBC News, Canada, http://www.cbc.ca/news/canada/court-backs-canada-s-seizure-of-trawler-during-turbot-war-1.533565，2017年5月8日登录。

2 “2005 World Summit Outcome” (16 September 2005), UN doc. A/RES/60/1 of 24 October 2005, Article 139.

装力量声称他们是在反抗"违法"占领；二是一向批评美国的国家，包括中国；三是在英美两国，舆论对事件的批评加深；四是在其他国家，人们对占领行动存在法律及其他方面的疑虑，比如，即使在2003年10月联合国安理会将联盟行动更名为伊拉克行动多国部队（Multinational Force Iraq）后，这部分人仍不太愿意向伊拉克派遣军队。[1]

伊拉克战争中的国际法问题：诉诸战争权

如上所述，2003年3月开始的、由美国领导的对伊干预在使用武力的合法性上提出了两种问题。第一种即诉诸战争权（jus ad bellum），是指与国家合法使用武力相关的那些法律。律师们常常指出，联合国宪章有明晰的条件：国家只有在受到攻击需要自我防卫的情况下，又或是在联合国安理会的明确授权下方可使用武力。作为讨论的起点，这种观点很有价值，但在实际运用当中却过于简单。

2003年的这场入侵行动以不同的形式提出了下述问题：曾获安理会授权进行干预的国家可否在新一轮决议出台前继续持有开展军事行动的资格？"持续权威"的概念并不是空泛的原则问题，它很有可能再次出现。伊拉克战争的问题来自三方面。首先，对关于宣称伊拉克拥有大规模杀伤性武器库存的情报，英美两国及其同盟国家有所曲解；其次，这些国家并未意识到：至少在最初，应该由安理会而非国家个体来决定授权是否重新生效；[2] 最后，英美两国都依仗了"持续权威"的说辞开展更为激烈的军事行动，入侵并占领了整个伊拉克，这与联合国安理会在此之前授权的范围并不相符。以上三点构成了一种广为传扬的认知：美国领衔的这次行动不仅在构想和计划上失分连连，在国际法层面更是背道而驰。

战时法：战争法的应用

第二项法律问题与战时法（jus in bello），即传统上被称作战争法、如今常以国际人道主义法为名的法律有关。战时法起调整武装冲突、军事占领下交战各方行为的作用。战争法不时面临一些惊人的政策失误。笔者讨论两点已被长期接受的战时法原则：一是军事占领的管理，二是战囚与被拘留者的处理。

英美两国在制订占领伊拉克计划上的失败，是艰难的处境与错误的信念合成的结果。

英美两国在制订占领伊拉克计划上的失败，是艰难的处境与错误的信念合成的结果。在英国外交与联邦事务部，尤

1 UN Security Council resolution 1511 of 16 October 2003.

2 Sir Michael Wood, who was the FCO Legal Adviser from 1999 to 2006, and who considered that the use of force against Iraq in March 2003 was contrary to international law, emphasized the Security Council's responsibility in this matter in his Statement to the Iraq Inquiry, 15 January 2010, paragraphs 11 and 15.

其是法律顾问办公室当中，一些官员确实注意到这一法律的重要性。[1] 另外，比起如何统治伊拉克这种难以解答的大问题，另一部分人更关注细枝末节。[2]《齐尔考特报告》显示，英国政府并未搞清楚这些问题。[3] 同时，在美国，对与占领相关的法律是否与目前的任务相关的怀疑，是制订严谨计划所遭遇到的许多问题之一。前美国国防部副部长保罗·沃尔福威茨（Paul Wolfowitz）对于预态度十分积极，并低估了这一方案的重要性。在2003年2月，也就是军事行动开展前不久，他说道："我们并非在谈占领伊拉克；我们在讨论解放伊拉克……因此，当前政权瓦解之时，我们作为解放者，毫无疑问将会受到伊拉克民众的欢迎。"[4] 这是革命性入侵者们乐观心态的一个典型例子。当然，英美两国有资格担心的是，与占领有关的国际法条例是基于一个大前提之下的，那就是被占领国家的法律和政治体系必须被尽可能地保留。这一核心要义，至少在表面上，是很难与入侵的主要目标（尤其对美国而言）——改变伊拉克的政府体制达成一致的。两国在及时、连贯地处理好占领相关法律问题上的失败，仅是失败的占领阶段计划的一部分。

另一个旗鼓相当的失败例子与处理战后囚犯与战时被拘留人员有关。如何处理这部分人的争议一直以来都有着相当实际的重要意义：虐待当地人口会引发更强烈的反对。美国军队虐待被拘留人犯的案件家喻户晓，并招致质询。[5] 至于英国，其表现也今不如昔。1991年海湾战争中，英国处置被扣留者几乎没有引起什么抱怨。这是有原因的：事先成立了一支不少于三个步兵营的战时俘虏看管警卫部队（designated Prisoner of War Guard Force），确保正确对待战俘和被拘留人员。后来确实也有大量的伊拉克囚犯需要处置。但从2003年以来的占领伊拉克行动则完全不同。这次没有事先的相应准备。2003年9月，旅馆前台接待员巴哈·穆萨（Baha Mousa）先生在被英国军队拘留于巴士拉期间遇害的事例很好地展示了这一点。2011年发布的《巴哈·穆萨公开调查报告》既生动地分析了事实，还揭露了安置被拘留人员的法律情况。报告批评了英军处置被拘留者的训练标准。[6]

当然，并非所有对英国军队的指控都是公正的。2014年12月发布的、由前

1 See e.g. "The Rights and Responsibilities of Occupying Powers: Second Statement by Sir Michael Wood", 28 January 2010, submission to the Iraq Inquiry.

2 See e.g. oral evidence of Stephen Pattison, head of the United Nations department at the FCO until June 2003, to the Chilcot Inquiry, 31 January 2011, p. 5.

3 Chilcot Report, Executive Summary, paragraphs 590-704.

4 Paul Wolfowitz, Interview with Melissa Block, National Public Radio, 19 February 2003.

5 See e.g. the report by General Antonio M. Taguba on the treatment of detainees at the Abu Ghraib prison in Iraq, issued in May 2004 and widely disseminated despite its official status as secret. Available at https://fas.org/irp/agency/dod/taguba.pdf，2017年5月8日登录。

6 *The Baha Mousa Inquiry Report,* for example in Recommendations 22 to 26.

英国伦敦高等法院法官塞恩·福布斯爵士（Thayne Forbes）主持的《斯维迪调查报告》，公布了对从2004年5月14日起英国军队虐待以及非法杀害伊拉克公民的指控。这份报告指出，对“丹尼男孩战斗”一役及其事后对英军的严重指控毫无根据，是故意撒谎、鲁莽猜测和充满恶意的产物。[1] 此份报告就英国政策实践中让人不满意的部分提出了九大建议，现任英国国防部长迈克尔·法伦原则上接受了所有的建议。

附言：2017年，《斯维迪调查报告》产生了重要影响，结束了一名律师的职业生涯，并终结了某部门的大型官方调查。2月2日，律师菲尔·夏纳（Phil Shiner）先生因过去对英军人员发起的数宗毫无根据的诉讼被证实后，受到律师条例管理局的起诉，后来被判定犯有22项职业行为不当，被吊销律师执照，并处以大笔罚款。2月10日，下议院国防委员会发布了一份报告，强烈批评由国防部在2010年设立、用以调查关于2003年至2009年7月间英军虐待和不当处置伊拉克公民的指控的工作小组（Iraq Historic Allegations Team）。在同一天，国防部宣布终止该项目。

对2003年伊拉克战争及后续角色的战略性批判

虽然战略考虑并不总与法律考虑一致，但在伊拉克战争及其后续事件中，二者大部分是一致的——如果不考虑2017年暴露出来的滥用法律指控问题。四方面的战略考虑表明，2003年的干预行动存在缺陷，这样的结论与许多律师的结论是相似的。

第一，显而易见，美国及其同盟在未结束阿富汗战争之前打响伊拉克战争在战略上并不明智。

第二，缺乏准备，准确地说是对于入侵阶段结束的后续安排没有任何战略计划，其后果十分糟糕。这种问题在19世纪和20世纪的欧洲帝国很常见。入侵军队要瓦解一个政权并非难事，但要找到一个合法的替代政权难度极高，尤其在替代者被视为“通敌者”的情况下。

第三，对国家进行干预并意图建立民主制度存在问题，潜在的后果是什叶派占人口多数的伊拉克被推向伊朗。

第四，伊拉克战争入侵行动的失败以及相应的合法性问题带来了严重的战略后果：西方舆论对任何在中东北非地区行动的“地面部队”行动都表示不赞成。未来发起军事行动的前景因此受到影响。不仅仅是志愿联盟（现在也没有意愿了），即使是联合国维和部队也遇到类似的情形，本就困难的维和行动更难找到合适的部队。

---

1 *The Al-Sweady Inquiry Report*, Executive Summary, paragraph 740.

结 论

伊拉克战争极大地影响了英国对海外军事行动的认识和计划。最重要的一些转变是在行政而非条令方面。在2007年，英国政府因此设立了稳定部队，用以支持援助那些脆弱的、陷于冲突的国家。2010年5月12日英国设立国家安全委员会也源出于此。这些机构的建立很大程度上是对伊拉克战争中政府决策的偶然性以及各部门间有效协调缺失的回应。还有许多在各种报告中得到推荐的变化，此处不能一一列举。仅对文章开始提出的问题略做回顾。

为何在与这场战争入侵行动相关问题上，学界的解读要优于政府决策者们?可能有许多种解释。较为明显的一种是，学界倾向于相信，政策制定应当是以证据为基础的：官方卷宗声称伊拉克存在大量大规模杀伤性武器，却并未提供任何令人信服的证据，学者们对此深深存疑。或许更深层次、更有说服力的原因来自历史感。学界普遍（不仅是历史学家）倾向于以历史眼光思考问题，以及了解不同的政治文化之间微妙而重要的差别。他们因之也理解，无论一些外国政治制度运转得多么不灵，要使它们转型都是困难重重。类似的，律师群体也相信国际法律规则的持久重要性，不愿看到它们被规避、被忽视。相较之下，2003年的英国和美国政府都为托尼·布莱尔和乔治·W. 布什这种对历史了解有限的人所领导，而且他们相信我们正处于一个全新的时代，许多旧规则不再起作用。

虽然担心会把复杂的事件过分简单化，但笔者斗胆提出这样的结论：当政治领导人忽略或是简化他们打交道的国家的历史时，历史会反噬他们。当法律与战略考虑都不受重视，便会产生严重的后果。不过，要是想借此暗示上述的三种方法——历史、国际法与战略研究本身毫无问题并且水乳交融，也是不可行的。这几种国际政治思维方式之间总是存在着紧张的气氛。并且，在英国，人们对在军事行动中应用各种国际法感到不耐烦。联合国在乌克兰和叙利亚危机中表现出来的软弱让英国及其他国家的学界和政策制定者都面临这样一个持续的挑战：既然历史、国际法和战略研究是理解21世纪安全问题的关键，如何维持三者的重要性及其当代相关性至关重要。

当政治领导人忽略或是简化他们打交道的国家的历史时，历史会反噬他们。当法律与战略考虑都不受重视，便会产生严重的后果。

（曾楚媛 译；师小芹 校）

特　稿

国际史研究的新进展

［挪威］文安立

我希望今天实际上能够成为一场讨论会，而不仅仅是我一个人的演讲。但我对牛可说，一开始先由我来谈谈当代国际史领域总体的发展状况和未来可能的趋势。正如你们当中不少人所知，我自己在这方面的学术研究朝向两个不同的方向。一方面，我以全球视角研究当代国际史，我的许多著作都与此相关；另一方面，我也研究东亚，尤其是中国的历史，尽管其中有些看起来带有国际的特征，但它们不仅仅是国际史。我最近写的有关中国的一本书《躁动的帝国：1750年以来的中国与世界》，正是融汇这两个取向的一种尝试。我试图考察全世界在这一段颇为漫长时期里的发展变化，但我同时希望将中国置于其中；这正是这本书的内容，它是关于中国融入国际社会的历程。我已经写作多年的一部书——之后我们可以更多地谈论它——是一本以世界史视角来看待冷战的书。该书以19世纪第一次全球性资本主义危机为开端，然后考察了19世纪末以来社会主义和资本主义之间的意识形态冲突，主要国家工人运动的激进化以及美国和俄国的扩张（两国都成为了横贯整个大陆的帝国），最后以20世纪90年代苏联的崩溃为结尾。因此，这本书实际上试图在长达100年的视角下去理解冷战。上述这些就是我的研究，我稍后会更多地谈谈我的那本新书。我以这种方式切入我对当代国际史研究总体现状的思考。

我认为，目前基本上存在着三个态势。第一个是“国际史的扩大化”。“国际史”超越了狭义上的外交史或是国际事务史，这一点很重要，但倘若就“相互关系”（interrelationship）而论，那么“国际史”也仅仅是我们将会看到的一部

［挪威］文安立（Odd Arne Westad）　哈佛大学肯尼迪政府学院美国与东亚关系史讲座教授，本文为作者2017年5月19日在北京大学历史学系所作演讲的记录稿（记录、整理人为北京大学历史学系博士研究生陈希），经北京大学历史学系同意刊发于此。

分而已。我认为历史学的方方面面——社会史、经济史、思想史、与国际事务相关的国家间和非国家组织的活动——在过去的20年里对于国际史研究而言，无疑已经变得越来越重要。这是第一点。如你们所知，我在自己的著作中弘扬这一趋势，我认为它很好，非常之好！我们越是以一种更宏阔的方式看待历史，就越好。这与所谓的“政治正确”无关。有些人可能会说这不过是一种时尚潮流，但我并不认为是这样。我的意思是说，它研究更多的场所之下的更多人的过去，并且采用比我们以往更加多样的方式去理解他们与社会之间的关系。由此，它深化了知识。如今，你固然可以通过研究第一次世界大战前的外交往还（diplomatic traffic）了解到不少关于一战爆发的事情，或者让我们换种说法，如果不这样做你就无法理解一战的爆发。但是，一战并非仅仅是由1914年7月的危机造成的，它也是由战争爆发之前一代人时间里整个一系列不同层面的社会转型所导致的。我认为，比起我们所讨论的其他概念工具，乃至于新的方法，这样一种看待国际史的新形式要更加宏阔，并且可能也更加深刻，对于旧的领域而言十分有益。这是第一个问题。

接下来的第二点是方法论问题。这在某种程度上与历史学家如何进行研究以及考察哪些种类的材料有关。例如，将口述史方法纳入到国际史研究中已经取得了显著进展，当代史从中收获颇多。但同时并非局限于此，它还与我们针对口述材料所提出的问题有关。我这代之前一代的历史学家们总体上存在着一种实证主义的倾向，当然也有例外，但在多数国家，尤其是在盎格鲁－撒克逊传统的美国和英国就是如此。他们十分坚定地相信，历史学就是关于更多的材料，最大限度地搜集证据，再经过历史学家的头脑形成看法，以弄清过去事情的真实情况。这当然很好，你能够掌握越多的材料就越好。但我认为问题在于，当你回顾20世纪60年代、70年代和80年代的状况时就会发现，积累材料有时候代替了历史分析和我们所说的评价（judgement）。它同时还影响了我们讲述历史的方式，这在某些时候是有意地——尤其当你思考20世纪70、80年代美国历史学的趋势时；但在某些情况下也是无意和偶然的。所以这就出现了那些我们没有考察的可能性，那些可能性当中存在的张力，那些关于事情的结果本来可能完全不同的想法。它们当然只是我们思考历史方式中非常有限的一部分。因为它们必将会让位于另一种观念，即你不必最大限度地获得所有的信息，而是以一种自然的方式给出最佳的分析解释形式。我认为这是缺点，并且我认为更年轻一代从事这方面研究的历史学家们已经能够克服这一特定的趋势。历史学者必须获得好的资料，但尝试提出反事实的问题，关于事情如何可能变得不一样，以及事情如何可能朝着不同的方向发展。这就是我说的第二个部分，而这个部分是起作用的，关乎你如何运用资料和如何寻找资料。这个部分和你所考察的是什么有关，因为对于社会科学家和历史学家而言，方法论最重要的功能就是形成能够指导你研究的假说。我认为，我所属的这代学者只能够渐进地找出一种路径，可以借此摆脱前一代人的思考方式所产生的困难。如果你想成为一名优秀的历史学家，你就必须学会自我反思，你必须能够思考，为什么我会问这些问题？为什么这些问题对我重要？我还可以提出哪些其他的问题？为什么拥有不同背景——民族背景、社会背景、世代背景——的人会对同样的材料提出不一样的问题？你必须对诸如此类的问题能够有所反思，你必须理解为什么你要的问题是那么一套。这是艰难的，并不容易。每当我开启一项新的研究时，我都要纠结在这些问题上。当然我也没有能够每次都完美做到，你们当中那些读过我的书的人会知道这一点。但这是一件你越有意识越好的事情。以上就是所有我所谈的第二点，方法论。

然后是第三点，我们可以把它称作"研究的国际化"。在很长一段时间里，我们在当代国际史领域内所做的多数研究都是在民族国家（nation-states）或国家（states）的背景之下进行的，并且这种情形甚于我所知的任何其他历史学领域。我认为这导致我们无法提出一系列更加本质性的问题。当我开始在伦敦政治经济学院执教时——那大约是20年前，大量的学位论文都会讨论某个国家或是另一个国家、又或是两个特定国家——比如美国和越南、美国和中国、1857年至1863年间的美国和土耳其——之间的外交关系。我认为，这一类论文、书籍和文章都是有价值的历史知识。但它们同时也十分有限，因为其出发点经常是民族国家。因此它本身是有局限性的，并没有达到它应有的益处，这在英美的历史学中尤其是一个问题。我想你们所说的"霸权性"很重要，和你们讨论这个问题会很有意思。说霸权性，是因为英国和美国这两个国家创造了现代世界体系。所以研究这些处于冲突中心的国家最好的方式，就是从它们的内部入手。因此，对于美国和冷战这一主题而言，讨论的中心始终是在美国本身；又如英国和克里米亚战争，当他们和你讨论克里米亚战争时会告诉你一堆关于英国的事。我认为，这种路径时常令人回忆起作为一个领域的国际史或外交史所曾经经历过的最弱势的一段时期。因为在所有我知道的那代历史学家中，国际史是这样一个领域——你在多数情况下会认为它致力于研究民族国家，且其中大部分的研究都采用古老的形式。

为什么会这样？我认为，除了我提到的意识形态方面的原因外，当然还有实际方面的原因，比如学术训练、学者的出身、语言，等等。在我这代之前一代的历史学家们基本上只掌握了一种语言，他们只能够用英语做研究。顺便提一句，情况并非完全如此，如果你追溯到19世纪会发现，更早几代的历史学家所掌握的语言更加丰富，尤其是在英国。因此我认为，这个领域的发展过程并不是单向的。不过，对于战后那一代历史学家而言，可能是因为我刚才提到的实证主义的背景因素，或是方法论方面的原因，又或是霸权路径——特别是在美利坚帝国之下，最终造成了这样一种状况。现在的情况已经变得完全不同了，我在近些年看哈佛大学的历史学博士论文时发现，即使是那些主要研究美国史的学生，也倾向于学习掌握其他的语言和文化，这使得他们能够进行更多的国际比较研究。这对于国际史的未来真的非常重要，我认为我们可以从中发现更多的东西，有些人研究的是20世纪30年代或80年代美国的社会政策，这个题目看起来是个国内史的论题，但现在他或她可能就会在国际比较的框架下审视这个题目了，而在一代人以前还并非如此。我认为，等到下一代学者接棒时，研究一个没有国际比较框架的论题将会变得十分艰难。

等到下一代学者接棒时，研究一个没有国际比较框架的论题将会变得十分艰难。

我再举一个例子，我现在在哈佛的一位聪慧的准博士生，她正在进行博士论文研究，主题是交通安全，关于在过去的一代时间里政府是如何试图避免机动车交通事故的。她主要的精力放在美国，但她发现，如果能够考察一些其他国家的案例，她将能够更好地理解这个问题。她的确也有能力这样做，她是意大利人，所以能够阅读意大利文，这对她而言很重要，因为这能够扩大她的比较。之后她又做了更多其他的比较研究。另外，我顺便还要提一点，还是以这位学生为例。她对于比较方法十分感兴趣，她希望利用手头掌握的一些最佳的资料，但这些资料是来自瑞典的，而她从未学过瑞典语，也不会说。但她还是解决了这个困难，她想到她可以和瑞典国内从事这一领域研究的研究者以及博士生合作，和他们交流材料以使双方都能获益。再一次，你们可以从这个例子中看到很多国际化的现象。你的研究并不会仅仅因为你自己能掌握的语言种类而停滞不前，语言学习肯定始终存在限度。有些人批评我的路径，他们说，我要求的太多了，我要求研究者掌握太多的技能、太多的语言，我把那些真的想要研究得克萨斯州法律政治的人都赶跑了。对于这些批评我并不接受，因为我认为通过与他人合作你能够实现非常多的目标。我相信国际史的未来就是合作性的，这对于上一代人而言是难以想象的。

合作有很多种方式，我想我刚刚已经说了其中一些，但是影响未来会发生什么的最重要的因素是信息技术的发展。最近我花了不少时间在思考它究竟会怎样影响国际史，在某种意义上，你们在这方面也可以通过至今你们仅仅使用不过数年的各种电子通信方式，更轻松地与其他地方的人实现合作。这些方式的确使得合作变得更加便利，同样它也让获取信息变得更加容易，因为越来越多的信息已经可以通过电子渠道获得，它们以一些形式被放在网上，即使你必须要检验且必须谨慎地使用它们。在此意义上，它也使得克服威权主义政权的信息管控成为可能。换句话说，信息传播的速度大大加快了，如果人们要得到一个信息，它从一个国家诞生，之后便散布到其他正在从事相似领域研究者手中，即使政府积极地想要阻止它们，那也变得十分困难，我想我不必告诉中国人这些事情。我觉得这是重要的。

我还认为数字革命的其他方面同样也会影响国际史学家们的工作方式。其中之一，同时也是最具争议的问题之一，就是在国际史领域中使用大数据的问题。当我们思考大数据对于历史学家的用处时，你们大概知道，它可能会朝着不同的方向发展。我想当你能够分析材料时，你就能够更容易地动用很多复杂的资料。而机器使得有些人可能做其他类型的分析。因此在我看来，真正的问题是分析上和解释上的，而不是资料方面的。我上周和斯坦福大学正在主要从事这方面研究的人员聊了一会。正如我们现在正在日益拥有一个大型的文库，如果你拥有巨大数量的文件资料、书写材料，它们来自于各个不同的来源且有关于各个方面，我们该如何在有限的人生中真正一头扎进这些材料，并且分辨出其中哪些是最重要的？这正是计算机能够大大帮助我们的地方。不过，我们必须首先告诉计算机我们希望从中得到什么，而这就是我认为的在这场数字革命兴起之时大数据最重要的方面之一。

举例来说，斯坦福大学的一位研究人员目前正在从事一项研究，她想弄明白美国国务院内使用的专门用语（terminology），哪些用语是最成功的。就是在文件中术语流通情况，被使用的情况如何，它们走了多远。有些文件中包含了某些用语，比如“民主”“反共”，还有“发展”，然后你可以看到这些词在整个链条中走得有多远，它被送到副国务卿那里了吗？或是国务卿那里？另外还有其他的模式，比如看看随着时间的变化，这些词的使用情况发生了怎样的变化。这些都是极为有用的知识。它能够告诉我们很多有关越战爆发的原因吗？我想可能并没有，但它会让我们了解当事人是如何思考，以及他们思考的有效性如何，让我们在这类问题上取得丰硕收获。现在假想一下你们正在将这种手段用于中国的国际史研究中，如果我们能够从外交部获得一段时期内的档案资料，考察它们使用术语和专门用语的情况，通过适当的程序看它们如何随时间发生变化。你们在这里的人一定知道，中文中有一些标准语汇有很强的功能，不仅是从政治化的意义上，而且从文化的、语言学本身意义上也是如此。看它们如何随时间发生变化将会非常有趣，比如“改革”是什么时候开始的，作为一种措辞表达它来源于何处？随着时间变化，所有这些专门用语是如何被使用的？我就不一一举例了。

所以我想，如果我们方法对头的话，国际史能够从数据研究中真正获益。但是，我们必须做出选择的并不是要使方法论成为研究课题本身，因为当历史学家太过痴迷于新技术，方法会淹没研究课题。有人说：“哦！快看我们拥有了多少资料，并且现在还有了非常强大的计算机，我们很快会得到结果。”对此我的回应是，你只是为好的方面欢呼雀跃，而没有首先问一个重要的问题——“那又怎样？”面对材料，即使它已经变成了数据，你首先必须做的还是提出问题，因为如果不这样做，它就不会告诉你任何有意义的东西。

如果我们方法对头的话，国际史能够从数据研究中真正获益。

总体而言，我对这个领域还是相当乐观的。我认为它正在朝着我以前没有预见到的方向发展，我想其中大部分都是积极的，我尤其想强调的是这个领域的国际化，我认为这一点特别重要。当然，也存在着挑战，包括一些我没有提到的方面。但是从整体来看，我认为历史学和国际事务领域正处在一个发展得不错的时代。在过去15年里，很少有其他次级学科领域有比这一领域更加朝向积极方向发展的。就此而言，我对我能够在这一领域之中所做的工作感到十分荣幸。

应牛可要求，关于我个人的思想演讲再说几句。我1960年出生在挪威东北沿岸地区，那儿正好是和苏联接壤的地方，可能部分由于这一原因，我后来对研究冷战产生了兴趣。上大学时，我主修的是语言和哲学，我认为学哲学对我影响很大，如果没有哲学训练的经历，我想我会变成完全另一种类型的历史学家。毕业后我最初并没有想要从事学术研究，我在多个国际组织工作了几年，这段经历对我影响也很深。

就思想变化而言，我想主要有三个。第一次思想变化发生在20世纪80年代我在美国攻读研究生学位即将毕业之时，我受到当时政治竞争的氛围影响很大，可以说我当时的政治立场非常左。但我后来——大概是十年后——在学术研究中却对自由主义持批评立场，这与20世纪80年代时我的看法已经大不相同了。我发现，80年代里根保守主义实际上有复杂的构成（compositive），它有很强的意识形态色彩，在我看来正是它推动了冷战的终结。这使我更加批判地对待左翼历史学家，也让我明白或许你可以不同意某些学者的观点，但一定要认真对待。我的第二个思想变化与中国有关，我1979年第一次来到中国，就立刻喜欢上了这个国家和这里的人，我也有幸见证了中国的发展。在这几十年中，中国变得更加富强，更加自由，民众也更加幸福。我在中国发生变化的一开始，对于发生的改变基本上都持积极评价的态度，但现在我会带着更具批判性的眼光审视改革。第三个变化是我对苏联的看法。我花了很多时间研究苏联，对我而言，苏联并不是一个吸引人的国家，它很沉闷无聊，社会运转得不好，但现在我会对苏联抱有更加积极的评价。苏联是一个面对强大的美国，在意识形态、经济体制、政治模式上创造出一个完全不同于美国并与美国相抗衡的国家，能够做到这一点很不容易。在即将出版的新书中，我将试图对苏联领导人决策行事的逻辑给出解释。

专题：特朗普的美国与未来国际秩序

美国的领导力及自由主义国际秩序的未来

[美]约瑟夫·奈

创建秩序及生产全球公共产品是国际关系中的重大问题之一。用马丁·沃尔夫（Martin Wolf）的话来说，今天“我们正处在一个历史时期的终点，那个时期在经济上表现为西方领导下的全球化；在地缘政治上表现为后冷战时期美国领导全球秩序的‘单极时刻’。问题是：接下来第二次世界大战之后的世界会向何处去？是将进入一个类似于20世纪上半叶那种去全球化并充满冲突的时代，还是进入一个由非西方大国（特别是中国和印度）在维护全球秩序方面发挥更大作用的新时代”？[1]

自第二次世界大战以来，美国在全球政治中拥有前所未有的权力，有些人把这种权力称为美国的“霸权”并把它与第一次世界大战前英国治下的和平相提并论。当时的英国居于19世纪全球秩序的核心，帮助提供了诸如稳定的货币、相对开放的市场和公海自由等公共产品。不过当时的英国并不像现在的美国一样具有压倒性优势。1914年英国的国内生产总值（GDP）在全球仅名列第四，军费开支排名第三；而当今的美国无论是在以这两个指标衡量的硬实力资源上，还是软实力方面都位居首位。[2] 不过，一些分析家认为，美国的自由主义秩序可能将走向终结。用《金融时报》专栏作家菲利普·斯蒂芬斯（Philip Stephens）的话来说，“1945年创建的基于规则的自由主义体系，在冷战结束后得到迅速扩展，但是眼

[美]约瑟夫·奈（Joseph Nye） 哈佛大学肯尼迪政府学院大学杰出教授（University Distinguished Service Professor）。

1 Martin Wolf, “The Long and Painful Journey to World Disorder,” *Financial Times*, January 5, 2017, https://www.ft.com/content/ef13e61a-ccec-11e6-b8ce-b9c03770f8b1.

2 Joseph Nye, *Is the American Century Over?* London: Polity Press, 2015.

下却面临着空前的压力，全球化正在退潮”。[1]

世界政治中两个重大的权力转移，对与美国权力密切联系的自由主义秩序提出了挑战。一是权力在国家间的转移，即权力从西方国家转移到东方国家，表现为以中国、印度为代表的亚洲经济体迅速崛起；另一场权力转移则表现为权力从国家到非国家行为体的扩散，这一扩散主要得益于以互联网兴起为代表的信息技术的快速变革。随着威权主义的国家挑战者（如中国）崛起，美国的自由主义秩序会被取代吗？或者，美国领导的秩序将陷入一种新封建主义（neo-feudalism）的混乱状态，任由非国家行为体大行其道吗？

世界政治发生了两大权力转移：从西方国家转移到东方国家、从国家转移到非国家行为体。

美国的自由主义世界秩序

1945年之后出现的自由主义国际秩序是由美国领导的体系。在这个体系中，弱小的国家拥有制度化的机会来享受美国权力所提供的保护。美国在由多边规则和机构结成的松散体系内，提供诸如自由贸易和公海航行自由之类的全球公共产品。尽管美国在冷战期间在与苏联竞赛的过程中支持了一些独裁者，但美国总体上还是倾向于民主和开放。不论美国的自由主义国际秩序有多少不完美的地方，如果德国赢得了二战，或者苏联在冷战中获胜，那么20世纪后半期将呈现出完全不同的景象。同样地，如果21世纪后半叶国际社会听命于威权主义国家，或者根本没有秩序可言，那么世界也将是另一番模样。

我们必须进行审慎的分析，谨防厚古薄今的倾向。关于美国自由主义秩序的神话充斥着诸多混杂着事实的虚假成分。正如亨利·基辛格所指出的那样，真正意义上的全球性世界秩序从来就没有存在过。[2] 美国自由主义秩序的局限是它只集中在美洲和西欧的一批志同道合的国家；而这一秩序对非成员国也并不总是产生良性影响。由于人口众多的中国、印度以及苏联集团并非其成员国，美国的“世界”秩序所涵盖的范围还不到全球的一半。在军事领域，由于苏联的制衡，美国并未称霸全球。经济上，美国领导创建了自由主义的布雷顿森林体系，以及治理世界经济的规则和惯例。不过，准确地说，在经济领域美国也只能被称为“半个霸权”（half-hegemony）。另外，还有诸多关于美国享有多么强大管控权力的神话。事实上，即使处于其权力巅峰之际，美国也没有能力防止许多事情的发生，这包括1949年“失去中国”，1956年苏联入侵匈牙利，古巴卡斯特罗政权的创建和存续，以及20世纪60年代在越南遭受失败。现在一些分析者宣称，我们

1 Philip Stephens, “The Trumpian Threat to the Global Order,” *Financial Times*, September 22, 2016, https://www.ft.com/content/3f16e476-7e5c-11e6-8e50-8ec15fb462f4.

2 Henry Kissinger, *World Order*, New York: Penguin Press, 2014, p.2.

正在进入一个后美国的世界。但确实，过去的所谓霸权从来就不像我们神话里所描述的那般无所不能。

起　源

美国是如何走到今天这一步的呢？在19世纪，遵从乔治·华盛顿避免结盟的忠告和专注于西半球的门罗主义传统，美国在全球均势中发挥着微弱的作用。美国参加第一次世界大战是一个很大的变化，当时伍德罗·威尔逊决定与传统决裂并将两百万美军送至欧洲战场。此外，他提出了建立国际联盟（League of Nations）的主张，以在全球范围内构建集体安全。当参议院拒绝美国成为国际联盟的成员国后，美国军队返回国内，美国又“回归了常态”。尽管美国在20世纪30年代是全球均势中的重要因素，但它却变成了极端的孤立主义者。即便是富兰克林·罗斯福的雄辩也无法劝服美国人去直面希特勒的威胁。美国成了世界上最强大的国家，但是却不愿意承担提供全球公共产品的领导责任。因此，20世纪30年代并不存在美国领导的自由主义秩序，其结果是经济衰退、种族屠杀和世界大战。

哈里·杜鲁门在战后的一系列决定成为转折点，开启了美国成为全球均势核心的70年，永久性同盟因此建立，美国在海外的军事存在得以维持。1947年，当英国因国力虚弱而无法支持希腊和土耳其时，美国接替了英国。美国还在1948年向马歇尔计划投入巨资，1949年创建北大西洋公约组织，1950年领导一支联合国的联军在朝鲜作战，1960年与日本签订新的安保条约。所有这些行动都是美国遏制苏联权力战略的组成部分。正如乔治·凯南（和其他人）看到的战后世界，当时有五个主要的工业生产与力量区域，即美国、苏联、英国、欧洲和日本。孤立苏联，与另外三个地区结盟符合美国的利益，而且直到今天，美国在欧洲、日本、韩国还有其他地方一直保持着军事存在。

围绕着对越南、伊拉克等发展中国家的干预，美国国内曾经发生了激烈的争论和党派分歧，尽管如此，保持联盟体系和维持多边制度始终是70年来美国外交政策的根本性共识。在2016年的总统大选中，一位政党总统候选人首次对这一共识提出了质疑，这意味着美国外交政策的彻底改变。虽然历任总统和国防部长经常抱怨联盟的防务开支水平，他们还是认为最好将联盟视为如婚姻般稳定的承诺，而不是双方都竭力讨价还价的房地产交易。尽管美国领导人抱怨有人搭便车，但在唐纳德·特朗普之前，尚无人质疑这个联盟体系的结构。这种情况还会持续下去吗？

新兴大国与全球公共产品

在秩序良好的国内政体中，政府负责生产公共产品，如治安或者整洁的环境。所有人都可以从政府提供的公共产品中获益，没有人会被排除在外。由于缺乏国际政府，最强大国家领导的联盟负责提供全球公共产品，如清洁的空气、金融稳定、公海自由。小国不可能被征税，亦没有动机为公共产品付费。因为小国贡献多少对于他们所获的收益并无影响，所以搭便车对他们而言顺理成章。而这个最强大的国家继续为提供公共产品做贡献亦是符合其自身利益的，因为在它看来，不管是否有搭便车者，维持体系远比完全抛弃体系更有价值。因此，对这个大国来说，领导世界秩序是理性的行为，不然就会产生全球公共产品供应不足的问题。第一次世界大战后，英国因国力衰微而无法承担领导责任，而美国也没有挺身而出接过英国手中主导大国的接力棒，结果出现了对世界灾难性的后果。

同此道理，一些观察者担心，中国即将超越美国成为世界头号大国，但是并不会对其未参与创建的国际秩序做出贡献。这种说法夸大了“非创始者”的问题，我将其称为“金德尔伯格陷阱”（Kindleberger Trap）。金德尔伯格是美国麻省理工学院的经济学家，他将20世纪30年代的大萧条归因于美国的搭便车行为。[1] 中国从1945年之后的国际秩序中持续获益，但是它会在公共产品的生产上与其他国家合作吗？在联合国安理会中，中国是拥有否决权的五大国之一。目前，中国是联合国维和行动第二大出资国，还参与了联合国有关埃博拉疫情和气候变化的项目。中国从自由主义的经济制度中亦获益颇丰，如世界贸易组织（中国在此接受于己不利的贸易争端裁决）和国际货币基金组织。中国在国际货币基金组织中的投票权有所增加，目前还担任着重要的副总裁职位。2015年，中国创立了亚洲基础设施投资银行（AIIB），一些人将其视为世界银行的替代品，但是这个新机构遵循了既有国际规则，并与世界银行进行合作。同样也是在2015年，中国与美国一道为网络冲突制定新的规范，并联手应对气候变化。中国在2016年拒绝海牙国际海洋法仲裁庭的裁定，[2] 导致了一些棘手的问题，但这类行为并不意味着自由主义国际秩序的崩溃。美国有时候同样对法律义务采取选择性立场，比如美国20世纪80年代对尼加拉瓜港口的布雷。总体而言，中国的行为并没非试图完全抛弃自由主义的世界秩序，而是致力于在从中获益的同时扩大自己的影响力。[3]

中国尚未准备好取代美国成为世界头号大国。

更为重要的是，与现有普遍的看法相反，中国的崛起并不意味着美国的自由主义秩序的终结，因为中国尚未准备好

1 Charles Kindleberger, *The World in Depression, 1929-1939*, Berkeley: University of California Press, 1973.

2 译者注：联合国、海牙国际法院和位于汉堡的国际海洋法法庭（ITOSL）均声明与该仲裁庭无关。

3 Ceri Parker, “China’s Xi Jinping defends globalization from the Davos stage,” *World Economic Forum*, January 27, 2017, https://www.weforum.org/agenda/2017/01/chinas-xi-jinping-defends-globalization-from-the-davos-stage/; “Statement by Wang Yi,” filmed February 17, 2017, Munich Security Conference, 23:41, https://www.securityconference.de/en/media-library/munich-security-conference-2017/video/statement-by-wang-yi/filter/video/.

取代美国成为世界头号大国。按汇率折算，中国经济规模为11万亿美元，而美国为20万亿美元。[1] 一些人预测，中国将超越美国成为全球最大经济体（按美元计算），但是预计实现的年份却因对中国经济增长速度放缓的测算不同而从2030年跨越到2050年。不过，即使未来中国在经济总量上超越了美国，那也不是地缘政治价值的唯一体现。

权力是影响他人以获得自己所需的能力，它包括三个方面：强制力（coercion）、经济偿付力（payment）和基于吸引力的软权力。经济力量只是构成地缘政治方程式的一个部分，而且即便是在经济实力上，中国在人均收入方面（衡量经济复杂性的一个指标）还远远落后于美国。除此之外，中国在军事实力和软权力方面也仍落后于美国。美国的军费开支是中国的四倍。虽然近些年来中国的军事实力有所增强，但在审慎观察军力平衡状况的分析界人士看来，“中国无力把美国赶出西太平洋，更遑论在军事上称霸全球了”。至于软权力，根据伦敦的波特兰咨询公司近期发布的指数，中国位列第28名，而美国居于首位。[2]

再者，美国也不会停滞不前。美国人一向居安思危，尽管存在着各种各样的问题，美国并没有走向绝对衰落。美国是唯一一个在人口规模上稳居其位（世界第三名）的发达国家，既不会经历人口萎缩也不会被其他国家超越现有排名。相反，中国很快就会把人口第一大国的位子让给印度。美国对进口能源的依赖度已经下降，而中国的这种依赖正在加深。美国在发展关键技术（生物、纳米、信息）方面仍旧处于领先地位，这些技术对于21世纪经济的增长至关重要。美国的大学在高等教育中享有压倒性优势地位。在上海交通大学的一份排名中，全球20所顶尖大学里有15所美国大学，而中国一所也没有。

当然，美国的自由主义世界秩序并不会像20世纪时那样延续。随着中国、印度和其他经济体的崛起，美国占据世界经济的份额将少于其在20世纪中期的份额，其他国家崛起所带来的复杂性使得组织共同行动更加困难。但是，没有任何其他国家（包括中国）将会取代美国：欧洲缺乏统一；金砖国家并非一个实体；俄罗斯正在经历人口的减少；印度和巴西（均为2万亿美元规模的经济体）仍旧是发展中国家。而根据目前的状况，中俄之间尚且算不上是真正意义上的威权国家盟友。亚洲经济的快速增长促使权力转移至该区域，但是在亚洲内部，日本、印度和澳大利亚制衡着中国，美国对于亚洲均势的作用依然至关重要。

1 “World CDP Ranking 2016,” Knoema, April 10, 2017, https://knoema.com/nwnfkne/world-gdp-ranking-2016-data-and-charts-forecast ranks China first if purchasing power parity is used.

2 Portland Consultancy, *The Soft Power 30: A Global Ranking of Soft Powe*r, London: Portland Consultancy, 2016.

非国家行为体、新封建主义和熵

更有意思的关于未来问题来自于权力从政府向政府外的扩散。国家间的权力转移在世界政治中屡见不鲜，但是权力从国家到非国家行为体的转移却带来了新的和不为人熟知的复杂情况。当下的信息革命将一系列跨国问题，如金融稳定性、气候变化、恐怖主义、流行病疫情和网络安全列入全球议程，与此同时，信息革命也势必削弱所有政府的响应能力。超越国境、处于政府管控范围之外的跨国领域包括了形形色色的行为体，如以电子方式转移资金的银行家，运送武器的恐怖分子，威胁网络安全的黑客，还有流行性疾病和气候变化这样的威胁。

事情的复杂性与日俱增。关于未来世界的一种模式是大国冲突或大国合作，而第二种模式涉及所谓"信息熵"（information entropy），在那个世界中，对"谁是下一个"这一问题的回答是"没有下一个"。这个回答过于简单，却也指出了一个重要趋势，那就是美国的自由主义秩序并未走到尽头，不过它将会被改变。

世界政治将不再是各国政府的专有领域。个人和私营组织，从维基解密（Wikileaks）到商业公司、非政府组织、恐怖分子、自发的社会运动等，都获得授权在世界政治中直接发挥作用。信息的传播意味着权力将得到更加广泛的分配，非正式的网络型组织（networks）将削弱传统官僚体制的垄断。信息在互联网上的快速传播意味着所有政府都减弱了对自己议程控制的能力。各国政府刚刚开始为网络空间制定规范的工作，互联网名称与数字地址分配机构（ICANN）更看重多元利益攸关方的治理模式。[1] 在网络世界中，政治领导人享有的自由变少了，因为在此之前他们必须对重大事件做出回应，而且他们不仅必须与其他政府沟通，还要与公民社会进行对话。

我们才刚刚开始理解本世纪信息革命对权力的影响。

政府和大国将拥有更多的资源，但是它们活动的舞台将更为拥挤：台上还有获得信息赋权的私营行为体，包括跨国公司、恐怖分子、暴徒、罪犯，还有个人。我们才刚刚开始理解21世纪的信息革命对权力的影响。有一点很清楚，国际体系日益增加的复杂性使得政府的管控变得愈发艰难。把当代世界政治视为"熵的时代"（age of entropy）或者无力做有用功都是过于简单化的做法。正如莫伊塞斯·纳伊姆（Moises Naim）所言，政府的真空造就了"可怕的简化者"——蛊惑人心的左翼和右翼民粹主义者进一步加剧了治理的瘫痪无力，却没有提供真

1 译者注：互联网名称与数字地址分配机构（ICANN）是一家总部位于美国洛杉矶市的非营利性专业组织，负责在全球范围内对互联网唯一标识符系统及其安全稳定的运营进行协调，其官方网站是：https://www.icann.org/。

正的解决方案。[1] 仅用140个英文字符很难制定政策。[2]

在信息革命和全球化的影响下，世界政治正在经历这样的变化：即便美国仍旧是最为强大的国家，它也无法单独行动实现其诸多的国际目标。比如，国际金融稳定对于美国的繁荣来说极为关键，而美国需要与其他行为体进行合作来确保这一稳定的实现。气候变化和海平面的上升将影响全球公民的生活质量，但是美国不能独自解决这一问题。在一个国境线可以无所不入（从毒品到传染病再到恐怖主义）的世界上，各国必须运用软权力来发展网络型组织和创建新制度，以便应对共同的威胁和挑战。

最强大的国家能够发挥领导力，组织全球公共产品的生产。在军事和经济方面，美国依靠自己的领导力能够提供大部分公共产品。比如，美国的海军在维护海洋法和航行自由方面是至关重要的；在2008—2009年的金融危机中，美联储通过充当最后贷款人，为市场提供了信心。

在新的跨国问题上，美国的领导力仍将十分重要，但要取得成功则需其他各方的合作。从这个意义上说，权力变成了一种正和博弈（positive sum game）。如果美国的自由主义秩序要维系下去，就不能仅考虑美国权力对其他国家的优势，还必须考虑权力如何与其他国家合作以实现共同目标。在诸多国际问题上，赋予他国权力能够帮助美国实现自己的目标。如果中国改善其能源效率并排放更少的二氧化碳，美国将从中受益。在这个世界上，网络型组织和联系性将成为相对权力的一个重要来源。在复杂性日益增加的世界中，拥有最强联系性的国家将是最为强大的。值得庆幸的是，在澳大利亚洛伊国际政策研究所对于各国使馆、领事馆和使团数量的排行榜中，美国名列榜首。华盛顿拥有约60个缔约盟国，而中国几乎没有这样的盟国。

美国的开放性提升了其创建网络型组织、维持制度和保持联盟的能力。但是，美国的国内政治是否可以持续支持这种开放性及与他国接触的意愿？还是说，我们将看到一个类似于20世纪30年代状态的21世纪？或许，对美国自由主义秩序未来的主要威胁是源于其内部而非来自外部？

源于内部的威胁

即使美国继续拥有比其他任何国家都多的军事、经济和软权力资源，它也可能选择不把这些资源转换成全球性的有效权力行为。如前所述，在两次世界大战之间，美国就是这么做的。

2016年的总统选举充斥着两党对于全球化和贸易协定的民粹主义反应。

1 Moises Naim, *The End of Power*, New York: Basic Books, 2013, p.52.

2 译者注：推特（Twitter）上对发文长度的限定为140个英文字符。

民粹主义通常意味着对精英们（包括在过去70年里支持自由主义国际秩序的那些机构和评论员）的抵抗。民粹主义并不是新鲜事儿，对于美国人来说它就像是南瓜馅饼那样普通。有些民粹主义者的行为对民主有益，如安德鲁·杰克逊（Andrew Jackson）和威廉·詹宁斯·布赖恩（William Jennings Bryant）的所作所为；[1] 而另外一些民粹主义者，如19世纪反移民的无知党（Know-Nothing Party），或者更近期一点的还有参议员乔·麦卡锡（Joe McCarthy）和州长乔治·华莱士（George Wallace），他们更多地强调仇外和与外界的隔离。[2] 特朗普现象更多地可归为第二类民粹主义。

民粹主义的反应有其经济与文化的根源。民调显示，那些由于国际竞争而失去工作机会的选区民众倾向于支持特朗普，这样做的还有一些群体，如在文化战争（涉及种族、性别和性取向的变化价值观）中丧失社会地位的中老年白人男性。即使没有经济全球化，文化和人口方面的变化也将会造成某种程度的民粹主义。特朗普之后，特朗普主义（Trumpism）也很可能会延续下去，因为机器人导致的失业和贸易造成的失业数不相上下，而且文化上的变革还在持续。

一些观察家认为，2016年的美国大选标志着贸易和投资快速增长时期的终结。他们把当前的局面与1914年的世界相提并论。在那时，一个世纪的快速全球化使许多人致富，但同时也加剧了不平等，这导致共产主义、法西斯主义和民族主义的兴起，最终令世界陷入了大战的泥潭。但是1914年时几乎没有社会安全的网络。对于那些支持全球化和开放经济政策的精英来说，历史的教训是：人们希望看到他们不仅能够做出调整，帮助那些被变化打乱生活常态的人群，而且更多地关注经济上的不平等问题。包括基础设施投资在内的刺激经济增长的政策同样很重要。人们对待移民的态度随着经济状况的改善而改善。据皮尤研究中心调查，2015年51%的美国成年人认为移民使美国更加强大，而41%的被调查者把移民视为负担。对比之下，在21世纪第一个十年的中期，39%的美国成年人认为移民使美国更加强大，50%的被调查者视移民为负担。那时，经济大衰退（Great Recession）所带来的影响仍未消退。[3]

---

1 译者注：安德鲁·杰克逊（Andrew Jackson），1767—1845年，美国政治家，第7任美国总统（任期1829—1837年）；威廉·詹宁斯·布赖恩（William Jennings Bryant），1860—1925年，美国律师、政治家，曾三度竞选美国总统未成。

2 译者注：乔·麦卡锡（Joseph Raymond McCarthy），1908—1957，美国政治家，1947—1957年代表威斯康星州任美国国会参议员；乔治·华莱士（George Corley Wallace），1919—1998年，美国政治家，三度出任阿拉巴马州长，公开鼓吹种族隔离政策，1964—1976年间曾四次参加竞选美国总统。

3 "Chapter 4: U.S. Public Has Mixed Views of Immigrants and Immigration," *Pew Research Center*, September 28, 2015, http://www.pewhispanic.org/2015/09/28/chapter-4-u-s-public-has-mixed-views-of-immigrants-and-immigration/; "Most Say Illegal Immigrants Should Be Allowedto Stay, But Citizenship is More Divisive," *Pew Research Center*, March 28, 2013, http://www.people-press.org/2013/03/28/most-say-illegal-immigrants-should-be-allowed-to-stay-but-citizenship-is-more-divisive/.

不能从2016年的大选辩论中解读美国民意的长远趋势。

与此同时，从2016年大选激烈的辩论中解读美国民意的长远趋势也是错误的。特朗普从选举中胜出，但他并没有赢得多数选票。尽管《跨太平洋经济伙伴关系协定》（TPP）和跨大西洋贸易与投资伙伴协议（TTIP）这样精心设计的贸易协定前景堪忧，但是不同于20世纪30年代（抑或20世纪80年代），当今的世界并没有全面转向贸易保护主义。一些分析家认为技术将造成去全球化，不过近期布鲁金斯学会的一项长期趋势研究却得出了相反的结论。有些经济学家，如马丁·费尔德斯坦（Martin Feldstein）认为，官方数据未能捕捉到技术的进步，并且夸大了表面上的经济停滞。[1] 事实上，美国经济对国际贸易的依存度正日益增加。根据世界银行的数据，从1995年到2015年，货物贸易占美国国内生产总值（GDP）的比重上升了4.8个百分点。2014年美国出口了价值4000亿美元的信息与通信技术服务，这占美国服务贸易出口的近一半。2016年9月芝加哥全球事务委员会的民调发现，65%的美国人声称尽管担忧失业，但全球化对美国来说多半还是一件好事。[2] 因此，"孤立主义"的标签并不能准确反映当前美国人民的态度。

有些美国人担心美国能否负担得起维持自由主义经济秩序的花费，这种担心没什么根据。目前美国的国防和外交事务支出约占国内生产总值的3.5%，尚不及冷战高峰时期所占比重的一半，所以维持联盟其实并没有那么昂贵。现在的问题并不在于大炮还是黄油，而是大炮、黄油和税收的关系。除非在增加税收的意愿推动下扩充预算，否则美国的国防开支就会受困于同重要投资的零和博弈中，这些投资包括改善国内教育、修复基础设施和研发投入。这样的局面会使国防和国内的改革都受到损害。目前，美国仍是所有主要发达经济体中税赋最轻的国家之一，2012年，经济合作与发展组织（OECD）平均的所得税税率比美国高10个百分点。

维持自由主义秩序面对的第二个国内挑战是干涉问题。美国应该怎样、应以何种方式介入他国的内部事务？这并不是一个新问题。差不多两个世纪前，美国第六任总统约翰·昆西·亚当斯（John Quincy Adams）反对国内要求干预希腊独立战争的呼声，他宣称美国不应该到海外去寻找怪兽（monster）并加以摧毁。但是，在跨国恐怖主义和跨国难民危机发生的时代，某种程度的干预是不可避免的——人们已经看到叙利亚内战如何像幽灵一般困扰着奥巴马政府。中东地区很可能经历数十年的政治和宗教革命，类似于德国在17世纪经历的三十年战争。这些危机将诱使外界干预，但美国需要置身于军事入侵和占领行动之外。在民族

1 Martin Feldstein, "The U.S. Underestimates Growth," *Wall Street Journal,* May 19, 2015, https://www.wsj.com/articles/the-u-s-underestimates-growth-1431989720.

2 Dina Smeltz, Craig Kafura, and Lily Wojtowicz, "Actually, Americans Like Free Trade," *The Chicago Council on Global Affairs,* September 7, 2016, https://www.thechicagocouncil.org/publication/actually-americans-free-trade#tablist1-tab1.

主义盛行和民众动员高度社会化的今天，外国的占领必然引发怨恨情绪。同时，为追求最高目标而做过度的承诺比适当收缩更能破坏美国国内的共识，而这种共识对支持一个温和的自由主义世界秩序必不可少。对伍德罗·威尔逊全球理想主义的政治反应就是强烈的孤立主义，这拖延了美国对希特勒的反击。肯尼迪和约翰逊升级越战的做法导致美国在20世纪70年代把注意力转向国内，小布什2003年入侵伊拉克的做法造成了同样的后果。

维持自由主义国际秩序要解决的第三个问题是美国国内政治的分裂，以及在外交政策议题上使用煽动性策略的倾向。未来特朗普主义（Trumpism）也许不会随特朗普而去。煽动性的策略制约了美国支持制度建设、创立网络型组织和为应对新的跨国性议题制定政策的能力，减少了美国作为网络型组织的资产，也削弱了美国的软实力。国内政治僵局经常阻碍美国发挥其国际领导力。比如，美国参议院未能批准《海洋法公约》，尽管美国需要利用这一公约来促进南中国海的航行自由。类似的例子还有，国会曾连续五年未能批准政府的一项承诺，支持国际货币基金组织重新分配欧洲和中国的投票份额，尽管这项改革对美国来说几乎没有任何损失。国会还通过了违背主权豁免这一国际法原则的国内法案，而主权豁免原则能够保护海外美国人的利益。在领导气候变化问题上，国内存在着对碳排放定价的强烈抵触。这样一些态度削弱了美国处理全球公共产品问题时发挥领导作用的能力。

结　论

在全球政治中军事力量仍将是权力的重要组成部分。

美国在未来几十年内仍将是世界头号军事大国，而在全球政治中军事力量仍将是权力的重要组成部分。正如史蒂文·布鲁克斯（Steven Brooks）和威廉·沃尔福斯（William Wohlforth）最近出版的新书《美国在21世纪的角色》中所论述的那样，“国家之间能力分布情况的转移并不像人们普遍认为的那么多或者那么快”。[1] 但是他们也指出，学术界关于美国应当如何运用其权力的看法已经发生了明显的变化。一种新的、声望日隆的大战略方针——它也被称之为离岸平衡（offshore balancing）、收缩、脱离接触或克制——反映了冷战之后美国公众意见的转变。甚至在2017年特朗普政府就职之前，一些学者就在质疑1945年之后的世界秩序。冷战后人道主义干涉的困境在克林顿政府、小布什政府和奥巴马政府期间以截然不同的方式表现了出来。

与此同时，正在崛起的中国和正在衰落的俄罗斯使它们的邻国感到恐慌，美

1 Stephen Brooks and William Wohlforth, *America Abroad: The United States' Global Role in the 21st Century*, Oxford: Oxford University Press, 2016, ix.

国对亚洲和欧洲的安全保障确保了支持自由主义制度繁荣的稳定。同时，军事力量并非万能利器，试图去占领中东革命中民族主义高涨的国家、控制它们的国内政治，是注定要失败的做法，其结果是适得其反。在诸如气候变化、金融稳定、互联网治理规范等许多跨国性议题上，军事力量解决不了任何问题。美国应通过维持网络型组织，与国际机构合作，为网络空间和气候变化等新领域创建规范来创造软权力，以补充美国的硬实力资源。然而，这种软权力恰恰受到特朗普单边主义政策的挑战。目前特朗普政府执政伊始，大选中关于（美国的）联盟瓦解的论断不大可能成为现实。美国的高官已经安抚了欧洲和日本，而且军力平衡可能比此前竞选中论及的更加强劲。但是在国际经济体系或者全球公域（global commons）的治理方面，如气候变化问题上，情况却不尽相同。“自由主义的国际秩序”这个概念，无论是在直接还是间接的意义上，都包括政治—军事事务、经济关系、生态关系，以及对自由主义价值观的推广。这几个方面在多大程度上相互依赖，如果1945年建立的秩序被打破将会带来什么样的结果，这些还有待于观察。有些方面可能会继续保留，而另一些方面则可能消失。

总而言之，领导力并不等于支配地位。在美国的自由主义制度存续的70年中，总是既有一定程度的领导力，也有一定程度的影响力。今天，美国的优势有些不如当年，而世界则变得更加复杂，至关重要的事情仍将是美国与他国合作来提供全球公共产品。然而，与中国崛起构成的威胁相比，对这种领导作用的更大威胁可能来自美国国内的民粹主义政治。

（崔志楠 译；李巍、徐彤武 校）

专题：特朗普的美国与未来国际秩序

中国与自由主义国际秩序的危机

[加拿大] 阿米塔夫·阿查亚

唐纳德·特朗普只是美国领导的现行国际秩序发生危机的结果，而不是导致危机的原因。国际秩序的危机和衰落已早有先兆，虽然许多自由主义秩序的拥趸迟迟不愿意承认。在2014年出版的《美国世界秩序的终结》一书中，我已经指出由美国主导的世界秩序——常被冠名为自由主义的世界秩序或自由主义的霸权秩序——正在走向终结。[1] 这与美国自身是否衰落并无多大关联。有关美国是否衰落的争论尚未平息，但是人们对美国创建的世界秩序走向衰落的观点却较少怀疑。

一个相关的论点是，自由主义的世界秩序从来都不是真正意义上的全球秩序。美国领导的自由主义秩序的全球性在大部分时间里只是一个"神话"，因为苏联集团、中国、印度以及第三世界国家并未被囊括其中。自由主义的世界秩序应该被视为"第二次世界大战之后的国际秩序，而非世界秩序"。我亦对这一秩序为善的作用（benevolent role）提出了质疑。[2] 唐纳德·特朗普赢得大选后不久，自由主义世界秩序的坚定拥护者约瑟夫·奈在《外交事务》上发表的文章呼应了我的看法。他写道："自由主义秩序在很大程度上局限于一群大西洋沿岸志同道合的国家，它并不包括许多大国，比如中国、印度，还有苏联集团国家……而且

[加拿大] 阿米塔夫·阿查亚（Amitav Acharya） 美利坚大学（American University, Washington, DC,）国际事务学院国际关系学杰出教授（Distinguished Professor）。

1 Amitav Acharya, *The End of American World Order*, Cambridge: Polity, 2014, See also: Amitav Acharya, "American Primacy in a Multiplex World," *The National Interest*, September 27, 2016, http://nationalinterest.org/feature/american-primacy-multiplex-world-17841?page=show; "The End of American World Order: Insights from Amitav Acharya", by Mercy A. Kuo, *The Diplomat*, 10 November 2016, http://thediplomat.com/2016/11/the-end-of-american-world-order/.

2 Acharya, *The End of American World Order,* p.37, 39.

这一秩序对非成员国来说并不总是具有良性的影响（benign effects）。”[1]

在我看来，自由主义霸权之后出现的世界秩序既非单极也非多极，而是一个复合世界（Multiplex World）。[2] 尽管常见权威人士们讨论世界正在回归多极，当今世界已非常不同于多极世界，特别是第二次世界大战之前欧洲的那种多极世界。首先，国际政治的主要参与者不再只是大国或者新兴国家，还包括国际机构、非国家行为体、地区性大国和组织，以及跨国公司。战前欧洲各国的相互依赖仅靠贸易基础维系，而且这种关系还被王朝间的争吵、权力政治的制衡和对海外殖民地的血腥争夺所破坏。而今天，将世界大国紧密联系在一起的相互依赖关系有了更加宽泛和复杂的形式，它不仅包括贸易、金融和生产网络，还包括面对如恐怖主义、气候变化等跨国挑战时的脆弱性。

自由主义霸权之后的世界秩序是一个复合世界（Multiplex World）。

在复合世界中，如同在一个多厅影院（multiplex cinema），存在着各种各样的演员、剧本、制片人，观众们有了更多的选择。复合世界是去中心化（decentered）的；或者说在后霸权的世界中，多元的关键行为体由复杂的相互依赖关系紧密联系在一起。复合世界的关键特征包括以下几个方面：首先，尽管国家权力间的不平衡和等级制度仍旧存在［因此，由理查德·哈斯（Richard Haass）创造的“无极”（nonpolar）的概念，还有托马斯·弗里德曼（Thomas Friedman）“世界是平的”的说法，都具有误导性］，复合世界中不存在一个单一、可支配一切的全球霸权（例如到目前为止的美国，或者从19世纪后期到第一次世界大战时的英国）。其次，不同于在多极体系中主要的行为体仅是大国，复合世界中的行为体还包括国际和地区组织、非国家团体、公司和民间网络。再次，尽管发生了全球化，复合世界中仍持续存在文化、意识形态和政治上的多样性。最后，日益加深的全球和区域层面的相互依存不仅涉及贸易方面，同样还包括经济上和生态上的关联性。最后，多重层次的治理——全球、区域、本土层面——包括正式的制度、网络以及混合结构。安全挑战越发呈现出跨国性，因此需要跨国的手段去应对。

复合世界既不意味着中国、印度等新兴大国可以简单地被现行的自由主义霸权秩序所接纳，也不代表这些新兴大国可以自行领导世界。共享领导权是全球治理的关键。复合世界并不意味着回归到19世纪欧洲的区域性集团，而是以能够支持世界秩序的、开放和互动的地区主义为主要特征。复合世界并不必然是

---

1 Joseph S. Nye, “Will the Liberal Order Survive? The History of an Idea”, *Foreign Affairs,* Vol.96, No.1, January/February 2017.

2 这一观点最近获得《外交》上一篇论文响应，该文认为应以一种“混合秩序”应对“多元世界”；见：Michael J. Mazarr, “The Once and Future Order: What Comes After Hegemony?”, “Out of Order? The Future of the International System,” *Foreign Affairs*, Vol.96, No.1, January/February 2017, https://www.foreignaffairs.com/issues/2017/96/1。

"零集团"（G-zero）或者充满混乱的世界。尽管无法免于冲突，复合世界仍可通过"G+"（G-plus）的路径维持稳定，即除了传统和新兴大国外，还有公民社会、区域行为体和地方行为体的参与，以及全球性规则和机构的日益公平、透明与负责。

尽管特朗普承诺"让美国再次伟大"，但是他不可能扭转美国领导的自由主义国际秩序走向衰落的颓势。相反，如果特朗普竞选时提出的有关贸易、联盟和移民的纲领和宣言转化为最终政策，则将加速自由主义霸权秩序的瓦解，并引领复合世界的到来。事实上，特朗普是美国领导的自由主义秩序发生危机和走向衰落的结果，并不是导致危机和衰落的原因。而这一秩序的危机和衰落已经持续了一段时间了。[1]

例如，支撑自由主义秩序的一个重要因素——全球贸易增长的速度已经持续放缓。自2010年起，全球贸易维持在2%的年增长速度，而贸易总额与国内生产总值的比值在持续下降。[2] 需要记住的是，贸易增长的放缓与美国并无关系，而是与中国经济的减速直接相关。中国现已无法实现超过10%的经济增速。特朗普的政策亦可能导致全球贸易增长的放缓，但它绝不是主要原因。

自由主义国际秩序的另一个关键基石——由美国创建和维持的战后多边体系——已经分崩离析。[3] 以联合国为基础的大的多边机构，如国际货币基金组织、世界银行、世界贸易组织，以及专业机构如世界卫生组织，不再是国际治理中唯一的平台。当前，区域性和多边的协定、私人倡议，及各种各样形式的伙伴关系激增，它们将政府、私营部门和公民社会的行动方囊括在内，涉及安全、气候变化、人权领域。许多协定、倡议和伙伴关系既非美国领导下的产物，也不服从于美国的意图。

自由主义国际秩序的第三个要素是被称为"第四波"的全球民主革命。约翰·米克莱丝维特（John Micklethwait）和阿德里安·伍尔德里奇（Adrian Wooldridge）在2014年出版的《第四次革命》中指出，在这一波民主革命的浪潮中，民主国家的数目在冷战后几乎实现了翻倍。不过这一波革命浪潮已在2000年达到顶峰。[4] 业已失败的"阿拉伯之春"，以及土耳其和泰国转向威权主义（authoritarianism）证实了这样的走向。

---

1 Amitav Acharya, "Donald Trump as President: Does it Mark a Rise of Illiberal Globalism?" *Yale Global*, 22 January 2017, http://yaleglobal.yale.edu/content/donald-trump-president-does-it-mark-rise-illiberal-globalism.

2 Barry Eichengreen, "Globalization's Last Gasp", *Project Syndicate*, 17 November 2016, https://www.project-syndicate.org/commentary/growth-before-globalization-by-barry-eichengreen-2016-11?barrier=accessreg.

3 这种状况在以下专著中有生动的描述：Amitav Acharya, ed., *Why Govern? Rethinking Demand and Progress in Global Governance*, Cambridge, UK: Cambridge University Press, 2016.

4 John Micklethwait and Adrian Wooldridge, *The Fourth Revolution: The Global Race to Reinvent the State*, New York: Penguin Press, 2014.

然而直到现在，人们通常认为自由主义国际秩序的主要挑战源于外部，尤其是来自于中国领头的新兴大国。具有讽刺意味的是，新兴大国并未扮演好挑战者的角色。相反，自由主义国际秩序正在经历内部瓦解（implode）。特朗普的当选及英国脱欧预示着自由主义国际秩序的主要挑战亦源于内部，特别是源于对全球化影响的失望。

对自由主义国际秩序的挑战主要来自它的内部。

这一点明显地反映在2016年美国总统大选的投票中。那些原本被认为是克林顿的铁杆票仓，如威斯康星州（自1984年以来，该州从未投票给共和党总统候选人）、宾夕法尼亚州和密歇根州（自1988年来，这两个州从未投票给共和党总统候选人），以及俄亥俄州和北卡罗来纳州，最终都将选票投给了特朗普，其背后的原因正是出于对支撑自由主义国际秩序的经济全球化的不满情绪。[1]

特朗普团队已经对传统的、以联合国为基础的多边机构表现出厌烦的态度，并声称将更加重视双边协议，因为与多边主义安排相比，双边协议基于更加严格和直接的互惠。在特朗普的任期内，已经陷入实际瘫痪状态的世界贸易组织可能遭受尤其严重的打击。关键的问题是，特朗普是否会采取首届小布什政府的单边主义，那种做法曾在全球引发了一波反美情绪的浪潮。不过小布什政府从其早期犯下的错误中吸取了教训，反美情绪在奥巴马政府时期得到了扭转。特朗普是否将重蹈小布什的覆辙对于多边主义的未来至关重要。

全球民主转型的放缓削弱了自由主义秩序，关于这一秩序的未来，一个重大问题是：特朗普的胜利是否会鼓舞威权主义在世界各地蔓延。正如许多评论员指出，特朗普的胜利对反民主的领导人来说是振奋人心的，这些反民主的领导人不仅存在于西方阵营以外，如俄罗斯的普京（Putin）、土耳其的埃尔多安（Erdogan）、匈牙利的欧尔班（Orban），还包括西欧极右派运动的领导人，如法国的勒庞（Le Pen）。这股威权主义的浪潮是否会发展成形仍旧有待观察。但毫无疑问的是，特朗普的胜利给民主带来了糟糕的名声。《中国日报》断言，“民主是美国大选中的失败者”，同时，该报对漫长和野蛮的竞选过程中充斥的个人攻击和美式民主的“肮脏面”提出了批评。[2]

同样显而易见的是，2016年美国大选及特朗普的胜利已经严重侵蚀了美国所称的传播自由主义价值观的领导权，而这一领导权是美国主导地位以及美国领导的自由主义秩序的关键要素。同样受到削弱的还有美国的软实力。美国的软实力一定程度上依赖于美国国内政治和制度的吸引力。人们对特朗普对加州拉丁裔法官的不逊言辞记忆犹新，美国国会众议院议长保罗·莱恩（Paul Ryan）将之描述

1 Edward Alden, “The Biggest Issue That Carried Trump to Victory,” *Fortune,* 10 November 2016, http://fortune.com/2016/11/10/trump-voters-free-trade-globalization/.

2 “Democracy the loser in US vote,” *China Daily (USA),* 9 November 2016, http://usa.chinadaily.com.cn/opinion/2016-11/09/content_27317869.htm.

为“种族主义的典型案例”。同样让人难以忘记的，还有特朗普对墨西哥移民发表的侮辱性言论，以及对“金星家庭”中的穆斯林士兵父母的嘲讽和贬斥——他们的儿子在伊拉克汽车炸弹袭击中阵亡。[1] 难以想象，一个大国的民选领导人竟公然发表如此带有偏见的观点。

中国及新兴大国

在《美国世界秩序的终结》一书中，我指出新兴大国不可能提供另一种形式的世界秩序，因为这些新兴大国之间存在着紧张关系，具有不同的利益诉求和愿景规划。但是，如果没有重大的改革来容纳新兴国家的利益和声音，新兴国家也不可能简单地被现有的自由主义国际秩序所接纳（如一些自由主义者所期望的）。当下，特朗普的当选对自由主义秩序提出的最重要的问题可能是，新兴国家是将维护现行的自由主义秩序还是给予它最后一击？

我对这个问题的回答如下。俄罗斯、中国还有印度对自由主义秩序有着不同的利益诉求。普京可能帮了特朗普一把让他入主白宫，而且显而易见的是，如果特朗普的政策削弱了北约及美国其他联盟并导致美国在全球的重大战略收缩，普京可以明显从中获益。在金砖国家中，俄罗斯最不愿维护现有的自由主义国际秩序。英国脱欧的进程正在削弱欧盟，普京在国际事务中大显身手的时刻到来了。

中国远没有这么大兴趣削弱自由主义的国际秩序。一些中国精英人士为特朗普的胜选欢呼。在他们看来，《跨太平洋伙伴关系协定》（TPP）的死亡为其他区域性的协定打开了大门，例如《区域全面经济伙伴关系协定》（RCEP）。但是事情并没有那么简单。《区域全面经济伙伴关系协定》是一个多边倡议，其首要的障碍并非《跨太平洋伙伴关系协定》，而是印度顽固且棘手的谈判姿态，这与特朗普上台与否并无关联。而且，日本也将努力阻挠中国在《区域全面经济伙伴关系协定》中获得任何支配地位。

最近，前印度外交国务秘书及国家安全顾问梅农（Shivshankar Menon）称印度是一个“反对现状的国家”，印度谋求“改革和修正现行的国际秩序，而不是去推翻它”。

特朗普当选之时，新兴国家自身正陷于巨大的政治和经济困境中，这在一定程度上削弱了新兴国家对现行国际秩序的挑战。金砖五国的平均经济增长速度从2010年的9%下降到2015年的4%，投资增长幅度从2010年的16%放缓到2014年的5%。2015年，高盛关闭了旗下的金砖投资基金，该基金在2010年表现曾达到峰值，但至今已缩水88%。基于这样的背景，新兴国家难以通过一致的行动来

1 译者注：金星家庭（Gold Star family）是美国人民普遍尊敬的一种家庭地位，它表明这个家庭有一名直系亲属在服兵役期间丧生。这种用一颗金星代表阵亡者的做法始于第一次世界大战期间的美军。

抓住自由主义秩序危机所带来的机遇。公认的秩序挑战者可能踟蹰不前，甚至对秩序提供了更大的支持，反而是那些处于秩序核心的国家——美国和英国——在削弱这一秩序。[1]

中国主导的全球化?

自由主义秩序的危机及复合世界的出现对于中国来说意味着什么呢？首先，它为中国提供了一个在国际事务中提高自身领导力的机会。2017年1月，中国国家领导人习近平在达沃斯会议上捍卫全球化的发言并不是意料之外的或者不真诚的，它表明了中国是全球化的主要受益者之一。不过，尽管全球化是自由主义秩序的一个关键要素，中国对全球化的捍卫并不必然意味着它将接受由西方主导的当代全球化进程中的方方面面，特别是政治方面的主张。相反，中国和其他新兴国家很可能去探索一条完全不同的全球化路径。

这场全球化可能更多地由东方世界而非西方世界主导，更多地由中国、印度这些新兴国家而非守成大国主导，它将在南南国家之间创建多于南北国家之间的联系。这场全球化将更加尊重国家主权，它将绕过那些传统的多边经济机构，如国际货币基金组织、世界银行和世界贸易组织，更多地通过由新兴国家创建的新机构展开，如亚洲基础设施投资银行和其他新的多边机构等。这些新多边机构并不会取代现行的多边机构，但它们将为自己争取活动空间并竞争全球化的管理权。

数据显示，这场由东方主导、南南联系驱动的全球化已经出现了一段时间。较之南北国家间和发达国家间的贸易量，南南国家间的贸易量一直保持增长，其中商品贸易从2008年的不到8%，增长到2011年的超过26%。[2] 在投资领域，根据联合国贸易和发展会议提供的数据，南南国家间的直接投资量占全球投资总量的1/3以上。2015年，来自亚洲的跨国公司首次成为世界上最大的投资群体，几乎占世界总量的1/3。中国跨国企业对外投资的增速高于外资流入，并在2015年创造了1160亿美元的新高。[3]

其次，自由主义秩序的衰落可能也促使中国在重塑全球和地区治理中发挥更加积极的作用。通过积极创建亚洲基础设施投资银行、金砖国家新开发银行和应急储备安排，中国已经在加速发挥这种作用。尽管中国提出的“一带一路”倡议并不是一个多边机制，但它还是具备重塑战后发展重点和融资协定的潜力。中国的倡议表明全球化的未来将更加强调发展而非着重贸易。

---

1 Amitav Acharya, “The Emerging Powers Can be Saviours of the Global Liberal Order,” *Financial Times*, 19 January 2017, p.12. https://www.ft.com/content/f175b378-dd79-11e6-86ac-f253db7791c6.

2 United Nations Development Program, *Human Development Report 2013, The Rise of the South: Human Progress in a Diverse World*, New York: United Nations Development Program, 2013, p.2.

3 http://unctad.org/en/PublicationsLibrary/wir2015_en.pdf, pp.5, 8-9.

第三，自由主义秩序的衰落为中国提供了深化与新兴国家和发展中国家关系的机会，这些国家包括金砖国家，及亚洲、非洲、中东和拉丁美洲的区域性大国，它们正寄希望于减少对西方的依赖。最后，随着《跨太平洋伙伴关系协定》的死亡和奥巴马再平衡政策的终结（尽管这一政策可能以不同的形式再次出现），中国将有机会发展新的区域性关系。

虽然存在这些机遇，世界政治的现状也给中国带来了新的风险和挑战。当前世界政治中存在着更大的不确定性和复杂性。随着中国经济增速的放缓，全球贸易将难以复苏。此外还有特朗普的威胁：特朗普在竞选时表示，他将在本国和世界贸易组织中对中国采取反制措施，以报复中国不公平的补贴行为。[1] 无论特朗普政府是否有能力执行这样具有威胁性的政策，这里都需留心中国的报复行为，因为特朗普的言辞对中国造成了不确定，而中国也已受到了全球贸易放缓的影响。

中国能否与其他新兴国家发展更紧密的关系，有赖于中印关系的改善。

中国能否与其他新兴国家发展更加紧密的关系，依赖于中印关系的改善程度。中印是当今世界上最为重要的两大新兴国家，预计到2050年，两国将成为世界上排名前两位的经济体。不过，虽然中印在全球制度改革和国际秩序转型方面持有诸多共同的关切，但两国在许多关键问题上也存在着争议。比如，印度虽是亚洲基础设施投资银行的第二大股东，但对“一带一路”倡议持怀疑态度，原因是巴基斯坦的参与其中。

中国在亚洲同样面临着新的挑战。如果特朗普的政策削弱了美日和美韩同盟的生命力（并非必然之事，虽然特朗普强硬喊话盟友要求更多的责任分担），那么则可能促使日本和韩国发展核武器，而这不可能符合中国的安全利益。尽管《跨太平洋伙伴关系协定》的死亡可能看似为中国提供了领导亚洲地区经济一体化的机会，但这并不意味着中国可以主导一个替代性的区域全面经济伙伴关系协定。这一伙伴关系中的其他大国，如日本和印度，将制衡中国作用的发挥。

还有，特朗普执政期间，中国与东盟的关系并不一定会得到改善。杜特尔特领导下的菲律宾可能已经转向了中国，但基于两军数十年互动所结成的紧密联系及菲律宾军队对美国武器的依赖，美菲同盟仍然十分重要。中国与东盟或者至少与几个重要成员国关系的未来，将取决于能否找到和平的方式解决南海争端。特朗普政府可能不会像其前任奥巴马政府那样紧密拥抱东盟或者坚持以东盟为中心的原则，但这并不意味着东盟国家会在安全、经济和外交方面淡化与美国的紧密关系。

（崔志楠 译；李巍、徐彤武 校）

1 “7 Point Plan To Rebuild the American Economy by Fighting for Free Trade”, https://www.facebook.com/notes/the-2016-committee/donald-j-trumps-vision/1251246731604221/.

专题：特朗普的美国与未来国际秩序

2016年美国大选与选后美国政治走向

刁大明

内容提要：2016年美国大选是一场以民怨情绪、“反建制派”倾向，以及社交媒体广泛介入为特定趋势的开放式选举。显而易见，唐纳德·特朗普及共和党人成功地迎合了本次选举的总体趋势；希拉里·克林顿及民主党人失去了蓝领中下层的支持。当选后的特朗普将面临兑现民意诉求的极大挑战，府会关系与决策核心圈生态将塑造特朗普政府的内外政策走向。这场大选意味着美国两党政治的新一轮重组进程，美国政治也进入了历史周期更迭的新阶段。目前，政党政治以“党内政治”即民主、共和两党的党内整合作为优先主题，长期而言正在进行着以政党重组与区域变动为体现的周期更迭。新政治周期的调整是对2008年全球金融危机以来美国面对的经济发展与族裔结构等新挑战的必然回应，而特朗普的当选及其带来的不确定性正是新周期更迭这一时代特征的集中体现。

关键词：2016年美国大选　特朗普　政党重组　政治周期

2016年美国大选标志着美国政治的新一轮重大调整。由于时任总统奥巴马因任期限制无法谋求连任，这次大选势必要选出一位新人出任下一任美国总统。同时，美国国会的34位参议员、全部435位众议员及6位没有投票权的国会众议院代表要进行改选；12个州的州长、美属萨摩亚及波多黎各等两个属地的行政长官及多个城市政府要举行换届。就大选结果而言，共和党取得了大幅度的胜利：共和党在国会两院的席位虽缩水，但延续了占据多数地位的优势；共和党党籍的

1 刁大明　中国人民大学国际关系学院副教授。本文为北京大学国际战略研究院“2016年美国大选与美国政治前景”研究项目报告《特朗普时代：2016年大选与美国政治、外交走向》全文节选版。研究报告相关内容已分别以学术论文形式公开发表于《美国研究》2016年第6期、《外交评论》2017年第3期以及《美国问题研究》2017年第2期。本文由刁大明执笔。

州长数量也从选前的31位增至33位；更为重要的是，70岁的共和党总统候选人唐纳德·特朗普（Donald Trump）出人意料地以306比232的选举人团票优势战胜民主党总统候选人希拉里·克林顿（Hillary Clinton）入主白宫。[1]

一场被认为是两位“最不受欢迎”的候选人之间的白宫之争，却以所谓“反建制派”（anti-establishment）候选人击败“建制派”候选人的结果落幕，这一选举结果对观察、研究美国政治的现状与前景提出了新的和更高的要求。这是一场怎样的选举？特朗普及共和党为何能够取得胜利？特朗普上台后将面对何种政治局面？2016年大选对美国政治而言又将意味着什么？本部分就尝试基于选后掌握的有限信息对相关问题展开初步探讨。

一、2016年美国大选的环境与趋势

既定且难以改变的环境一定程度上约束并驱动着总统竞选所有参与者的策略制定。[2] 环境或特定趋势塑造着竞选议题，甚至决定着选举政治的最终走向。对于2016年大选而言，选举本身的开放式定位、美国民众特别是白人群体的民怨情绪、反对精英政治的“反建制派”趋势，以及社交媒体所发挥的个性化效果，都在潜移默化地左右着本次选举的基调与态势。

首先，开放式选举决定了本次大选的基本特点。所谓“开放式”选举是指总统大选中在任总统不能或不愿谋求连任、副总统也未参选，从而使大选完全向两党各参选人开放的选举。这种形式的选举提升了总统大选的竞争性与不确定性。自民主、共和两党首次同时参与总统大选的1856年以来，共有12次开放式选举，21世纪以来已出现了两次（2008年和2016年）。同时，美国在过去24年中经历了三位连任总统、两次政党轮替的“政治钟摆”过程，这凸显了美国总统政治及其政策议程进入了延续性相对较低、变动性相对较大的历史阶段。

一方面，民主党面对求变的民意。在开放式选举中某一政党得以延续对白宫控制的前一次情况还是在1928年，即赫伯特·胡佛（Herbert Hoover）接替同为共和党的加尔文·柯立芝（Calvin Coolidge），且是以全美经济繁荣和民主党分裂为重要背景的。[3] 时隔88年之后，民主党治下的美国经济并不令选民满意，民主党继续控制白宫所面临的民意压力相对较大；另一方面，共和党面对整合的难题。在同时容纳17位主流参选人竞争的历史性规模的初选中，共和党陷入了分

---

1 “2016 Election Results”, *Politico*, available at: http://www.politico.com/2016-election/results/map/president, 2017年1月30日访问。

2 Nelson W.Polsby, Aaron Wildavsky, Steven E.Schier, and David A.Hopkins, *Presidential Elections: Strategies and Structures of American Politics* , 14th ed., New York: Rowman & Littlefield, 2016, p.1.

3 “United States Presidential Election, 1928”, *Wikipedia*, available at: https://en.wikipedia.org/wiki/United_States_presidential_election,_1928，2017年1月30日访问。

裂状态，杰布·布什（Jeb Bush）、约翰·卡西奇（John Kasich）、克里斯·克里斯蒂（Chris Christie）等参选人之间的激烈竞争无法整合“建制派”力量，最终为特朗普的异军突起创造了机会。[1]

其次，白人中下层群体的民怨情绪营造了本次选举的民意环境。2016年大选充斥着美国民众在经济与就业、社会议题与族裔关系，以及国际地位与安全环境等多层次议题上长期积累的不安、不满、愤怒甚至是恐惧情绪。这种谋求变革的民怨是以全球化作为主要背景的，并表现为资本流动所导致的美国国内实体经济空心化与移民流动导致的美国国内人口结构多元化等两个核心矛盾点。

2008年金融危机以来，美国经济的缓慢复苏令民众“无感”而“无奈”，[2] 改善经济与就业状况一直是美国公众最为关注的首要议题。[3] 一方面，就业增长更多地来自低端服务业而非实体经济。据统计，2014年美国就业岗位中的80.1%是由服务业提供的，而工业实体产业与农业只分别创造了15.1%和1.5%的就业岗位。[4] 美国劳动者特别是蓝领工人的就业在水平、质量和稳定性上都难言理想。更糟的是，由于专业程度低而具有极强的可替代性与流动性，蓝领中下层白人群体极易因被新移民、少数族裔等更低成本的劳动力群体取代而再度失业；另一方面，美国中产阶级的规模呈现出空前的萎缩态势。根据2015年年初的统计，中产阶级占人口的比例已从20世纪70年代的61%降至49.89%的历史低点。[5] 与之相伴的是，社会财富继续向富裕的高收入阶层快速聚集，令处于社会大多数的中产阶级与低收入阶层普遍存在着强烈的“被剥夺感”。

在经济与就业议题上受累的同时，白人群体还面对着人口结构多元化带来的认同危机。一方面，据保守预计，由于新移民的激增和少数族裔的高生育率，美

---

1 刁大明:《“特朗普现象”探析》,《现代国际关系》，2016年第4期，第31—39页。

2 美国国内生产总值（GDP）增长率从2009年的–2.8%恢复到2015年的2.4%，处于西方世界的领先水平；2015年年底，失业率已降至5.0%，2016年11月更是实现了失业率为4.6%的水平，回到了2008年金融危机之前的状态；人均可支配收入在2014年和2015年更是实现了2.7%和3.4%的增长。分别参见：“Annual Growth of the Real Gross Domestic Product (GDP) of the United States from 1990 to 2015”, *Statista*, available at: http://www.statista.com/statistics/188165/annual-gdp-growth-of-the-united-states-since-1990/, 2017年2月1日访问；以及“Labor Force Statistics from the Current Population Survey,” *Bureau of Labor Statistics*, available at: http://data.bls.gov/timeseries/LNS14000000. “Personal Income and Outlays: January 2016”, *Bureau of Economic Analysis*, Feb. 2016, available at: http://www.bea.gov/newsreleases/national/pi/pinewsrelease.htm, 2017年2月1日访问。

3 “Problems and Priorities”, *The Polling Report*, available at: http://www.pollingreport.com/prioriti.htm, 2017年2月1日访问。

4 “Employment by Major Industry Sector”, *Bureau of Labor Statistics,* http://www.bls.gov/emp/ep_table_201.htm, 2017年2月1日访问。

5 “The American Middle Class Is Losing Ground”, *Pew Research Center*, Dec. 9, 2015, available at: http://www.pewsocialtrends.org/2015/12/09/the-american-middle-class-is-losing-ground/, 2017年2月1日访问。

国可能在50年后成为"无多数族裔人口结构"的国家。[1] 塞缪尔·亨廷顿提出的"我们是谁"的疑问已萦绕在所有美国人心中，构成了主导地位岌岌可危的白人群体持续焦虑的根源之一，进而从历史中走来的种族与族裔矛盾再度凸显出来。另一方面，经济与就业改善的难遂人愿、中东地区极端伊斯兰思想的抬头，以及美国国内枪支泛滥的顽疾，共同将族裔矛盾抛入了恶性循环之中。低水平的就业加剧了白人蓝领中下层与少数族裔、新移民之间的生存竞争，恶化了少数族裔、新移民的经济处境与社会状况；而这些无法实现所谓"美国梦"的少数族裔、新移民群体又极可能受到伊斯兰极端思想的驱使，在控枪措施不力的状况下酿成诸多恶性事件，从而再次激化了白人与少数族裔、新移民之间的敌对情绪。2013年波士顿马拉松爆炸案、2015年加州圣巴纳迪诺枪击事件、2016年佛罗里达州奥兰多酒吧枪击案等类似事件的实施者皆为"梦断"美国的少数族裔新移民。根据调查，有大约四成美国民众同意将非法的"无证移民"（undocumented immigrant）驱逐出境；在叙利亚局势日益恶化之后，超过一半的美国公众都反对美国接受叙利亚的难民。[2]

2016年大选中的民怨情绪可被视为是2008年民心求变的累积与延续。奥巴马在八年执政期间虽然试图尽力兑现竞选承诺，但并未令许多民众满意。他本人的少数族裔身份背景，以及民主党针对少数族裔、新移民的政策倾向，反而加剧了白人中下层群体内心的不满与愤怒。

再次，"反建制派"倾向构成了本次大选的政治风向。所谓"反建制派"倾向即对具有专业经验、政策积累以及社会资源的政治精英的反感与不信任，希望与政治精英无关的"圈外人"改变现行政治规则与政策议程。从历史上看，美国的"反智主义"（anti-intellectualism）传统在政治上就表现为"反建制派"倾向。而在现实中，根据2008年以来的民调持续显示，至少七成美国民众对国家发展方向并不满意，进而对政治精英充满了不信任。[3]

金融危机以来，"反建制派"倾向在共和党中尤为明显，2009年兴起、2010年逐步进入政治运作的"茶党"（Tea Party）势力强烈抵制华盛顿精英，并快速催生了数量可观的"反建制派"政治人物出任国会议员等选任职务。其中最具代表性的事件为，时任国会众议院多数党（共和党）领袖埃里克·坎托（Eric

---

1 白人的比例将在50年之后降至50%以下，拉美裔将上升至24%，14%的亚裔可能超过非洲裔的13%。参见：D'Vera Cohn, "Future Immigration will Change the Face of America by 2065", *Pew Research Center*, Oct. 5, 2015, available at: http://www.pewresearch.org/fact-tank/2015/10/05/future-immigration-will-change-the-face-of-america-by-2065/, 2017年2月1日访问。

2 "Immigration", *The Polling Report*, available at: http://www.pollingreport.com/immigration.htm, 2017年2月1日访问。

3 "Satisfaction with the United States", *Gallup*, available at: http://www.gallup.com/poll/1669/general-mood-country.aspx, 2017年2月1日访问。

Cantor）在2014年的中期选举初选中意外地被“茶党”势力支持的“圈外人”击败，使他成为1899年设置多数党领袖职位以来首位在初选中落败的在任者。[1] 在本次大选的共和党初选中，除特朗普外，也有如脑外科医生本·卡森（Ben Carson）、女商人卡莉·菲奥里纳（Carly Fiorina）等多位毫无政治经验的“反建制派”参选。与共和党相同，“反建制派”倾向也贯穿于民主党党内竞争的始终。在初选阶段，“建制派”希拉里·克林顿遭遇了“反建制派”伯尼·桑德斯（Bernie Sanders）的强力挑战，足以说明民主党内部反对传统政治精英的呼声在上升。

最后，社交媒体的个性化动员改变了本次大选的竞选生态。大众传媒的变革既是经济和社会发展的产品，也是理解美国政治进程的钥匙。[2] 如果说2004年霍华德·迪安（Howard Dean）的总统初选标志着美国竞选政治步入了互联网时代，那么2016年大选无疑是社交媒体首次全面介入竞选活动的一场选举。根据皮尤研究中心的一项调查显示，在18岁到29岁的受访者中，有35%的人将社交媒体视为获取大选信息的最重要来源，排名第二位的是新闻网站和手机应用（18%）；而在30岁到49岁的受访者中，虽然21%的人将电视视为最重要来源，但更愿意借助新闻网站和社交媒体的人也分别有19%和15%，总数同样多于传统媒体。[3]

从目前来看，互联网特别是社交媒体在竞选中的广泛应用对政治参与的影响程度仍不确定，[4] 但互联网和社交媒体的确已改变了美国竞选政治的运作方式。其一，研究证明，互联网并未为选民提供广泛而公开的信息，反而会促使选民只关注那些他们支持的候选人的信息、只与那些有共同倾向者建立联系，从而固化甚至极端化了选民的政治倾向。[5] 其二，传统媒体在议程设置上要么被政治精英操控，要么充斥着政治人物的负面信息，因而逐渐引发公众的反感，[6] 社交网络等新媒体则取而代之，甚至为无法得到主流媒体支持的“反建制派”政治人物提供了传播与动员的主要渠道。按照另一位参加竞选的民主党人伯尼·桑德斯（Bernie Sanders）在选后的描述，其“推特”（Twitter）和“脸谱”（Facebook）

---

1 Molly Ball, “Eric Cantor’s Loss: A Stunning Upset”, *The Atlantic*, June 10, 2014, available at: http://www.theatlantic.com/politics/archive/2014/06/eric-cantor-loses-in-stunning-upset/372550/, 2017年2月1日访问。

2［美］W. 兰斯·班尼特：《新闻：政治的幻象（第5版）》，杨晓红、王家全译，北京：当代中国出版社，2005年版，第15页。

3 “The 2016 Presidential Campaign: A News Event That’s Hard to Miss”, *Pew Research Center*, Feb. 4, 2016, available at: http://www.journalism.org/2016/02/04/the-2016-presidential-campaign-a-news-event-thats-hard-to-miss, 2017年2月1日访问。

4 Yonghwan Kim, Hsuan-Ting Chen, and Homero Gil de Zuniga, “Stumbling upon News on the Internet: Effects of Incidental News Exposure and Relative Entertainment Use on Political Engagement,” *Computers in Human Behavior*, Vol.29, Issue 6, Nov. 2013, pp.2607-2614.

5 Philip Paolino and Daron R.Shaw, “Can the Internet Help Outsider Candidate Win the Presidential Nomination? ” *P.S.*, Vol.36, Issue 2, April 2003, pp.193-197.

6［美］W. 兰斯·班尼特：《新闻：政治的幻象（第5版）》，第95页。

账户在竞选中分别增加了300万和500万个关注者，“我们通过对社交媒体潜力的挖掘为‘进步主义政治’著书立说了”。[1] 其三，互联网与社交媒体重构了竞选的募款模式，社交媒体构建起双向互动，实现了与动员反向的捐款。[2] 桑德斯在初选中通过互联网得到了250万个捐款人的800万笔捐款，[3] 而他募集到的2.28亿美元个人捐款中的59%为小额款项，其中互联网与社交媒体的贡献颇多。[4]

塑造2016年美国大选走向的四个因素中，开放式选举结构是独特因素。

需要指出的是，在共同塑造2016年大选走向的上述四个因素中，只有开放式选举结构的影响力仅限于本次选举阶段，其他三个如民怨情绪、“反建制派”倾向，以及社交媒体对政治的介入等趋势，正在继续左右美国政治未来的发展路径与样貌。

二、2016年美国大选结果的评析

2016年美国大选以共和党在白宫、国会和各州不同层次的胜利而落下帷幕。比较而言，共和党在国会两院继续维持多数的结果在选前得到了较多的预见：共和党在第114届国会众议院中占据的59席多数是1929年第71届国会以来该党占据的最大规模优势，在大选年的国会选举中被翻盘的难度略大；共和党在国会参议院选举中较为关键的席位如宾夕法尼亚、威斯康星、北卡罗来纳、新罕布什尔、伊利诺伊等州均为在任者谋求连任，整体上胜算也略大。与国会两院选情相对稳定不同，总统大选的结果超出了多数人的普遍预期：民主党总统候选人希拉里不但同时失去了佛罗里达、俄亥俄、艾奥瓦等关键摇摆州，而且还在此前被预期选情稳健的宾夕法尼亚、密歇根及威斯康星等所谓“锈蚀带”（Rust Belt）[5] 各州以微弱劣势不敌共和党总统候选人特朗普。虽然以48.2%比46.3%领先特朗普将近257万张选民票，但希拉里·克林顿仍以232比306的选举人团票差距输掉了选举，这也是美国历史上第五次发生选民票与选举人团票相悖的选举结果。[6] 面对如此始料未及的大选结果，美国政治的历史周期、特朗普对竞选的准确定位，以及希拉里作为候选人的天然欠缺等因素或可提供一些初步的解释视角。

1 Bernie Sanders, *Our Revolution*, New York: Thomas Dunne Books, 2016, p.100.

2 Matthew Hindman, “The Real Lessons of Howard Dean: Reflections on the First Digital Campaign,” *Perspectives on Politics*, Vol. 3, No. 1, March 2005, pp.121-128.

3 Bernie Sanders, *Our Revolution*, New York: Thomas Dunne Books, 2016, p.100.

4 参见OpenSecrets.org关于桑德斯竞选经费的相关网页：https://www.opensecrets.org/pres16/candidate.php?id=N00000528。

5 “锈蚀带”是指传统制造业广泛分布的美国大湖区与中西部各州。该区域是美国经济衰退、人口流失、城市衰败最为明显的区域之一，也是美国蓝领中下层群体分布最为密集的地区之一。

6 “Presidential Results”, *CNN Politics*, Dec. 4, 2016, available at: http://www.cnn.com/election/results/president, 2017年2月1日访问。

首先，美国政治的历史周期正在转向共和党。关于美国历史周期的讨论以美国历史学家施莱辛格父子的研究流传最广。基于老阿瑟·施莱辛格（Arthur M. Schlesinger, Sr.）关于保守主义与自由主义交替主导且平均11.5年更迭一次的论断，小阿瑟·施莱辛格（Arthur M. Schlesinger, Jr.）提出了关于美国联邦政府的国内政策在“公共利益”（public purpose）与“私人利益”（private interest）之间摇摆的历史周期理论，每次回摆大概需要25到30年。[1] 通常而言，“公共利益”导向的选举即偏自由派主张的得势，比如1901年的老罗斯福、20世纪30年代的小罗斯福和20世纪60年代的肯尼迪政府；而“私人利益”主导的选举开启的则是保守主义思潮笼罩的政府，如20世纪二三十年代的“哈丁—柯立芝—胡佛”政府和20世纪80年代的里根政府。[2] 基于小施莱辛格的理论，美国立国以来的52次大选分为20次“公共利益”主导及32次“私人利益”主导，而至少自1856年以来，“公共利益”或“私人利益”导向基本上是分别直接与民主党或共和党相对应的。[3]

美国目前所处的历史周期基本上是“公共利益”导向的，发端于1992年当选的克林顿政府。即便在2001年到2008年是共和党人小布什执政，但他在国内政策议题上的某些做法还是体现了“公共利益”倾向，体现在他宣称的“富有同情心的保守主义”的社会政策上，比如将部分处方药纳入医疗保险范围，以及“一个孩子都不能少”（No Child Left Behind）的教育改革等政策。值得注意的是，在2009年以来奥巴马政府推进全民医保、向富人征税、移民改革等“公共利益”导向的自由派政策的同时，一系列要求“个人利益”的政治浪潮也此起彼伏，比如主张有限政府、反对政治精英的“茶党”运动，以及在2016年大选中得以充分体现的中下层白人群体的民怨情绪。换言之，2016年大选或2020年大选正处于从“公共利益”回摆到“私人利益”即从民主党转向共和党的周期调整点上，而特朗普及共和党的竞选成功地顺应了这一周期趋势。

具体观察，本次大选初步具有了历史周期摆动所带来的“政党重组”（party realignment）与“区域主义”（sectionalism）整合的某些端倪。从“政党重组”角度而言，虽然仍不能确定2016年大选是一次促使两党选民基本盘发生重大变化的“关键性选举”，但从选举结果看，特朗普扩展了共和党在中下层特别是蓝领群体中的支持度。从投票站的出口民调数据观察，对比2012年大选，在本次选举中，共和党增长最多与民主党减少最多的同步变化群体包括了“中学教育及以下者”（共和党增加16%、民主党减少19%）、“家庭年收入三万美元以下者”

---

1 Arthur M. Schlesinger, Jr., *The Cycles of American History*, Boston: Mariner Books,1999, p.31.

2 谢韬:《从大选看美国的历史周期、政党重组和区域主义》,《美国研究》,2012年第4期，第30—45页。

3 Stewart J.H. McCann, “Schlesinger’s Cycles of American History and Presidential Candidate Age (1789-1992): When Younger Is Better”, *Political Psychology*, Nov. 2001,Vol.27, No.11, pp.1429-1439.

（共和党增加6%，民主党减少10%），以及“非婚男性”（共和党增加5%、民主党减少10%），这些群体的变化直接反映了受教育程度偏低的蓝领中下层在本次选举中支持特朗普而非希拉里的态势。[1] 而在“区域整合”意义上，决定最终选举结果的宾夕法尼亚、威斯康星和密歇根三州正是蓝领中下层选民聚集的“锈蚀带”地区，而“锈蚀带”地区逐渐从民主党基本盘转入共和党基本盘的态势事实上自金融危机以来就已悄然开启。与2008年大选相比，奥巴马在2012年不但输掉了位于“锈蚀带”的印第安纳州，而且其胜出比例缩水幅度最大的五个州中除佛罗里达（31%）、内华达（53%）等摇摆州外，就是“锈蚀带”的威斯康星（49%）、宾夕法尼亚（52%）和密歇根（57%）三州。[2] 在2016年大选中，希拉里只是延续了奥巴马任内民主党在“锈蚀带”地区逐渐失势的大趋势，该地区的区域整合直接将共和党候选人特朗普送入了白宫。

其次，特朗普实施了驾驭2016年大选态势的精准竞选。客观而言，2016年大选中的开放式选举结构、求变民怨情绪、“反建制派”风向和社交媒体动员等趋势都对传统政治精英不利，反而有助于特朗普的竞选；而特朗普则充分利用了本次大选的特定环境与趋势，实现了精准的动员与竞选。

其一，特朗普有效地迎合了以中下层白人为代表的民怨情绪。在其2015年出版的竞选书《跛足美国：如何让美国再强大起来》（*Crippled America: How to Make America Great Again*）的开篇，特朗普就将封面选择其愤怒的肖像照解释为因为美国民众如今也正在怀有同样的不安、焦躁、愤怒，甚至是恐惧。[3] 面对全球化冲击下的民怨情绪，与桑德斯的“平民主义”方案不同，特朗普始终强调“美国优先”，推崇“本土主义”（nativism）的解决方案。具体而言，特朗普将目前美国所有的问题都定义为是“非美国”或者“非本土”的，占主导地位的白人群体并没有错，而是外部世界的“他者”或者移民的过错，因而要阻断这些“非本土”因素的负面牵扯或介入。在众多政策议程中，特朗普在贸易与移民问题上颇为极端，在竞选中多次提出以反对自由贸易、对相关国家课以重税等政策强行实现制造业回流；以在美墨边境筑墙、全面禁止穆斯林入境、全面驱逐“无证移民”等政策捍卫白人权益。在对外政策方面，特朗普并不赞同美国维持与其他国

1 依照公开出口民调的数据计算而成。资料参见：“Exit Polls”, *CNN Politics*, Nov. 23, 2016, available at: http://www.cnn.com/election/results/exit-polls/national/president , 2017年2月10日访问。

2 依据美国联邦选举委员会公布的2008年及2012年总统大选各候选人在各州得票数字记录计算而成。资料参见：“Federal Elections 2008: Election Results for the U.S. President, the U.S. Senate and the U.S. House of Representatives”, *Federal Election Commission*, July 2009, available at: http://www.fec.gov/pubrec/fe2008/federalelections2008.pdf, 2017年2月10日访问；以及“2012 Election Results: Official Vote Totals by States,” *Federal Election Commission*, available at: http://www.fec.gov/pubrec/fe2012/tables2012.pdf , 2017年2月10日访问。

3 Donald J. Trump, *Crippled America: How to Make America Great Again*, New York: Threshold Editions, 2015, p.iv.

家的盟友关系，认为应该专注于应对美国的“真正威胁”。[1]

特朗普将民怨引向“非本土”因素的竞选操作在当今美国不乏市场。通常而言，特朗普的支持者被认为是受教育程度较低的白人男性，即那些在全球化冲击下低水平就业且要养家糊口的群体。但随着选举的逐步推进，特朗普的支持群体呈现出扩大态势：受教育程度较高者、传统经济（农业、建筑业、制造业和贸易）的从业者、基督教福音派，以及更为广泛的美国本土出生者，甚至在获得合法身份的新移民中，都不同程度地存在着特朗普的支持者。[2] 换言之，不同阶层与群体的美国人都存在不满与怨气，而特朗普的“本土主义”解释可以令他们接受。也正是在这种状况下，美国社会中出现了实际支持特朗普的所谓“沉默的选民”，而且这些人在接受民调问答时可能出于对“政治正确”的考虑而隐瞒自身真实的意图，从而导致了特朗普在民调中被低估现象的出现。事实上，从出口民调来看，相对于2012年米特·罗姆尼（Mitt Romney）的表现，特朗普在非洲裔、拉美裔、亚裔等群体中的支持率均有所成长。[3] 更有研究发现，在从中国、墨西哥等国竞争性进口增长的美国各县中，特朗普获得的支持率都超过了这些县过去20年对共和党支持的平均水平。[4]

其二，特朗普充分地迎合了“反建制派”的政治审美。相对于杰布·布什等所代表的“建制派”甚至“家族政治”，特朗普等“反建制派”人选更能迎合当前美国民众普遍对华盛顿精英、极化政治的不满，以及希望改变传统驴象党争的诉求。特别是在对奥巴马无法满足民意诉求的失望之下，民众颇有“赌性”地期待一位距离传统政治更远的“反建制派”参选人可以实现某些切实的改变。值得一提的是，特朗普这种排外甚至颇有“种族歧视”意味的言论看似“政治不正确”，却被另外一种“政治正确”保护着，即反对或批评特朗普就是代表“建制派”政治精英、就是“反对变革的民意”。

其三，特朗普知名度高，操纵媒体的技巧娴熟，善于开展互联网与社交媒体竞选。虽为富商，但特朗普多年来始终活跃于美国的各类传媒上，在传播意义上具有“网红”特质。特朗普“跨界参选”本身就是新闻，而他在竞选过程中“语不惊人死不休”的言论表达，也时刻为美国媒体制造着新闻话题，客观上抬升了特朗普竞选的曝光度。2015年8月3日，共和党总统初选的首场电视辩论，就因

1 Donald J. Trump, op.cit., pp.33-35.

2 Neil Irwin and Josh Katz, “The Geography of Trumpism”, *The New York Times*, March 12, 2016, available at: http://www.nytimes.com/2016/03/13/upshot/the-geography-of-trumpism.html , 2017年2月10日访问。

3 “Exit Polls”, *CNN Politics*, Nov. 23, 2016, available at: http://www.cnn.com/election/results/exit-polls/national/president, 2017年2月10日访问。

4 Andrea Cerrato, Francesco Ruggieri and Federico Maria Ferrara, “Trump Won in Counties that Lost Jobs to China and Mexico”, *The Washington Post*, Dec. 2, 2016, available at:https://www.washingtonpost.com/news/monkey-cage/wp/2016/12/02/trump-won-where-import-shocks-from-china-and-mexico-were-strongest/?from=timeline&isappinstalled=0&utm_term=.4b25ea3e5798&wpisrc=nl_cage&wpmm=1., 2017年2月1日访问。

为特朗普的参与而吸引了2400万观众，创造了非体育赛事类节目的收视纪录。[1]更为重要的是，特朗普通过社交网络实时向关注者发送信息，表达着不同于传统政治人物的极端言论和政策立场，这种通过社交媒体实现的实时动员，影响甚至主导了传统媒体议程，实现了传统方式无法企及的竞选效果。截至大选投票日，特朗普在“推特”上的关注者超出了希拉里·克林顿400万，同时他也是在“推特”和“脸谱”网站上被提及频率最高的候选人。[2]

最后，希拉里·克林顿并非适合2016年大选的理想的总统候选人。在选前，无论是在联邦层次的综合民调还是在各州选举人团分布的预估中，希拉里·克林顿都握有更大胜算。最终落败的结果，除了开放式选举的高竞争性、各州选举人团对民意的重塑等因素造成的影响之外，希拉里·克林顿作为总统候选人的政策倾向与个人特质也并不符合2016年大选的整体趋势。

希拉里·克林顿的政策倾向与个人特质与2016年大选的整体趋势不符。

其一，希拉里·克林顿的政策立场无法有效地吸引蓝领中下层群体的支持。长期以来，希拉里·克林顿的政策站位属于20世纪80年代末期民主党内部崛起的“新民主党人”（New Democrats），即在经济财政议题上相对温和，在社会议题上较为自由，支持自由贸易，主张以促进经济增长来实现“就业福利”。[3]而这种与奥巴马政府支持《跨太平洋伙伴关系协定》（Trans-Pacific Partnership Agreement, TPP）如出一辙的政策倾向无法得到蓝领中下层的拥护。正因为如此，代表民主党党内传统自由派即“进步主义民主党人”（Progressive Democrats）的桑德斯才以改革华尔街、反对自由贸易、促进社会权益平权等主张取得了工会组织以及中下层民众的支持。虽然希拉里·克林顿在获得民主党总统候选人提名后也有意识地跟进桑德斯的“平民主义”主张、调整自己的政策主张，但仍未扭转民主党在蓝领中下层群体和“锈蚀带”地区支持度降低的整体困境。

其二，希拉里·克林顿的个人特质已不符合民主党的政治生态。从传统上来讲，民主党更易推出相对年轻的“新面孔”竞选包括总统在内的选任公职，民主党的政党生态也更青睐新鲜血液。而在2016年大选中，希拉里·克林顿不但是民主党建立以来最年长的总统候选人，也是长期混迹于政治舞台的“老面孔”。自实施现行初选制度的20世纪70年代以来，在七次开放式选举的初选中，民主党在前六次都产生了毫无总统选举经验的“新面孔”，只在2016年选择了曾经参与总统初选的“老将”希拉里·克林顿。这一变化严重压低了民主党基本盘选民

1 Lydia Wheeler, “Record Audience Tunes in for GOP Debate”, *The Hill*, Aug. 7,2015, available at: http://thehill.com/blogs/ballot-box/presidential-races/250549-early-numbers-show-record-audience-for-first-gop-debate., 2017年2月12日访问。

2 Laeeq Khan, “Trump Won Thanks to Social Media”, *The Hill*, Nov. 15, 2016, available at: http://thehill.com/blogs/pundits-blog/technology/306175-trump-won-thanks-to-social-media., 2017年2月12日访问。

3 Jon F. Hale, “The Making of the New Democrats”, *Political Science Quarterly*, No.110, 1995, pp.208-211.

的参与热情：特朗普的选民票基本保持了2008年麦凯恩和2012年罗姆尼的6000万左右的水平，而民主党的选民票却从2008年的6949万直接缩水了1400万；希拉里·克林顿在非洲裔（88%）、拉美裔（65%）、18岁到25岁的年轻人（54%）群体中的支持率也都明显弱于2012年的奥巴马（93%、71%、60%）。[1] 换言之，拉低投票率的并非特朗普及共和党，而是对希拉里·克林顿热情骤降的民主党选民。

其三，希拉里·克林顿的“建制派”身份激化了本次大选中原本存在的矛盾。因为希拉里与特朗普分获提名，总统大选转变为“建制派”与“反建制派”的正面对决。一方面，希拉里·克林顿充当了美国社会各界“建制派”精英反对特朗普的最佳代言人，导致了传统主流媒体“一边倒”背书的罕见情形，加深了精英群体与普通民众之间的裂痕；另一方面，她的“公务私邮”的“邮件门”、民主党全国委员会的偏袒丑闻、克林顿基金会海外献金，以及“维基揭秘”（WikiLeaks）爆出的一系列负面信息交互叠加作用，固化了希拉里·克林顿所谓“豪车自由派”（limousine liberal）的负面刻板形象，导致她沦为普通选民“反建制派”倾向的众矢之的，甚至在反华盛顿精英、期待切实变革的民众中酿成了不可小觑的“反动员”效果。[2]

虽然特朗普当选的结果可以得到某种解释，且选民投票率（55.5%）并不低，但是2016年大选仍旧是一场“低质量”的总统选举。其一，两党提名的总统候选人均未享有多数民意支持。在选举日前夕，特朗普的满意度只维持在三成上下，不满意度可达六成，民主党候选人希拉里·克林顿的满意度也不足四成，不满意度达到五成以上。[3] 在竞选期间围绕着两位候选人的争议性议题乃至丑闻也加剧了民众的厌恶情绪，而“两害相权取其轻”的大选显然无法为选民提供有效且优质的解决方案。其二，特朗普的当选是在“双不过半”的前提下实现的。在美国特有的初选制度和各州“胜者全得”的选举人团制度的交互影响下，特朗普在初选和大选的相应范围选民中均未得到简单半数以上的支持，甚至在大选期间还是以“选民票落后、选举人团票反超”的民意劣势当选的。“双不过半”以及“两票倒置”的弱势状态直接约束着特朗普推进内外政策的政治空间。

正是由于总统选举的“低质量”，在特朗普政府上台之后，美国民意不但没

---

1 资料参见：“Exit Polls”, *CNN Politics*, Nov. 23, 2016, available at: http://www.cnn.com/election/results/exit-polls/national/president , 2017年2月13日访问。

2 Steve Fraser, “Hillary is Trump’s Dream Opponent: Clinton is Exactly the ‘Limousine Liberal’ his Coalition Distrust the Most”, *Salon*, May 9, 2016, available at: http://www.salon.com/2016/05/08/hillary_is_trumps_dream_opponent_clinton_is_exactly_the_limousine_liberal_his_coalition_distrusts_the_most , 2017年2月15日访问。

3 “Donald Trump: Favorability Ratings”, *Polling Report*, available at: http://www.pollingreport.com/trump_fav.htm, 2017年6月2日访问；以及 “Political Figures: Hillary Clinton”, *Polling Report*, available at: http://www.pollingreport.com/hrc.htm, 2017年6月2日访问。

有显现出积极调整迹象，反而发生了民怨累积与极化加剧同步恶化的态势。一方面，民意的悲观与不满持续加剧，毫无改观。根据皮尤研究中心在2017年5月公布的民调显示，美国民众对联邦政府的信任度已跌落至20%，即首次同主题民调的1958年以来的最低水平。另一方面，特朗普面临着极化的民调表现：总体满意度历史新低，但共和党阵营却给予坚定支撑。根据盖洛普的每日追踪民调显示，特朗普以满意度与不满意度同为45%的相对低民调就任，其后满意度基本都不及不满意度，甚至在3月26日至28日的民调中出现了满意度为35%、不满意度59%的最差民调表现。[1] 对比而言，奥巴马同期的满意度超过六成，不满意度最高也仅为三成。[2] 再从总统上任百日民调的历史比较观察，特朗普以41%的满意度刷新了1953年以来最低民调满意度总统的纪录：前9位总统无一在百日执政中民调跌至50%以下。可见，特朗普在总统政治意义上面对着一个历史上最低、最为负面的民意开局。[3]

三、特朗普总统面临的美国政治前景

2016年美国大选并未宣泄的民怨情绪、社交媒体重塑的政治动员结构、特朗普政府“单边主义”的政策倾向，这些态势相互牵动、交错强化，推动着美国政治重心或主题的新变化。概括而言，当前美国政治的主题，从短期而言是所谓的“党内政治”，而长期主题则是所谓的“周期更迭”。

（一）短期主题：“党内政治”优先于“两党政治”

2016年美国大选特别是两党初选阶段，极化对峙的民主、共和两党各自内部也较为集中地爆发了不同政治理念或不同派别之间的冲突，比如共和党党内以特朗普为代表的“反建制派”崛起，或者民主党党内“新民主党人”希拉里·克林顿与“进步主义民主党人”伯尼·桑德斯的激烈竞争。这种党内分歧并不仅仅是所谓“建制派”与“反建制派”的冲突，更是两党党内各派别在应对美国当前内外挑战时不同路线选择的冲突。值得注意的是，自1856年即如今的民主、共和两党正式介入总统政治以来，两党政治生态大多数情况下表现为“党内合一党

1 “President Trump: Gallup Daily Tracking”, *Polling Report*, available at: http://www.pollingreport.com/djt_job1.htm, 2017年5月11日访问。

2 “President Trump: Gallup Daily Tracking”, *Polling Report*, available at: http://www.pollingreport.com/djt_job1.htm , 2017年5月11日访问；以及 “President Obama: Gallup Daily Tracking: 2009-2012”, *Polling Report*, available at: http://www.pollingreport.com/obama_job1a.htm , 2017年5月11日访问。

3 “Presidential Job Approval Ratings Following the First 100 Days: Eisenhower-Trump”, *The American Presidency Project*, available at: http://www.presidency.ucsb.edu/data/100days_approval.php, 2017年5月11日访问。

间斗”（即党内团结合作，两党冲突斗争），在较少的状况下也表现为“党内斗—党间合”（即党内存在某种冲突斗争，两党之间存在一定合作空间），比如“南方民主党”现象。而2016年总统选举当中的两党政治生态却显现出所谓“党内斗—党间斗”的罕见组合，如此更为复杂的极化现象也可以被概括为是“碎片极化”的新特征。

“双斗”态势在“特朗普时代”显然得到了延续，但其主要矛盾或侧重点出现调整，即“党间斗”明显弱于“党内斗”。用美国政治的标准衡量，特朗普的当选并不是“高质量”的当选，但共和党的确自1928年以来再一次掌握了对白宫、国会两院多数、50个州州长多数以及可能决定联邦最高法院政治风向权力的全面控制。[1] 即便民主党在国会参议院尚且有权通过“冗长发言”等方式对共和党的政策议程构成某种程度的搁置，但所谓“核选项”（nuclear option）的广泛使用正在极大地蚕食着这种防御性的制衡能力。进而，民主党人只有在批准条约等需要国会参议院三分之二即“超级多数”通过时才能显现对白宫的影响力。正是由于当前两党政治权力的不对称性，两党之间的竞争性与制衡性暂时下降，两党各自党内的矛盾与整合上升为核心主题，即“党内政治”已优先于“两党政治”。

就民主党而言，2016年总统选举的落败加速了党内权力重构。民主党正在经历寻找新路线与新的领导层的整合过程。前文提及的代表民主党角逐佐治亚州国会众议院第6选区席位的乔恩·奥瑟夫刚刚年满30岁，由他参与的这次选举也被认为将是民主党在“千禧年一代”（millennials）群体中动员能力的“压力测试”，并可能成为“千禧年一代”对特朗普内外政策表达不满甚至对其进行象征性“公投”的信号。[2] 奥瑟夫作为“圈外人”的意外崛起也得到了包括桑德斯、马萨诸塞州国会参议员伊丽莎白·沃伦（Elizabeth Warren）等颇受欢迎的民主党政治人物的支持，而这些人都属于民主党党内较为激进自由派的“进步主义民主党人”。因而，奥瑟夫的竞选前景可能成为观察民主党党内生态的“试金石”。而民主党目前的党内整合效果最早将在2018年中期选举的议题与路线规划乃至2020年大选中总统候选人的提名初选中得到印证。

就共和党而言，虽然目前整体上近乎占据了美国政治中的绝对优势，但这并不意味着彻底控制了美国国家议程，反而是同样面对着党内整合的挑战。客观而言，特朗普只是以共和党候选人身份当选，其政策议程原本就需要与共和党主

共和党整体的绝对政治优势并不意味着彻底控制了美国的国家议程。

1 Josh Zeitz, “What Happened the Last Time Republicans had A Majority This Huge?” *Politico*, Nov 15, 2014, available at: http://www.politico.com/magazine/story/2014/11/1928-congress-last-time-republicans-had-a-majority-this-huge-112913, 2017年6月3日访问。

2 Doug Bock Clark, “Jon Ossoff’s Race Is The First Real Battle Between Millennials and Trump”, *Mother Jones*, April 15, 2017, available at: http://www.motherjones.com/politics/2017/04/jon-ossoff-race-first-real-battle-millennials-vs-trump-1, 2017年6月3日访问。

流派协调，又加之其“反建制派”标签也面临着与“建制派”互动的难度。从其执政初期的表现观察，共和党主流或“建制派”的确对特朗普进行着并实现了塑造。这不但表现为特朗普在外交事务上的实际选择较为快速地回归到了共和党传统轨道上来，也体现为特朗普在内政议程上的推进效果：即共和党主流派一贯支持的且特朗普接受的政策或议题往往较为顺利地实现（如最高法院大法官的提名，或者去监管、推翻奥巴马能源政策等行政令）或正在推进之中（共和党版本的《美国医保法案》或税改立法），而特朗普个人极端色彩较为明显的、但共和党主流派并未全部接受的政策或议题（如“限入令”或者“边境筑墙”等）都陷入了被搁置甚至失败的状态。换言之，面对这位颇为孤立的“帝王式总统”，共和党主流派虽然无法实现对白宫决策过程的有效控制或沟通、实现“事前制约”，但至少正在通过针对白宫决策产出进行结果导向的“事后制约”。

“党内政治”作为优先主题的状态可能在2018年中期选举后被终止。基于中期选举中总统所在党往往会失去席位的经验判断以及过去三次国会众议院的“多数—少数”轮替均发生在中期选举的历史事实（即1994年共和党增加54席转为多数、2006年民主党增加32席转为多数、2010年共和党增加64席转为多数），民主党在2018年中期选举中存在较大可能增加足够席位（24席或以上），进而重新回到国会众议院多数地位。特别是，在2016年大选中，23位共和党籍国会众议员所在选区的选民在总统选举层面上支持了希拉里·克林顿，[1] 为民主党的翻盘提供了更大概率。一旦共和党在国会两院的多数地位被打破，民主党也就将获得足够制约特朗普政策推进的能力和空间。需要强调的是，“两党政治”或“党争政治”的回归，仅仅改变了“党内政治”作为优先主题的地位，但并不意味着两党各自党内长期整合过程的尘埃落定。

至少在2018年中期选举之前，“党内政治”的主题可以被视为判断美国政治大方向特别是特朗普政府稳定性的“唯一标尺”。一方面，如果特朗普可以有效保持共和党阵营的民意支撑、保持国会两院共和党领导层等党内主流派或“建制派”的充分支持、避免出现党内支持的塌方式逆转，所谓“通俄门”等危机都基本上可以保持在可控范围之内，远远不会发酵到开启弹劾程序的地步。另一方面，只有确保共和党党内主流派或“建制派”对其政策议程的支持，特朗普才能彻底实现某些政策绩效，进而兑现竞选承诺。特朗普作为共和党总统的承诺兑现或执政业绩，也将有助于拉抬共和党在国会中期选举中的选情。

（二）长期主题："周期更迭"下的政治重组

如在前文论及的那样，在整个2016年选举期间，关于美国“政治周期”的

---

1 Kyle Kondlk, “House 2018: Crossover Appeal”, *Sabato's Crystal Ball*, Feb 9, 2017, available at: http://www.centerforpolitics.org/crystalball/articles/house-2018-crossover-appeal/, 2017年6月3日访问。

论断以及“政党重组”“区域主义”等相关分析框架被反复提及，甚至被视为选前预判以及选后分析大选结果以及美国未来政治走向的重要视角。[1]

就政党重组而言，出现这种情况的前提是导致政党基本选民盘重大变化的所谓“关键性选举”（critical election）。从2016年总统选举两党党内初选竞争甚至是金融危机以来两党在某些核心议题上的政策调整上观察，至少从20世纪60年代以来长期充当两党政治划界标准的所谓“社会议题”正在急速弱化，而“如何应对全球化挑战”这一“发展议题”开始占据核心地位。换言之，党争的核心议题正在加剧地经历从“国内议题”转为“应对国际趋势挑战”的所谓“外部化”。这里的“社会议题”基本上涵盖了与意识形态价值观相关的诸多所谓“文化”事务，比如同性婚姻、堕胎、性别平等，以及社会福利事务，等等。过去半个世纪以来，在这些议题上的迥异立场不但充当着区分民主、共和两党的鲜明标签，也是两党进行差异性选民动员的抓手，客观上还掩盖了两党党内在经贸、移民等“发展议题”上的隐形分歧。

产生这种议题“外部化”调整的原因复杂，其中最为突出者有二。其一，众多社会议题本质上具有代际属性，其争议性随着世代更替而弱化。最为典型的例子即美国公众对同性婚姻逐渐宽容的态度变化。2001年的民调显示，支持同性婚姻者在民主党、共和党以及独立选民群体中分别为43%、21%以及43%，而在2016年的民调中这三个数字分别提升为70%、33%以及61%。[2] 可见，围绕社会议题展开的所谓“文化战争”（culture war）在烈度上持续下降。其二，2008年金融危机以来的美国的确更多面临着全球化带来的自由贸易与移民流动等多重严峻挑战，而两党在这些重大民意关切议题上原本存在的“党内”和“党间”分歧被放大为主要矛盾，进而形成了全球主义者与本土主义者之间的所谓“边境战争”（border war）。[3]

“战争”主题转化的直接结果就是两党基本选民群体以及政策偏好的同步变化。民主党内部原本存在的“新民主党人”与“进步民主党人”在经济发展议题上的差距日益突出。民主党面对着在前者的不遗余力地发展经济的全球主义倾向和后者的保护本土劳工利益的本土主义倾向之间的重大抉择。2016年总统选举民主党初选对于“新民主党人”的选择，进一步导致了蓝领中下层群体的分化甚至转投共和党。相关民调显示，在民主党受访者中对自由贸易协定的支持者与反

---

1 谢韬：《从大选看美国的历史周期、政党重组和区域主义》，《美国研究》，2012年第4期，第30—45页。

2 “Changing Attitudes on Gay Marriage”, *Pew Research Center*, May 12, 2016, available at: http://www.pewforum.org/2016/05/12/changing-attitudes-on-gay-marriage/, 2017年6月7日访问。

3 Michael Lind, “This is What the Future of American Politics Looks Like”, *Politico*, May 22, 2016, available at: http://www.politico.com/magazine/story/2016/05/2016-election-realignment-partisan-political-party-policy-democrats-republicans-politics-213909, 2017年6月7日访问。

对者分别为56%和38%，而这组数字在共和党受访者中为38%和53%。[1] 这就意味着，民主党正在呈现出拥抱全球主义的趋势，也就导致了其在新周期中彻底失去蓝领中下层群体选票的很大可能。特别是在民主党在移民问题上坚持开放态度的前提下，蓝领中下层白人获奖者更为快速地倒向共和党。如果这一趋势得以延续，民主党的选民基础将在新的历史周期中转化为以上层受教育程度较高的白人、少数族裔以及城市人口组成的具有全球主义或多元主义倾向的群体。

蓝领中下层群体走向共和党的基本动力，其实是共同分享的传统价值观；但至少在2016年共和党特别是其总统候选人特朗普也提出了在经济议题上同样吸引蓝领中下层的“美国优先”“让美国再强大”等本土主义解决方案。如果这些经济政策理念得以完善并在特朗普任内获得收效、进而被共和党主流派彻底接纳的话，共和党就将不断将蓝领中下层特别是白人群体巩固为其重要基本盘。换言之，“特朗普时代”之后的共和党极可能将成为以蓝领中下层白人与南方以及农村地区保守派共处为选民基础的本土主义政党。

需要强调的是，基于民主党由不同利益群体构成而共和党由不同理念驱动的大判断，[2] 与民主党党内其他群体存在利益差异的蓝领中下层可能更易发生政党归属意义上的移动，而逐渐失去蓝领中下层的民主党也将更易整合其他群体的利益；但是共和党相比而言却更难很快在不同理念之间形成能够满足蓝领中下层群体诉求的政策方案与政治立场。这就意味着，因特朗普而回归的本土主义倾向虽然已再次成为了共和党未来的一个重要选项，但也同样是共和党党内不同理念或派别的攻击目标。换言之，这一轮政党重组可能会贯穿特朗普整个四年任期。

就区域主义而言，通常各区域各州在政党归属上具有一定的稳定性，但在新周期开启、政党重组出现时，政党区域分布通常也将相伴出现规模较大且周期较长的调整。比如20世纪60年代以来南方从民主党转向共和党的过程。2014年中期选举之后，来自南方各州的所有民主党籍国会议员已无白人，进而南方各州彻底完成了这一轮共和党化。[3]

结合2016年选举以来的政治现实，美国当前正在同步经历着两个区域的整合。正如前文提及的那样，一个是被认为决定了2016年大选结果的所谓“锈蚀带”。该区域范围内的宾夕法尼亚（20张选举人团票）、威斯康星（10）以及密歇根（16）三州正是在多个民调中被预测倾向于民主党、但最终却为特朗普锁定

1 “Views on Economy, Government Services, Trade”, *Pew Research Center*, March 31, 2016, available at: http://www.people-press.org/2016/03/31/3-views-on-economy-government-services-trade/, 2017年6月7日访问。

2 Matt Grossmann and David A. Hopkins, *Asymmetric Politics: Ideological Republicans and Group Interest Democrats*, NY: Oxford University Press, 2016, p.3.

3 Jason Zengerle, “The Death of the Southern White Democrat Hurts African-Americans the Most”, *New Republic*, November 9, 2014, available at: https://newrepublic.com/article/120212/john-barrows-2014-midterm-loss-end-white-southern-democrats, 2017年6月7日访问。

胜局的关键三州。这个区域原本是民主党占据某些相对优势的摇摆地带，但自金融危机以来逐渐在摇摆状态得以保持的前提下出现了倒向共和党的端倪。当然，催化"锈蚀带"变动的最大动力无疑是在该地区人口比例中占据举足轻重地位的蓝领中下层白人群体逐渐倒向共和党的选民变化。[1] 而由于共和党党内不同理念整合重构的难度与耗时持久，"锈蚀带"的变动也大概率地要经历一个漫长且方向不定的过程，在两党之间的摇摆或将成为强于某一党明确倾向的区域特征。

另一个是自21世纪初以来就被认为最有可能引发下一轮重大重组的区域，即横贯南北的落基山区八州。这一区域在近年来的变化的确符合当前民主党党内整合的新趋势：以南部墨西哥移民拥入为主动力的少数族裔比例激增；该地区白人受教育程度的提升以及蓝领工人比例的骤降；西海岸高科技产业及人口的内迁；城市化进程的快速推进导致人口向城市地区的聚集，等等。[2] 也正是因为这些符合民主党受教育程度高的白人、少数族裔以及城市人口的新构成，该区域范围内的内华达、科罗拉多、新墨西哥乃至亚利桑那等州也已在不同程度上在总统选举层次成为关键摇摆州。[3] 不过，由于落基山区人口规模仍旧较小，其政治影响力无法与南方各州或"锈蚀带"相提并论，因而也只能作为可能引领未来某个周期变革的潜在积蓄因素来持续关注。

概括而言，"政党重组"与"区域调整"的核心都是蓝领中下层尤其是其中白人群体的变动，只是前者是在政党归属意义上的，后者是因为该地区内的群体变动政党归属而导致了区域在政治倾向上的整体移动。这就意味着，民主、共和两党未来也将在与蓝领中下层白人群体密切相关的内外议题上进行重大的政策调整。

四、简短的结语

2016年美国大选与其说是一次竞选和投票过程，不如说更像是一场席卷全美、由心怀变革与"反建制派"情绪的白人蓝领中下层在社交媒体动员下实现的社会运动。"反建制派"候选人特朗普为共和党提供了吸引蓝领中下层这一关键选民群体的"本土主义"理念，进而成功地顺应了2016年大选的整体趋势。"建制派"候选人希拉里·克林顿无论在政策立场还是个人特质上都已不适合本次选举的特定环境，最终因无力扭转民主党在蓝领中下层群体及"锈蚀带"地区的颓

1 [美]J. D. 万斯:《乡下人的悲歌》，刘晓同、庄逸抒译，南京：江苏凤凰文艺出版社，2017年版，第181—187页。

2 Ruy A. Teixeira, *America's New Swing Region: Changing Politics and Demographics in the Mountain West*, Washington.D.C.,: Brookings Institution Press, 2012, pp.1-10.

3 Sean Quinn, "The Mountain West: America's New Swing Region", *FiveThirtyEight*, Dec 10, 2008, available at: http://fivethirtyeight.com/features/mountain-west-americas-new-swing-region/, 2017年6月7日访问。

势而落败。

不可否认，特朗普及共和党的胜利，远非美国选民为当前美国面临的内外困难寻求到的最佳解决方案，而是选民对传统精英提出的解决方案的彻底否定，也是他们对非传统精英方案的“赌性”期待。这就意味着，对特朗普而言，胜选只是他迈出的第一步，能否兑现承诺、切实解决问题，才是接踵而至的更大考验。如果无法实现诺言，他要么很快被“建制派”精英同化，要么只能通过不断的极端动员来维持部分但却足够的民意支持，实施社会运动般的执政。

特朗普胜选，是美国选民对传统精英提出的解决方案的彻底否定。

可以预见，特朗普的当选预示着美国政党政治新一轮漫长重组的开始，也将美国再度抛入以阶层与族裔意义上的抗争为主题的社会运动的多发期与易发期。但无论如何，特朗普极可能并非切实变革的起点，而是民怨情绪的下一个目标，美国政治进而也将步入充斥着冲突与不确定性的自我调整阶段。

抑或可以这样说：以国家挑战为起点，以新历史周期开启为节点，构成了美国政治发展的新的历史片段。而特朗普的当选、所谓“特朗普现象”的出现以及“特朗普时代”的不确定性，都是这个特定政治生态发展阶段的组成部分与关键特征。从这个意义上讲，特朗普的当选当然存在偶然性，甚至他的个人特质也正在挑战美国政治的底线，但其中那些反映时代趋势的成分，显然是美国政治进入新一轮变革与重组时不可避免的代价。

专题：特朗普的美国与未来国际秩序

杰作还是赝品——特朗普经济政策及其预期后果

朱文莉

内容提要：特朗普执政百日，其经济政策主张在美国社会引起巨大争议，但受到资本市场的欢迎。本文对其政策的纲领、目标和主要内容进行系统总结，进而依据对美国经济的要素结构分析对其进行全面评估。虽然其中部分措施给提振经济增长速度带来希望，但长期结构性后果将伤害美国经济的强项，同时继续损耗其弱项。美国现已非常严重的社会经济不平等问题可能进一步恶化。特朗普的主张能否顺利通过美国的政治过程也存在明显变数。

关键词：美国政治 美国经济 特朗普

英国广播公司（BBC）近年推出了一档颇受欢迎的画作鉴定栏目——杰作还是赝品（Fake or Fortune），使用各种当代技术手段辨别所谓大师作品的真伪，把过去由少数权威专家凭借经验和直觉掌控的鉴定过程演绎如推理侦探小说一样充满戏剧性。自从唐纳德·特朗普赢得2016年美国大选以来，围绕美国经济政策的讨论大有类似的戏剧化转型倾向，赞同其经济主张的经济学家是如此之少，而资本市场对他言论的反应却如此热烈，其支持者对他的追捧是如此狂热，其反对者的抵制情绪又是如此激昂，原本由模型和数据主导的经济学术讨论化身民情较量的舞台，对立双方剑拔弩张，互不相让。

必须指出，这样戏剧化的效果基本上是特朗普一手造成的，而且正是这种效果在很大程度上帮助他在大选中胜出。通过不停推出耸动视听的经济口号，特朗普巧妙地调动和维持支持者的热情，同时刺激和强化反对者的抵触情绪，而当两极化的民众纠缠于相互抨击的时候，对他经济主张的实质分析往往被冷落乃至忽

朱文莉 北京大学国际关系学院教授，北京大学国际战略研究院特约研究员。

视。这种状况在他的百日新政阶段仍然持续，对美国经济而言是危险的，对全球政治经济发展而言也是不负责任的。因此有必要清除人为制造的宣传迷雾，对特朗普的经济方案进行切实的分析判断。

一、特朗普经济政策的主要内容

众所周知，特朗普从正式投身政坛到最终入主白宫仅用了17个月的时间。此前他虽然积累了亿万资产，成为家喻户晓的商业电视明星，但并不以思辨和理论见长。他的经济政策在短暂而激烈的选战过程中快速成型，由若干简单明确的宣传口号推演而成。如果说过去常见的美国总统经济理念追求的是复杂精巧的传统建筑风格，特朗普的经济主张更像是匆匆搭建的演出篷帐，一个宏大炫目的华盖加上三根主要支柱和五条固定绳缆构成了它的全部内容。

特朗普提出的笼罩全局的口号——“让美国再次强大起来”——既是对经济状况的判断，也是其经济施政的指南。在竞选过程中和上任之后，他反复将美国经济描述成失败、凋敝的乱摊子（a mess）。[1] 而造成经济困局的罪魁一是建制派精英，二是他国的不公平竞争行为。“自北美自由贸易协定生效之后，我们的制造业岗位流失超过四分之一；自2001年中国加入世界贸易组织之后，我们的工厂减少了60000家。去年（2016年）我们的贸易赤字将近8000亿美元”。[2] 他指责掌权者对此袒护纵容，因为他们可以从中获益，但美国普通民众却生活艰辛。[3]

特朗普提出的解决方案简单直白：“买美国货，雇美国人（Buy American and Hire American）。”[4] 这可以理解为其“美国优先（America first）”口号在经济领域的具体化。为此要打破建制派精英对市场的管制束缚，焕发美国企业的活力。他保证按此原则施政四年，可以使美国GDP增速提高到每年4%，使就业岗位增加2500万。[5] 这一承诺的确大胆、惊人，因为自20世纪50年代以来美国的GDP年平均增速约为3.1%，而金融危机之后的七年一直在1.5%到2.5%的区间

1 如特朗普在保守派行动委员会2017年年会上说：“相信我，我继承了一个乱摊子。”（Remarks by President Trump at the Conservative Political Action Conference, February 24, 2017, https://www.whitehouse.gov/the-press-office/2017/02/24/remarks-president-trump-conservative-political-action-conference）；在就职演说中称：“锈迹斑斑的旧产房如墓碑一样遍布美国大地。”（Donald Trump, The Inaugural Address, January 20, 2017, https://www.whitehouse.gov/inaugural-address）.

2 Donald Trump, Joint Address to Congress, February 28, 2017, https://www.whitehouse.gov/the-press-office/2017/02/28/remarks-president-trump-joint-address-congress.

3 “华盛顿欣欣向荣，民众却不能分享财富；政客致富，但工厂关闭，就业岗位流失海外；既得利益者照护自己，却丢弃平民百姓。” Donald Trump, The Inaugural Address, January 20, 2017, https://www.whitehouse.gov/inaugural-address.

4 Donald Trump, The Inaugural Address, January 20, 2017, https://www.whitehouse.gov/inaugural-address

5 White House, “Bringing Back Jobs And Growth”, https://www.whitehouse.gov/bringing-back-jobs-and-growth.

波动。IMF等国际机构预测美国经济今明两年的增长速度将在2.3%—2.5%。更具挑战性的是，特朗普不仅承诺实现高增长，而且还多次断言新增就业会集中出现在制造业部门，“濒死的产业将迅速重生”。[1] 也就是说，美国经济要重现工业化主导的高速增长。

特朗普振兴美国经济的方案主要包括三大法宝和五方面政策。

为了实现愿景，特朗普祭出重振经济的三大法宝：税收改革、基建工程、解除管制，并以五项社会经济政策作为辅助：医保改革、能源与环境政策改革、移民改革、预算调整、贸易协定调整。他就任百日以来，围绕这些政策采取的主要措施包括：

第一，发动移民改革。其中最引人关注的是推出针对七个以穆斯林居民为主国家[2] 的赴美旅行禁令，不仅立即停止来自这些国家的难民和移民入境，而且暂停所有签证发放，连已经取得签证或拥有在美长期居留身份的旅行者也被拒之门外。与此同时，美国司法部和国土安全部联手开展严厉打击非法移民行动，加紧在美墨边界的巡查，在全美各地主动出击搜捕非法移民并迅速遣返。更意味深长的是，收紧合法移民渠道的政策也在酝酿当中，公开提及的措施包括改变投资移民政策、限制技术移民、降低总体移民额度。如果说针对穆斯林的旅行禁令是以国家安全为理由的话，其他的移民改革措施则是意在为特朗普主张的“雇美国人”扫清道路。

第二，尝试医保改革。在特朗普支持下，国会众议院议长保罗·瑞安设计了新的医保法案，以废除和取代奥巴马医改。其政策调整要点是不再强制购买医保、对购买医保的支持方式由直接补贴改为税收抵扣、对各州的医保拨款由按支出比例拨付改为按人头拨付、大幅削减对高收入者和保险公司的相关税收，等等。[3] 按照特朗普政府的解读，这些措施将终止联邦政府对医疗保险市场的强行干预，恢复个人自由选择权利，打破医疗与保险价格节节攀升的恶性循环，提高中小企业竞争力。[4]

第三，调整预算。特朗普政府3月中旬提出的联邦预算开支纲领预计将总体开支减少1.2%。其中国防和国土安全是唯一预算增加的领域，增幅达到551亿

---

1 Remarks by President Trump at the Conservative Political Action Conference, February 24, 2017, https://www.whitehouse.gov/the-press-office/2017/02/24/remarks-president-trump-conservative-political-action-conference.

2 2017年1月27日特朗普签署的首个旅行禁令《总统行政命令13769》涉及七个国家。被联邦法院终止执行后，3月6日出台的第二个禁令《总统行政命令13780》中去掉了伊拉克，目标国家减为六个。

3 H.R.1628 - American Health Care Act of 2017, http://files.kff.org/attachment/Proposals-to-Replace-the-Affordable-Care-Act-Summary-of-the-American-Health-Care-Act，访问时间：2017年5月5日。

4 Remarks by President Trump on Healthcare Vote in the House of Representatives, May 04, 2017, https://www.whitehouse.gov/the-press-office/2017/05/04/remarks-president-trump-healthcare-vote-house-representatives 访问时间：2017年5月5日。

美元。[1] 为平衡国防开支上调，其他所有部门支出都将面临大幅度缩减，如国务院预算减少29%，劳工部预算减少21%，商务部预算减少16%，教育部预算减少14%。中小政府机构遭到的预算打击更为沉重，约20个联邦独立机构的预算几乎被取消，其中包括国家艺术基金会（National Endowment for the Arts）、国家人文学术基金会（National Endowment for the Humanities）、公共广播公司（Corporation for Public Broadcasting）和国家法律服务公司（Legal Services Corporation）。[2] 美国媒体评论称之为只要硬实力，不顾软实力。特朗普政府则宣称这是精简政府，打击华盛顿的官僚习气。

第四，启动税改。白宫公布的税改方案双管齐下。[3] 一方面要普遍减税，企业所得税和个人所得税最高税率均调降到15%，个人收入的免税额度翻倍，取消奥巴马医改对投资所得（Capital Gains Tax）的加税，逐步废除遗产税。另一方面要简化税制，个人所得税由现行的七档减少为三档，取消各种复杂的单项抵税（itemized tax deductions），废除备选最低税额，对美国公司海外利润改为一次性征税。总统国家经济事务顾问加里·科恩表示这将是美国历史上最大规模的税改之一，能够有效提振投资和消费，增强美国的国际竞争地位。[4]

第五，调整贸易协定。特朗普上任首日就签署行政命令正式退出《跨太平洋伙伴关系协定》（TPP）。3月底又通报国会准备启动关于《北美自由贸易协定》（NAFTA）的重新谈判，其贸易谈判代表办公室提出了初步的谈判目标，如允许美国在本土产业面临进口威胁时重新启动针对墨西哥和加拿大的关税。[5]

此外，特朗普政府解除管制的行动已经全面铺开。就职不久，他即以行政命令方式规定，任何一项新的管制措施出台必须以废除两项现行管制为前提，并称最终要取消75%的管制禁令。已经被撤销的行政管制包括对网络公司收集出售消费者信息的禁令、对石油公司海外经营的反腐败要求、要求大型公司公示违反

---

1 此为国防部与国土安全部预算增款合计，若包括退伍军人部预算增加部分在内，增拨总额为595亿美元。Alicia Parlapiano & Gregor Aisch, “Who Wins and Loses in Trump’s Proposed Budget,” *The New York Times*, March 16, 2017, https://www.nytimes.com/interactive/2017/03/15/us/politics/trump-budget-proposal.html?_r=0。

2 同上。

3 Gary Cohn, “President Trump Proposed a Massive Tax Cut. Here’s What You Need to Know,” White House, April 26, 2017, https://www.whitehouse.gov/blog/2017/04/26/president-trump-proposed-massive-tax-cut-heres-what-you-need-know. 访问时间：2017年4月29日 .

4 Briefing by Secretary of the Treasury Steven Mnuchin and Director of the National Economic Council Gary Cohn，White House, April 26, 2017, https://www.whitehouse.gov/the-press-office/2017/04/26/briefing-secretary-treasury-steven-mnuchin-and-director-national. 访问时间：2017年4月29日。

5 Bob Davis & William Mauldin,“Trump administration may seek only minor adjustments to Nafta,”*The Wall Street Journal*，March 29, 2017, http://www.marketwatch.com/story/trump-administration-may-seek-only-minor-adjustments-to-nafta-2017-03-29.

劳工保护法规案例的规定，等等[1]。其中引起最大争议的是取消奥巴马政府“清洁发电计划”框架下的一系列能源与环境管制措施，允许租用联邦土地开采煤矿，重新评估碳排放限制。[2] 面对国内外的批评与质疑，特朗普表示此举将使美国煤矿工人重获就业机会，保障美国的能源独立，推进能源出口，并指责批评者代表“环保集团”（environmental complex）的特殊利益，要坚决予以回击。预计其接下来的解除管制行动还可能触及多德—弗兰克金融管制法案、食品药品管理局审批新药程序等多个重要政策[3]。

二、初步实施与两极化的反应

特朗普一再宣称自己的初期施政记录是“历史上最好的”，其反对者则对此嗤之以鼻。就其经济政策的推行过程来看，移民改革和医保改革连续遭到重挫，先后颁布的两个针对伊斯兰国家的旅行禁令都被司法系统推翻；搜捕遣返非法移民的行动在人口大州和大城市普遍受到质疑，无法得到地方政府的积极配合和执行。

特朗普经济政策中最受关注和欢迎的基础设施建设倡议则迟迟不见实际行动。其批评者认为，基建计划的空转集中体现了特朗普施政的各种缺陷：

首先，宏大概念之下缺乏细节支撑。特朗普多次提出要在10年内投资万亿美元，更新和改善美国基础设施。很多经济界人士都对此表示肯定，认为此举既可以带动投资，又可以降低国内生产成本，同时还可以创造工薪阶层就业岗位。但是在联邦财政赤字居高不下的情况下，所需的资金如何筹措，特朗普始终含糊其词。他大致的设想是以政策支持吸引私人投资参与，但这很可能意味着允许私人投资者收取基础设施使用费作为回报，美国民众很难被说服接受这种改变。

其次，相关政策缺乏协调，往往自相矛盾。在宣扬基建计划的同时，特朗普的预算削减要将交通部开支减少13%，2017年当年削减24亿美元。[4] 结果大规模

1 “The Regulatory Wrecking Ball,” *The New York Times*, April 6, 2017, https://www.nytimes.com/2017/04/06/opinion/the-regulatory-wrecking-ball.html.

2 David Blackmon , “President Trump’s Latest Energy Executive Order Is Not Just About Coal,” *Forbes*, March 27, 2017, https://www.forbes.com/sites/davidblackmon/2017/03/30/president-trumps-latest-energy-executive-order-is-not-just-about-coal/#47c4a31a198d Jeremy Carl, “What President Trump’s Energy and Climate Executive Order Does — and Doesn’t Do, ” *National Review*, March 31, 2017, http://www.nationalreview.com/article/446309/trump-energy-climate-executive-order-coal-clean-power-plan.

3 Sy Mukherjee, “Why Drug Companies Don’t Want President Trump to Deregulate the FDA, ” *Fortune*, February 15, 2017. http://fortune.com/2017/02/15/trump-fda-deregulation-biopharma/, “What Trump's deregulation agenda misses,” CNBC, February 6, 2017, http://www.cnbc.com/2017/02/06/what-trumps-deregulation-agenda-misses.html.

4 Parlapiano & Aisch 前引文。

基建未见落实，一些原有的基础设施改善项目已告夭折。例如交通部被迫缩减对美铁（Amtrak）的补贴，取消对其长途客运的支持，停止奥巴马政府推动的交通改善项目（TIGER Grant）。纽约、马里兰、北卡罗莱纳、田纳西等地即将开工的车站与铁道更新工程因而失去联邦配套资金，被迫紧急叫停。[1]

最后，政策推出的时机与美国经济现实状况不符。奥巴马政府在第一任期内曾经提出规模与目标与特朗普主张高度一致的基建方案，但遭到国会共和党人的激烈抵制而未能通过。当年美国经济处在金融危机阴影之下，增长乏力，失业率高企，投资不振。大规模基建计划如能在当时实施，可谓对症下药，政策效果立竿见影。而目前美国经济已经完成复苏过程，私人资本充足，劳动力市场接近完全就业。此时推行同样规模的基建项目，虽然有助于改善美国的基础设施状况，但投资效率成疑，宏观上看还有引发经济泡沫的风险。

特朗普的反对者据此指出，特朗普经济施政的表演成分远大于其政策实质。[2] 响亮诱人的口号根本经不起细节追问和推敲。不仅其基建计划是如此，其税收政策同样空洞，说不清政策重点到底在减税还是税制改革；其预算计划至今只有开支部分而无收入部分，而且开支也是部门大纲和要点，并非完整预算；[3] 其医保改革也是一样，高喊废除奥巴马医改，但迟迟拿不出可行的替代方案。这些人认为特朗普的其他经济主张也会和医保提案的命运类似，迟早会被质疑—证伪—否定。

但与充斥主流媒体的冷嘲热讽形成鲜明对照的是，美国资本市场却出现了所谓“特朗普繁荣”（Trump Boom）。自特朗普大选获胜之后，道琼斯指数已经连续上升5个月，由18250点一路冲高超过21000点。如特朗普在推特上宣称的，由此“创造的财富”已经超过3.2万亿美元。

与此同时，美国消费者信心指数也在上升，达到15年来最高水平。中小企业乐观指数则创造了12年来最高纪录。[4]

投资者欢迎亲资本、亲企业界的白宫主人。

那么市场的乐观情绪究竟来自何处？投资者看重的什么因素是被主流媒体和学界忽略的呢？

1 Hiroko Tabuchi, “Trump Cuts Leave Bridge and Rail Projects Hanging,” *The New York Times*, April 5, 2017,https://www.nytimes.com/2017/04/05/business/dealbook/bridge-rail-infrastructure-trump.html.

2 Michael Kruse, “He’s a Performance Artist Pretending to be a Great Manager,” *Politico*, February 28, 2017. http://www.politico.com/magazine/story/2017/02/hes-a-performance-artist-pretending-to-be-a-great-manager-214836.

3 Paul Krugman, “Conservative Fantasies, Colliding With Reality, ” *The New York Times*, March 17, 2017, https://www.nytimes.com/2017/03/17/opinion/conservative-fantasies-colliding-with-reality.html.

4 Heather Long, “Trump’s economic boom, ” CNN, March 2, 2017, http://money.cnn.com/2017/03/02/news/economy/donald-trump-economy/.

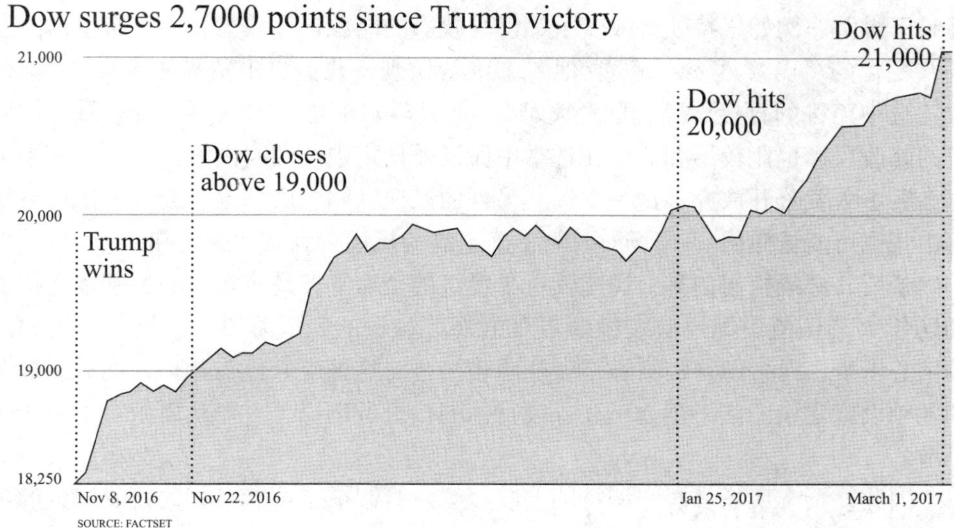

图1　道琼斯指数显示的“特朗普繁荣”[1]

首先，市场重视的是特朗普毫不掩饰的亲企业亲资本立场。自当选之后，特朗普就开始拿出大量时间会见美国各个行业主导企业的高管。入驻白宫以来，他们仍然是他最喜欢接待的客人。这与其前任奥巴马总统刻意与大企业特别是企业管理层保持距离的态度形成了鲜明对比。在会见中，特朗普经常要求企业管理者倾诉他们对政府管制的不满，白宫还会发放表格给相关企业，请它们提名最不受欢迎的行业管制政策，作为未来改革的目标[2]。美国企业界对自己的政策影响力开始形成强烈的信心。[3]

其次，市场信任的是特朗普团队中具有金融界背景的人士、特别是所谓高盛帮。特朗普的组阁过程显示了他的政治本能，一言以蔽之即靠主街（main street）获胜，靠华尔街（Wall Street）治国。不仅经济团队几乎被相同背景的亿万富翁把持，这些人还掌握了国务院和教育部。而且随着特朗普政府近日来的人事调整，高盛帮又开始入主国家安全委员会和白宫办公厅。如果说传统的公共政策人士关注的是共识塑造和舆论形象，这些财经高层则更强调效率与实际利益，当然也更接近市场逻辑。

1 转引自 Matt Egan, “Dow soars 300 points, closes above 21,000 for the first time, ” CNN, March 1, 2017, http://money.cnn.com/2017/03/01/investing/dow-21000-trump-speech/。

2 Bob Pisani, “Why Wall Street Is Excited about Trump’s First Step Toward Deregulation,” CNBC, March 17, 2017, http://www.cnbc.com/2017/03/17/wall-street-is-excited-about-trumps-first-step-toward-deregulation.html.

3 James Surowiecki, “Trump’s Mysterious Stock Boom,” *New Yorker*, March 6, 2017, http://www.newyorker.com/magazine/2017/03/06/trumps-mysterious-stock-boom.

再次，市场注意到在财经背景团队的影响下，特朗普的极端政策立场往往能够趋于缓解。例如，特朗普改变了奥巴马政府的能源环保政策，并宣布退出关于气候变化的《巴黎气候协定》。他要求重新谈判《北美自由贸易协定》，而不是像竞选中声称的直接“摆脱这个灾难”，而且就目前透露的谈判立场来看，对协定的修改目标也比较温和。他在选举中保证要认定中国政府操纵汇率，但在中美峰会后不久就公开放弃了这一立场。另外像撤换联储主席耶伦、废除进出口银行等主张也可能被撤回。[1] 市场对政策不确定性的担忧得到有效的缓和。

最后，必须指出的是，美国及世界经济的全面复苏是市场信心的基本支撑。2016年大选正值美国经济缓慢而艰难的复苏过程的完成阶段，市场的投资和消费信心恢复，而特朗普的增长与就业承诺恰好与这种上升势头合拍，他对制造业和基础设施建设的推崇则为正在寻找目标的投资者选择了方向从而激发了市场的热情。

因此，资本市场一心强调特朗普政府解除管制措施可能对相关行业产生的刺激效果，并且对普遍减税、税制简化、扩充基建充满期待。[2] 尽管移民改革和医保改革遇阻使投资者对特朗普的执政能力产生怀疑，认识到：即便共和党控制政府各个分支，也未必保证特朗普的承诺能够兑现，但他们还是认为至少总统掌管的行政部门在取消管制方面可以说到做到。这样即便是特朗普宏观经济政策继续遭遇挫折、总体增长承诺化为泡影，投资者还是有希望从行业和企业收益中分一杯羹。借用艺术品市场做比，这就如同拍卖行甚至不去追究画作的真伪，只要客户竞相投标，作品高价成交，拍卖即告成功。正是这种市场情绪带来了“特朗普行情”，并促使美国联邦储备银行纽约分行主席威廉·达德利（William Dudley）和摩根大通集团董事长杰米·戴蒙（Jamie Dimon）不约而同地表示：特朗普唤醒了美国市场的动物精神（animal spirits）。[3]

三、美国经济要素的强项与弱点

特朗普浮夸好斗的政治风格往往导致对他政策主张的情绪化反应，美国两党及其支持者围绕各项政策缠斗不休，纠结于枝节性的胜败得失。这种见木不见林的倾向可能是特朗普上台给美国政治经济过程带来的最直接的变化。因此，我们

1 Alan Rappeport, “Trump Reversals Hint at Wall Street Wing’s Sway in White House,” *The New York Times*, April 12, 2017, https://www.nytimes.com/2017/04/12/us/politics/export-import-bank-janet-yellen-china-currency.html.

2 Robert Barro, “How to Engineer a Trump Boom,” *The Wall Street Journal*, March 27, 2017, https://www.wsj.com/articles/how-to-engineer-a-trump-boom-1490655757.

3 “NY Fed President: ‘Animal Spirits Have Been Unleashed’” CNN，February 28, 2017, http://money.cnn.com/2017/02/28/news/economy/new-york-fed-dudley-animal-spirits/.

很有必要超越对政策细节本身的争辩，探讨长期、基础性的结构问题。特朗普对美国经济状况的认知是否准确？他的经济主张是否对症下药？如果按照他的设想施政，美国经济的强项可否延续，弱项可否补强？

使用长期视角评判特朗普言论，立刻就会感到他的代表性口号——让美国再次强大起来——经不住推敲，至少在经济领域显得诡异且脱离现实。这个口号暗指美国经济落后于竞争对手，特朗普也多次渲染经济衰败的景象，这些描述放在20世纪70年代美国经济滞胀时期可能成立，用来谈论2008—2009年金融危机冲击下的美国也有一定道理，但是宣称2016年的美国经济不够强大，无论在相对意义还是绝对意义上都缺乏说服力。如果以20世纪90年代为本轮经济全球化的起点，那么可以说美国是迄今为止表现最好、获益最多的国家之一。在全球繁荣阶段，美国经济的适应与扩张能力堪与新兴经济大国匹敌，其活力与创造力则远超日法意等传统发达国家；在金融危机之后的调整阶段，美国的复苏虽然缓慢但是稳固持续，成功实现了U型反弹。结果是美国兼具经济规模的庞大和增长质量的强势，在现阶段并没有哪个竞争对手可以同时在这两方面对其构成挑战。

当然，这并不是说美国的经济结构不存在弱点。寻找这些弱点不能像特朗普那样使用选择性的片面描述，他的说法要么因为以偏概全而不能令人信服（比如只谈美国货物贸易的逆差而忽略服务贸易顺差），要么停留在表面而没有触及问题的根源，要么对造成问题的原因给出错误的解释（比如美国制造业岗位流失完全是竞争对手欺诈的结果）。

使用经济增长理论框架对美国经济进行要素分析，才是得出客观结论的可靠方法。对劳动力、资源、资本、技术四大增长要素进行全面评估，全球化时代美国经济结构的强项和弱点还是比较清晰的。

全球化时代美国经济占有劳动力、资源、资本和技术四大要素的比较优势。

第一，就**劳动力要素**而言，美国因为大量移民不断到来而避免了众多发达国家因生育率下降而出现的人口陷阱，新增劳动力数量和人口年龄结构都是其增长优势。[1] 当然数量优势需要质量保证，教育体系是将原始劳动力要素转化为现代经济所需人力资源的关键。而美国教育体系面临明显的两极分化，一边是中小学教育，特别是公立基础教育饱受批评，在各种国际评测和学科竞赛中表现不佳；另一边是全球领先的高等教育系统，无论是私立还是公立高校，无论在教学、研究还是社会参与方面都保持领先水平。结果美国一方面高端创造性人力资源丰富，而且产生聚集效应，吸引全球智力创新活动并享受其成果；另一方面基础劳动力素质无法令人满意，在全球竞争中不具备优势，收入待遇与工作态度陷入相

1 前美联储达拉斯分行主席理查德·费舍称之为“完美平衡模式”（Panglossian Balance）。Richard Fisher, “Globalization and Government Policy,” remarks at the fifth Annual Federal Reserve Bank of Philadelphia Policy Forum, December 2005, https://www.philadelphiafed.org/-/media/research-and-data/events/2005/fed-policy-forum/papers/fisher_speech_policy_forum_12-2-2005.pdf?la=en.

互牵制的恶性循环。

第二，就**资源要素**来看，美国传统上具备得天独厚的优势，在全球化阶段又在新旧能源两方面连续获得突破。依靠3D成像、水平钻探和水力压裂法等新技术，从严格意义上讲属于旧能源的页岩油气开采给美国乃至世界能源市场带来革命性变化。美国不仅即将实现能源独立，而且将在从煤炭到油气的各个能源领域变身为出口国家，[1] 有效地压低了世界能源价格，也促使产业布局在全球范围内发生调整。到2016年底，美国可再生能源发电量已经占到总电量的12%，其中生物能源和风能作出了主要贡献。[2] 在世界范围内，美国在新能源领域的投资、产能都居于前列，并掌握关键核心技术。[3] 但由于围绕能源与环境政策的党派分歧和激烈争议，美国新能源发展的速度和比重受到局限，在与其他国家的竞争中并没有明显优势。

第三，在**资本要素**方面，美国资本市场的规模和吸引力在全球依然首屈一指，有效地起到了分配资源、引导产业发展的作用，可以说是美国最强有力的竞争支柱之一。但金融创新带来的风险在2008年危机中也暴露无遗。各层主管报酬丰厚又不必因冒险失败受到惩罚，金融机构不断并购和混业经营导致规模庞大，结果泡沫风险在总体经济中迅速蔓延，使美国经济发展和全球化进程遭遇重挫。奥巴马政府曾尝试加强和完善金融监管，但美国左右两翼对其政策效果都表示不满。进步主义者批评监管力度不足，法规漏洞太多，没有对任何高层管理人员追究引发金融危机的责任，金融机构大而不倒的问题非但没有解决反而更加严重；保守派则指责监管过度，加重融资负担，认为政府官僚将金融行业妖魔化，导致投资不振，延缓了经济复苏的步伐。

第四，在**技术要素**层次，美国现阶段的竞争优势仍然突出。虽然专利申请数量先后被日本和中国超越，但其专利质量更高，技术创新能力继续领先；以特斯拉、谷歌等企业为代表进行的商业科技开发不断取得突破性进展，其技术潜力和市场前景被投资者一致看好，有可能产生新的正反馈效应并建立行业霸主地位，显示美国在技术发明层次的巨大优势；成熟的大学—实验室—科研基金体系保证其基础理论研究的覆盖面和质量水准，也继续吸引各国人才加入团队或参与合作，使美国在基础研发层次充满活力和创造力。不过近年来，美国一贯引以为傲的技术要素领域也开始出现预警信号。若干科技界和经济界人士连续发出警告，

1 在各领域由进口国向出口国的转变预计于2017—2018年间完成。Linda Qiu, "Fact Check: Trump's Misleading Words on Energy and Jobs," *The New York Times,* March 28, 2017, https://www.nytimes.com/2017/03/28/us/politics/fact-check-trump-climate-executive-order.html。

2 根据美国能源信息署数据计算，https://www.eia.gov/totalenergy/data/monthly/pdf/sec1_5.pdf。

3 REN21, *Renewables 2016 Global Status Report*, p.13, http://www.ren21.net/wp-content/uploads/2016/10/REN21_GSR2016_KeyFindings_en_10.pdf.

对联邦政府对科学研发的资金支持不足表示忧虑。[1] 他们指出美国的技术创新和发明依赖于基础研发的领先地位，而美国当前在基础研发上的优势还是20世纪50至70年代公共资金大量投入形成的延时效果。20世纪80年代之后政府的投入力度下降，公众的热情不再，而美国的竞争对手却在增强对基础研究的支持，特别是中国近年来的支持力度惊人，有可能导致科研人才和项目流失。此外，还有一些人担心美国本土生产和制造减少，会造成技术理论与实践的脱节，使美国失去在生产过程中技能学习和提高带来的创新机会。[2]

总之，美国经济的要素结构强项在于：新移民带来的劳动力数量优势、优秀高教体系带来的人才质量优势、页岩油气开发带来的资源成本下降、新能源发展推动资源与环境平衡、资本市场的规模与金融深度、科学技术研发层次完整且充满创造力。而其结构弱点在于：公立中小学教育体系问题影响基础劳动力质量、传统能源结构与环保目标的紧张关系、金融创新带来的风险与争议、科技研发的公共资金支持不足。

四、特朗普政策的长期结构性影响

澄清上述基本事实之后，我们也就能够对特朗普经济主张的结构影响做出全面客观的判断。对于现有的要素强项，特朗普的政策后果可谓利弊互现。

一方面，特朗普的移民和能源政策将直接损害美国的竞争优势。首先，严格管制美墨边界、搜捕遣返已在美居留多年的非法移民，将导致实际入境移民数量的减少。如果其削减合法移民总额的设想成为实际政策，移民数量的下降会更加明显。这些新移民占据的本来是大量低薪、艰苦、无福利保障、临时性的工作岗位，在美国劳动力市场已接近充分就业的情况下，特朗普口中的“美国人”是否会去填补这些岗位很值得怀疑。新移民减少的后果很可能是美国从来不必担心的劳动力补充开始出现问题。根据美国皮尤中心最近发布的研究报告，在2035年之前按照过去的移民速度，尽管美国本土人口出生率下降，但新移民到来可以保证美国劳动年龄人口的增长。（参见图2）如果停止接收新移民，美国适龄劳动人口到2035年将减少到1655万人，重回2005年的水平。这意味着生产和消费增长的动力受到严重削弱（参见图3）。

在基本充分就业情况下“美国人”是否愿意填补移民的低端岗位很值得怀疑。

1 参见：〔美〕朱迪·埃斯特琳著，闫佳、翁翼飞译:《美国创新在衰退？》，北京：机械工业出版社，2010年版。

2 参见：〔美〕约翰·高著，戈悦、沈晓莉、郭丽花译:《美国还是创新国家吗？》，北京：当代中国出版社，2009年版。

Projected change in the U.S. working-age population, 2015–2035

Ages 25-64, in millons

Group	2015	2035	Change
Immigrants	33.9	38.5	4.6
U.S. born with immigrant parents	11.1	24.6	13.6
U.S. born with U.S.-born parents	128.3	120.1	-8.2
Total	173.2	183.2	10.0

Note: Change calculated before rounding.
Source: Pew Research Center projections.

PEW RESEARCH CENTER

图2　美国劳动年龄人口结构预期变化（2015—2035）[1]

Without future immigrants, working-age population in U.S. would decrease by 2035

Working-age population (25-64), in millions

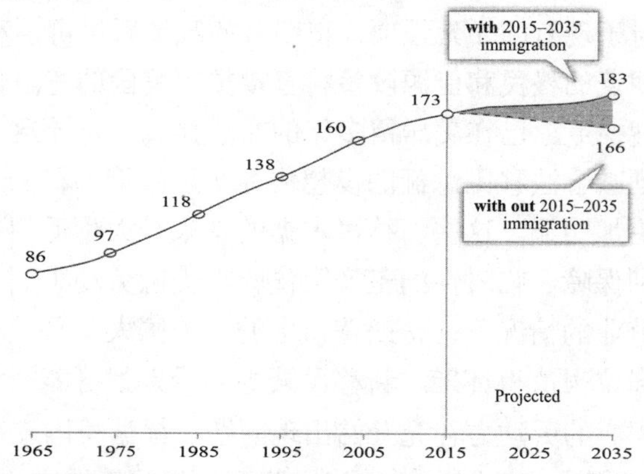

Note: Numbers for 2015 onward are projections.
Source: Pew Research Center estmates for 1965-2015 based on adjusted census data; Pew Research Center projections for 2015-2035.

PEW RESEARCH CENTER

图3　移民停止将导致2035年美国劳动年龄人口下降[2]

1 Jeffrey S. Passel & D'Vera Cohn, "Immigration Projected to Drive Growth in U.S. Working-age Population Through At Least 2035," Pew Research Center, March 8, 2017, http://www.pewresearch.org/fact-tank/2017/03/08/immigration-projected-to-drive-growth-in-u-s-working-age-population-through-at-least-2035/ft_17-02-27_workforcegen_table/.

2 同上文，http://www.pewresearch.org/fact-tank/2017/03/08/immigration-projected-to-drive-growth-in-u-s-working-age-population-through-at-least-2035/ft_17-02-27_workforcegen_without_immigrants/。

其次，特朗普政府酝酿中的收紧学生与工作签证政策将对美国高校与高新技术企业造成冲击，美国引以为豪的高端人才培养和科技创新活动都会受到不利影响。临时性旅行禁令和严格短期签证审查措施已经在美国大学、研究机构、科技公司中引起混乱，一些正在进行的合作与交流项目被迫调整。下一步可能改变的长期签证措施，特别是提高 H-1B 签证申请难度，引起了更广泛的担忧。因为担心政策突变和毕业后在美工作前景，国际学生赴美求学的热情已经开始降温，美国大学收到的海外学生申请出现明显下降。近日由美国多家教育机构发起的调查显示，39% 的受访高校报告了海外申请减少的趋势，75% 的调查对象对未来国际招生困难表示担心。[1] 这无论对美国高端人才的补充和储备还是对其技术研发活动而言都是不利的消息，美国教育界和科技界因而对特朗普政府的移民政策调整持强烈批评态度。

再次，特朗普的能源环保政策调整不利于美国新能源产业的发展。除了前文所述对奥巴马政府“清洁发电计划”进行重新评估、放松对能源企业的环保管制之外，特朗普政府还对美国环保署的资金和人员进行大幅调整。在其公布的预算要点中，环保署是资金削减幅度最大的联邦政府部门，2017年度降幅达到31%。它将被迫裁员3200人，占目前雇员总数的20%。它主持的关于气候变化与全球气候合作的研究项目将失去资金支持。[2] 尽管一些地方政府已经表示要坚持清洁能源计划，但联邦层次碳排放标准的放松可能改变商业市场规则，电力企业转向可再生能源发电的步伐将放缓甚至逆转。

不过，特朗普的部分经济主张又可能增强美国的优势要素。例如允许租用联邦土地开采煤矿和页岩油气矿藏，可助推资源成本的下降。又如放宽对金融业的管制措施，也有望使投资交易更加活跃并鼓励金融创新。再如争取制造业企业回归，应该有助于美国企业获得生产经验和技能，增强其技术创新与发明能力。

对于美国要素结构的弱项而言，特朗普的经济主张则基本上是破坏性的：

第一，公立基础教育继续遭到削弱。他选择的教育部长贝西·德沃斯一向以推崇私立中小学教育知名，对公立教育系统既不了解也不重视。其就任后的言行多次引起美国教师协会的批评和反弹。而且按照特朗普政府的预算要点，教育部经费在2017年度将被削减14%，若干课内课外辅助教学项目将被迫取消，这对亟待加强的公立基础教育来说无异雪上加霜。

第二，特朗普的能源政策将延缓甚至阻碍旧能源产业的调整。特朗普一再宣称要增加煤矿开采、恢复煤炭就业，这与美国能源和经济结构的调整趋势相互冲

---

1 Elizabeth Redden, “Will International Students Stay Away?” Inside Higher Ed, March 13, 2017, https://www.insidehighered.com/news/2017/03/13/nearly-4-10-universities-report-drops-international-student-applications.

2 Parlapiano & Aisch 前引文。

突，对传统能源地区和底层员工并无实际帮助，虚幻的希望只能延长他们的转型痛苦。自20世纪80年代以来，美国煤炭业就业人数就在持续下降，其原因主要是煤炭业自身劳动生产率提升和来自油气开采的价格竞争，并非政府过度干预的结果。近年来新能源产业创造就业的能力已经完全超越煤炭业，如太阳能产业在2011—2015年间就业人数翻番，雇员已经是煤矿业的三倍，而且工资待遇也很可观，2015年平均每小时工资已经达到21美元，增幅比当年全美平均增幅快一倍。[1] 特朗普号召重振煤炭开采，反而将干扰市场自然调整的过程，使新旧能源开发的平衡、能源开发与环境保护之间的平衡都更不容易实现。

第三，放松管制有可能导致金融创新风险再次失控。放松金融管制、特别是废除旨在防范大规模系统性金融风险并已经奥巴马总统签署成为联邦法律的《多德—弗兰克法案》（Dodd-Frank Wall Street Reform and Consumer Protection Act），可能使金融风暴卷土重来。美联储委员丹尼尔·塔鲁洛（Daniel Tarullo）在离职前公开警告：对金融海啸的记忆开始淡漠了。他提醒特朗普政府，过去八年的政策、特别是对充足的资本准备金和充分监管的规定，是当年核心金融机构几乎将美国乃至世界经济拖入深渊的背景下总结教训而诞生的，应该长期保持。[2] 甚至很多金融界人士都对武断解除监管措施表示担忧，公开反对彻底废除《多德—弗兰克法案》。[3]

第四，削减公共财政的科技投入可能削弱美国的基础研究。在支持科技研发的联邦资金已经多年不足的情况下，特朗普的预算计划将进一步大幅削减相关投入。根据国际评级机构穆迪的研究报告，拟议中的科研预算缩减将影响到国家科学基金会和国立卫生研究院，后者的年度预算预计减少58亿美元，危及全国范围内30万科研人员的研究项目。[4] 与此同时，总统科技顾问的职位长时间空缺，白宫科技办公室人员纷纷离职，甚至有传言这个机构将被彻底取消。[5] 当美国基础科研呼吁联邦政府的重视与支持的时候，特朗普却表现出漠视与放任的倾向。

---

1 Patrick Gillespie, "Solar Energy Jobs Double in 5 Years," CNN, January 12, 2016, http://money.cnn.com/2016/01/12/news/economy/solar-energy-job-growth-us-economy/.

2 "Outgoing Fed Official Sees Room for Banking Rule Changes, But Fears Financial Crisis Forgetfulness," PBS News Hour, April 6, 2017, http://www.pbs.org/newshour/bb/outgoing-fed-official-sees-room-banking-rule-changes-fears-financial-crisis-forgetfulness/.

3 Christina Rexrode & Emily Glazer, "Banks to Donald Trump: Don't Kill Dodd-Frank," *The Wall Street Journal,* December 8, 2016, https://www.wsj.com/articles/banks-to-donald-trump-dont-kill-dodd-frank-1481194801.

4 Danielle Douglas-Gabriel, "Trump Budget Cuts Could Hit Research Universities Hard, Moody's Warns," *The Washington Post*, March 28, 2017, https://www.washingtonpost.com/news/grade-point/wp/2017/03/28/trump-budget-cuts-could-hit-research-universities-hard-moodys-warns/.

5 Cecilia Kang & Michael D. Shear, "In Empty Offices, Critics See Evidence of Trump Devaluing Science," *The Boston Globe*, March 30, 2017, https://www.bostonglobe.com/news/nation/2017/03/30/empty-offices-critics-see-evidence-trump-devaluing-science/uTxmTe9QIns89ehagfvS5I/story.html.

结 论

通过全面分析可以看出，特朗普各项经济主张如果顺利实施，对美国经济结构的长期影响明显弊大于利。其施政方向与美国要素结构优化的需要几乎总是背道而驰。其政策效果将伤害美国要素结构中的强项，同时恶化结构性弱点。当前美国经济最具活力的部分——高等教育产业、新能源行业、高新技术产业，以及文化产业将遭受冲击，而本已存在问题的公立基础教育、金融监管、公共研发投入则进一步被削弱。

限于篇幅，本文未能讨论特朗普政策对经济收益分配的影响，未及深入分析其社会与政治后果。一个总体性的判断是，其经济主张的推行将使美国已经非常突出的社会经济不平等问题恶化到更加难以接受的程度。无论是已经推出的医保改革、解除管制，还是即将进行的税收改革、预算调整，特朗普施政的受益者都集中在超高收入人群，而受损者则是中低收入阶层。具有讽刺意味的是，特朗普大选获胜的关键支持者——乡镇地区低收入低教育程度的白人——也将承受明显损失。这也是为什么特朗普医改计划一经推出，支持率就一路走低，首个版本在撤案之前获得的民众赞同比率已经降到17%。[1] 尽管大量的右翼选民在过去七年时间里一直坚决要求废除奥巴马医改，但了解共和党提案的细节之后，他们才发现新的医保体系将使自己的处境更加不利，特朗普政策的实际面貌与他们的期待之间形成了巨大的落差。

由此看来，依靠主街获胜、依靠华尔街治理，或者说依靠民粹浪潮上台、依靠亿万富豪施政，在美国的政治过程中是否能够延续成功还远没有定论。美国分权制衡的政治制度下，最终形成的政策往往与执政者最初的设想相去甚远。有趣的是，当代美国最成功的经济政策恰恰产生于成功的制衡过程，比如民主党国会牵制下的里根税改，再如共和党国会推动的克林顿福利改革。作为美国历史上最无意识形态信仰或政治理念追求的总统，特朗普是否允许自己的经济主张被政治制衡敲打和淬炼，将最终决定它对美国社会经济到底是灾祸还是福音。

民粹浪潮推动的亿万富豪施政在美国政治过程中能否最终成功尚难定论。

1 Bob Bryan, “Only 17% of Americans Support ‘Trumpcare’ in New Poll,” *Business Insider*, March 24, 2017, https://www.businessinsider.com/quinnipiac-poll-shows-17-percent-of-american-support-trumpcare-ahca-2017-3#6oOwUCqEA47bo1Vy.99’.

专题：特朗普的美国与未来国际秩序

特朗普政府"美国优先"外交政策：初步观察与分析

达 巍

内容提要：在2016年大选中，美国各派政治力量就国家基本状况、美国与全球化关系、美国与"自由主义国际秩序"的关系等问题展开了激烈辩论。特朗普的获胜，意味着新一届美国政府将以"美国优先"的外交议程作为上述问题的解决方案。新政府上任后，其外交政策虽有妥协与调整，但总体仍按照特朗普个人所期待的方向推进，也即由自由主义、国际主义向现实主义、本土主义转变。在这一大背景下，特朗普政府对华政策体现出问题导向、交易性强、追求绝对"对等"等特征。其未来前景，主要取决于特朗普政府内部多重博弈的结果。

关键词：特朗普政府　美国优先　美国外交

进入21世纪以来，总统的更替常导致美国对外政策的"大翻转"。2001年小布什以及2009年奥巴马上任后，都曾导致美国对外战略的重大转向。不过现在回头看，以上两次战略调整尚属美国两党战略界主流内部的左右摇摆。观察家们普遍担心，2017年1月"非建制派"候选人特朗普入主白宫，将给美国外交带来颠覆性变化。毕竟，作为候选人的唐纳德·特朗普在竞选期间不仅否定奥巴马政府八年的对外战略，更挑战第二次世界大战之后美国两党主流一致接受的国际主义战略前提。从2017年1月以来特朗普政府的外交政策实践看，特朗普一方面受到相当的制约，不得不有所妥协；但在战略框架、思维方式以及核心议题上，特朗普并未被建制派"驯服"。

达巍　中国现代国际关系研究院美国研究所所长、研究员。

一、美国对外战略的辩论

2016年美国总统大选出现了特朗普、桑德斯等众多“非传统候选人”。在他们的带动下，美国两党“建制派”主张的诸多内外政策在此次大选中都受到了严重的挑战与质疑。在具体政策辩论背后，更值得关注的则是大选带动的有关美国国家基本状态、国家根本战略走向的深刻讨论。在外交与国家安全领域，不同参选人至少在以下三个重大问题上存在着重大分歧。

首先，美国的国家状况究竟如何？美国是否处于衰落当中？美国是一个颇有忧患意识的国家。第二次世界大战结束以来，大概每隔二三十年，美国就会出现一次“美国衰落论”。20世纪50年代后期苏联发射第一颗人造地球卫星后，美国就出现了一次关于是否即将被苏联赶超的辩论；70年代初，美国身陷越战“泥潭”和经济滞胀，苏联综合国力和对外战略则表现出超越美国的势头，再次激发起一轮“美国衰落论”；80年代，美国战略界还曾掀起是否将被日本超越的讨论。小布什政府执政后期，伊拉克战争、阿富汗战争以及2008年金融危机造成的困境，使得“美国衰落论”再次上升。奥巴马正是在那样的背景下快速崛起，并且以“变革”为口号当选总统的。与此前几次辩论不同的是，美国此轮“衰落论”的讨论历时颇长。奥巴马两个任期尽管将美国带出了反恐“泥潭”，美国经济至少在数字层面也变得颇为靓丽，但是“衰落论”不但没有消失，反而借2016年大选再次成为焦点。从特朗普的竞选口号“让美国再次伟大”就能看出，特朗普认为美国已“不再伟大”。可以说，众多非传统候选人基本上也都是从“美国在国际社会中地位下降”“美国的战略方向错误”等前提出发，并进而构建其对外战略主张的。而传统候选人如希拉里·克林顿等，则是在大致肯定美国国家状况、国际地位以及国家方向的基础上展开其竞选论述的。

其次，美国应该如何面对全球化？美国究竟是全球化的获益者还是受害者？作为最大的发达国家，美国一直在全球化浪潮中发挥引领作用。然而在此次大选中，“反自由贸易”似乎成为美国新的“政治正确”。特别是对“跨太平洋伙伴关系”倡议（TPP），不仅“非传统候选人”如特朗普、桑德斯等人持反对态度，而且连传统候选人希拉里·克林顿也“被迫”公开表态反对。此外，特朗普曾经声称北美自贸协定（NAFTA）是“史上最差的贸易协定”，美国将重新谈判，[1] 而且威胁美国甚至可能退出世界贸易组织（WTO）。[2] 历史地看，资本主义

---

1 Stephen Gandel, “Donald Trump Says NAFTA Was the Worst Trade Deal the U.S. Ever Signed,” *Fortune*, September 27, 2016, http://fortune.com/2016/09/27/presidential-debate-nafta-agreement/，登录时间：2017年4月15日。

2 Vicki Needham, “Trump suggests leaving WTO over import tax proposal,” *The Hill*, July 24, 2017, http://thehill.com/policy/finance/289005-trump-suggests-leaving-wto-over-import-tax-proposal，登录时间：2017年4月15日。

经济在欧洲诞生后，其背后的生产方式、社会组织方式以及意识形态就不断向外扩展。今日所谓全球化，本质上还是这一过程的继续。在过程中，欧美国家依靠殖民扩张、技术进步以及制度革新等手段，维持着产业链顶端的位置以及较高的生活水平。然而，冷战结束以来，美欧国家在全球化过程中却出现了制造业“空心化”的局面。全球化的受益者越来越集中于其内部高收入阶层。金融资本成为发达国家中的全球化主要受益者。美欧国家普遍社会贫富差距拉大、社会矛盾突出。因此，“去全球化”、重新强调国家对经济要素跨境流动的管制成为2016年的一股潮流。无论是加强对自由贸易的管控，还是在美墨边境修建物理意义上的边境墙，实质上都是美国国内对全球化的某种反动与反思。

最后，美国是否应该继续支撑所谓“自由主义国际秩序”？西方语境下的所谓“自由主义国际秩序”，是指第二次世界大战结束后美国牵头建立一整套国际制度、规则与安排，其中包括联合国、关税及贸易总协定（后来是世界贸易组织）、国际货币基金组织、世界银行等世界各国普遍参加的国际组织、欧盟等西方国家牵头建立的区域组织、当代一整套各国普遍接受的国际法与国际规则，以及美国建立的军事同盟体系等。与历史上其他霸权国家不同的是，美国霸权具有“制度霸权”的特征。一方面，这一秩序是美国“领导”世界的工具，美国利用所谓“自由主义国际秩序”实现其霸权。正如美国学者约翰·伊肯伯里所说，“自由主义国际秩序”实际上是一个“自由主义霸权秩序”；[1] 另一方面，“自由主义国际秩序”较之历史上的“现实主义国际秩序”客观上有其进步意义，也为美国其霸权赋予了一定的合法性。然而，在2016年美国总统大选中，这一观点受到了特朗普等“非传统候选人”的挑战。尤其是特朗普多次出言声称“北约过时”，[2] 要求日本、韩国等盟友负担更多的驻军开支，甚至一度表示不反对日、韩等国拥核。[3] 对于国际制度，特朗普除了在国际经济制度如世界贸易组织等多次发出惊人之语外，对欧盟、应对气候变化的《巴黎协定》，甚至对联合国也曾多次表现出怀疑的态度。[4]

---

1 G. John Ikenberry, *Liberal Leviathan, the Origins, Crisis, and Transformation of the American World Order*, Princeton University Press, 2011, p.169.

2 Bloomberg, “Complete Donald Trump Interview: NATO, Nukes, Muslim World, and Clinton,” https://www.bloomberg.com/politics/videos/2016-03-23/complete-trump-interview-nato-nukes-muslims-and-hillary，登录时间：2017年4月15日。

3 Stephanie Condon, “Donald Trump: Japan, South Korea might need nuclear weapons,” CBS News, March 29, 2016, http://www.cbsnews.com/news/donald-trump-japan-south-korea-might-need-nuclear-weapons/，登录时间：2017年4月15日。

4 Paul Singer, “Trump blasts U.N. at AIPAC, but he used to be a ‘very big fan’ of the group,” *USA Today*, March21, 2016.

二、“美国优先”外交的逻辑

特朗普在上述三个问题上都持反传统立场，意味着其至少在个人意愿层面试图对传统的美国外交政策做出大幅度修正。在其貌似混乱多变的竞选言辞之下，特朗普的对外政策主张实际上有着清晰而连贯的逻辑，这就是所谓“美国优先”。“美国优先”，包含着美国对外政策两个方向性的转变。

美国优先”包含着美国对外政策两大转变：从自由主义转向现实主义，从国际主义转向本土主义。

第一个转变是从自由主义向现实主义转折。特朗普的世界观是一种相对简单粗糙的现实主义世界观。首先，特朗普认为国际关系的本质是竞争、对抗性的，倾向于从“零和”视角审视国际关系特别是国家间的经济关系。他将中美经济关系看作一场“战斗”——中国正在“掠夺”美国，美国正在“输掉战斗”。[1] 其次，特朗普认为实力才是国家安全和利益的根本保障。特朗普反复强调美国要支出必要的经费来重建美国军队，形成历史上最强大的军力。在大选期间，特朗普多次引用里根“以实力求和平”的名言，其助手彼得·纳瓦罗甚至将此称为“特朗普主义”。[2] 再次，特朗普认为大国是国际关系中最重要的行为者，且能够基于理性达成良好关系。特朗普认为与中国、俄罗斯等大国的关系是其对外战略的关键，与中、俄打交道，将继续是美国长期的最大挑战。他崇尚强力，认为通过基于实力的强硬政策，美国能与中、俄等国建立良好关系。“在实力基础上改善与俄罗斯的关系是可能的”，“美国要先向中国人强硬”、“剥夺中国人的优势”；但是“一个强大、聪明的美国一定能与中国交好，未来的中美关系会好于当前。”[3] 最后，特朗普的意识形态色彩较弱。虽然特朗普也强调美国应该重振西方价值观，但是他反复宣称“不会试图去传播普世价值，因为不是每个人都认同这种价值观。”“美国是否应介入其他国家的冲突，应基于美国的国家利益是否被威胁，”[4] 而不是基于意识形态原因。

第二个转变是从国际主义向本土主义转折。所谓“美国优先”，实质就是谨慎地使用美国的权力资源，将其集中于美国国内。特朗普对海外用兵非常谨慎，宣称“除非绝对有必要，除非我们有计划能取得胜利，否则我永远不会派部队参

---

1 Donald Trump, “Our Country Needs a Truly Great Leader,” Announcement of Candidacy, June 16, 2015, https://blogs.wsj.com/washwire/2015/06/16/donald-trump-transcript-our-country-needs-a-truly-great-leader/，登录时间：2017年4月15日。

2 Peter Navarro, “The Trump Doctrine: Peace Through Strength,” The National Interest, March 31, 2016, available at: http: / / nationalinterest. org / feature / the-trump-doctrine-peace-through-strength-15631，登录时间：2017年4月15日。

3 Transcript: Donald Trump’s Foreign Policy Speech, April 27, 2016, https://www.nytimes.com/2016/04/28/us/politics/transcript-trump-foreign-policy.html，登录时间：2017年4月15日。

4 Ibid.

战。”[1] 他要求盟国为美国分担负担，称“美国在保护欧洲、亚洲盟友安全上花费了数万亿美元，这些国家必须为此付费，”否则“美国就应让他们自生自灭。”特朗普曾经表示日本、韩国不能永远依赖美国，两国可以发展核武器；北约“哄骗”美国。与此同时，“美国优先”也有较强的“杰克逊主义”色彩，强调在美国利益受到直接威胁时，将通过坚决行动击败敌手。例如，特朗普对伊斯兰极端主义持有高度仇视的态度。在国家安全威胁排序上，特朗普将恐怖主义排在最优先的位置，宣称“我们的目标必须是打败恐怖主义。”他用冷战比拟与极端伊斯兰主义的关系，“我们需要长期的计划来阻止极端伊斯兰主义的传播和扩散……这可能需要动武，但同时也是哲学理念上的斗争，这点很像冷战。”[2] “伊斯兰国”是特朗普认定的唯一一个应该使用军事力量予以打击的对手。

特朗普政府上任伊始推出的《“美国优先”的外交政策》，[3] 可视为最权威的、直接表述特朗普政府外交意愿的文件，也很好地映射了上述“美国优先”的逻辑。在这份短短的外交政策议程文件中，特朗普政府实际上只提到了两个外交政策目标：一是“击败‘伊斯兰国’以及其他极端伊斯兰恐怖团伙”，二是“达成服务于所有美国人的贸易协定”。而为了达到这两个目标，“通过实力求得和平”将在美国外交政策中处于“中心位置”。从目标来说，通过应对恐怖威胁来维护本土安全、通过调整贸易政策来确保国内就业都是标准的“美国优先”政策。特朗普政府对国家利益的理解相对狭隘，集中于美国本土之内，折射了其向本土主义的转折。在手段上强调实力、强硬手段，则这是了其向现实主义的转折。在最初几个月的执政期内，特朗普政府一些高官的言论也表现出“美国优先”的特征。例如国家安全事务助理麦克马斯特与总统国家经济委员会主席科恩在随特朗普首次出访后，联名在《华尔街日报》上发表文章《美国优先不意味着美国单干》。[4] 在这篇文章中，这两位被认为是特朗普政府内部相对“国际主义”的幕僚开宗明义地提出“世界是一个经济场，而非共同体”的现实主义假设。国务卿蒂勒森在第一次向国务院雇员演讲并阐述“美国第一”外交政策时，专门区别了“美国价值观”与“美国政策”，并且主张如果一味在国外坚持美国价值观，可能就会影响美国国家利益的实现。[5] 这也非常清楚地反映了特朗普政府相对轻视意识形态的特征。

---

1 Transcript: Donald Trump's Foreign Policy Speech, April 27, 2016, https://www.nytimes.com/2016/04/28/us/politics/transcript-trump-foreign-policy.html，登录时间：2017年4月15日。

2 Ibid.

3 The White House, "America First Foreign Policy", https://www.whitehouse.gov/america-first-foreign-policy, 登录时间：2017年4月5日。

4 H.R. McMaster and Gary D. Cohn, "America First Doesn't Mean America Alone," *The Wall Street Journal*, https://www.wsj.com/articles/america-first-doesnt-mean-america-alone-1496187426，登录时间：2017年6月5日。

5 Rex W. Tillerson, Secretary of State, "Remarks to U.S. Department of State Employees," May 3, 2017, https://www.state.gov/secretary/remarks/2017/05/270620.htm，登录时间：2017年5月15日。

三、特朗普外交政策的推进与妥协

特朗普上任后，观察家们经常问的问题是：特朗普是会将“美国优先”进行到底，还是会被共和党建制派驯服？特朗普甫一上台即退出 TPP、推出“限穆令”，美国内外舆论惊呼特朗普正在彻底颠覆美国外交传统。到2017年4月，特朗普在海湖庄园与中国国家主席习近平举行峰会、对叙利亚政府军目标发动导弹袭击、对盟友姿态放软后，舆论开始倾向认为：特朗普开始变得“常规”，美国外交似乎开始回到正轨。然而到6月，特朗普退出应对气候变化的《巴黎协定》，美欧关系又现龃龉，人们似乎又感到那个“造反派”特朗普又回来了。上台四个月，外界对特朗普外交政策的评估已经来回摆动两次。“落实竞选承诺”与“向现实妥协”似乎都无法完全概括特朗普在上台后四个月的所作所为。**截至2017年6月初，特朗普的外交政策大致可以归为以下六类，或六种情况：**

（一）符合其竞选期间主张、上任后获得兑现的政策。这主要包括两项：（1）退出 TPP。特朗普就职后，立即在2017年1月24日签署行政令，宣布退出 TPP，兑现了竞选承诺。（2）退出应对气候变化的《巴黎协定》。2017年6月1日，特朗普宣布美国退出《巴黎协定》。在竞选期间，尽管特朗普曾就美国是否要退出《巴黎协定》作出过前后不一的表态，但是其对协定持怀疑态度、对气候变化与人类活动之间的关系持怀疑态度则是始终如一的。

（二）大致延续竞选取向推进、但前景尚不明确的政策。最重要的是美墨边境筑墙计划。2017年1月25日，特朗普签署行政令，要求“立即在南部边境修建实体的边境墙”。美墨关系因此受到重挫，墨方取消了两国领导人拟议中的会晤。2017年5月白宫向国会提交的2018年预算草案中，包含了26亿美元的边境墙经费，而且特朗普政府仍然坚称有办法最终让墨西哥方面支付筑墙费用。相关预算草案能否通过目前尚难预测，但是特朗普政府显然在推动计划上坚定不移。

（三）大致延续竞选取向，但程度有所缓和的政策。（1）在对外贸易政策方面，特朗普政府推出一系列安排。如建立国家贸易委员会并任命强硬派纳瓦罗担任主席；2017年3月31签署两项行政命令以减小贸易逆差；4月29日签署关于设立贸易和制造业政策办公室的行政命令；与中国达成“百日计划”等。但是竞选期间各国普遍担心的贸易战并未出现；在北美自贸协定方面，5月18日，特朗普通知国会，将与加拿大和墨西哥重新谈判协商协定。但与此同时，特朗普也从竞选期间要“退出北美自贸协定”的立场上后退。（2）跨大西洋关系。特朗普就任后在与北约的关系上有所后退，不再宣称北约“过时”。但是特朗普仍然非常强调北约成员国防务开支应占到 GDP 2% 的要求，并且不愿意在2017年5月下旬的北约峰会上重复北约宪章第五条规定的集体防御义务。这些立场引起欧洲国家不满。德国总理默克尔5月28日在慕尼黑表示，“我们能彼此完全信任的时代在一定程度上已经过去了”，[1] 标志着美欧关系正在发生微妙而重要的变化，可能牵动世界格局的变化与调整。

（四）特朗普主动改变或者缓和的政策。（1）在对华政策上，特朗普放弃了上任后要指定中国为“汇率操纵国”的竞选承诺。（2）在与日韩的同盟关系上，特朗普基本回归传统框架，重申美国对两国的安全承诺，包括重申《日美安保条约》覆盖钓鱼岛的立场。（3）边境调节税。特朗普曾在竞选期间表示将对来自中国、墨西哥等国的进口商品征收“边境调节税”，或是对在中国等国投资的美国企业返销商品收税。目前特朗普政府这一立场已经有大幅调整。财政部长姆努钦表示，特朗普本人也不支持征收边境调节税。[2] 特朗普政府向国会提交的税改草案中并未包含这一税种。尽管目前国会众议院内的共和党人仍在试图推动这一税种，但是在参众两院都遭遇较大反对，预计通过的可能性不大。

（五）严重受挫的政策。（1）两次“禁穆令”。特朗普上任后于2017年1月27日签署了名为“阻止外国恐怖分子进入美国的国家保护计划”的行政令，亦即俗称的“禁穆令”。这一行政令在美国内外引发轩然大波，被联邦上诉法庭禁止。2月28日，特朗普推出一个较为温和的改进版“禁穆令”，结果再次被法庭冻结。截至6月26日，美国联邦最高法院允许“禁穆令”部分生效，但是最终这一问题要到2017年秋季才可能有更清楚的结局。可以说，美国建制派利用三权分立的政治制度设计有效地破坏了特朗普的一项核心议程。（2）与俄罗斯缓和关系。由于美国社会对俄罗斯根深蒂固的不信任甚至仇视，特朗普试图改善与俄罗斯关系的努力遭到了重大挫败，而且引发了其执政以来最大的危机。弗林成为史上最短命的国家安全事务助理，特朗普本人及其团队都深深卷入“通俄门”。无论最终结果如何，俄罗斯以及美俄关系已经成为美国国内的众矢之的。在近中期内，美俄关系的缓和基本确定无望。

（六）比竞选言辞更加激烈的政策。特朗普上任后，外界关注更多的是其政策是否缓和。实际上，特朗普在某些问题上的政策比竞选时更为激烈。其中最为明显的是朝核与伊朗核问题。这在竞选期间并未处于特朗普政策议程的最优先位置，在“‘美国优先’的外交政策”中也并未提及这两个问题。然而特朗普上任后很快将朝核问题摆到了最重要的国家安全议题的位置上，并且通过高强度的军事和外交行动试图谋求突破。在伊朗问题上，特朗普政府虽然没有单方面退出伊

1 Samuel Osborne, “Angela Merkel says Germany can no longer rely on Donald Trump's America: 'We Europeans must take our destiny into our own hands,” *Independent,* May 28, 2017, http://www.independent.co.uk/news/world/europe/angela-merkel-donald-trump-germany-us-no-longer-rely-european-union-climate-change-g7-a7760486.html，登录时间：2017年6月15日。

2 Jonathan Swan, “Mnuchin to Freedom Caucus: Trump opposes border adjustment tax,” May 23, 2017, https://www.axios.com/mnuchin-to-freedom-caucus-trump-opposes-border-adjustment-tax-2419481482.html, 登录时间：2015年5月30日。

核协议，但是多次指责协议“糟糕”，称伊朗方面未遵守协议。2017年5月特朗普访问中东期间，宣称要组织遏制伊朗的“中东版北约”。

迄今为止特朗普的对外政策基本沿着其本人设计的方向发展。

从上述分析可以看出，特朗普对外政策在相当大的程度上是沿着其本人设计的方向发展的。特别是在其坚持的安全与就业两大核心议题上，特朗普或者是兑现了诺言（如退出TPP），或者是继续坚持但是同时在方式方法上有所缓和（如中美经贸关系）。值得注意的是，为解决这两大核心关切，可能导致了特朗普政府在其他某些议题上有所缓和。例如对日本、韩国两个盟友态度回归常态，有可能与朝核问题有关。否则很难解释为何特朗普政府对东亚盟友的态度回归传统，对北约盟友的态度却仍然存在问题。同样，特朗普在中美经贸议题上态度的缓和，也可能与其对中美合作应对朝核问题的期待有关。特朗普在朝核、伊朗等问题上态度变得更加激进，有可能也与这些问题与美国安全直接相关有关。

目前，特朗普受到的主要制约来自美国国内建制派。建制派利用美国政治制度以及其掌握的话语权对特朗普的内外政策展开阻击，并且已经取得效果。但是这些变化并非特朗普主动选择的结果。从目前情况看，特朗普“美国优先”的外交政策基轴并未改变。外界所关注的妥协迹象，要么是一种为了实现更重要目标所做的战术性后撤，要么是在非核心议题上的改变，再或者则是其受到的挫败而非主动妥协。

从中长期看，特朗普政府外交政策的走向受到三个博弈的塑造与制约。一是在特朗普政府内部，“美国优先”外交政策的主张者与其政府内某些被认为是“国际主义”者之间的博弈。前者一般认为以白宫首席战略师班农、国家贸易委员会主席纳瓦罗等前特朗普竞选团队成员为代表；后者则主要包括财政部长努钦，以及国家安全事务助理麦克马斯特、国家经济委员会加里·科恩等人。美国舆论也在持续猜测特朗普的女婿库什纳与这两派人马之间的关系。[1] 二是在政府内部白宫与其他官僚机构之间的博弈。特朗普上任后，其决策表现出较为明显的“小圈子决策”风格，高度依赖白宫团队，并由此形成了“重白宫、轻传统官僚机构”的决策特征。以国务院为代表的美国政府官僚机构面临边缘化的风险。迄今为止，美国主要政府部门相当多的中高层官员仍未到位，这在客观上也弱化了传统官僚机构的作用。这一局面当然不会一直持续下去，而且在官僚机构影响力逐渐回摆的过程中，也不能排除这些机构“主动作为”，通过这些作为扩大其自身影响力的可能。三是特朗普主导的政府行政部门与行政部门之外的两党建制派的博弈。正如特朗普政府开局几个月的经历所揭示的，这一对矛盾将是特朗普执政地

1 John Cassidy, “Steve Bannon Is Losing to the Globalists”, *The New Yorker*, April 6, 2017, http://www.newyorker.com/news/john-cassidy/steve-bannon-is-losing-to-the-globalists，登录时间：2017年5月15日。

位面临的最大不确定因素。其发展走向将在相当大的程度上决定特朗普政府的作为空间。

四、对华政策走向

特朗普赢得大选胜利后，其对华政策具有反复和多变的特征。从胜选后与台湾地区领导人通话、质疑“一中政策”，到海湖庄园会后峰回路转，中美建立四个机制、围绕朝核与经贸等议题展开务实合作。然而，目前中美关系的这种态势也并不是确定的，未来仍有发生变化的可能。概括而言，其对华政策具有以下特征。

第一，从战略驱动型向问题驱动型转变。特朗普的前任奥巴马有着非常清晰的亚太战略。奥巴马从对亚太地区长远的重要性出发，提出“重返亚太”“亚太再平衡”等战略，其要义是将战略资源从世界其他地区抽出，并向亚太投入。在外交上，奥巴马政府拉近与盟国、伙伴国的关系，借南海问题拉拢东南亚国家；经济上，奥巴马政府大力推进 TPP；在军事上，奥巴马政府加大在亚太的军力部署调整。总之，奥巴马政府有着相对清晰的亚太战略规划。与此同时，奥巴马政府从地区的视角看待中美关系，将对华政策置于亚太战略的大背景之下。无论其成效如何，其对华战略和亚太战略都是清楚的。特朗普政府上任以来，尚未提出清晰的、完整的亚太战略或者对华战略。从其政府的人员配备看，目前也未看到对亚洲或者中国较为了解的高层官员。相反，特朗普政府从“美国优先”的整体战略倾向出发，在对华政策上也追求解决安全、就业这两个核心关切，将与这两个核心关切相关的朝核、经贸提到最优先的位置，追求一种“以结果为导向”[1]的关系。这一取向的优点在于，特朗普政府在其最关心的核心问题上，可能比奥巴马政府有着更强的执行力；而其缺点则在于其战略较为碎片化，也具有相当的随意性。

第二，“互惠”或将成为特朗普政府对华战略的主要目标。从2015年美国战略界掀起对华战略大辩论开始，“互惠（reciprocity）”越来越成为美国战略界、商界讨论中美关系时的“关键词”。美方越来越多的人抱怨中国的市场与社会对美国的开放程度远不及美国市场及社会对中国开放的程度，导致美国在中美交往中“吃亏”。[2] 需要指出的是，美国相关人士当然是从美国角度讨论中美关系的

---

1 Rex W. Tillerson, “Remarks on China Summit”, April 6, 2017, https://www.state.gov/secretary/remarks/2017/04/269540.htm. 2017年4月20日。

2 例如2017年2月美国新政府上台后，美国亚洲协会与加州大学圣迭戈分校牵头撰写了题为《美国对华政策：给新政府的建议》的报告。报告数十次提到中美经济和社会交往中的“互惠”问题，并且在结论中称美国新政府的对华需要“更加坚定、更有效的政策工具、更加坚持互惠性”。参见 Orville Schell and Susan L. Shirk (Chairs), *U.S. Policy Toward China: Recommendations For a New Administration*, http:// http://asiasociety.org/files/US-China_Task_Force_Report_FINAL.pdf, 登录时间：2017年4月20日。

"互惠"。这种抱怨是否公正不是本文要讨论的内容，更值得关注的则是所谓"互惠"讨论之下的逻辑：当美国自视为体系内的领导国家、而视中国为可以塑造影响的相对弱小的对象时，美国可以接受其眼中的"不对等""不互惠"情况；而当中美差距日益缩小，对华交往的"塑造"意味已基本消失，美国就很难再接受其眼中的"不公平"现象了。显然，这一变化反映了美国对华战略自信的下降。美国战略界有关中美关系"互惠性"的讨论，与特朗普个人在对外关系中强调相对收益的特点完全契合。特朗普在竞选中多次表达中国在经济上"占了美国便宜"的观点。"美国与中国在经济上相互竞争，而美国正在输掉这场战争。""中国公司与美国做生意很容易，但美国公司与中国做生意就没那么容易。我们进入中国做生意要支付巨额税收，可当中国对我们出售东西时，我们却没有收税。"[1]特朗普政府官员的政策宣示也体现了特朗普"不再吃亏"、追求"互惠"的思维方式。美国国务院与国防部官员在陈述特朗普对华政策时明确表示，"中国的崛起造成了中美在经济、军事以及地区影响力等方面的快速失衡。特朗普政府寻求以一种建设性的、以结果为导向的方式来纠正这一失衡"。[2] 在接待习近平主席访美前的吹风会上，白宫官员在介绍特朗普经济政策的前提时也表示，"双边的投资和贸易必须是互惠的。中美要建立一个公平的、平衡的、基于互惠原则的经济关系"。"互惠原则意味着我们希望与中国一道，用一种建设性的方式来减少中方设置的系统性的投资和贸易障碍。我们希望让美国公司面临的凹凸不平的竞技场变得平整。"[3]

第三，在行为方式上，特朗普政府表现出明显的"交易型"特征。特朗普一直自称是善于谈判的"交易大师"，著有《交易的艺术》一书。在其商业生涯中，特朗普颇善诡道，有时以并不光彩的手腕迫使商业对手达成协议。在竞选中，特朗普就宣称"不要忘记我们手中有对付中国的牌"。[4] 他认为，中国对美国市场的依赖大于美国对中国市场的依赖。美国对中国有巨大的经济牵制力，美国只是没有将其转化为优势。当选美国总统后，特朗普在对华政策上表现出明显的"议题联系"的做法。在与台湾地区领导人通话引起轩然大波后，特朗普2016年12

1 Transcript of the 6th Republican Debate. January 14, 2016. The Washington Post, https://www.washingtonpost.com/news/the-fix/wp/2016/01/14/6th-republican-debate-transcript-annotated-who-said-what-and-what-it-meant/?utm_term=.380114009255，登录时间：2017年4月20日。

2 2017年3月3日作者对美国国防部、国务院官员的访谈。

3 The White House, "Background Briefing by Senior Administration Officials on the Visit of President Xi Jinping of the People's Republic of China", April4, 2017, https://www.whitehouse.gov/the-press-office/2017/04/04/background-briefing-senior-administration-officials-visit-president-xi，登录时间：2017年4月20日。

4 Post Opinion Staff, "A transcript of Donald Trump's meeting with The Washington Post editorial board," The Washington Post, March 21, 2016, https://www.washingtonpost.com/blogs/post-partisan/wp/2016/03/21/a-transcript-of-donald-trumps-meeting-with-the-washington-post-editorial-board/?tid=ss_tw，登录时间：2017年4月20日。

月11日在接受美国福克斯新闻专访时说："我充分了解'一个中国'政策。但是除非我们能在贸易等问题上与中国达成一个交易，否则我不知道我们为什么要受'一个中国'的限制。"[1] 这番言论直接将中美经济关系与"一个中国"政策挂钩。在海湖庄园峰会后，特朗普又于2017年4月11日发表推文称，"如果中国帮助解决朝核问题，将从美国获得有利得多的贸易协议"，[2] 又将中美经济关系与朝核问题挂钩。值得注意的是，特朗普迄今在与中国"交易"的过程中，并未作出任何实质性让步来作为筹码。特朗普的作法主要是利用美国强大的实力对中国施加心理压力，例如宣称不受"一个中国"约束、指定中国为汇率操作国、对中国商品施加高额关税、在朝鲜半岛周边制造军事紧张局势等，随后再以承诺"不改变现状"（如回到'一个中国'政策、不指定中国为"汇率操纵国"或不对朝鲜使用武力等）作为交易筹码，换取中国满足其要求。当然，特朗普的做法并非全然虚张声势。特朗普拿经贸问题作筹码，与前述的"互惠论"有直接关系。美国战略界要求在经贸问题上向中国施压的声音确实很高。特朗普拿"一中"政策做文章，也与美国战略界近年来日益上升的"对台亏欠论"有关。尽管美国战略界主流反对特朗普改变"一个中国"政策，但是要求反思"一中"政策、要求美国在"一中"政策框架内向台湾方面更多倾斜的声音非常普遍。也就是说，特朗普拿经贸、台湾等问题威胁中国：要么美国改变现行政策；要么中国在其他问题上做出让步，以换取美国维持现行政策框架。

第四，特朗普政府的"非传统"属性也给中美关系突破传统框架、达成战略稳定提供了某种可能性。尽管特朗普政府在近中期战略以及具体的政策层面表现出战略性不强的特征，但是在其与中国打交道的过程中，则始终强调从历史的高度审视中美关系的必要性。从这一层次看，特朗普政府似乎有具有一定的"大战略"思维。例如国务卿蒂勒森则多次在不同场合表示，正在与中方探讨"未来50年的中美关系"，包括美国的"一中政策"、朝鲜半岛问题以及南海问题等。[3] 这些表态显示，特朗普政府有意愿与中方探讨达成中长期战略稳定关系的可能性。由于其"反建制""非传统"的特质，特朗普政府有条件突破传统建制派在对华政策上的条条框框，做出超前思考。不过值得注意的是，美国三权分立的政

---

1 Caren Bohan and David Brunnstrom, "Trump says U.S. not necessarily bound by 'one China' policy," Reuters, December 12, 2016. http://www.reuters.com/article/us-usa-trump-china-idUSKBN1400TY.

2 Reuters, "Trump on Twitter (April 11) - President of China, North Korea", http://www.reuters.com/article/uk-usa-trump-tweet-idUSKBN17D1H4，登录时间：2017年4月20日。

3 例如美国国务卿蒂勒森曾经在2017年3月访华时做过类似表述。"Rex Tillerson talks of a 'historic moment' in relations with China," The Economist, March 20, 2017, http://www.economist.com/news/china/21719198-donald-trump-mulling-new-approach-rex-tillerson-talks-historic-moment-relations，登录时间：2017年4月20日。

2017年6月国务卿蒂勒森在美国国会就2018财年预算作证时再次做出类似表述。"Secretary Tillerson Testifies FY 2018 State department budget", https://www.c-span.org/video/?429946-1/secretary-tillerson-testifies-fy-2018-state-department-budget，登录时间：2017年6月20日。

治制度、美国建制派与特朗普政府之间的紧张关系，都有可能对中美两国建立中长期战略稳定的努力造成重大阻碍。历史经验表明，每当美国政府行政当局要在中美关系上取得突破时，国会等其他政治力量就会试图“平衡”行政当局的努力，而且后者的尝试往往具有美国国内法基础，因此更为持久。这一制度设计决定了美国政府行政当局对华政策很难摆脱战略界的“地心引力”。这是中美两国政府推动双边关系发展过程中需要高度关注的问题。

每当美国政府行政当局要在对华关系上取得突破时，国会等其他政治力量就会试图“平衡”这种努力。

专题：特朗普的美国与未来国际秩序

“特朗普现象”与中国的战略选择

李志刚

内容提要：冷战结束后短短20多年时间，世界发生了翻天覆地的变化。这一系列变化从政治、经济、社会、文化、生态等方面给世界带来前所未有的冲击，并以不同方式加速改变着人类共同生存的地球，以及地球上各个国家及其民众的面貌。这些变化并非从天而降，而是可以在近代史中追根溯源。变化是永恒的，但是变好，还是变得不那么好，甚至变坏，则在一定程度上取决于各国的战略选择和政策。特别是大国，它们对于世界和人类的未来担负着更大更重的责任，它们的战略选择对于本国乃至世界未来的走向往往发挥着更关键的影响。

关键词：中美关系　黑天鹅　社会变迁　独立自主　战略选择

2016年12月20日，俄罗斯驻土耳其大使遇刺身亡，德国柏林发生货车冲闯圣诞集市的恐怖主义袭击事件，瑞士苏黎世发生枪击事件。2017年以来，英法国等欧洲国家又频遭恐袭。这些情况，加上英国脱欧和特朗普当选美国总统两大“黑天鹅事件”，[1] 使得原本享受了几十年和平、安宁、繁荣、富足的西方世界一下子变得不那么太平、不那么确定了。这或许正是慕尼黑安全会议主席的伊申格（Wolfgang Ischinger）所说的“世界乱套了”的原因。人们不禁会想、会问，这个世界确实在发生着深刻变化，这些变化的性质和背后深层次的原因是什么？它对世界、对中国意味着什么？我们应该怎么办？

特朗普入主白宫后，有人说，现在最大的确定性就是不确定。还有人说，这

李志刚　北京大学国际战略研究院研究员。

1 2017年1月20日，特朗普宣誓就任美国总统。他在就职演讲中表示：“纸上谈兵的时代结束了。现在是行动的时刻。”一个专注于行动的总统，带领着一群执行力强的跨国公司高管和将军的阁员，他们的行动会带来怎样的影响？全世界都需要认真对待。

有可能从根本上改变国际关系。也有人说，“特朗普现象”给西方政治带来前所未有的不确定性，令人无所适从、极度不安，这在历史上绝无仅有，将对西方自我认知和西方政治带来长期影响。无论如何，人们从震惊中醒来，开始认识到世界有可能面临一个“和1989年柏林墙倒塌同样重大的历史关头”。

为什么是特朗普?

特朗普当选，具有一定的偶然性，譬如：面对两党建制派和主流媒体的围追堵截他决不认输、坚持到底的劲头；他本人及其竞选团队对新媒体的熟练运用和对民意较为准确的把握；正确的竞选策略；共和党建制派的软弱及其对形势的误判；大选最后关头联邦调查局在希拉里·克林顿“邮件门”问题上的反复，等等。

特朗普是被精英集团对美国衰落的恐惧和普通白人“思想暴动”的愤怒两股力量“抬进”白宫的。

但这些偶然性背后的必然性同样发挥了关键作用，从某种意义上说，特朗普是在美国精英的“恐惧”和中产白人的“愤怒”这两股潮流的共同作用下被“抬进”白宫的。

从精英的角度看，过去三年美国战略界围绕着美国对外政策，特别是对华关系进行了一场激烈辩论。有一些人开始置疑：美国同中国建立和发展关系是对了还是错了？几十年来两党历届政府奉行的对话、合作、接触的对华政策是成功了还是失败了？中国是不是正在或者已经成为美国最大的竞争对手？其实，这些表面上围绕对华政策的质疑背后所隐藏的最为核心的问题是：美国是不是开始走向衰落了？早年曾欢呼“历史终结”的福山先生甚至也开始相信美国正在走向衰败，并对衰败原因做出了自己的诊断。[1] 相反，约瑟夫·奈则没有那么悲观，他认为，军事实力、经济实力和软实力，三者的结构性效果决定了一个国家在国际上地位如何。而从这个视角观察，美国依然拥有其他国家无法匹敌的优势地位。[2] 美国最核心、最高国家利益就是保持美国在世界上的霸主地位，虽然遇到这样那样的困难，奥巴马总统依然宣称要“再领导世界100年”。然而进入21世纪以来，中国经济总量的世界排名从第七上升到2010年的第二，从2001年占美国总量的11%上升为2016年的61%，追赶速度之快、崛起势头之猛使美国精英陷入深深的忧虑。在政治极化日甚、改革举步维艰的背景下，精英界人心思变，希望新的总统能够打破常规、扭转乾坤，巩固美“一超独霸”的优势地位。一位美国前总统国家安全助理认为，“特朗普当选恰恰是美国政治体制自我复苏、自我重塑的方式”。也许这正应验了福山教授的预言，“美国政治的衰败可能还会继续，直到某种外部冲击催

1 Francis Fukuyama, *Political Order and Political Decay*, Farrar Straus and Giroux, New York, 2014.

2 Joseph Nye, *Is the American Century Over?* Polity Press, Cambridge, UK and Malden MA, USA, 2015.

生出一个真正的改革阵营并且付诸实施”。[1]

从普通白人的角度看，政治上，大众认为掌权精英集团和他们脱离了联系，走得太远，希拉里·克林顿代表着华盛顿利用政治权力为自身谋私利的“腐化了的精英”，因此利用手中的选票造反，推动了资本主义制度不变情况下的一次体制上的“改朝换代”；经济上，美国宏观经济的增长不能反映到普通民众收入水平的提高上来，相反，1%和99%之间在财富、收入上的鸿沟在过去的40多年时间里不仅始终无法弥合，分配的天平甚至有进一步向0.1%的极少数亿万富翁群体倾斜的趋势，普通美国人自第二次世界大战结束以来第一次出现认为自己的下一代不会比自己过得更好的担忧，换句话说，普通美国白人的“美国梦”似乎做不下去了。美国建国240年来，“民主权利”甚至投票权的获得都不是在同一时间同步实现的，19世纪与20世纪之交，美国有投票权的人在总人口中的占比不过1/4。实际上，美国在每个历史时期都有一个被多数人瞧不起、看作“落后分子”的群体，黑人、妇女、东欧移民、亚洲移民、拉美裔移民……而随着民权运动的兴起、弱势族群保护法案的推行，代表进步运动的“政治正确”成为社会主导意识形态，过去的弱势群体可以冠冕堂皇、登堂入室，奥巴马以黑人身份当选为总统，从一定意义上说也是这一思潮兴盛到达顶峰的标志。而历史上处于社会优势地位的中下层主体白人却被人嘲讽为抱残守缺、僵化保守的“红脖子”，他们心中的愤懑和压抑已非一日之痛，最终因特朗普的出现而得以宣泄。与此同时，社会信息化的发展和社交媒体的兴起使得不同社会群体有了避开“主流媒体”独立发声的条件。从另一个角度看，特朗普的胜选也是针对美国和西方意识形态领域占统治地位20多年的所谓“政治正确”搞了一次“思想解放”，或者更确切地说，是一次“思想暴动”。

“特朗普现象”的深层原因和历史长周期因素

历史性事件从来都不是孤立发生的，正如蝴蝶效应缘起亚马逊河流域那样，“特朗普现象”也可以从历史长河中找到内在的逻辑，其深层次原因至少可以追溯到1917年俄国十月革命这一开辟人类历史新纪元的伟大事件。过去400多年的大多数时间，西方在政治、经济、金融、科学、军事、技术、产业、市场、宗教、文化、法律、规则、资源及通道等涉及世界秩序的方方面面全面垄断，占据主导地位，在鼎盛时期以占世界15%的人口对全球70%的土地资源实现了殖民掠夺和控制侵吞。十月革命的发生，社会主义苏联的建立，不仅使西方第一次有了一个日渐壮大、旗鼓相当的对手，而且开启了殖民地、半殖民地民族解放运动

1 Francis Fukuyama, “American Political Decay or Renewal?” *Foreign Affairs*, Vol.95, Issue 4 July / August 2016.

的新时代，甚至在资本主义陷入大萧条的危急时刻为资本主义的自救提供了参考药方。

第二次世界大战结束后，亚非拉殖民地、半殖民地民族解放运动风起云涌，政治觉醒、独立自主意识深入人心。1949年中华人民共和国的成立成为这场宏大运动浪潮中的标志性事件和代表性国家。新中国建立初期，百废待兴、一穷二白的中国被迫参加了抗美援朝和抗美援越两场战争而又发挥了关键性作用；20世纪60年代中苏关系恶化。一个不畏西方和东方强权的中国改变了传统霸权国家可以对弱小国家为所欲为、任意妄为的“规则”。广大亚非拉争取民族独立解放的各国的觉醒与反抗改写了国际关系历史，从政治上撼动了曾经以为自己的权势不可动摇的英美等老牌帝国的根基，压缩了传统霸权国家通过发动战争转嫁国内危机的空间，使世界终于摆脱本质上弱肉强食的模式（如1815年的维也纳会议、1919年的巴黎和会和1945年的雅尔塔会议），使得国际社会真正实现持久和平成为可能，也使得在近代史上第一次出现这样一种可能，即大国崛起可能在和平的条件下得以实现。正如美国学者韩德所说，“历史正在发生革命性的转变，‘整个资本主义——帝国主义体系变得更弱了，正在萎缩和分裂’”。而“半个世纪前完全消失的第三世界的声音正在主导自己国家的舞台，使国际论坛听到它们的声音，并进一步提出使北大西洋国家措手不及的要求。很难想象有比这更剧烈的全球转型了”。[1]

重新塑造能兼顾各方利益的国际秩序，需要对全球治理体系进行系统性改革。

“综观20世纪的社会变迁，归根结底有两大动力，一是求发展，二是求平等”。[2] 如果说20世纪中叶以后遍及亚非拉的民族独立解放运动追求的是“求平等”的目标，那么20世纪60年代以来，亚洲“四小龙”的崛起则开启了“求发展”和后发国家、地区从经济上追赶西方发达国家之先河。进入21世纪后，以金砖国家特别是中国为代表的一批“大龙”和中等发展中国家实现了历史性快速发展和崛起。发展中国家不仅在经济总量上与西方发达国家持平，改变了力量对比长期西方占优的不平衡局面，而且在国际政治、经济等各个领域逐步展现出越来越强大的活力和影响力。经济实力的增长也增强了新兴国家对于未来的信心，与西方国家的认知及其对未来的悲观心态不同，在它们眼中，明天将会更好。

而与之相对应，以美国为首的西方却在冷战结束后的20多年里延续早已过时的“赢者通吃”思维，滥用自身政治、经济、军事和金融霸权，犯下了几次战略性错误：一是在1991年苏联解体后对俄罗斯穷追猛打，不仅要打翻在地，而且还要再踏上一只脚，不顾承诺推进欧盟、北约双东扩，肢解南联盟，对格鲁吉

1［美］韩德著：《美利坚独步天下——美国是如何获得和动用它的世界优势的》，马荣久等译，上海：上海人民出版社，2011年，第220页。

2 资中筠：《20世纪的美国》，资中筠、陈乐民主编：《冷眼向洋——百年风云启示录》总绪论，北京：生活·读书·新知三联书店，2007年。

亚、吉尔吉斯斯坦和乌克兰推行“颜色革命”，激发俄强烈反弹，诱发了欧洲东部地缘政治危机；二是发动对阿富汗的战争，特别是不顾国际社会反对发动第二次伊拉克战争，软硬实力严重受损，造成西方世界的形象和信誉危机；三是对发生在西亚北非的“阿拉伯之春”推波助澜，反过来诱发、加剧了欧洲难民危机，并引起欧洲内部政治生态体系的连锁反应；四是滥用金融霸权，放松金融监管，引发次贷危机并酿成席卷全球的2008年金融风暴，全面重创世界经济。

秘鲁诺贝尔文学奖得主略萨（Mario Vargas LIosa）评价英国脱欧和特朗普胜选时说：“这些都在证明那个发动了工业革命的西方，拥有众多科学大发现的西方，追求人权、新闻自由、开放社会、自由选举的西方，过去曾经是世界先驱的西方，正在逐步走向落后。并不是因为它们没有像其他国家一样准备好了迎接未来，而是恰恰相反，是因为它们自己的自负和懦弱，以及在发现那些以前只属于它们的特权如今任何国家都能享受到的时候而产生的恐惧感。其他国家无论多少，都知道如何利用好全球化和技术革新制造的非凡机遇。”[1]

中国面临的挑战

仔细观察“特朗普现象”，准确地说，这并非一场革命，而更像是一场复辟，更像是“路易·波拿巴的雾月十八日”重现。它代表的是反进步主义、反智主义、反全球化、维护美国霸权和主导地位、反对建立更加公正合理世界秩序的一股“逆流”。霸权的行使本身具有极大的脆弱性和内在的结构性矛盾，因为“一个霸主可以通过干涉来塑造世界各地的发展，但由此引发的一连串事件必然会产生不可预测的结果。干涉的范围越广，不良结果就越多”。[2]

从长远看，正如没有人能够阻挡中国在21世纪的崛起那样，无论什么人也都无法阻止原先可以操控世界的那股势力继续走向相对衰落（当然这是一个相当长的历史过程）。正如略萨所说的那样，“特朗普和英国脱欧不能解决任何问题，反而会使现有问题恶化，并带来更严重的新问题”。

然而从短期看，特朗普及其所代表的力量却不容丝毫小觑。在一定条件下，譬如：特朗普顺应美国中下层白人民众强烈而迫切的求变心理，组成具有较强执行力的团队——以指挥千军万马的将军和在世界范围内配置资源的跨国公司首席行政官（CEO）为代表，在内外危机的冲击下，横下一条心推动改革。倘若获得成功，特朗普不仅会“青史留名”，也将延缓美国的衰退，

特朗普政府对美国内外政策的调整也将对中国和平崛起构成挑战。

1《西媒：西方国家明确转入衰落进程》，《参考消息》，2016年11月22日。

2［美］韩德著：《美利坚独步天下——美国是如何获得和动用它的世界优势的》，马荣久等译，上海：上海人民出版社，2011年，第338页。

进而使得美国乃至西方“活力再现”。实际上，无论美国成功还是失败，其内外政策的剧烈调整都将对世界格局产生巨大冲击和影响。霸权的“退潮”会带来世界格局的重大调整，也会对发展中大国的群体性崛起步伐，特别是我们的民族复兴进程造成巨大的外部不确定性，甚至构成严重的威胁和挑战，对这一不同寻常之情势，切不可不查。

首先，特朗普的“新政”必将对中国乃至诸多新兴国家造成影响和冲击。在一定程度上说，美国政策的变化是因为它看到了中国等发展中大国的快速发展。可以预见，中国越是临近“两个100年”目标的实现，美国国内保守势力的焦虑感越强烈，对中国的牵制也可能越猛烈，两国国力和两种发展模式的竞争就会越激烈。中国在国家战略中并无对外推广复制“中国道路”的考虑，但“零和思维”的惯性在美国的一些保守权势人物头脑中可能依然根深蒂固。美国的一位战略家哈斯（Richard Haass）说，外交始于国内，但又不是终于国内。国家间竞争归根结底还是要拼经济，这也正是特朗普作为总统准备做的事情。“美国第一”也好，“美国优先”也好，其核心都是经济利益。可以想见，特朗普政府下一步对于经济实利的争夺将会有不同寻常的烈度，采取不同寻常的方式，产生不同寻常的影响。

第二，美国对外政策的调整必将引发国际格局深刻变化。一是中美俄大三角面临进一步调整；二是中美在亚太的互动面临新的不确定因素；三是美军事同盟关系的调整会对中国发展与欧、印、日、韩及其他国家关系带来新的挑战和机遇。此外，中国也要准备在自己的周边面对一些可能出现的新变化。

第三，特朗普政府对于中美关系如何定性、定位和定调关乎全局。美方的基本立场关系到中美关系在未来一个时期的发展态势，也会对中国内外环境造成巨大影响。美国是把中国定性为对手、威胁、敌人还是合作伙伴？是把中美关系定义为不冲突，不对抗，相互尊重，合作共赢的新型关系，还是相反，认为中美之间是一对零和关系？是继续把中美关系定位为世界上最重要的双边关系，还是认为美与其盟国关系更重要？是把中美关系定调为竞争加合作？遏制加合作？遏制为主？还是继续对中国实施全面围堵、打压？这些问题事关重大。

第四，特朗普执政方式、决策风格的不确定性对我们运筹中美关系带来不小的困难。特别是在国际和地区热点问题的处理上，中美两国需要建立起新的互动模式，这一调整的过程不会是一帆风顺的，也要准备进行许多前所未有的斗争和博弈。

中国的应对之策

世界大势、国际格局正在孕育数十年未见之变。席卷地球村的另一场“莎莉嘉”（Sarika）式的超强台风正在不远处的热带大洋中生成，它也许会带来前所未有的振荡和冲击。历史的发展从来都是进两步，退一步，世界力量对比的变化也不会是直线向前的。以“特朗普现象”为代表的这场变化迟早要来，关键是中国应当如何应对？

首先，对时代本质特征的正确认知和基于准确战略判断的战略抉择是中国应对不确定性的“定海神针”。大国之间的较量更多的是长远战略的比拼，而中国并不缺乏战略思维的传统。秦国以法强国、废世袭而兴功赏、广纳人才、南定巴蜀、北取义渠和远交近攻、各个击破，从而得以在春秋战国近500年的博弈中胜出，这很大程度上体现出了秦国历代统治集团在战略上的坚定和冷静。[1] 1969年，新中国在内忧外患最甚的历史时刻，毛泽东出奇兵部署四老帅（陈毅、叶剑英、徐向前和聂荣臻）对国际大势进行独立研判，提出了改善对美关系这一在当时条件下几乎“不可想象”的“奇招”。今天，我们甚至更需要有四老帅那样的人对国际形势的趋势性、关键性、生死攸关性变化和中国所处历史方位、应承担历史责任做出准确判断，提出正确的对策建议。所有的战略决断都有一个挤出泡沫、褪尽浮华的过程，都要首先服务于国家民族的长远和根本利益。我们的目标是什么？实现路径是什么？可能遇到怎样的困难局面？最困难的局面又可能是什么？都需要认真思考。

其次，信心重于黄金，中国的信心源于对当今天下大势的理性判断。虽然历史的发展过程中非理性的因素或许会起一定作用，但作为有别于其他生物的人类，理性和良知构成了人类社会发展进步的重要动因。从世界大势看，和平与发展仍是当今世界的主题，发展经济、改善民生仍是各国政府执政合法性的根本——即使是特朗普治下的美国也概莫能外，抑或更加如此。冷战结束后，经济全球化、社会信息化加速发展进一步加剧了世界范围内及各国内部之发展不平衡，这反过来构成了世界各国民众热切期盼经济继续向前发展的愿望之源和潜力所在。而各国在共同应对贫困、不平衡发展、传染性疫病、恐怖威胁、生态危机、气候变化等诸多领域积累的合作成果使中国对于人类社会应对共同挑战的理性和良知有了进一步的认识。

再次，中国可以努力使自己在“不确定性”的海洋中岿然不动，而改革是实现稳定的唯一路径。改革，“是社会主义制度的自我完善，在一定的范围内也发生了某种程度的革命性变革”（邓小平1985年语）。苏联解体26年来，中国执行韬光养晦、有所作为的战略，冷静观察，沉着应对，主动运筹，站稳了脚跟，化危机为挑战，赢得了战略机遇期。可以说，中国通过成功地改变自己而改变了世界。2015年中国的人均国民总收入（GNI）7900美元，仅为美国水准（55980美元）的14.1%，[2] 城乡、区域差异及经济社会和自然生态等领域发展的巨大不平衡性表明我们的后发潜力依然巨大；疾风骤雨般的反腐有利于冲破利益集团的藩篱，

1 叶自成：《大国崛起——华夏体系500年的大历史》，北京：人民出版社，2013年。

2 据世界银行公布的数据，见：http://data.worldbank.org/, 2017年5月6日。

增加体制的“可改革性”和自我纠错能力；而中央领导核心的确立有利于增强危机应对和制定、实施以问题为导向的法律和政策的能力，进而增强国家能力。实际上，大国间竞争不仅表现为综合国力的竞争，更是领导力、执行力，尤其是领袖政治家和一大批其他政治家质量的竞争。世界上从来没有单纯脱离政治的经济，也不会有单纯脱离经济的政治，“就一个国家，一种社会而言，所谓成功与失败……要看相对来说，哪个能更好地满足人类（求发展和求平等）的两大要求，同时较好地解决或至少缓解二者的矛盾，取得相对平衡的进展”。[1] 有理由认为，中国在新的历史时期继续深化改革、扩大开放有可能更深刻地改变自己和世界的面貌。

最后，中国需要建立包括美国社会内部一切进步力量在内的最广泛的统一战线。特朗普的任务也是要让普通美国人的“美国梦”能够继续下去。在各国利益紧密交融的今天，无论中国、美国还是其他国家，大家的共同目标都是要让本国人民过上更加美好的生活，而正在展开的信息、智能革命也使得世界各国的共享发展成为可能。你做你的“美国梦”，我做我的“中国梦”。如果说差异，那也只是程度上的，美国人是要在更高水平上得到改进和提高。对此，我们不会也不需要“羡慕、嫉妒、恨”！

“为政之要，在于得人。”无论国内国际，人心都是最大的政治。中国国内的改革需要聚人心，集众智，众志成城。中华民族的伟大复兴需要包括港澳台侨在内的全体炎黄子孙的理解、支持、参与和贡献，推行对外政策同样需要在周边乃至更遥远的地区找到最大公约数，建立最广泛的统一战线。其中最重要的还是要同美国继续推进新型大国关系建设，其中，不冲突、不对抗是底线。避免落入“修昔底德陷阱”是中美两国为政者都必须时时牢记的。中美之间日益加深的利益、人文纽带以及在国际和地区问题上紧密合作的态势，决定了特朗普治下的美国不可能像对付苏联那样对中国。包括美国的盟国在内，世界范围内利益取向多元化发展和独立自主意识上升决定了冷战时期两大阵营分庭抗礼的局面不会再现。实际上，美国自身也不能把同中国的关系搞砸，再一次“失去中国”的后果即使特朗普也无法承担。

中美之间必须要加强战略沟通，增进战略互信，推进两国战略互动良性发展，这包括以下三个方面：

1. 正确认识对方战略意图。中国的意图非常明确，也就是要实现邓小平在1982年9月1日中共十二大开幕式上提出的三大任务：加紧现代化建设（现在的提法是实现新型工业化、信息化、城镇化和农业现代化的“新四化”）；实现包

1 资中筠:《20世纪的美国》，资中筠、陈乐民主编:《冷眼向洋——百年风云启示录》总绪论，北京：生活·读书·新知三联书店，2007年。

括台湾在内的祖国统一；反对霸权主义、维护世界和平。[1] 美国新政府上台后的意图则不那么明确，"美国第一"在具体政策上会如何展现出来还有待观察，其核心依然是保持美在全世界的主导地位，虽然有可能表现出"下蹲"的姿态，而最终目标依然是"起跳"。面对国内外的质疑，特朗普总统势将陆续采取有效措施，让国内支持或不支持他的民众顺心，让国内支持或不支持他的精英阶层放心，让国际上的盟友安心，也让中国这样既在众多领域是美国合作伙伴、又在一些方面是美国竞争对手的国家宽心。

2. **明确中美关系的定位**。对中国而言，"与美国合作是战略，不是策略和权宜之计"。[2] 毛泽东主席和尼克松总统携手打开中美关系的大门，这是改变世界的战略性举措。邓小平在1989年中美关系非常困难的时候表示，"归根结底中美关系是要好起来才行"，他着眼的是"世界和平和稳定的需要"。[3] 习近平主席在特朗普当选总统后与其通电话时表示，"中美建交37年来，两国关系不断向前发展，给两国人民带来了实实在在的利益，也促进了世界和地区和平、稳定、繁荣"，[4] 这同样超越了双边的范畴。美国越来越多的有识之士也认识到，如果不顾世界的发展、时代的变化，硬是把中国当成对手甚至敌人，那么美国也将收获一个可怕的敌手。所以，中美关系的核心问题还是一个怎么看待自己和怎么看待对方的问题。

中美关系的核心问题是双方如何在战略上看待对方。

3. **找准中美两国利益交会点，努力扩大合作**。作为世界上最重要的一对双边关系，中美关系的状态深刻影响世界格局乃至全球的未来。无论是两国自身的改革发展还是国际、地区问题的解决，若没有对方的合作，要取得成功都是不可想象的。大家可以坐下来算一算"旧账"，看看中美过去30多年的合作给双方特别是给美国带来了哪些好处；更要算一笔新账，看看今后30年、50年中美还可能通过哪些领域的合作造福两国和世界人民，用实实在在的数字去说服那些各自国内对中美发展合作关系存在疑问的人。美国人不是常说要制订"大计划"（Big Plan）吗？现在制订中美合作的大计划正逢其时。

当前，中国又一次站在了关键历史节点上。这一次，我们拥有更强的国力，更有利的内外环境。内外环境的变化要求我们：既要审时度势，重新思考战略目标，也要有一整套完备的方案去应对可能出现的这样那样的情况。我们还要准备在外部环境发生剧烈改变、对中国战略机遇期带来严峻挑战的情形下完成中华

---

1 邓小平：《中国共产党第十二次全国代表大会开幕词》，《邓小平文选》（第三卷），北京：人民出版社，1993年，第3页。

2 牛军：《与美国合作是战略，不是策略和权宜之计》，《美国研究》，2015年第6期。

3 邓小平：《中美关系终归要好起来才行》，《邓小平文选》（第三卷），北京：人民出版社，1993年，第350—351页。

4《习近平同美国当选总统特朗普通电话》，《人民日报》，2016年11月15日，第1版。

民族的伟大复兴。对于任何一个国家特别是大国而言，真正的“战略机遇期”从来不可能靠别人的施舍，只有靠自己力量、智慧和运筹才能争取到。要真正实现中华民族伟大复兴绝不会是轻轻松松的事情。“行百里者半九十”，越是临近胜利实现民族复兴的大门，我们全体人民越需要保持谦虚谨慎的姿态和强烈的忧患意识，扎扎实实做好自己的事情。浮华褪尽江山在，风火恒常家国安。正如中共十八大报告所讲的那样，我们绝不能犯战略性错误，尤其不能犯颠覆性错误。要准备进行许多具有新的历史特点的伟大斗争。

中国对外卫生援助的历程、挑战和对策

王 昱 刘培龙

内容提要：对外卫生援助是中国对外援助和外交政策的重要组成部分。60多年来，我国对外卫生援助的规模不断扩大，援助方式也日趋多样化。进入21世纪，在大国竞争日趋激烈、卫生问题进一步全球化的新形势下，如何扩大对外卫生援助的影响力、整合分散的援助方式、扩展卫生援助的内容、克服医疗队员选派的困难，更好地传递中国卫生发展的成功经验，成为我国对外卫生援助面临的新挑战。作为一个负责任的大国，中国在新时期对卫生援外做出了一系列新承诺、提出了许多新举措。中国需要积极探索适宜的对外援助改革方案，制定对外援助的国家战略和法律框架，改革对外卫生援助工作的决策和管理机制，建立整合型的卫生援外模式，深入参与卫生发展援助领域的国际合作，为实现联合国2030年可持续发展目标，构建人类命运共同体贡献中国智慧、中国方案和中国力量。

关键词：中国 战略 对外援助 卫生援助

对外卫生援助是中国对外援助和外交政策的重要组成部分，其中最主要的行动是向发展中国家派遣医疗队。1963年，中国政府应阿尔及利亚政府的紧急请求，第一次向国外派出了医疗队，由此正式拉开了中国派遣援外医疗队制度化的序幕。此后，中国的对外卫生援助形式逐步多样化，包括提供药品和医疗设备，援建医院、医疗卫生中心和疟疾防治中心等医疗卫生设施，在国内为发展中国家的卫生技术人员和管理人员举办培训班，提供人道主义紧急医疗援助等。半个多

王昱 北京大学公共卫生学院全球卫生学系讲师；刘培龙 前世界卫生组织（WHO）助理总干事、北京大学公共卫生学院全球卫生学系教授。

世纪以来，秉持相互尊重、平等相待、重信守诺、互利共赢的基本原则，中国对外卫生援助事业稳步发展。这些援助对促进受援国医疗卫生事业发展、改善受援国人民的健康状况、树立良好的中国形象、加强南南卫生合作和推动全球卫生发展做出了重要贡献。

近年来，随着经济全球化进程的深入推进，以及中国政治、经济、卫生体制改革的深入发展，整体的援助环境已经发生了重大的变化，受援国也为适应国际局势变化和自身发展需求，对援助形式和内容提出的新要求，使得中国对外卫生援助工作面临越来越多的新挑战。本文主要通过梳理中国卫生援外的历史进程，以及在新形势、新背景下面临的挑战，提出未来卫生援外工作的建议和对策，为促进中国对外卫生援助的改革创新，提升中国卫生援外整体效果提供新思路。

一、中国对外卫生援助的历程回顾

中国的整体对外援助是中国对外战略的重要部分，而对外卫生援助是对外发展援助中最具特色的内容和最早涉及的领域之一。围绕中国对外援助的分期问题，学者们有很多讨论，提出的观点看法也不尽相同；[1] 而对中国卫生援外历程的分期，讨论相对较少。[2] 笔者认为，随着中国对外援助政策的变化，中国对非卫生援助经历了两次较大调整。第一次是在1978年，另一次则在2000年。据此，中国对非卫生援助的历史可以大体划分为三个阶段：起始发展阶段，改革探索阶段以及增长扩展阶段。

卫生援助是中国对外发展援助中最具特色的内容。

从新中国成立到改革开放前：中国卫生发展援助的起始发展阶段。第二次世界大战结束不久，随着1947年印度独立、1949年中华人民共和国成立等重大事件的发生，处于南半球和北半球南部的广大发展中国家谋求建立合作战线。1955年召开的万隆会议是南南合作的先声，1964年七十七国集团的建立，则标志着国际整体性南南合作的开始。这一时期，中国正值建国初期，急需赢得政治盟友从而开拓外交空间、打破西方国家的封锁。周恩来总理于1953年提出了“和平共

1 李安山：《论中国对非洲政策的调适与转变》，《西亚非洲》，2006年第8期，第11—20页；周弘：《中国对外援助与改革开放30年》，《世界经济与政治》，2008年第11期，第33—43页；李小云：《中国对非援助的实践经验与面临的挑战》，《中国农业大学学报》（社会科学版），2009年第4期，第45—54页；杨鸿玺：《中国对外援助：成就、教训和良性发展》，《国际展望》，2010年第1期，第46—56页；张永蓬：《国际发展合作与非洲》，北京：社会科学文献出版社，2012年，第79—173页；张郁慧：《中国对外援助研究》，北京：九州出版社，2012年，第28—39页；刘鸿武：《中国对外援助与国际责任的战略研究》，北京：中国社会科学文献出版社，2013年，第79—144页。

2 徐伟忠：《中国对非医援与合作——演变、成果与挑战》，北京大学全球卫生研究中心编：《全球卫生时代中非卫生合作与国家形象》，北京：世界知识出版社，2012年，第27—36页；王云屏：《中国卫生发展援助的理念与实践》，《中国卫生政策研究》，2015年第5期，第37—43页。

处五项原则”，[1] 1964年又提出了中国“对外经济技术援助八项原则”，[2] 为中国开展对外援助确立了指导理念和基本准则。

在医疗卫生领域，早在20世纪50年代新中国建国伊始的援越抗法和抗美援朝时期，中国就曾为越南和朝鲜提供大量药品和医疗物资援助，这是中国对外卫生援助的雏形，是与新中国建国初期巩固政权的需要直接相关的、非正式的卫生援助。随着1950年8月中国红十字会恢复在国际红十字会的合法席位，中国开始通过国际红十字会为其他发展中国家提供包括医疗援助在内的人道主义援助。[3] 1963年，中国响应阿尔及利亚政府发出的紧急医疗援助的呼吁，派出了由24名医疗专家组成的第一支援外医疗队，[4] 这标志着中国政府正式开始有组织、大规模、持续性提供卫生发展援助。随着中国与非洲国家纷纷建交，中国医疗队的名声在非洲传开。1971年中国在广大发展中国家和一批发达国家支持下恢复了在联合国的合法席位，国际地位显著提高，派遣援外医疗队的数量随之迅速增加，也继续向正在进行民族解放斗争、争取国家独立的非洲原殖民地国家无偿捐赠了大量物资及援建医院。至20世纪70年代末，中国已向29个非洲国家派出了医疗队，援外医疗队员累计5000多人次，[5] 并在非洲援建了约10所医院。[6]

改革开放到20世纪末：中国对外卫生援助的改革探索阶段。随着中美建交、苏联解体、冷战结束、非洲内乱加剧，这一时期的国际环境发生了深刻变化。在国内，1978年以后中国进入一个新的历史时期，确立了以经济建设为国家全部工作中心的战略决策，实行改革开放，开始了新中国建国以来具有深远意义的伟大转折。中国的外交从过去的“经济为外交服务”向“外交为经济服务”转变。中国的对外援助政策在继承“八项原则”的基础上提出了“平等互利、讲求实效、形式多样、共同发展”的“四项原则”。这意味着中国要在继续发扬国际主义精神、对发展中国家提供的援助时，对援外工作进行改革，“量力而行、尽力而为”，不仅要促进受援国的经济发展，而且也要服务于中国的经济建设和改革开放。按照新的“四项原则”，中国从政策、方式、管理和机构调整等方面逐步对外援助进行改革和调整。

---

1 周恩来总理1953年12月会见印度代表团时首次提出“和平共处五项基本原则”，即互相尊重主权和领土完整，互不侵犯，互不干涉内政，平等互利，和平共处。

2 周恩来总理1964年1月访问加纳时首次宣布“中国政府对外经济技术援助的八项原则”，主要包括：平等互利；尊重受援国主权，绝不附带任何条件，绝不要求任何特权；中国以无息或低息贷款方式提供援助；帮助受援国走自力更生、经济上独立发展的道路；力求投资少，收效快；提供中国最好的设备和物资；帮助受援国掌握技术；专家待遇一律平等。

3 朱开宪：《新中国恢复的第一个国际合法席位》，《文史博览》，2009年第7期，第21页。

4《我医疗队成员赴阿尔及利亚》，《人民日报》，1963年4月7日。

5 蒋华杰：《中国援非医疗队历史的再考察（1963—1983）——兼议国际援助的效果与可持续性问题》，《外交评论》，2015年第4期，第61—81页。

6 根据北京大学公共卫生学院2011年提交给世界卫生组织的《中国对非卫生援助》研究报告。

在总体援外改革的背景下，中国的卫生对外援助在这一时期也经历了改革的探索，主要体现在医疗队方面，包括医疗队在规模上一度收缩、布点上向具有较好条件能更好发挥作用的地点转移或集中、费用上适当要求受援国分担或由无偿援助改为贷款援助、有的医疗队还利用援外医疗平台，协助中国药厂将中国生产的药品引入受援国市场，或为中国医药企业与受援国合资建立联合制药公司牵线搭桥，带动商贸等。但是，这一时期卫生援外改革的尝试仅仅是一种探索，实施的效果不一，由于受援国方面的困难，一些措施无果而终。这段时间，由于对外卫生援助的政策调整、部分受援国国内局势的动荡以及与受援国外交关系的变化，中国对外卫生援助也经历一些波动和起伏。但从总体而言，对外卫生援助的规模继续扩大。20世纪80年代初至90年代末，中国派出医疗队前往工作的发展中国家由29个增加至44个，所援建的医疗卫生设施增至22所。[1]

21世纪初至今：中国对外卫生援助的增长扩展阶段。21世纪到来后，在经济全球化、世界多极化的发展浪潮中，中国经济保持快速增长、综合国力不断增强，在全球舞台上扮演着越发重要的角色。随着联合国"千年发展目标"的制订，人类进入了全面发展的新时期，健康成为最重要的发展目标之一。以中非合作论坛的建立为标志，中国迈出了对外卫生援助的新步伐，投入不断增长，领域逐渐扩展。2005年中国领导人在联合国宣布的中国对外援助的"五大举措"，2006年中非合作论坛北京峰会宣布的中国对非援助的"八项政策措施"，特别是近年中国领导人提出的"义利兼顾、弘义融利，有时甚至要重义轻利、舍利取义"的"新义利观"已成为现阶段指导我国对外援助的指导理念，卫生援外的力度和规模都在不断加大。仅在2010年至2012年间，中国就援建了包括综合性医院、流动医院、专科诊疗中心、中医中心在内的80个医疗设施项目，并向54个国家派出了累计3600名医护人员的55支医疗队，在受援国的近120个医疗点开展工作。[2] 中国在继续向广大的发展中国家提供传统援外项目的同时，还做出了一系列新承诺、提出了许多新举措。在发生严重自然灾害（如2004年的印度洋大海啸）和爆发国际关注的突发公共卫生事件（如2014—2015年间西非埃博拉疫情肆虐）之际，中国向有关发展中国家提供了大规模的紧急人道主义医疗援助。中国还向联合国维和部队派遣了医疗分队。所有这些都表明：中国已开始从受援国转变为卫生领域中一个新兴而且重要的国际发展合作伙伴。

纵观上述六十多年历史进程，中国的对外卫生援助与中国在不同发展阶段的国家战略、对外政策和安全与发展需求紧密切合，其政策与动机的演变具有鲜明的时代特征，并在一定程度上反映出国际发展援助中越来越强调合作与健康的

1 王云屏：《中国卫生发展援助的理念与实践》，《中国卫生政策研究》，2015年第5期，第37—43页。

2 国务院新闻办：《中国的对外援助（2014）》白皮书，2014年7月，http://www.scio.gov.cn/zfbps/ndhf/2014/Document/1375013/1375013.htm, 2017年7月12日访问。

总体趋势。作为南南合作的积极倡导者和重要参与者，中国开展对外卫生援助的进程与南南合作的历史过程相一致，并符合中国参与和推动南南合作的目的与要求。在政治上平等互信，中国始终坚持“不干涉内政”原则，开展对外卫生援助不附加任何政治条件；在经济上互利共赢，在“援助、合作、共融”的大援助观下，[1]中国并不回避援助和合作中的经济利益，互利和互助是对外援助的一个基本原则。

长期以来，派遣援外医疗队是中国在卫生援助领域开始最早、持续最长、最具中国特色的援助形式，一直被认为是“花钱少、见效快、影响大”。[2] 截至2012年底，中国先后向非洲、亚洲、拉丁美洲、欧洲和大洋洲的66个国家和地区派遣援外医疗队员2.3万多人次，这些国家经中国医生诊治的患者超过2.7亿人次，50多名中国医疗队员为了他国人民的健康献出了宝贵的生命。[3] 中国援外医疗队的突出特点是采取“对口援助”的管理模式，即由一个省、直辖市或自治区负责一个或者几个国家的医疗队筹备选派工作，各地“包干负责、对口派遣”。目前，除西藏、新疆、贵州和海南外，中国大陆其他27个省、自治区和直辖市均承担着派遣援外医疗队的任务，承担国别基本固定。[4] 除了两年一期的医疗队和新型短期医疗工作组两种传统派遣医疗队的形式外，还采取了提供医疗卫生成套项目援助（援建医院、医疗卫生中心和疟疾防治中心等）、卫生人力资源开发合作（政府官员培训研修、专业技术培训、留学生学历学位教育等）、医疗卫生一般物资援助（提供药品和医疗设备），以及紧急人道主义卫生援助、联合国维和部队医疗分队、青年志愿者等其他卫生援助形式。

在国家层面，对外卫生援助在各个部门之间有一定分工。国家卫生和计划生育委员会（原卫生部）作为卫生领域的业务主管部门，负责组织派遣援外医疗队和短期专家组；商务部作为国家国际援助的归口管理和总体协调机构，负责包括援建成套项目、捐赠医疗设备和药品以及组织卫生人力资源培训在内的其他形式的对外卫生援助。此外，其他部委及其相关部门也参与了中国对外卫生援助的决策、协调、管理和实施，例如：外交部从国家外交总体战略的角度审视援外工作的开展，确保对外卫生援助工作符合国家政治和外交利益，外交部的驻外使（领）馆负责援外医疗队在境外期间的管理和援建医院等成套项目在受援国现场的监管；教育部负责招收和管理中国政府奖学金来华医科留学生和进修生，同时组织和参与部分卫生培训项目；财政部从国家财政的角度考虑，负责审查、安排和整体拨付援外资金。[5]

---

1 程峰：《援助 合作 共融（观点）》，《人民日报》，2015年12月2日，第22版。

2 白云真：《中国对外援助的支柱与战略》，北京：时事出版社，2016年，第54页。

3 “中国50年来派遣援外医疗队员2.3万人次”，人民网，2013年8月15日，http://politics.people.com.cn/n/2013/0816/c70731-22581246.html，2017年7月5日访问。

4 左耘：《中国援外医疗队的贡献及面临的挑战》，《国际经济合作》，2013年第11期，第8—10页。

5 黄梅波：《中国对外援助管理体系的形成和发展》，《国际经济合作》，2009年第5期，第32—39页。

二、中国对外卫生援助遇到的问题和挑战

回顾六十多年来中国对外卫生援助历程，我们在援助的规模、力度、影响力和预期成效方面都取得了许多令人瞩目的成果，为服务国家整体外交战略、推动南南合作、树立大国形象起到了重要作用。其中，援外医疗队被视为南南医疗卫生合作的成功典范。但在21世纪，世界格局不断发生着复杂和深刻的变化，中国对外卫生援助得到了国际社会越来越多的关注，也承载了国际社会更多的期待；中国国内随着国民经济和社会高速发展和一系列全面深入的改革，开展卫生援外工作的内部环境也发生了重大变化。在此背景下，我国的对外卫生援助面临着一系列的问题和挑战。

中国对外卫生援助的影响力亟待提升。随着世界经济全球化和区域一体化深入推进，开展对外卫生援助成为很多国家体现“软实力”的重要手段，因此欧美大国、传统援助国与新兴经济体都日益重视卫生发展援助。与此同时，受援国家自身的国计民生并没有停留在原有水平，对于卫生援助的需求也在不断变化。多年来，我国以非洲为主的卫生援助在形式上出现了多样化，但是以提供临床服务和医疗设施建设为主的传统卫生援助内容基本没有发生改变，卫生援外的效果和影响力已经开始大打折扣，呈现出“边际效益递减”的态势。20世纪六七十年代，非洲国家的医疗人力资源极度匮乏，当时我国派出的一支二三十人的援外医疗队，产生的是“雪中送炭”效果，在受援国引起轰动效应。然而几十年来，受援国自身卫生人力资源在不断发展，数量和水平都在改善，但是当地的医生并不愿意离开首都和大城市的大医院。中国援外医疗队继续留在受援国的偏远地区工作，变成了取代当地医生的“长工”，原先“雪中送炭”的援外效应逐渐消匿。而且由于工作条件所限，还不能充分发挥技术水平。如果医疗队工作重心转向首都和大城市，就会加剧本来已经存在的卫生人力资源分布的不均衡，而且融入以西方教育体制培育出来的医生为主导的大医院，中国医生也难有更多的话语权并充分发挥作用。因此，如何在新形势更好地提升卫生援外的效果和影响力，成为一个急需研究解决的课题。

我国原有的卫生援外模式已经呈现出“边际效益递减”态势。

卫生援外管理体制分散，缺乏整合机制。目前，派遣援外医疗队和援建医疗卫生基础设施是中国对外卫生援助耗资最多的两种形式。中国对卫生援外工作，长期以来在整体上没有形成统一的决策和管理体系。派遣援外医疗队作为一个独立的体系，由国家卫生计生委归口管理；援建卫生基础设施、提供药品和医疗设备、组织卫生人力资源培训等其他形式的卫生援助由商务部作为另一个体系进行归口管理。商务部根据援助方式的不同而分别采用援外成套项目、技术合作项目、物资项目及培训项目的程序管理。各类卫生援外项目涉及具体的决策、协

调和实施环节时，外交部、教育部、财政部等部门也会参与到其中。这样的分工模式有其历史和体制上的原因，但它也使得一个高度专业的领域被人为割裂，导致相关部委之间权责不明确，信息不透明。尤其是卫生和商务这两个体系基本是独立决策、各自为政，相互之间缺乏积极有效的协调、衔接和反馈机制，影响了中国卫生援助资源的效率以及援助效果。例如：在规划援建医院项目时，缺乏与在该受援国已有的中国医疗队的调整或未来医疗队的派遣统筹考虑；多年来中国为来自非洲国家的一大批卫生技术人员和官员提供了专业技术和卫生管理方面的培训，但和中国在非洲援外医疗队的工作和帮助设立的30多所疟疾防治中心运行往往脱节（因为诸多原因，这些抗疟中心目前大都处于荒废或者运转不良的状态）；中国对非洲援助的医疗设备和药品往往没有与受援国当地的实际需要和情况充分结合，捐赠物资在入境通关时受阻，所提供一些的高端医疗器械在当地因为没有卫生技术人员会操作而长期闲置，捐赠的药品也因为没有提前在受援国进行药品认证或没有配备当地语言文字的说明书而无法投入使用，长时间闲置，最后过期浪费。尽管商务部会同外交部、财政部等20多个部委和有关机构与2011年建立对外援助部际协调机制，[1] 但在卫生援外领域，其具体效果并不显著。涉及卫生援外领域的协调大都是以应对遇到的具体问题为基础，没有形成制度化的、前瞻性和战略性的对话机制。

卫生援助形式离散，覆盖领域较为局限。中国对外卫生援助中各种类型的援助形式基本是分散独立的，影响了援助的总体效率和效益。例如，中国在非洲援建医院等医疗卫生设施的项目，长期以来采用企业承包制的建设方式，以“交钥匙工程”的形式进行管理。很多这种项目事先缺乏对援建医疗机构所在地现有医疗卫生体系、覆盖人口的医疗需要、人力资源的状况等的分析以及对选址、功能定位和建成后维持正常运转的配套需求的综合考虑，也没有与医疗队的派遣建立有机的联系，导致一些援建的医疗卫生设施在完成了硬件基础建设之后并不能可持续性地运行。这个问题在中国帮助非洲援建疟疾防治中心的项目中更为突出，其他形式的卫生援助（如在华开展的培训）也没有形成对医疗队工作的有力配合。

长期以来中国卫生援外覆盖的领域较多地关注临床医疗。主要的卫生援助资源用于提供临床诊疗服务、援建医疗设施以及捐赠医疗设施和药械。然而人群健康问题的解决，全民健康水平的提高，仅靠临床医疗服务是不够的，更重要的是帮助受援国建立健全运转良好的卫生体系，在正确的卫生工作方针指导下，开展疾病预防控制工作和重点人群（如妇女和儿童）的健康保健等公共卫生行动。近年来，中国政府宣布的一系列新举措、新承诺改变了卫生援外领域单一性，扩展到公共卫生机构建设、疾病监测和控制、妇幼健康保健和基本药物的本地化生产

1 国务院新闻办公室：《中国的对外援助》白皮书，2011 年4 月21 日，http://www.scio.gov.cn/zfbps/ndhf/2011/Document/896983/896983.htm，2017年7月5日访问。

等，但是落实这些举措和承诺需要国内在体制和机制上做出改革和创新。

卫生援助主体单一，缺乏与国际发展伙伴的互动与合作。长期以来，中国开展的对外卫生援助项目，绝大多数都是以政府作为行为主体，或者由政府安排公立医疗卫生机构、国有企业实施，鲜有其他社会力量参与。随着改革开放的推进和社会的深度转型，中国的各类民间社会组织呈现出蓬勃发展的势头，合法注册的组织数量现已超过71万家。[1] 随着中国人民国际视野的拓展，国内社会组织参与对外援助的主体意识也不断增强，有些（如中国扶贫基金会、爱德基金会等）已经开展了境外人道主义救援和医疗卫生援助项目。

但是，目前国内社会组织所开展的志愿者性质的全球卫生工作依然面临国内政策环境的挑战，例如，中国尚没有相关法律规定国内的社会组织如何在海外设立办事处或分支机构，社会组织走出国门时物资出关、资金处境等方面缺乏配套措施规定，社会组织的项目也很难与政府所实施的对外卫生援助项目有效衔接。[2] 此外，中国的卫生援外工作都通过与受援国双边合作的渠道实施，少有与其他国际合作伙伴的互动与合作。而当今全球卫生的显著特点之一，就是越来越多的行为体（包括非国家行为体）介入卫生发展援助领域。加强援助者与受援国的卫生发展需要的对接，改进发展伙伴之间的协调与合作，已经成为国际社会提高援助有效性的重要原则。随着中国经济实力的提升，在全球卫生领域的影响力不断加大，国际组织、其他国家的官方发展援助机构和相关非国家行为体希望同中国一起开展卫生援助的呼声越来越高，中国在对外卫生援助领域与其他行为体开展国际合作势在必行。实际上，中国为改善人民健康所取得的经验不仅可以通过双边渠道，而且也应该通过三方合作和多边渠道与其他发展中国家分享。当然，在对外卫生援助方面开展国际合作，必然产生中国理念和西方价值观念的碰撞。增进互相理解、寻求共同点、在两者之间取得平衡是中国在对外卫生援助领域开展国际合作必须应对的挑战。

援外医疗队员选派困难。作为中国对外卫生援助主体的派遣援外医疗队工作，因涉及组织和管理医疗卫生专业人员前往受援国在艰苦条件下长期服务，远比援建基础设施、捐赠物资、组织外方人员来华培训等形式复杂。援外医疗队一直作为一项政治任务，由地方卫生部门依靠行政手段执行。改革开放之前，在国内工资待遇普遍较低、出国机会较少、强调政治觉悟的时代，医院和医生对参加援外医疗有较大积极性。然而改革开放之后，随着国内经济社会的发展、生活工作水准的不断提高、市场经济体制的确立和医院依靠服务收费补偿机制的变化，援外医疗队员的“选派难”问题逐渐显现。就医生本人而言，由于当地工作条件

1 其中社会团体33.9万个，民办非企业（社会服务机构）36.6万个，基金会5703家，见：民政部《社会服务统计季报》（2017年1季度），http://www.mca.gov.cn/article/sj/tjjb/qgsj/170502/201705051153.html，2017年7月10日访问。

2 白云真：《中国对外援助的支柱与战略》，北京：时事出版社，2016年，第59页。

限制，无法充分发挥水平，降低了职业成就感；专业技术水平与国内同行相比提升滞后，影响职业的发展；国家对援外医疗队员的津贴偏低，经济激励机制不足；面对各种疾病（有些是国内没有的传染病）患者，未有健全职业风险保障机制；生活条件简陋艰苦，缺乏人文关怀。极个别地方的医院因为医务人员缺乏积极性，难以通过自愿报名的方式组建医疗队，不得不通过"抓阄"的方式确定援外医疗队员名单。就医院而言，选派医生参加援外医疗任务，不仅要负担医生援外期间的工资、福利待遇，还要承受应派出医生而产生的创收损失。两方面的压力使得"派遣难"问题日益突出。中国派遣援外医疗队一直采用的是"包干负责、对口援助"的方式，有关省、自治区和直辖市的卫生计生委是组织派遣医疗队的实施主体，并在中央统一财政补贴的基础上，对援外医疗队的津贴补助和人文关怀自行制定政策、落实配套经费。然而，因各地区经济实力的不均衡以及地方领导对组建和管理援外医疗队的重视程度不一，各省、自治区和直辖市的援外医疗队员的待遇差异也较大。

除了上述挑战之外，由于我国与一些受援国家在具体管理制度方面存在差异，发达国家集团主导了当代国际援助体系（包括最重要的机构）和相关的贸易、知识产权、治理制度及话语权，加之中国是新兴国际卫生援助大国，对于既有的复杂国际通行规则仍在学习、熟悉和适应的过程中，中国的对外卫生援助还遭遇到其他的障碍，例如：中方执业医师的资格认证受阻；中方医疗技术和临床操作规范不被认可；传统中医药推广缓慢；中国的医药卫生产品输出不畅、海外市场份额过小，等等。

三、新时期中国对外卫生援助发展的建议和对策

在大国竞争加剧、卫生全球化的新格局下，中国在对外卫生援助领域中也面临着竞争压力提升、受援国要求提高、援外医疗队员选派难度加大的新形势，但我国一如既往，积极担负起大国的国际责任，在新时期做出了一系列的新承诺、提出了一系列的新举措。2015年9月习近平主席出席南南合作圆桌会议时，提出中国将要实施包括建立南南合作援助基金在内的"七项承诺"和向发展中国家援建100所医院和诊所在内的"六个100项目"；[1] 在出席世界妇女峰会时，习近平主席宣布中国要帮助发展中国家实施"100个妇幼健康工程"；[2] 在2015年底出席中非合作论坛时，习近平主席勾画了包括"公共卫生合作计划"在内的中非"十

1 杜尚泽、李秉新：《习近平在南南合作圆桌会上发表讲话》，《人民日报》2015年9月28日。

2 中华人民共和国国家主席习近平：《促进妇女全面发展　共建共享美好世界——在全球妇女峰会上的讲话》，（2015年9月27日，纽约），《人民日报》，2015年9月28日，第3版。

大合作计划”。[1] 2016年10月印发的《“健康中国2030”规划纲要》中，[2] 明确强调了要加强卫生领域的国家交流合作，实施中国全球卫生战略，全方位推进人口健康领域的国际合作，并且要继续向发展中国家派遣医疗队员，将卫生纳入大国外交议程。中央全面深化改革领导小组在2017年2月召开的第三十二次会议上强调：我国要优化援外战略布局，改进援外资金和项目管理，改革援外管理体制机制，提升对外援助综合效应。[3]

中国为支持发展中国家落实联合国2030年可持续发展议程、改善全球的健康公平和维护全球卫生安全做出的这些重要承诺和举措，无论在形式还是内容上，都是在中国以往卫生援助基础上的创新，必将对改进中国卫生发展援助的效果、深化南南卫生合作产生深远影响。在新的国际形势下，如何扩大同发展中国家的合作，稳步推进和实施“一带一路”倡议，积极担负起负责任大国的国际责任，并坚决维护好我国自身的利益，是我们面临的重大挑战。中国要圆满兑现新承诺、切实落实新举措，让对外援助更好地服务于国家战略，更充分地体现中国的大国担当，就必须借鉴国际社会一切已被证明行之有效的经验，积极探索新型的对外卫生援助体系与管理模式，不断推动对外卫生援助工作的改革和创新，从实践中探寻适合中国国情的解决方案。

第一，制定关于对外援助的法律框架和战略规划。要创新和改革中国的对外卫生援助，不能单兵突进，必须从中国总体对外援助改革上进行考虑。尽管中国对外援助已经有六十多年的历史，但战略和政策滞后于实践；在国家层面上，尚没有一套完整的、合适中国国情和社会经济发展水平的对外援助战略规划。固然中国开展对外援助的规模和力度至关重要，但更为重要的是有限的援助资源如何有效地服务于国家对外战略的根本目标。目前经济合作与发展组织（OECD）的很多成员国（如美国、英国、澳大利亚、韩国、日本、加拿大等），都已完善了其对外援助的相关立法（如美国1961年颁布《对外援助法》、英国1980年颁布《海外发展与合作法案》、韩国1991年颁布《国际合作署法》）。[4][5] 这对确立国家对外发展援助的总体战略、目标和优先重点，协调各部门在对外援助方面的职责，提高相关部门对发展援助工作的重视程度以及确保发展援助的有效性方面起到了重要的作用。国际发展援助中，医疗卫生是国与国之间开展外交工作中政治敏感性较低、社会认知度较高的领域，因而已成为当前国际政治多极化、经济全

1 中华人民共和国国家主席习近平：《开启中非合作共赢、共同发展的新时代——在中非合作论坛约翰内斯堡峰会开幕式上的致辞》（2015年12月4日，约翰内斯堡），《人民日报》，2015年12月5日，第2版。

2《中共中央国务院印发〈“健康中国2030”规划纲要〉》，《人民日报》，2016年10月25日，第1版。

3《习近平主持召开中央全面深化改革领导小组第三十二次会议强调 党政主要负责同志要亲力亲为抓改革扑下身子抓落实》，《人民日报》，2017年2月7日，第1版。

4 丁韶彬：《大国对外援助：社会交换理论的视角》，北京：社会科学文献出版社，2010年，第153页。

5 孙同全：《对外援助规制体系比较研究》，北京：社会科学文献出版社，2015年，第63、152、226、309页。

球化趋势下，传统援助国开展对外援助的主要阵地。过去十年间，已有瑞士、美国、德国、日本、英国、欧盟等十余个国家和区域组织依据自身国情相继制定了应对全球卫生挑战的国家战略，[1] 作为参与和开展包括对外卫生援助在内的全球卫生外交活动的政府指导文件。

中国的卫生发展援助是在国家对外援助整体框架下的重要组成部分，也是国家外交战略的重要内容。随着中国发展进入新阶段，“新大国观”“新义利观”成为指导中国外交工作和国际援助的指导理念。中国需要加速对外援助的法律框架的建设以及战略规划的制定，系统规定中国对外援助的战略、目标、重点、方式、决策主体、决策过程等，使对外援助行为更加规范和透明。在国家整体对外援助的法律框架和战略规划指导下，再根据国内外情况，提出一套完整的、有中国特色的、适合中国国情的对外卫生援助战略规划，以服务于国家整体战略利益和维护全球卫生的安全与发展。在此战略规划下，开展相关的卫生援外工作，才能最大程度地确保对外卫生援助的政策一致性、援助效果有效性以及援助过程合理性。

第二，适时设立专门的中国对外援助决策管理机构。目前中国参与管理对外卫生援助的部委和机构众多，但缺乏统一的对外卫生援助的顶层决策设计和整体统筹的管理机制。国家卫生计生委、商务部、财政部、教育部等各个部委按照自己的任务分别开展工作，相互之间缺乏密切联系和默契配合，这也是造成我国对外卫生援助面临诸多困难的根本原因之一。事实上，类似问题不仅存在于卫生领域，也存在于农业、教育、科技等其他涉及对外援助的领域。因此，若不能从整体上改变中国援外决策与管理体制，就不可能解决中国卫生及其他领域援外工作的问题。在这方面，可以研究、借鉴发达国家的做法。欧美发达国家管理对外援助的体系不尽相同，但从总体发展趋势看，越来越多的援助国都设立了专门机构（包括在受援国设立代表处）归口管理其发展援助事业。截至2016年，G20国家当中，已有美国、英国、法国、加拿大、澳大利亚、日本、巴西、土耳其和墨西哥等国家设有比较独立的援外机构负责对外援助活动。[2] 因此，从长远计（特别是考虑到中国的经济总量在不远的将来要超越美国），中国应该尽早规划、适时设立专事对外援助与发展合作的机构（如可称为：国际发展与合作委员会），将分散在各个部门所有涉及对外援助的工作集中到一个部门，统一管理，解决各部门分头实施、多点对外的问题，实现中国的对外援助决策与管理的集约化，国内

1 王云屏：《七个经合组织国家全球卫生战略比较研究》，《中国卫生政策研究》，2014年第7期，第9—16页。

2 这些相对独立的援外机构分别是：美国1961年成立国际开发署（USAID）；英国1997年成立国际发展部（DFID）；法国1941年成立开发署（AFD）；日本2003年成立国际协力机构（JICA）；巴西1987年成立合作署（ABC）；土耳其1992年成立国际合作与协调署（TIKA）；墨西哥2011年成立国际发展合作署（MAICD）；澳大利亚国际发展署（AusAID）初创于1974年，1995年采用现名称；加拿大1968年成立国际开发署（CIDA），2013年该机构并入外交部。应当指出：上述国家中，行政系列归入外交部门的对外援助机构，仍然具有相当大的独立性。

管理与驻外现场监管的一体化。在此基础上，全国人大及其外事委员会也应以立法、研究报告等形式参与对外援助决策，增强立法部门对对外援助行政决策的介入与监督。[1]

第三，构建整合型对外卫生援助模式，实现对外卫生援助政策的一致性。目前中国改革创新对外卫生援助模式的当务之急，便是解决中国不同的政府部门在制定和实施对外卫生援助政策时的政策一致性问题。这是出于两点考虑：一是考虑到中国的具体国情，在短期内设立具体管理对外援助事务的专门机构或许难以实现，二是即便设立了专门的对外援助机构，仍需要解决不同行业领域援外活动与该领域的政策一致性问题，因为任何援外管理机构都不可能是掌握各行业专业知识和相关领域政策的权威，还必须综合统筹中国对外卫生援助的各种渠道、方式、机制，建立一个平台使各部委之间充分沟通，并明确权责，有明确的总体目标和顶层设计，从而开展制度化、系统化、协调统一的整合型对外卫生援助。

当务之急是提高各部门制定和实施对外卫生援助政策时的一致性。

如前文所述，虽然商务部会同财政部和外交部等有关部门和机构建立了对外援助部际协调机制，但其实际效果尚待检验。中国在对外卫生援助的实践中，不乏缺少从卫生专业和公共卫生政策的视角对卫生援外做出决定的例子。援建医疗卫生设施如何与派遣援外医疗队进行统筹规划，为发展中国家的医务人员举办培训班如何与受援国的卫生人力资源需求相吻合，在帮非洲国家设计建立抗疟中心时如何与受援国现行的疟疾防控体系及抗疟规划相衔接，不同方式的对外卫生援助如何有机结合以更有效地为受援国的卫生系统的加强做出贡献等，这些都需要国家卫生主管部门的参与，以提供专业的政策指导。因此，需要建立一个切实有效的互动机制，确保对外卫生援助政策的一致性。这个机制除了在横向上可使不同部委之间充分对话，实现不同的发展目标（如教育目标、环境目标、扶贫目标、健康目标等）与其他政治目标（如国家安全和外交布局）之间的权衡外，在纵向上，能确保卫生行业主管部门与主管援外的机构充分的磋商，以使得中国提供的对外卫生援助能最大限度地传递中国卫生发展的理念、知识和经验，并符合国际倡导的公共卫生的政策和最佳实践（如健康公平和全面健康覆盖）。以派遣援外医疗队为例，在顶层设计时，在对受援国需要进行评估的基础上，把临床医疗与公共卫生有效结合，制订"医、教、研"相结合的援助实施计划，同时邀请学术机构参与卫生援外有关的科研项目。如果在受援国有中国援建的医院等，可以通过相关的机制，安排医疗队进驻，并通过"传、帮、带"式的临床带教培训受援国医务人员。邀请援外回国的中国医生参与受援国医务人员来华培训的课程的开发及授课。他们掌握的中国经验、经历的援外实践和对受援国国情的了解，

1 白云真:《中国对外援助的支柱与战略》，北京：时事出版社，2016年，第255页。

可使培训更有针对性，并可建立长期的交流机制。这种整合型模式，可使分散的援外卫生项目形成合力，从传统的“授人以鱼”真正转变为“授人以渔”的援助模式，产生加强卫生体系的示范作用。

第四，丰富参与卫生援外的行为体，更积极地开展国际卫生发展合作。中国作为一个在全球卫生领域的新发展伙伴，除了要从政府的角度对自身外援助体制进行创新改革，还应以全球化的视角，调整中国在国际卫生发展援助舞台上的行为方式，鼓励国内私营企业和民间社会力量的广泛加入，从多个维度深化与国际卫生发展援助各个行动方的交流合作。与传统援助国相比，我国社会组织参与对外卫生援助的能力非常薄弱，相关的专门人才、专业知识、合作途径和制度性建设匮乏，更没有国际化战略。因此要努力引导高等院校、科研机构、慈善基金会、社会团体、网络型社会组织、私营企业等非国家行为体加入我国的对外卫生援助事业，探索委托民间组织承接国际援助的模式，从而提升援助在目标国家和地区的感染力、传播力度和社会影响力，推动中国国际形象的改善。

毫无疑问，政府是国家对外卫生援助的总协调方和主要的公共产品提供者，但实际的执行主体应当多元化，在国内层面鼓励政府机构与民间社会力量进行合作；在国际层面鼓励开展三方和多边卫生援助，让更多的行为体多元化参地与到全球卫生发展的事业中。而在这个过程中，政府又必须协调众多行为体行动的和谐一致，避免各自为政、浪费资源。近年来，国际发展合作的效率和结果评估问题一直是国际社会关注的问题。开展三边乃至多边的卫生发展援助项目，有助于实现医疗卫生资源的优势互补，还可以促进发展中国家技术、经验的分享，提高援助的有效性，降低卫生发展合作的成本。通过与发达国家及其他全球卫生行为体在卫生发展援助领域的合作，将可能在很大程度上弥补中国在卫生援外资金、专业知识、信息渠道、国际合作规范以及多伙伴合作经验等诸方面的不足。这不仅有利于中国更有效的参与全球卫生治理，对推动国际发展援助与可持续发展议程的深度融合也会产生积极意义。

第五，改革创新援外医疗队员的选拔与派遣。在新时期中，援外医疗队依然大有可为。要保持援外医疗队的可持续健康发展，必须以“组合拳”的方式改革创新医疗队员的选拔、培训、使用、管理、待遇、职业发展规划和正向激励措施等各个方面的工作。例如：建立“援外医疗人才储备库”及配套的准入和选拔机制；参照外交人员标准给予出国待遇（包括家属随任）；动态调整医疗队员的国外补助和岗位津贴标准；为医疗队员提供国外意外伤害保险和医疗职业风险保障；在职称评定方面借鉴国内援藏援疆医生的评定做法；对派员单位实施提高积极性的鼓励措施（如颁发荣誉奖章、提高经济补贴、列入医院考核制度）；释放社会力量潜力，扩展承担援外医疗队任务的行为主体，等等。从根本上说，这些改革与整个中国援外体制机制的改革创新密不可分，但有些具体的改革措施并不需要等待总体改革方案的出台，完全可以解放思想，创造条件，大胆实践，先行先试。

全球经济治理中的中国角色

陈绍锋

内容提要：全球治理成为近年来中国政策圈和学界讨论的热门话题，各种关于中国如何参与甚至引领全球治理的规范性论述也粉墨登场。但人们对于由谁及如何进行治理，以及中国参与全球治理的现状的认识却仍缺乏评估。基于此，本文旨在阐述全球经济治理体系的结构，分析中国参与全球经济治理的现状。现有的国际经济治理框架主要由后布雷顿森林体系、二十国集团和金砖国家合作机制组成，其中，后布雷顿森林体系的组织和机制仍占主导地位。整体而言，中国业已成为维护多边贸易体制的中心力量，但发达国家主导国际金融体系治理权和规则制定权的格局没有改变；G20杭州峰会的顺利召开标志着中国已从以往的被动参与到主动引领的角色转变，但G20的实际效能仍然存疑；金砖国家机制已成为多极化的象征，但其作用仍然有限，并受组织内部矛盾的严重制约。一言以蔽之，中国在全球经济治理中的作用经历了过往的被动参与到主动融入再到有限领域的积极引领的过程和角色转变，但中国并没有另起炉灶的打算。

关键词：全球经济治理　中国　后布雷顿森林体系　G20　金砖国家合作机制

中国改革开放30多年所取得的成就很大程度上是融入全球经济体系的结果。该体系的主要框架是二战后由美国领导的西方国家创设的，其组织架构和运作机制，反映了美国的意志且需为美国的利益服务。但是否如美国总统所指责的那样，中国在国际事务中“搭了30年的便车”？[1] 如何客观认识和评价中国在当今全球经济治理中的作用？这是中国未来参与和改进全球经济治理的出发点。

陈绍锋　北京大学国际关系学院副教授。

1 Mark Landler, “Obama Criticizes the ‘Free Riders’ Among America’s Allies”, *New York Times,* March 10, 2016.

既有的国际经济治理框架主要由三大部分组成：一是西方发达国家搭建并主导的后布雷顿森林体系，或称布雷顿森林体系2.0；二是囊括发达国家和部分发展中国家的二十国集团（G20）；三是完全由发展中国家中的新兴市场国家组建的金砖国家合作机制（BRICS）。按照霸权稳定论的观点，美国霸权的衰落，将影响其作为霸主国提供国际公共产品，包括维持其所打造的布雷顿森林体系2.0的意愿和能力。2008年的全球金融危机可谓是体系紊乱的集中体现。在 2008 年全球金融危机的冲击下，国际经济治理所呈现的最重大变化就是，G20取代七国集团（G7）成为国际经济和金融事务中最重要的治理机制。BRICS 虽有希望兴起为新的治理机制，但目前仍处于边缘的地位。整体来看，在全球经济治理结构中，后布雷顿森林体系仍然占主导。本文据此从上述三大结构展开论述。

一、后布雷顿森林体系与中国的参与

（一）后布雷顿森林体系

后布雷顿森林体系是二战后美国领导的西方国家所创设的布雷顿森林体系的产物。尽管1971年布雷顿森林体系瓦解，但这一体系的两个核心，即国际贸易体系和以美元为中心的国际货币体系并没有崩溃。构成该体系的贸易机构，关贸总协定与1995年成立的世界贸易组织（WTO）和两大国际货币机构，世界银行和国际货币基金组织也没有因此而消失，反而在全球经济和金融事务中发挥着更加重要的作用。

无论是布雷顿森林体系还是后布雷顿森林体系，都拥有三大经济支柱：第一是贸易支柱，即以关贸总协定（GATT）为基础的多边贸易体制。GATT/WTO 是全球最重要的多边主义贸易框架，以减少关税及非关税壁垒为其宗旨，促进成员国间的贸易自由化进程。与众多国际组织不同的是，WTO 可以通过制裁实施其规则，这赋予它更大的权力。

第二是金融支柱，即以美元为中心，以国际货币基金组织（IMF）和 G7 为主要管理机构的国际货币体系。IMF 的主要职责是维持国际间汇率的稳定，对发生国际收支困难的成员国在必要时提供紧急资金融通和协助，以维持全球经济的稳定运行。布雷顿森林体系崩溃之后，IMF 相应发生了职能上的变革，即由原来的汇率监管发展成为后布雷顿森林时代的提供短期金融援助并与 G7配合一起管理国际金融体系。由于 G7 成员国在 IMF 中占有压倒性的份额，因此 IMF 很大程度上成为 G7 的一个执行机构。[1] 因为 IMF 施加援助时往往要求接受国接受苛刻的附加条件，所开药方奉“华盛顿共识”为圭臬，引起了诸多危机遭受国的

1 有关IMF的发展历程，参考 Paul R. Masson, “The IMF: Victim of Its Own Success or Institutional Failure?” *International Journal*, Vol.62, No.4, (Autumn, 2007), pp. 889-914.

不满。虽然IMF成立目的是协助稳定全球经济，但自20世纪80年代以来，超过100个国家和地区曾经历银行体系崩溃，并令GDP下降4%以上，而IMF对危机的迟缓反应，令不少人对IMF的作用和合法性表示怀疑。[1] 全球金融危机的爆发，既打破了“华盛顿共识”的神话，又对IMF等国际组织在全球经济治理的舵手地位带来了强烈冲击。

第三是以世界银行为核心的发展支柱。世界银行的主要职责即促进战后重建以及为贫穷落后国家提供援助，促进其经济发展和减少贫困。今天世界银行的主要帮助对象是发展中国家，帮助它们建设教育、农业和工业设施。它向成员国提供优惠贷款，同时世界银行向受贷国提出一定的要求，比如减少贪污或建立民主等。在其成立之初，世界银行并没有将给予经济援助与要求受援国进行国内改革相挂钩作为其指导原则，但20世纪70年代以后，这一做法逐渐流行起来，世界银行逐渐成为“华盛顿共识”所倡导的私有化、自由化和放松管制政策的坚定捍卫者。

作为管理西方经济（后来扩展到世界经济和安全事务），协调西方主要大国政策的平台，G7（后来俄罗斯加入变成“八国集团”G8）实际上也旨在维系这一体系的正常运营。布雷顿森林体系崩溃之后，西方发达国家创建了G7，它反映了美国霸权地位衰落后，主要发达国家用一种相互协调的“软制度”替代布雷顿森林时代的“硬制度”，来管理国际经济体系。但是，在20世纪90年代以后，随着新兴国家的崛起，作为一个封闭的发达国家俱乐部，G7对管理国际金融事务已经显得越来越力不从心。在G7治理模式下，虽然没有爆发大规模的全球性金融危机，但包括拉美债务危机、墨西哥金融危机、亚洲金融危机等在内的各种地区性金融危机却此起彼伏。G7作为全球金融市场“稳定器”的作用不断衰减。为了应对自身在面对各种国际挑战的不足，同时随着G7关注议题的不断扩展，冷战结束后，G7也尝试着进行了几次制度改良，通过“成员扩大、议程增设和机制深化”，力求向“有效的全球治理中心”转变。[2] 但从总体上而言，这些极为有限的制度改革无助于扭转G7所面临的日益加深的合法性危机。

（二）中国参与后布雷顿森林体系

我们从上述参与的三方面对中国参与后布雷顿森林体系进行分析。

其一，是对后布雷顿森林体系内国际组织的决策的影响力或投票权。

① 中国对WTO决策的影响力。单从决策规则和程序来看，中国与其他成员国对WTO的决策影响力似乎相仿。因为世贸组织的最高决策权力机构是部长

---

1 韦夏怡、刘丽娜：《朱民——新兴市场在IMF话语权有望增加》，《经济参考报》，2011年7月15日。

2 John Kirton, “Explaining G8 Effectiveness,” in Michael Hodges and John Kirton, eds., *The G8's Role in the New Millennium,* Burlington：Ashgate Publishing Company, 1999, p.46.

级会议，由所有成员国主管外经贸的部长、副部长级官员或其全权代表组成，讨论和决定涉及WTO职能的所有重要问题，并采取行动。在部长级会议休会期间，其职能由总理事会行使，总理事会也由全体成员组成。WTO总干事由部长级会议任命。在遴选总干事长的过程中，过去主要基于候选人的个人资质以及国籍，因此，该职位长期由发达国家把持。但2013年4月的遴选改变了过去的做法，改由各竞选候选人回答一系列关于政策领导力的问题，并由巴西人Roberto Azevêdo担任新的WTO总干事。因此，单从决策规则和程序来看，各成员国对WTO的决策影响力似乎相仿。但各成员国对WTO规则熟悉程度的差异，使得各方在运用规则维护自身利益方面存在很大差异。2008年7月，中国代表团在日内瓦参加多哈回合的各种形式谈判，这是2001年12月中国加入WTO以来首次参与核心层谈判，标志着中国已成为世界多边贸易体制的核心成员之一。

② 中国对IMF的决策的影响力和拥有的投票权。因为IMF投票权以及特别提款权是该组织的两项核心制度，我们主要关注中国在这两项制度和执行董事会的参与情况。

第一，IMF份额分配和投票权。IMF的议事规则采取加权投票表决制，每个成员国的投票权与其向IMF所缴份额密切相关。份额越多，增加票数越多，加权投票权越大。而一国的经济实力往往与其在IMF的投票权成正比。由于IMF的重大决策必须要获得187个成员国至少85%的投票权才能通过，而美国拥有16.75%的投票权，美国实际拥有否决权。而欧盟27国总共持有31%，如果欧盟国家能够统一行使投票权，那么欧盟也拥有否决权。这种投票制度引起了许多发展中国家的不满，但迄今尚无任何改变。

中国直至1980年4月才恢复其在IMF代表权。彼时中国拥有2.28%的投票权。此后，中国单独组成一个选区并派一名执行董事。2006年2月，IMF理事会同意提高中国在该组织里的份额，使其名次由原来的第11位提高到了第8位。在2010年的韩国二十国（G20）财长及央行行长会议上，各方就IMF份额改革达成协议，超过6%的投票权将从发达国家（主要是欧盟）转向新兴经济体及发展中国家。成员国份额改革之后，中国所持有的份额将从目前的3.81%升至6.19%，名列第三，仅次于美国和日本。[1] 但美国国会一再拖延否决，延至2015年12月18日方得以通过。改革之后，美国仍是拥有一票否决权的唯一国家，其在IMF的独大局面并没有改变，新兴市场和发展中国家处于“话语权缺失”的局面并没有改变。

第二，与份额相关的是IMF的特别提款权（SDR）。SDR是IMF分配给会员国的一种使用资金的权利，是成员国在国际收支发生困难时可以动用的份额，

1 关于份额和投票权的数据，引自IMF网站：http://www.imf.org/external/np/sec/memdir/members.aspx#S，2017-04-29。

或可以从 IMF 借用相当于份额一定倍数的资金。与 IMF 的份额分布相似，发达国家持有的 SDR 比重远远超过发展中国家，故其使用也容易受美国等发达国家的操纵。2015年11月30日，IMF 执董会批准人民币自2016年10月1日起正式进入 SDR 货币篮子，初期份额为10.92%，位列第三。人民币成为第一个“入篮”的新兴市场国家货币。这不仅是对中国在全球经济和金融市场中与日俱增的重要性的肯定，而且有助于推动中国金融体系改革，加速人民币国际化进程，有助于人民币在国际投融资、多边和双边贸易结算、跨境资产配置、外汇储备资产等领域的更广泛运用。理论上，IMF 应该贷款给技术条件与协定所规定相符合的国家。但是 Strom C. Thacker 对有关 IMF 贷款项目的统计分析表明：IMF 一直以来的贷款记录明显表现出美国在 IMF 中的利益与优先性。[1]

第三，执行董事会。IMF 的最高权力机构是理事会，由各成员国派正、副理事各一名组成。因为执行董事会负责日常工作，行使理事会委托的一切权力，并且 IMF 的总裁由其推选，执行董事会因此受到重视。IMF 现有24名执行董事，其中8名由基金份额最大的美、日、德、法、英和另外3个国家（中、俄、沙）任命。其余16名执行董事由其他成员国分别组成16个选区选举产生；中国为单独选区，亦有一席。欧盟国家的代表占到了 IMF 执行董事总数的三分之一。因此，IMF 的历任总裁均来自欧洲。朱民2011年被任命为副总裁，这固然显示该国际组织更加重视中国，但并不能说明中国从此摆脱了位于权力中心外围的地位。

③ 中国对世界银行的决策的影响力或拥有的投票权。整体来看，中国在世行的投票权增加，但不足于改变该组织由美国一家独大的局面。世界银行按股份公司的原则建立。凡是会员国均要认购其股份，认购额由申请国与世行协商并经世行董事会批准。一般来说，一国认购股份的多少根据该国的经济实力，同时参照该国在 IMF 缴纳的份额大小而定。与 IMF 有关投票权的规定相同，世界银行的重要事项均需会员国投票决定，且投票权的大小与会员国认购的股本成正比。其中，美国认购的股份最多，占总投票数的17.37%。中国认购的股金为42.2亿美元，占总投票数的2.71%。2010年4月通过了发达国家向发展中国家转移投票权的改革方案，这次改革使中国在世行的投票权从2.77% 提高到4.42%，成为世界银行第三大股东国，仅次于美国和日本。由于任何重要的决议必须由85% 以上的表决权决定，美国一国可以否决任何改革。2008年2月，林毅夫被任命为世行首席经济学家兼负责发展经济学的高级副行长，但这一职务并没有投票权。因此，世行的投票权改革方案及林被任命为副行长，体现了中国在世行的发言权上升，是迈向发达国家和发展中国家平等分享投票权的重要步骤，但是，这些变化远不足以改变现存的权力格局。

---

1 Strom C. Thacker, “The High Politics of IMF Lending,” *World Politics*, Vol.52, Iss.1, October 1999, pp. 38-75.

其二，中国对体系内规则的利用程度。

① 对 WTO 规则的利用程度。我们将之归结为以下几方面：第一，实施开放，把中国打造成全球最开放的市场之一。至2010年，中国入世承诺全部履行完毕，关税总水平由15.3%降至9.8%，远低于发展中国家平均水平；在 WTO 服务贸易分类的160个分部门中，中国开放了100个，开放范围接近发达国家的平均水平，中国已成为全球最开放的市场之一。[1] 第二，减少政府审批，同时引入竞争。2004年7月1日起，中国提前半年履行放开对外贸易经营权承诺，以登记备案制取代实行了50年的外贸权审批制。2006年12月11日，中国正式对外资银行实行国民待遇，人民币业务对外资银行全面开放。2008年结束了中国长达20多年的内、外资企业税率差异化的做法。自2002年11月1日国务院颁布关于取消和下放一批行政审批项目的决定以来，中国政府取消的行政审批项目达1992项，取消和下放管理层级的行政审批项目达588项。此外，国务院还取消了大量部门行政许可事项、非行政许可审批事项、职业资格许可和认定事项、中央指定地方实施行政审批的事项，清理规范了国务院部门行政审批中介服务事项等。[2] 第三，法律、法规的接轨。入世后，中国集中清理了2300多部法律法规和部门规章。新修订的法律法规减少和规范了行政许可程序，建立健全了贸易促进、贸易救济法律体系，基本形成了与国际惯例接轨的保护知识产权法律法规体系。第四，中国能积极利用 WTO 的争端解决机制，解决贸易摩擦，反击国际贸易保护主义，维护中国的合法权益。截至2015年7月，中国在 WTO 起诉案件达13起，被起诉案件33起，中国还作为第三方参与了121起争端解决案件。[3] 总之，加入 WTO 后中国的对外贸易不仅发展迅猛，而且也在全世界释放了新一轮的繁荣。

对国际货币体系内规则的利用程度。这包括“引进来”和“走出去”两方面。在前者，中国积极与一些现有的 IMF 规则接轨。2002年4月，中国参加了 IMF 的“数据公布通用系统”，这是中国增加宏观经济透明度，朝国际标准靠拢的一个重大举措。中国还于2008年加入 IMF 的金融部门评估规划，每年与 IMF 进行磋商，对我国的金融治理进行监督。2015年10月，中国决定采纳 IMF 数据公布特殊标准（SDDS），按照SDDS标准公布相关统计数据，实现“统计入世”。IMF 提供了关于经济体制改革、宏观经济管理等方面的经验，对中国整个机制过程中提出有益的建议。中国几乎所有宏观部门都接受过 IMF 的技术援助，特别是在如何进行国民统计、海关统计、国际收支等方面的软件建设上。此外，中国曾经于1981年和1986年两次分别向 IMF 借了4.5亿和7.3亿美元的低档信贷。这

1 郭丽君：“中国与世界共赢——中国加入世贸组织十周年述评”，新华社，2011年12月12日，参见：http://politics.people.com.cn/GB/70731/16571882.html，2013-5-18。

2 作者根据国务院的相关规定所做的统计。

3 张维：“WTO 争端解决机制已不堪重负”，《法制日报》，2015年7月3日，http://news.xinhuanet.com/legal/2015-07/03/c_127979177.htm，2017-06-28。

些贷款在当时对中国弥补国际收支的不平衡和调整经济结构发挥了积极作用。

在"走出去"这方面，中国对IMF的贡献可概括为：第一，中国独特的发展和改革经验，既丰富了IMF在这方面的理论和实践，又为IMF提供了指导和协助发展中国家发展的实践经验。第二，中国的巨大出资维系了IMF的日常运作。第三，中国在危机期间，特别是亚洲金融危机期间通过IMF以及双边渠道，向IMF提供了40多亿美元的支持。这对于稳定亚洲金融的形势，乃至于全球经济的发展起到了非常重要的作用。

② 对世界银行规则的利用程度。在"引进来"方面，第一，世行通过贷款援助帮助中国约4亿人口脱贫。截至2007年6月30日，世行对中国的贷款总承诺额累计近422亿美元，共支持284个发展项目；第二，世行通过在交通、城市发展、农村发展、能源、人类发展等领域的项目援助支持中国学习外国经验。第三，世行还协助中国为90%以上的居民提供加碘盐，大幅减少了由缺碘导致的流产、残疾和婴儿死亡的问题。第四，通过发布研究报告，为中国提供政策建议和想法，把其他国家好的做法引入中国。世行引荐的很多经验已成为国内一些行业的标准做法，如1984年引进的招标采购方法，1998年中国制定的《政府采购法》及此后的《招投标法》，和实行排污收费。世行未来在中国的业务重点放在环保以及治理水污染和水资源管理。[1]

在走出去方面，首先，因为中国是执行世行贷款项目最好的国家之一，世行在中国的项目经验可以为其在其他国家的实践提供借鉴。其次是从受援国到捐款国的转变。中国在非洲等地不附加条件的援助以及帮助当地发展基础设施建设，既促进了当地经济的发展和改善贫困状况，又使世行不得不反思其过去的援助实践。

其三，中国在体系内建章立制的能力。

① 在全球贸易领域推动世贸组织建章立制的能力。多哈回合的失败，使多边贸易体制濒临破产的危机。面对这一现实，中国虽崛起为全球第二大经济体，但她并没有能力挽救多哈谈判，也没有能力推进多边谈判的议程，更没有能力去打造一个替代WTO的新的多边贸易体制安排。相反，美国的实力虽然相对下降，但其主导多边贸易谈判议程及进程的能力依然非他国能企及。当美国认识到多边贸易体系无法继续提供以往的优势时，[2] 美国转而考虑通过建构双边或区域贸易安排来获得进入市场的渠道，并通过打造"高版本"的自由贸易区，力图在未来的多边贸易谈判中占据主导权，这也是奥巴马政府积极推动《跨太平洋战略经济伙伴关系协定》（TPP），以及《跨大西洋贸易与投资伙伴关系协定》（TTIP）的主要动因之一。当然，特朗普上任伊始，即签署任上第一份行政命令，正式退出

1 参考刘建辉：《世界银行的中国烦恼》，《英才》，2008年3月4日。

2 Zaki Laïdi, "Trade deals show power politics is back," *Financial Times*, March 31, 2013.

TPP。2017年3月1日，特朗普政府的贸易代表办公室向美国国会提交了《2017年贸易政策议程报告》，称“不会原封不动地遵守”WTO的争端解决程序，坚持奉行国内法优先的原则。[1] 此举势必削弱多边贸易体制，全球贸易架构可能迎来新的转折点。与之相比，中国无论在谈判议程设定，还是在缔结双边、区域贸易协定方面，长期处于守势和更加被动的状况，但亚投行的建立和“一带一路”倡议的实施，增强了中国的战略主动性，也说明中国在规则制定方面的能力大大增强。

② 中国在国际金融体系内建章立制的能力。

第一，是IMF改革本身。尽管包括中国在内的发展中国家在全球GDP的比重有很大提升并已超过发达国家，但实力对比的变化并没有自然而然地引致原有治理格局的调整和变化。小的调整和修补尽管可能，但要发达国家主动放弃其所主导的治理框架无异于痴人说梦，前述的IMF关于份额比例和特别取款权改革的久拖不决即为明证。包括中国在内的新兴市场国家有改革现存国际治理体系的强烈愿望，并为此设立了金砖国家机制，但这一机制要发挥有效作用尚面临诸多的挑战和困难。

第二，建章立制的能力更重要的表现在推进人民币国际化。中国人民币的国际化仍处于初始阶段，它对改造国际货币体系的影响仍很有限，主要集中于边界贸易，但随着中国经济的持续快速发展，特别是中国经济对亚太经济引擎作用的加大，可以预见，市场将更加欢迎人民币成为国际化货币，人民币的区域影响力将进一步增强。在可操作的政策层面上，人民币国际化的步伐加大将是推动国际货币金融体系改革的动力。[2] 随着美元进入加息通道，人民币承受较大的贬值压力，致使人民币国际化步伐放缓。

第三，《清迈协议》可被视作中国和其他亚洲国家在国际货币体系内建章立制的一种全新尝试。亚洲金融危机爆发后，许多东亚国家认识到，加强地区金融合作是保持金融市场稳定、防止金融危机再度发生的有效途径。2000年5月，“10+3”财长在泰国清迈共同签署了建立区域性货币互换网络的协议，即《清迈协议》(Chiang Mai Initiative)。协议扩大了东盟互换协议(ASA)的数量与金额，建立了中日韩与东盟国家的双边互换协议。《清迈协议》要求亚洲各国出资500亿美元进行货币互换安排。二是建立亚洲货币基金以及一套危机预警系统，包括一套宏观谨慎指标体系和可行的指导机制。2006年5月4日,10+3财长会议对《清迈协议》对货币互换协议的双边原则进行了修订，规定各国在启动双边货币互换过程中，将执行集体决策机制。

2008年5月，各国财长同意为筹建中的共同外汇储备基金出资至少800亿美

1 The Office of the U.S. Trade Representative (USTR), *2017 Trade Policy Agenda and 2016 Annual Report*, March 2017, https://ustr.gov/sites/default/files/files/reports/2017/AnnualReport/AnnualReport2017.pdf，2017-04-29.

2 陈绍锋:《人民币国际化助推国际货币体系改革》,《联合早报》，2009年4月30日。

元，以帮助参与国抵御可能的金融危机。2009年2月，10+3特别财长会议公布了《亚洲经济金融稳定行动计划》。该计划将共同外汇储备基金扩大到1200亿美元；基金启动与IMF的条件性贷款的挂钩比例从原来的80%进一步降低。2012年5月3日，10+3财长和央行行长会议将资金规模扩大至2400亿美元；与IMF贷款规划的脱钩比例从20%提高到30%，并延长救助资金使用期限；将现有危机解决机制命名为清迈倡议多边化稳定基金，新建地区危机预防功能，并将其命名为清迈倡议多边化预防性贷款工具。可以说，《清迈协议》是亚洲货币金融合作所取得的最为重要的制度性成果，它对于防范金融危机、推动进一步的区域货币合作具有深远的意义。

综合来看，IMF、WTO、WB以及后来出现的G7的一个共同特点是：国际经济的决策权集中掌握在美国等少数发达国家手中。但是，随着新兴经济体的崛起以及经济多边主义的发展，这一体系面临前所未有的压力。全球金融危机的爆发，既重创了后布雷顿森林体系，又凸显出了新兴大国与日俱增的重要性。

全球金融危机的爆发，既重创了后布雷顿森林体系，又凸显出了新兴大国与日俱增的重要性。

二、G20与中国的参与

从其兴起与发展的历程看，G20诞生与发展与1997—1998年亚洲金融危机和2008年美国次贷问题引发的全球金融危机密不可分。1999年6月，在德国科隆举行的七国财长会议提出，为防止亚洲金融危机的重演，应与更多的国家就国际经济和货币政策举行经常性对话，以利于全球金融和货币体系的稳定。为此，会议提出建立更具代表性的全球经济论坛，会后发表了G20第一份公报。1999年9月25日，G8财长在华盛顿宣布成立G20论坛。1999年12月，G20首次会议在柏林召开，此后每年一届。

从组成成员看，G20由10个发达国家及组织和10个发展中国家组成。这些国家的国民生产总值约占全世界的85%，人口占世界总人口的比例接近2/3。不过，就经济实力而言，发达国家集团仍占相对优势，但是，它们意识到，新兴经济体的崛起已经改变了全球政治经济的格局，必须创造新的机制将其纳入其中，方能更有效地解决当前面临的种种挑战。

从运作方式看，自1999年成立至2008年华盛顿峰会召开之前，G20的主要活动为“财长及央行行长会议”（也被称为“G20副手”会议），每年举行一次。会议的主要讨论议题包括正式建立20国集团会议机制，如何避免经济危机的爆发，加强国际社会的合作，共同防范经济危机等问题。

G20的不同之处在于，发展中国家成为全球经济治理架构中不可或缺的一部分，发展中国家能够对当前面临的各项全球议题、根据自己的利益倾向提出自己认为合适的解决方案，希望通过合作增加话语权和提高影响力。G20的重要意义在于，它能给处于不同发展阶段的国家提供一个更具针对性和包容性的、透明的议事平台。

自1999年G20成立之日起，中国就积极参加所有G20的会议，并在2005年和2016分别担任了G20轮值主席国。正如中国人民银行前行长戴相龙所说："中国是二十国集团的创始成员国之一，不仅见证了二十国集团的发展历程，而且积极参与了二十国集团各项议题的讨论，努力促成其宗旨的实现。"[1] 随着中国实力的增强和国际地位的提升，全球问题的解决已经无法绕开中国。在2010年发布的十七届五中全会公报有关中国实施互利共赢开放战略的内容中，首次提出中国要"积极参与全球经济治理"。这主要是因为：一方面，中国现已具备足够的经济基础，有意愿也有条件参与全球经济治理；另一方面，随着经济实力的不断增强，中国声音在很多国际事务中日渐不可或缺，国际社会对中国参与全球经济治理的期待也日益看涨。

随着中国实力的提高，中国在全球经济治理中的话语权也在增加。2016年1月27日，国际货币基金组织2010年份额和治理改革方案几经周折终于正式生效，中国的份额和投票权均由此前的第6位升至第3位。2016年10月1日，国际货币基金组织正式接纳人民币加入SDR（特别提款权），成为国际储备货币。同时，"中国智慧"一直引领着峰会的发展走向，中国所倡导的"改革""包容""开放""可持续"等词汇成为历届峰会出现频率最高的词汇。[2] 2016年9月于杭州召开的G20第11次峰会进一步彰显了"中国元素"和"中国智慧"对全球经济治理的积极贡献。

与此同时，G20杭州峰会表明了中国已从以往的被动参与到主动引领的角色转变。这突出体现在与过往历届G20峰会相比，以"构建创新、活动、联动、包容的世界经济"为主题的杭州峰会实现了以下突破：一是首次将发展问题置于全球宏观政策框架的突出位置。促进经济增长始终是G20峰会的核心议题，但杭州峰会从创新机制入手，结合数字经济等领域，设立专题工作组，负责推动G20创新、新工业革命和数字经济议程，借此提升世界经济中长期增长的潜力。二是首次就落实联合国2030年可持续发展议程制定了行动计划，为未来15年的全球发展制定了明确的时间表和路线图，并第一次集体支持非洲和最不发达国家的工业化努力。这有助于推动非洲和其他最不发达国家的工业化进程，解决长期制约世界经济发展的不平等问题。三是制定了全球首个多边投资规则框架，即《二十国集团全球投资指导原则》，填补了国际投资领域空白。重申促进基础设施投资，

1 戴相龙：二十国集团十周年反思（2008年），载加拿大多伦多大学八国集团信息中心网，见 https://www.g20.utoronto.ca/g20leadersbook/dai.pdf, 2017-04-29。

2 张仕荣：《G20与中国参与重构国际秩序》，《学习时报》，2016年8月15日。

坚持数量和质量并重，核准2016年启动的“全球基础设施互联互通联盟倡议”，以加强基础设施互联互通项目的整体协调与合作。力图通过加强基础设施投融资，撬动全球经济增长。四是第一次将贸易投资列入重要议程，并为此打造贸易部长会和贸易投资工作组等机制化平台。

本次金融危机为改革全球经济治理机制提供了契机。在创立之初，G20仅仅是布雷顿森林体系框架内的一种非正式对话机制。危机发生后，美国、欧盟等发达经济体意识到，要渡过当前的困难，必须通过对于现有国际经济治理机制进行创新性的改革，方能吸引发展中经济体特别是新兴经济体参与。为此，在美国的倡导下，建立了G20非正式首脑会议机制，并成为促进国际经济合作，落实全球经济治理的主平台。G20金融稳定委员会的成立，标志着对国际金融秩序的监督与管理达到了一个新的高度。[1] G20迄今为止已举行11次峰会，在稳定国际金融市场，维持世界市场开放，推动经济复苏和国际金融体系改革等方面起到了显著的作用。

对于G20的角色定位，匹兹堡峰会上各国领导人达成共识，认为G20峰会应该成为发达的工业化国家和新兴大国之间进行国际经济合作的首要论坛。英国前首相布朗将G–20视为世界的“经济治理委员会”（Economic Governing Council），世界银行前行长佐利克提出，“G20应在各国和国际机构所形成的体系间发挥‘指导委员会’的作用。”[2] 中国前国家主席胡锦涛在多伦多峰会提出三点建议：第一，推动二十国集团从应对国际金融危机的有效机制转向促进国际经济合作的主要平台；第二，加快建立公平、公正、包容、有序的国际金融新秩序；第三，促进建设开放自由的全球贸易体制。[3] 作为新兴经济体的代表，中国也充分肯定了G20在推动国际经济民主化方面的作用。如今，G20已被视为当今世界最具代表性的国际经济政策协调平台和全球经济治理机制。[4]

从已经召开的G20峰会来看，宏观经济政策协调、金融体系改革以及国际金融机构改革是历次G20峰会的三个大方向。客观地说，匹兹堡峰会之前的G20在危机应对方面给世界经济的复苏交出了满意的答卷，特别是有效地稳定了金融市场，协调了金融管制改革，以及在全球层面实施大规模的经济刺激计划，[5] 从而

1 参见王在邦：“后危机时代国际格局和世界秩序”，2010年7月15日，新华国际，见 http://news.xinhuanet.com/world/2010-07/15/c_12335840_2.htm，2017-04-29。

2 Robert Zolick, “After the Crisis?” World Bank, September 28, 2009, http://siteresources.worldbank.org/WBI/Resources/213798-1259968479602/outreach_zoellick_dec09.pdf, 2017-04-29.

3 胡锦涛：“同心协力 共创未来”，在二十国集团领导人第四次峰会上的讲话（全文），2010年6月27日，加拿大多伦多，见新华网：http://news.xinhuanet.com/world/2010-06/27/c_12269632.htm，2017-04-29。

4 陈济朋：“新华国际时评：G20峰会折射的势与变，” 新华社，2016年09月05日，news.xinhuanet.com/world/2016-09/05/c_119513976.htm，2017-04-29。

5 Paul Heinbecker, “The future of the G20 and its place in global governance,” CIGI G20 Papers, No.5, April 2011, https://www.cigionline.org/publications/future-g20-and-its-place-global-governance，2017-04-29。

有效地减轻了这一全球危机的影响范围。但匹兹堡峰会之后，G20面临角色转换，也即从危机应对到经济治理，其表现却差强人意。随着金融危机最艰难时刻的过去，各国在经济复苏的过程中有了更多、更灵活的政策选择，也增加了彼此进行妥协的难度。[1] G20虽已取代G8成为全球经济合作和协调经济政策的中心，但它的效能如何，是大家普遍关心的重大问题。

目前，G20主要在两方面履行职能：一是危机处理，二是全球经济治理。它在危机处理方面的成就有目共睹，赘不复述。在全球经济治理方面，它的表现则参差不齐。根据前中国人民银行行长戴相龙的总结，G20早期的重要成就之一就是为提高经济金融透明度和强化金融体系而促成国际间认可的标准和准则，现在是讨论IMF份额改革和代表性的重要平台。此外，G20在支持全球化、确保所有国家包括最贫穷的发展中国家，都共享全球化的益处等方面发挥了重要作用。[2]

在G20专职的国际金融领域，G20已在IMF和WB投票权改革取得一定的进展，但距离中国等新兴国家的要求还相距甚远。G20对拒不合作的"避税天堂"采取行动，中国成功地阻止将香港列入此一名单；在国际金融监管方面，G20伦敦峰会联合公报明确提出，所有金融机构、市场和工具都必须接受适度监督和管理，但何为适度仍主要取决于各主权国家；各方同意将严格监管全球大型银行业者；G20将原金融稳定论坛升级为"金融稳定委员会"，体现了世界向国际统一监管方向努力，但英国等高度依赖金融业的国家仍对加强国际金融监管心存芥蒂。在治理全球经济失衡方面，中国做出了重大让步，使得G20就经济失衡指标达成了协议，各方同意考虑经常账户余额、汇率、财政货币政策和其他政策来衡量外部失衡，以及重点用公共债务、财政赤字、私人储蓄及私人债务指标来衡量内部失衡。[3]

然而，对于中国期颐的推动多边贸易进程和国际货币体系改革，G20在这方面仍没有任何进展。在国际货币体系改革方面，目前所做的工作更多的是修修补补的调整，对于如何实现汇率稳定，纠正经济失衡，是否征收金融机构系统风险税等问题上依然存在巨大分歧；在IMF、世界银行等国际机构的改革方面，对于改革的方向，如何平衡发达国家和发展中国家在其中的投票权仍存在根本的利益冲突。同样地，未来如果G20要进行机制扩展，对于是否要扩、向什么领域扩、怎么扩等问题，各成员国也会存在非常大的争议。

从G20制度化的进展情况来看，目前只是形成了各成员国财政部长、中央银行行长一年两次碰面、每年举行一次峰会以及主席国轮值的机制。发表的宣言、

1 "G20峰会四大动向受关注"，新华社，2010年11月08日，http://news.xinhuanet.com/world/2010-11/08/c_12751108.htm，2017-04-29。

2 戴相龙："适应时代的需要，发挥建设性作用"，二十国集团成立十周年感想。

3 "G20达成失衡指标协议，中国获重要让步"，《华尔街日报》，2011年2月21日，见 http://cn.wsj.com/GB/20110221/beu092308.asp，2017-04-29。

声明和所做的决策依然基于“一致同意”的原则，G20的政策对成员国并没有法律约束力。没有专门的机构来负责监督和评估，对于成员国的“违规”行为和“不达标”行为也没有明确的惩罚机制。同样地，G20自身对于今后的发展方向也缺乏规划。这种基于“自觉”“自愿”和“权宜”原则基础上的机制模式很容易导致成员国的投机心理。

美国和其他成员国的态度对G20的未来发展起决定性作用。美国的态度既取决于美国对G20的成就是否满意，也要看G20是否能满足美国的霸权需要。目前美国仍然处于观望阶段，一方面，国际经济格局的变化，特别是为了拯救危机以及全球经济的恢复，使得美国不能不假手于G20。另一方面，多伦多峰会的歧见，又让美国认识到在G20这个大平台上美国并不能随心所欲地推销已见。如果G20效率低下，或者演变成为其他各国声讨、对抗美国霸权的舞台，美国撇开G20或将其打入冷宫的可能性会较大。因此，美国虽然同意对国际金融、货币体系进行改革，但“显然不会认真考虑创建某种超国家的金融监管机构约束其主权，无论在原则上有多么可取，美国仍将在可预见的将来保留决策权”。[1]

再看其他成员国，如上所述，G20内部在对待这一机构的问题上已然出现发达国家和发展中国家之间，以及这两大国家形态各自内部的分裂。在前者，是国际事务和国际机构话语权与主导权的斗争。在西方发达国家内部，对于G20是否取代G–8、国际金融监管模式、农业补贴、IMF改革等问题上同样存在分歧。而G20组织中的发展中国家内部也不是在所有问题上都是铁板一块。例如，巴西和印度在G20成员国财长和央行行长会议期间与美国一道向中国施压，要求中国允许人民币加速升值。[2]

G20正加速从应对国际金融危机的有效机制转向促进国际经济合作的主要平台。为使G20成为永久性经济协调机构，G20领导人已达成一项类似“同行评议”的经济政策协调方案，以设立一个全球经济日程表。这一机制将要求20国集团成员上报并相互评估各自经济政策，IMF负责监督并提供技术支持。“这是一个对各国宏观经济政策进行指导和监督的协调机制，有利于全球经济均衡发展，但只有预警作用，没有强制性”。[3] 事实上，非正式性仍然是目前G20运行机制的主要特点。G20至今没有一个常设的工作机构。比如多伦多峰会的政策性文件，是由国际货币基金组织等机构起草的。法国的让·皮萨尼–费里认为，G20是一个由各国政府首脑参加的峰会，作用是勾勒宏观政策方向，“而在各个领域有专门的具体执行机构，有IMF，有世界银行，有WTO，这些应该是在大方向下具

1 Clive Crook, “Expectations Come Down to Earth, ” *Financial Times*, November 17, 2008.

2 Costas Paris ; Kanga Kong , “India, Brazil to Press China on Yuan”, *Wall Street Journal*, Feb 18, 2011 , 2017-04-29.

3 Ibid.

体操作的机构”。[1] 简言之，就目前为止，G20是一个非正式性、灵活性，宽松包容、不具硬性约束力的、具有更广泛代表性的一个全球性的经济论坛。伊文内特认为，现在就宣告G20的寿终正寝还为时尚早，但要在G20这个平台对一些严肃的事情达成正式协定很大程度上是不可能的。不仅中国、印度不想被那些可能限制其崛起的正式规则所束缚，而且美国国会也不愿意承担任何约束性的国际义务。因此，G20所能做的，一是促进对特定领域的管制条例（如巴塞尔协定Ⅲ）的技术谈判，二是成为政府首脑和高级部长就相互感兴趣的实质性问题进行循序渐进的协商，寻求折衷方案的论坛。[2]

被寄予希望能够在后危机时代起到重要作用的G20在实际操作层面面临着合法性和效率低下的难题。“现在定期召开峰会，尽管标志着G20峰会机制化迈出第一步，但是，G20始终是一个论坛，它主要起到建立共识的作用，对于具体如何落实并不具有强制力”。[3] 由于缺乏落实机制，多数议题议而不决。[4] 美国、欧洲、发展中国家三大代表集团之间的分歧，多少表明G20合作需要新的思路。G20常被戏称“有口号、没行动”，或“有共识、待行动”。根本原因是多边磋商机制基础不实：市场全球化与利益本国化之间先天存有尖锐矛盾，而世界各国资源禀赋、发展程度以及路径选择上巨大的差异，又进一步强化了此矛盾。[5] 在发挥容纳更多新兴力量优势的同时，如何尽可能避免因成员国过多而造成的“议而不决”劣势，是G20在“后危机时代”国际金融治理的重大考验。

在发挥容纳更多新兴力量优势的同时，如何尽可能避免因成员国过多而造成的“议而不决”劣势，是G20在“后危机时代”国际金融治理的重大考验。

三、金砖机制[6]

“金砖国家”（BRICS）的提出在潜移默化中构建了一种共同的身份认同。这种认同首先体现在它们不是以G7为代表的发达经济体，但普通的发展中国家这一标签又不能完全表述其身份。这一身份认同鼓励这些国家进行一些非制度化的政治接触。2006年9月，金砖四国外长在联合国大会上首次碰面。2008年7月，在G8日本峰会上，四国首脑举行了“附属性”会谈。全球金融危机爆发后，新

1 “19+1? G20峰会何去何从”，http://news.xinhuanet.com/fortune/2010-11/14/c_12772911_2.htm，2010年11月14日，2017-04-29。

2 Simon J Evenett, “What can we realistically expect from the G20?” *VOX,* 12 November 2010, http://www.voxeu.org/index.php?q=node/5777, 2017-04-29.

3 张海冰：《二十国集团机制化的趋势及影响》，《世界经济研究》，2010年第9期，第8—12页。

4 甄炳禧：《G20转型面临的难题及破解之策》，《国际问题研究》2016年第4期，第115—130页。

5 “G20峰会共识如何兑现”，《人民日报》，2009年4月8日。

6 此部分主要参考李巍：《金砖机制与国际金融治理改革》，《国际观察》，2013年第1期，第33—40页。

兴国家因为担心美国转嫁危机，这促使它们开始基于共同利益而不仅仅是共同身份走到一起。而 2010 年底，欧洲债务危机爆发之后，新兴国家团结互助，共同应对外部金融风险的需要更加迫切。

在这种背景下，2008 年 11 月 和 2009 年 3 月，金砖四国财长分别在两次 G20 峰会前夕会晤，协商改革国际金融体系与提高新兴和发展中经济体的发言权和代表权问题。随着金融危机的深化，以及 G20 的逐渐制度化，2009 年 6 月 16 日，金砖四国首脑在俄罗斯叶卡捷琳堡举行首次峰会，并宣布成立金砖国家合作机制，这标志着“金砖国家”正式登上了国际舞台。自此，金砖国家的政策磋商机制不断拓展和丰富，从首脑峰会、部长级高官对话、专家工作组会议、国际多边议题的外交协调延伸到由智库、企业家和民意领袖参与的网络构建等多种形态。

首次峰会后，金砖国家便开始了关于金砖机制的制度建设，包括财长和央行行长会晤机制、安全事务高级代表会晤、联大外长会晤、常驻多边机构使节非正式会晤机制等一系列合作机制，在国际问题上保持密切沟通。

作为该机制的核心，金砖国家峰会的成果不断取得进步。在第二次巴西利亚峰会上，四国开发银行签署协议，希望扩展在基础设施建设投资和企业投资领域的合作。此外，四国还首次共同发布统计数据，迈出统计信息共享的第一步。在第三届金砖峰会，南非首次加入，金砖机制由四国发展成为五国。2012年的新德里峰会上首次提出创建金砖国家开发银行。2013年金砖国家南非德班峰会同意拿出500亿美元作为资本金。五国还同意建立一个1000亿美元的外汇储备库。这些举措是金砖国家在扩大相互合作之际创建正式机构的努力，意味着金砖国家间的金融合作迈出了实质性步伐。

从 2009 年成立以来，金砖机制迅速在国际上发出自己的声音，并且在施压国际体系改革方面采取了一系列实质性措施。从已经召开的几次峰会及其发布的最后公报来看，金砖机制关注包括政治、经济、安全、环境和能源等一系列非常广泛的全球性问题，但是国际金融改革问题一直是其关注的核心议题。

首先，金砖国家对 G20 成为国际金融治理的核心机制，集体表达了坚定的支持。不仅如此，每次金砖峰会都积极敦促国际社会加快落实历次 G20 峰会所达成的具体协议，就 G20 的讨论议题进行事先的政策协调。其次，在历次发表的联合声明中，金砖国家都表示要推动建立一个更加多元化的国际货币体系，减少对美元的依赖。为此，在巴西利亚峰会上，四国首次提出“要对有关区域货币机制进行研究”，“研究和推进使用本国货币进行贸易结算的问题”。在三亚峰会上，成员国首次提出“欢迎当前就特别提款权在现行国际货币体系中的作用进行讨论，包括 SDR 一篮子货币的组成问题”。在实际行动中，金砖国家也采取了一系列减少美元使用、提升自身货币地位的具体政策。比如中国积极推动人民币的跨境贸易结算，并与俄、巴等国在加强本币贸易结算试点方面展开了很多有益尝试。俄前总统梅德韦杰夫甚至提出了有关金砖国家“共同货币”的问题。

再次，改革既有国际金融机构，增强新兴国家在国际金融机构中的发言权和代表权，特别是增加在 IMF 和 WB 中的发言权。除了提高份额权之外，既有国际金融机构的人事制度特别是高级领导层的遴选与任命，也是金砖国家关注的焦点。2012 年 2 月，在墨西哥举行的 G20 会议上，“金砖五国”一致要求，世行行长人选应该向全世界而不仅是向美国人开放，甄选应该基于才能而不是国籍来择优选取。这是金砖国家首次质疑世行行长的任命机制。而《新德里宣言》直接提出“欢迎发展中国家提名候选人竞选世界银行行长”。

最后，金砖国家推动各方完善国际金融监管体系，扩大监管范围，明确监管职责，制定普遍接受的国际金融监管标准和规范。金砖国家提倡要对主要储备货币发行经济体宏观经济政策和主权信用评级机构的监督。

对金砖国家机制来说，虽然这一机制自诞生后已成为多极世界的象征，但是，现阶段它在全球经济秩序中的作用尚有待提高，而金砖国家的一些特殊特点有可能在未来限制其合作成效：

首先，金砖国家实力的有限性，且在金融方面与发达国家相比还存在很多先天的弱势，比如金融制度不完善、金融市场规模小和金融人才缺乏等，这些国家内部的经济发展都存在各自的缺陷，比如俄罗斯的“资源诅咒”问题，中国的“内需不振”问题，等等。

其次，金砖国家内部的差异性。巴西、俄罗斯和南非是资源出口大国，中国和印度是资源进口大国。中印边境局势紧张，中俄则在争夺对中亚的影响力。差异性虽然未必导致合作困难，但它将削弱金砖国家的身份认同，并且由于差异性所导致的政策偏好的差异，有可能妨碍合作的深入。

最后，金砖国家利益的冲突性，表现在：(1) 金砖国家在工业制成品领域存在着贸易争端；(2) 在铁矿石、石油等大宗商品定价权上展开了激烈的争夺；(3) 巴西和印度近来强烈要求人民币升值。

上述挑战将有可能削弱金砖峰会的内部凝聚力。金砖机制要想发展成为一种有行动能力的国际机制，而不仅仅是一个“空谈馆”，就必须进行清晰的制度定位，这种定位需要与金砖国家的实力地位、利益偏好相适应。

金砖机制要想发展成为一种有行动能力的国际机制，就必须有一个与各国的实力地位和利益偏好相适应的清晰制度定位。

结　论

本文意在评估全球经济治理体系的结构，中国参与全球经济治理的现状。现有的全球经济治理体系主要由后布雷顿森林体系、G20和金砖五国机制组成。尽管全球金融危机的爆发重创了后布雷顿森林体系，但在全球经济治理体系之下，后布雷顿森林体系的组织和机制仍然占主导。我们主要从如下三方面对中国的国际参与情况进行评估：一是从中国在相关国际组织的决策的影响力或投票权。中国业已成为世界多边贸易体制的核心成员之一，在民粹主义泛起，全球化面临退潮的背景下，中国也是维护多边贸易体制的中心力量；中国在IMF地位上升，其在IMF的份额和投票权得到提高，跃居第三，人民币正式进入SDR货币篮子，但美国一家独大的局面没有改变；中国业已成为世界银行的第三大股东，林毅夫被任命为高级副行长，体现了中国在世行的发言权上升，但这些变化远不足以改变美国一家独大的权力格局。

二是对中国利用后布雷顿森林体系的相关国际规则的程度进行评估。加入WTO后，中国通过实施开放，减少政府审批，修改相关贸易法律法规，积极利用WTO的争端解决机制，极大地促进了中国的对外贸易；中国积极与现有的IMF规则接轨，增加宏观经济透明度，加入IMF的金融部门评估，接受IMF的技术援助和信贷，同时，中国也为IMF提供了独特的发展和改革经验以及庞大的资金支持，助力中国和世界的经济发展；世行为中国的发展提供了大量的资金、政策和项目支持，中国也是执行世行贷款项目最好的国家之一。总之，中国在利用相关国际规则方面成效非常显著。

三是评估中国在后布雷顿森林体系内建章立制的能力。在全球贸易领域，长期以来，中国主要是规则的接受者，缺乏建章立制的能力，亚投行的建立和“一带一路”倡议的实施，标志着中国开始向规则制定者的方向转变；在国际金融体系内，IMF关于份额比例和特别取款权的改革表明中国的影响力在上升；人民币国际化的进程仍有较大起伏;《清迈协议》的成果表明：为防范金融危机、推动进一步的区域货币合作，包括中国在内的区域内国家具有一定的建章立制的能力。但总体而言，发达国家主导国际金融体系治理权和规则制定权的格局没有改变。

2008年金融危机后，囊括发达国家和发展中国家的G20被赋予作为全球经济治理主要平台的地位。在G20发展过程中，“中国智慧”一直引领着峰会的发展走向。2016年杭州峰会的顺利召开标志着中国已从以往的被动参与到主动引领的角色转变。尽管G20在全球经济治理中的地位和作用在上升，但因为其非正式性、低法律化和软约束的特点，以及内部缺乏凝聚力，特别是美国仍对G20抱有戒心，导致G20的实际效能大打折扣。

由五大新兴市场国家组成的金砖国家机制自其诞生就已成为多极化的象征。这一机制不仅有助于促进发展中国家各领域的合作，而且有助于发展中国家在国际治理体系中以及在国际金融机构改革、气候变化等议题上获得更大的发言权。亚投行和金砖国家开发银行的建立，在为发展中国家的发展提供了新的投融资选择的同时，也促使原有的多边金融开发机构改进其融资服务和治理方式。当然，一方面，金砖国家整体实力的有限性使得这一机制本身在整个国际经济治理体系中的作用很有限，且在很大程度上从属于后布雷顿森林体系的治理；另一方面，金砖国家内部的差异性和国家利益的相互冲突，也极大地限制了金砖机制有更大作为的能力。

整体而言，中国在全球经济治理中的作用经历了过往的被动参与到主动融入再到有限领域的积极引领的过程和角色转变。这种转变一方面仍将是缓慢地、渐进式的过程，另一方面中国并没有另起炉灶的打算，而更多地是对现有国际经济治理体系的修补、调整和完善。

从连通到发展：中巴经济走廊的内涵演进

陈晓晨　李　琛

内容提要：中巴经济走廊计划提出四年以来，其内涵经历了一个演进过程。与最初设想及大众预期不同，中巴经济走廊的内涵并非强调地缘连通，而是日益突出包括能源和交通基础设施在内的综合发展。“一带一路”框架下发展战略的对接，以及巴基斯坦对电力与交通基础设施的渴求，是这种演进产生的根本原因。与此同时，“连通印度洋”并未成为中巴两国发展战略对接的优先方向。中巴经济走廊的电力建设说明，对发展的强调在电力领域建设中得到不断强化。中巴经济走廊的内涵演进生动体现了“一带一路”倡议实现共同发展的宗旨。

关键词：“一带一路”　中巴经济走廊　瓜达尔港　发展

2013年5月23日，中国政府与巴基斯坦政府发表了《关于深化两国全面战略合作的联合声明》，首次在官方文件中提出“中巴经济走廊”。截至本文写作时，四年已经过去。其间，中巴经济走廊从设想到蓝图，从蓝图逐渐落地，并产生了早期收获。中巴经济走廊已经成为“一带一路”在欧亚大陆上的六大经济走廊之一，被定位为“一带一路”建设的先行先试项目。总体评估表明，中巴经济走廊的进展超过预期。[1] 2017年5月北京“一带一路”国际合作高峰论坛前，中巴两国领导人举行会晤，对中巴经济走廊的进展作出了高度评价。[2]

然而，到目前为止，还少有人在公开发表的文章中研究中巴经济走廊的内

陈晓晨　中国人民大学重阳金融研究院国际研究部主任；李琛　中国人民大学重阳金融研究院实习生。

1 周戎、陈晓晨：《中巴经济走廊进展超预期》，《第一财经日报》，2017年4月26日 A11版。

2《李克强会见巴基斯坦总理谢里夫》，中国政府网，http://www.gov.cn/xinwen/2017-05/13/content_5193415.htm，上网时间：2017年5月30日。

涵。笔者认为，与最初设想及大众预期不同，中巴经济走廊的内涵并非强调地缘连通、强调物理性的“连通”、强调“连接瓜达尔港与新疆喀什”，而是日益突出包括能源和交通基础设施在内的综合发展，在结果上体现为电力项目一马当先的局面。同时，“中巴经济走廊”这个概念也经历了一定程度上的“去地缘化”演进过程。

本文试图回答这个过程怎样演进，有哪些因素，以及这些因素对接下来推进“一带一路”建设有哪些启示。本文在研究上尽量采用公开资料，必要时再结合调研与访谈，尽量不使用内部资料，尽量用客观、第三方的视角加以论述。

一、从突出地缘联通演变为强调全面发展

2013年5月，中国国务院总理李克强访问巴基斯坦期间，首次提出打造一条连接中国新疆喀什与巴基斯坦瓜达尔港的经济走廊，[1] 这是中巴经济走廊的首次提出。当时刚担任巴基斯坦总理不久的谢里夫随后于6月5日在该国议会作施政演说时宣布，巴基斯坦已同意修建瓜达尔港至新疆喀什的公路和铁路，打造“巴中经济走廊”。[2] 这是巴基斯坦高层对中巴经济走廊的最早公开表态之一，也可以被视为最高层面的规划思路。可以看出，两国领导人最初释放的信号都是从物理上、地理上的“连通”角度阐述中巴经济走廊。特别是双方高层都提到，瓜达尔和喀什是走廊的起点和终点。这完全是有形的、实体的。

表述更为明确的是前中国驻巴基斯坦大使张春祥。他当时表示，“沿着这条走廊，我们的东西就能直接入海了，从而进一步加大西部和海湾地区的联络。”[3]

在谢里夫总理与张春祥大使的公开言论中，中巴经济走廊的外延与主要领域甚至主要抓手都呼之欲出了——那就是连接瓜达尔港与喀什的公路、铁路（后来被概念化为“中巴铁路”）和能源管线（后来被概念化为“中巴输油管道”“中巴输气管线”）。

李克强总理访巴不到两个月，谢里夫总理就回访中国，两国总理签署了《中巴经济走廊合作备忘录》，宣布成立中巴经济走廊远景规划联合合作委员会（以下简称“联委会”），由中国国家发展和改革委员会（以下简称“国家发改委”）与巴基斯坦计划发展与改革部（以下简称“计划发展部”）共同牵头，制订中巴

1 吴乐珺、杨迅：《李克强与巴总统总理会谈 提出深化中巴战略合作五建议》，《人民日报（海外版）》，2013年5月24日第1版。

2 此为巴基斯坦方面对中巴经济走廊的正式表述。实际上巴方也仍然大量使用“中巴经济走廊”（CPEC）。因此，下文将其统称为“中巴经济走廊”。参见《中巴将修建瓜达尔港至新疆喀什铁路公路》，环球网，http://mil.huanqiu.com/china/2013-06/4009389.html，上网时间：2017年6月29日。

3 于泽远：《连接新疆喀什至巴基斯坦瓜达尔港口，中将修建连接巴公路与铁路》，《联合早报》，2013年6月8日第3版。

经济走廊远景规划与短期行动计划，重点实施交通基础设施和沿线经济开发区等支点项目的建设。[1] 可以看出，直到此时，交通基础设施（包括连接两国的公路、铁路、能源管线等）仍然是中巴经济走廊重点强调的方向。

其后两个月，国家发改委派遣工作组与巴方进行磋商，开始进行中巴经济走廊的战略规划。同时，国家发改委组织专家开展研究与论证。至此，走廊建设开始从设想进入蓝图规划阶段。在此情况下，中国国内学界和公共媒体开始对中巴经济走廊的内涵公开发表言论，其中大量以地缘联通为重点。这种舆论导向借助新媒体的发酵，影响了国内学界、业界乃至普通民众对中巴经济走廊内涵的认知。

由于“走廊”一词本义就是实体概念，不少人对“中巴经济走廊”的理解更加侧重“走廊”的本义，即地缘空间上两点的相互连通。有文章力推投资建设北起新疆喀什，终到瓜达尔港的中巴铁路与油气管道，认为“从瓜达尔港进来的油气管道不仅为巴基斯坦提供大量的能源，同时……来自海湾国家和伊朗的油气管道将解决中国西部省市如重庆、四川、兰州的能源需求”。[2] 该文通过微信广泛传播，给不少受众造成“中巴经济走廊 = 瓜达尔港 + 中巴铁路 + 中巴能源管道”的印象。

一些文章还把（他们构想的）中巴铁路作为能源运输的载体。2015年春节前后，一篇在网络上大量传播的文章认为，瓜达尔港全面运营后，从瓜达尔港到喀什连接中国西部的中巴铁路与公路一旦贯通，中国自中东进口石油的运输路程将缩短85%。这种观点颇具代表性。[3]

另一些文章更是将中巴经济走廊视为中国在印度洋建设海军基地、“摆脱马六甲困局”的战略举措。在他们看来，把距霍尔木兹海峡仅400公里的瓜达尔港和喀什直接相连的中巴经济走廊，势必帮助中国摆脱所谓“能源运输的马六甲困境”，化解潜在危机。[4] 总之，这些言论都将中巴经济走廊做地缘战略的解读，而且重心都放在瓜达尔港这个实体。

基于这些解读，李希光教授与前中国驻印度使馆参赞毛四维曾就中巴经济走

---

1 “关于新时期深化中巴战略合作伙伴关系的共同展望”，中华人民共和国外交部网站，http://www.fmprc.gov.cn/web/ziliao_674904/1179_674909/t1056504.shtml，上网时间：2017年6月22日。

2 李希光、孙力舟：《中巴经济走廊的战略价值与安全形势》，《人民论坛 · 学术前沿》，2015年第12期，第32—50页。

3 “瓜达尔港预计4月开始运营，中国石油运输线路程将缩短85%”，观察者网，http://www.guancha.cn/strategy/2015_02_21_309997.shtml，上网时间：2017年6月22日。

4 相关文章见徐伟：《中巴经济走廊，掀开互联互通新篇章》，《人民日报》，2016年11月25日第21版；韩哲、赵毅波：《瓜达尔港的地缘经济学》，北京商报网，http://www.bbtnews.com.cn/2015/0422/55259.shtml，上网时间：2017年5月21日。

廊的利弊展开过一场论战，引发大量网民关注。[1] 有趣的是，论战双方的很多观点虽然截然不同，但对中巴经济走廊核心内涵的理解却高度一致，那就是强调物理上的连通。

更重要的是，上述观点与中国国家发改委牵头的决策研究与论证过程相互作用。作为早期即介入国家发改委中巴经济走廊研究项目的两位核心专家之一，北京大学巴基斯坦研究中心主任唐孟生教授在2014年8月中国驻巴基斯坦大使馆、巴基斯坦外交部举办的“建设新时期‘中巴命运共同体’”研讨会上强调，中巴经济走廊不仅关系中国的边疆和能源安全，而且具有十分重要的战略、政治和军事意义，将协助整合南亚与中亚地区业已形成的地缘政治网络。[2]

不过，在经历了一年多对中巴经济走廊战略规划与建设路径的研究论证后，中巴双方逐渐形成了不同于强调地缘连通的思路。

2015年4月20日至24日，中国国家主席习近平对巴基斯坦进行了国事访问。在此期间，中巴双方达成共识，两国将以中巴经济走廊为引领，以瓜达尔港建设、能源、交通基础设施和产业合作为重点。[3] 这标志着“1+4”经济合作整体布局正式形成，中巴经济走廊已不再仅仅意味着狭义的连接喀什与瓜达尔港。

唐孟生教授本人也记录了中巴经济走廊内涵的演进，于2016年写道，“随着中巴经济走廊远景规划的不断落地，中巴经济走廊项目在中巴两国发展战略中的定位也发生了显著的变化。”[4] 他表示，中巴经济走廊从两点一线式的连通工程逐渐转型成为中巴两国发展路径对接的重要引擎。[5] 作为核心专家，他本人的记录就从侧面说明了这种变化是存在的。

当然，在2015年4月的“1+4”框架中，瓜达尔港仍然居首，交通基础设施仍然是项目中的主力。不过，2015年4月中巴联合声明还批准了一批能源特别是电力项目，包括设计装机容量均为1320兆瓦的卡西姆港燃煤电站和萨希瓦尔燃煤电站项目[6]——在随后的两年中，这些电力项目取代了瓜达尔港，并超过了交

1 参见李希光、孙力舟:《中巴经济走廊的战略价值与安全形势》，第32—50页;《毛四维：中巴经济走廊到底有多重要？——对〈中巴经济走廊的战略价值与安全形势〉的几点质疑》，四月网，http://www.m4.cn/opinion/2015-07/1280729.shtml，上网时间：2017年5月20日。

2 王玉:《唐孟生：建设“中巴经济走廊”是中巴两国的战略选择》，新华网伊斯兰堡，2014年8月5日电，http://news.xinhuanet.com/world/2014-08/06/c_126839533.htm，上网时间：2017年6月22日。

3 中巴双方指定了走廊的优先合作项目，包括：积极推进喀喇昆仑公路升级改造二期（塔科特至哈维连段）、瓜达尔港东湾快速路、新国际机场、卡拉奇至拉合尔高速公路（木尔坦至苏库尔段）、拉合尔轨道交通橙线、海尔—鲁巴经济区、在巴实行地面数字电视传输标准等——大部分项目属于交通基础设施。参见“中华人民共和国和巴基斯坦伊斯兰共和国关于建立全天候战略合作伙伴关系的联合声明”，中国政府网，http://www.gov.cn/xinwen/2015-04/21/content_2850064.htm，上网时间：2017年6月29日。

4 唐孟生:《中巴经济走廊：“一带一路”的旗舰与标杆》,《大陆桥视野》,2016年第6期，第43—47页。

5 同上。

6 截至本文写作时，萨希瓦尔燃煤电站1号机组已经投产发电。

通基础设施，成为中巴经济走廊以合同额衡量的主力项目，不断取得早期收获，并在这个过程中进一步改变了中巴经济走廊的内涵性质。

2017年3月，笔者随中国外交部“一带一路”南亚宣讲团再次到巴基斯坦计划发展部调研，与中巴经济走廊的巴方主要负责人、计划发展部部长伊克巴尔座谈。伊克巴尔介绍，四大优先领域的正式顺序已变为交通基础设施、能源（其中主要是电力项目）、瓜达尔港与产业园区。[1] 值得注意的是，瓜达尔港在这个次序中的位置向后调整了。

与此同时，据笔者掌握的情况，“传说中的”中巴铁路与中巴能源管线尚未被纳入谢里夫政府的优先考虑中。也就是说，近期这些旨在实现地缘连通的项目都不会上马。

据巴基斯坦计划发展部介绍，由中国国家开发银行与巴基斯坦计划发展部共同编制的中巴经济走廊远景规划将包括农业、旅游业、电网、工业、通信、金融、自贸区等。[2] 这与巴基斯坦《黎明报》在北京“一带一路”高峰论坛期间刊登的关于中巴经济走廊远景规划优先方向的报道有一致性。[3] 政策沟通、资金融通、贸易流通、民心相通渐渐成为中巴经济走廊建设新的发力点和落点，这意味着“中巴经济走廊”将是一个更加全面、综合的发展框架，而不是突出强调地缘连通。

二、“发展战略对接”是变化的根据

四年来，中巴经济走廊从公众所理解的建铁路、建油管，突出“连通瓜达尔港、连通印度洋”，一步步演变成现在的强调建电站、修路架桥、建产业园区，并可能在未来全面发展农业和第三产业，这背后的原因是什么？笔者认为，这种变化的根据在于中巴双方的发展战略对接。

中巴经济走廊内涵变化的根据在于中巴双方发展战略对接的需要。

（一）发展战略对接是“一带一路”的实施路径

2015年3月28日，中国国家发改委、商务部、外交部发布了《推动共建丝绸之路经济带与21世纪海上丝绸之路的愿景与行动》，提出“中巴经济走廊与推进‘一带一路’建设关联密切，要进一步推动合作，取得更大进展。”[4] 此后，中

1 据笔者2017年3月27日对巴基斯坦计划发展部部长伊克巴尔的访谈。

2 据笔者2017年3月27日对巴基斯坦计划发展部中巴经济走廊项目主任达乌德的访谈。

3 Khurram Husain, “Exclusive: CPEC master plan revealed,” Upgraded Jun 21, 2017, https://www.dawn.com/news/1333101/exclusive-cpec-master-plan-revealed, 2017-06-29.

4 国家发展改革委、外交部、商务部（经国务院授权发布）：“推动共建丝绸之路经济带和21世纪海上丝绸之路的愿景与行动”，http://zys.ndrc.gov.cn/xwfb/201503/t20150328_669088.html，上网时间：2017年6月22日。

巴经济走廊逐渐被纳入“一带一路”倡议的整体考虑，也因此与整个“一带一路”的实施路径一致。

《推动共建丝绸之路经济带与21世纪海上丝绸之路的愿景与行动》明确指出，“一带一路”是为了实现沿线各国“全方位推进务实合作”，“加强政策沟通是‘一带一路’建设的重要保障”，“沿线各国可以就经济发展战略和对策进行充分交流对接”。在此情况下，中巴经济走廊被纳入“一带一路”框架后，其目标更多强调助力巴基斯坦增强“造血功能”，为巴基斯坦人民带来实实在在的发展红利。这是中巴经济走廊在实施过程中逐渐“稀释”，或者从某种程度上淡化其地缘色彩的原因。

（二）中国国家发改委的作用

中巴经济走廊的持续推进离不开中国国家发改委的牵头设计，这深刻地影响了中巴经济走廊优先方向的确定。

如前所述，国家发改委与巴方对口部门计划发展部联合牵头联委会，协同制定中巴经济走廊的蓝图。而长期以来，国家发改委对电力建设较为熟悉。正如国家发改委副秘书长范恒山在“一带一路”中巴经济走廊战略研讨会上所言：“深化能源合作是中巴经济走廊建设的优先领域，中国将本着互利共赢的原则，不断完善能源合作机制，稳定供求关系，深化能源生产、运输、加工等多环节的合作，同时还将加强能效和新能源开发等领域的合作，提升能源资源深加工能力，丰富合作内涵。”[1]

此外，国家发改委通过密集的实地调研，掌握了巴方对口部门的实际需求，也促使电力在中巴经济走廊中的比重和重要度不断提高。国家发改委系统所属的若干政策研究机构，出于历史上形成的传统，在发展规划的理论、政策、调研和研究能力方面较为突出，也促使最终形成的方案更强调发改委系统比较擅长的能源发展项目，尤其是电力项目。

（三）谢里夫政府的执政考虑

解决制约巴基斯坦发展的难题，实现经济腾飞，同样也是巴基斯坦现任政府维持执政地位的重要途径，而一个重要抓手就是解决持续已久的能源危机，特别是供电短缺和不稳定问题。

2013年谢里夫第三次就任巴基斯坦总理，上任伊始就面临着一系列严峻问题，包括严重的能源危机、频发的恐怖袭击、增长乏力的经济和居高不下的失业率。如何找到一个“抓总”的解决方案？在巴基斯坦国民议会发表的施政演说中，

1 “发改委官员详述‘一带一路’建设：从八方面实质推进”，中国新闻网，http://www.chinanews.com/gn/2015/04-15/7210105.shtml，上网时间：2017年6月22日。

谢里夫提出，新政府的首要任务是提振经济，解决国内能源危机。[1] 而聚焦发展，打造中巴经济走廊，成为谢里夫稳定执政地位的优先考虑。[2] 在中巴经济走廊的规划与建设过程中，不断丰富其实际内涵，将合作重心放在经济发展上，与谢里夫政府急于兑现施政承诺、期待连任的执政考虑密切相关。反映在实际工作中，谢里夫政府对战略性的地缘连通态度较为现实，而对电力等重大经济发展项目非常上心，有时甚至还催促中国承建方加快工期。[3]

（四）“连接印度洋”的宏大设想尚未落实为发展规划

虽然“连接印度洋”是中巴双方一些人的宏大设想，但是中国国家发改委和巴基斯坦计划发展部还没有将其落实为发展规划与项目，尤其是中巴能源管道与中巴铁路架设等项目尚未提上议事日程，也未出现在现阶段中巴经济走廊的具体规划中。

中巴两国思维方式与合作模式的调整，淡化了中巴经济走廊的地缘政治涵义。

中巴两国在实践中不断调整思维方式与合作模式，有意无意地淡化了中巴经济走廊项目的地缘政治涵义。例如，在瓜达尔港建设方面，按照中巴经济走廊远景规划的基本构想，未来瓜达尔港将建立起自由贸易区，成为这一地区新的物流与港口运输中心。至于传言中的中方在瓜达尔港建设海军基地的事项，并没有出现在中巴经济走廊的规划蓝图。2015年4月习近平主席访问巴基斯坦期间中巴双方达成的51项协议中也没有包含相关内容。

在此过程中，国内外学界对中巴经济走廊的地缘政治风险进行了研究。参与中国发改委研究项目的一些专家，对中巴经济走廊潜藏的地缘政治风险提出了警示。在智库交流合作中，中方智库也注意并吸收了一些巴方的关切和考虑。可以说，两国学界的努力也共同推动了中巴经济走廊内涵的演进。[4]

三、电力建设一马当先：在实践中强化的发展内涵

在实践中，随着电力建设一马当先，中巴经济走廊的发展内涵不断强化。在应对电力危机的需求促使下，在项目落地过程中，数量最多、进展最快、合同金

1《擅长经济建设，承诺实现改革：谢里夫三度出任巴总理》，《人民日报》，2013年6月6日，第3版。

2 杨迅：《谢里夫第三次当选巴总理，称愿打造中巴经济走廊》，环球网，2013-06-06，http://news.163.com/13/0606/03/90LFSUEE00014JB6.html，上网时间：2017年5月30日。

3 根据笔者2017年3月25日对在巴基斯坦的中资企业走访调研时的记录。

4 参见“巴基斯坦代表团来访人大重阳，调研‘一带一路’与中巴经济走廊合作”，人大重阳官网，http://rdcy-sf.ruc.edu.cn/displaynews.php?id=21390，上网时间：2017年5月31日；“‘亲历一带一路推进进程：从伊朗、巴基斯坦的视角’内部讲座在人大重阳召开”，人大重阳官网，http://rdcy-sf.ruc.edu.cn/displaynews.php?id=14286，上网时间：2017年5月31日；周戎、陈晓晨：《中巴经济走廊进展超预期》。

额最高的是电站建设，而这反过来又塑造了中巴经济走廊的内涵。

（一）应对电力危机的迫切需求

对接发展战略，巴方首先考虑最为迫切的发展需求，中方也首先考虑“如何起步”的问题。与中国实现跨域喀喇昆仑山的互联互通，愿景固然美好，但电力短缺才是阻碍巴基斯坦发展首要的切肤之痛。因此，2013年8月27日，中巴经济走廊联委会首次会议就将交通基础设施与能源投资作为关键问题。[1] 中国代表团团长、时任国家发改委副主任张晓强说，希望能为中巴经济走廊的可持续强劲发展起好步。[2]

巴基斯坦经济一直欠发达，2015年人均国内生产总值（GDP）为1435美元，远低于同年世界平均水平的10023美元。[3] 2007—2008财年以来，巴基斯坦实际平均增长率仅为3.4%（这还不考虑2014财年以来中巴经济走廊对巴基斯坦经济明显的拉抬作用）。[4] 而电力供应持续短缺是巴基斯坦国民经济发展的短板。

2013年6月谢里夫上台执政时，巴基斯坦正在经历着严重的电力危机。[5] 2013年至2015年三年间，巴基斯坦每天都面临着高达4500兆瓦的电力缺口，2015年更是曾达到5000兆瓦。谢里夫上台时承诺，在3—4年时间里弥补这一缺口。

兑现这项承诺并不容易。巴基斯坦自身能力有限，基础薄弱，寻求外国电力投资成为谢里夫政府唯一可行的选择。当时，除了中国外，还有美国、伊朗和沙特阿拉伯三个可能的选择。不过，美国并未实质性参与。[6] 伊朗与巴基斯坦虽然经济往来较为密切，但是政治关系紧张，加上伊朗核问题几经起伏，对资金链影响很大，最终因为种种原因，设想中的伊朗—巴基斯坦“和平管线”推进缓慢。沙特提供的延期付款的原油和燃料油只能应急，难以持久，更不能以经济的方式用作发电。

急迫的电力需求、其他外国投资者迟缓或不可持续，都促使中巴电力合作成为优先方向。

---

1 “中巴经济走廊联委会举行首次会议”，中国驻巴基斯坦经商参赞处网站，http://pk.mofcom.gov.cn/article/jmxw/201308/20130800273313.shtml，上网时间：2017年6月22日。

2 同上。

3 世界银行数据库，http://data.worldbank.org.cn/country/巴基斯坦，上网时间：2017年6月22日。

4 “巴基斯坦八年来实际GDP平均增长率仅3.4%”，商务部网站，http://www.mofcom.gov.cn/article/i/jyjl/j/201602/20160201256698.shtml，上网时间：2017年6月22日。

5 “巴基斯坦能源危机将持续两年”，国际在线，http://www.sinopecnews.com.cn/news/content/2013-06/25/content_1308562.shtml，上网时间：2017年5月25日。

6 一些美国公司，例如通用电气（GE），后来参与了中巴经济走廊电力项目的分包。参见“GE与CMEC加强海外合作，助力中巴经济走廊建设”，通用电气官网，http://www.genewsroom.com/press-releases/ge与cmec加强海外合作，助力中巴经济走廊建设-282807，上网时间：2017年6月22日。

（二）"看得见摸得着的成果"

在2015年4月中国国家主席习近平访问巴基斯坦期间，谢里夫总理多次表达了能源合作的强烈意愿。在双方达成的51项协议中，能源电力协议就占了20项，其中电力17项，由此开启了电力项目一马当先的格局（详见表1）。

表1 2015年4月中巴51项协议及类别[1]

协议类别	协议数量	协议内容
政策沟通	6	关于中国和巴基斯坦建立全天候战略合作伙伴关系的联合声明
		中巴经济走廊第四次联席协调会议的会议记录
		中国发改委和巴发展计划部谅解备忘录
		成都市与拉哈尔结为友好城市
		珠海市与瓜达尔结为友好城市
		克拉玛依与瓜达尔港结为友好城市
资金融通	2	双边贸易金融服务协议
		中巴经济走廊融资合作框架协议
民心相通	4	新闻广播国家遗产部门合作谅解备忘录
		转播央视频道的协议
		巴国立现代语言大学和中国新疆师范大学高等教育合作的备忘录
		巴国立现代语言大学和中国新疆师范大学国际教育中心合作协议
技术合作	7	经济技术合作协定
		地面数字电视传输系统示范项目可行性研究的文件互换
		禁毒设备文件互换
		执法设备文件互换
		中巴联合棉花生物技术实验室备忘录
		中巴海洋研究中心协议
		关于应对气候变化材料的谅解备忘录条款
瓜达尔港	4	瓜达尔港医院可行性研究
		瓜达尔港东湾高速公路项目的中国政府优惠贷款条款
		瓜达尔港国际机场的中国政府优惠贷款条款
		瓜达尔港地区港口公益性项目的备忘录

1 作者根据第一财经等媒体报道（参见 http://www.yicai.com/news/4609210.html.）和"巴中机构"网站（参见 http://cpec.pk/.）等整理而成，上网时间：2017年6月22日。

续表

协议类别	协议数量	协议内容
交通与基础设施	7	主要通信基础设施项目合作的框架协议
		一号铁路干线（ML1）升级和赫韦利杨干散货中心的联合可行性研究的框架协议
		喀喇昆仑公路第二阶段升级工程（赫韦利扬到塔科特段）的中国政府优惠贷款条款
		卡拉奇—拉合尔高速公路（木尔坦到苏库尔段）的中国政府优惠贷款条款
		拉合尔轨道交通橙线项目融资协议
		拉合尔轨道交通橙线项目商业合同
		喀喇昆仑公路第二阶段升级工程（赫韦利扬到塔科特段）、卡拉奇至拉合尔高速公路、瓜达尔港东湾高速公路以及瓜达尔国际机场项目的谅解备忘录
工业园区	1	促进中国在巴投资和工业园区发展的框架协议
能源电力	20	中巴经济走廊能源合作框架协议
		吉姆普尔（Jhimpir）风力发电项目贷款协议
		苏基—克纳里（Suki-Kinari）水电站的融资协议
		中国进出口银行与卡西姆港电力公司关于卡西姆港（Qasim Port）燃煤电站的融资协议
		中国电建与巴基斯坦政府关于卡西姆港燃煤电站的合作协议
		巴基斯坦国家电网与中国国家电网关于马提亚日（卡西姆港）—拉合尔和马提亚日（卡西姆港）—费萨尔巴德输变电项目的合作协议
		中国进出口银行、中国国家开发银行与卡洛特电力公司关于卡洛特（Karot）水电项目的融资框架
		巴基斯坦旁遮普省中兴9×100兆瓦太阳能项目设备条款清单
		中国国家开发银行与巴基斯坦信德省支持安格鲁（Engro）煤炭矿业公司[1]关于塔尔煤田二区煤矿每年3.8万吨采矿项目的条款和条件
		中国国开行与巴基斯坦信德省支持安格鲁煤炭矿业公司关于塔尔煤田二区煤矿2×330兆瓦燃煤发电项目的条款和条件
		巴基斯坦水电发展署（WAPDA）和三峡集团（CTG）合作备忘录

1 又译“国昂煤炭矿业公司”，参见http://www.egi.ac.cn/xwzx/zhxw/201701/t20170115_4737034.html，上网时间：2017年6月29日。

续表

协议类别	协议数量	协议内容
能源电力	20	中国工商银行与巴基斯坦华信资源公司（SSRL）[1]关于塔尔煤田融资投资意向书协议
		巴基斯坦华信资源公司与上海电气集团关于巴基斯坦塔尔煤田煤电一体化项目的合作协议
		达乌德（Daud）风力发电项目的设备运营协议
		巴基斯坦旁遮普省与华能集团关于能源战略合作的框架协议
		萨希瓦尔火力发电厂项目设备协议
		胡布电力工厂项目的合作协议
		岩盐矿带火电项目的机械设备协议
		液化天然气接收站和管道工程的框架协议
		民营水电项目的发展备忘录

表1清晰地展示出电力项目在中巴经济走廊中获得的优先地位。

此后，中巴经济走廊的电站项目进展迅速。2015年5月，卡西姆港燃煤电站项目签订设备供应合同，标志着“优先实施项目”正式启动。[2]

2015年11月，联委会第五次会议在卡拉奇召开，旨在进一步落实高访成果。会上实现了中兴能源太阳能地面电站一期、达沃风电、联合能源风电项目融资关闭。[3] 2015 年12月，中巴经济走廊首个煤电一体化项目塔尔煤田二区煤矿和电站签署融资协议。[4] 卡洛特水电站的承建方三峡集团还获得了科哈拉水电站开发权。[5]

2016年12月，联委会第六次会议在北京举行，将布局和规划的重点放在了能源尤其是电力建设上。巴基斯坦计划发展部部长伊克巴尔在发言时说，“作为‘一带一路’倡议的‘旗舰项目’，中巴经济走廊建设意在将地区合作转化成实际生产力和看得见摸得着的经济发展成果。”[6] 显然，电力能发挥“实际生产力”，

---

1 又译“新欧信德资源公司”，是一家在巴基斯坦注册的公司。

2 “东方电气与山东电建三公司签订巴基斯坦卡西姆港2×660MW燃煤电站项目合同”，中国东方电气集团有限公司网站，http://www.dongfang.com/data/v/201505/4623.html，上网时间：2017年6月29日。

3 陈鹏：“经济走廊联委会第五次会议在卡拉奇召开”，新华网，http://news.xinhuanet.com/world/2015-11/12/c_128423094.htm，上网时间：2017年5月30日。

4 樊曦：“中巴经济走廊首个煤电一体化项目签署融资协议”，新华网，http://news.xinhuanet.com/fortune/2015-12/21/c_1117533171.htm，上网时间：2017年6月29日。

5 “三峡集团成功获得巴基斯坦科哈拉水电站项目开发权”，中国长江三峡集团公司网站，http://www.ctg.com.cn/sxjt/xwzx/ttxw/527681/index.html，上网时间：2017年6月29日。

6 “巴基斯坦媒体关注中巴经济走廊联委会第六次会议在京召开”，中国驻巴基斯坦经商参赞处网站，http://pk.mofcom.gov.cn/article/jmxw/201612/20161202440284.shtml，上网时间：2017年6月29日。

是"看得见摸得着"的成果。

"看得见摸得着"还具体体现在项目合同上。电力领域合同的单笔投资额往往较大。例如，中国电建卡西姆港燃煤电站项目总投资为20.85亿美元，[1] 三峡集团卡洛特水电站主体工程投资为16.5亿美元。[2] 据巴基斯坦《商业纪事报》报道，中巴经济走廊能源领域资金总额将达到338亿美元。[3] 虽然巴基斯坦计划发展部部长伊克巴尔表示，具体金额测算并未得到巴基斯坦官方的认可，但是，电力在中巴经济走廊的投资总额中确实占了很大比例。[4]

相比之下，瓜达尔港全部投资额为16.2亿美元，其中还包括瓜达尔煤电项目（投资3.6亿美元）、瓜达尔国际机场（投资2.6亿美元）、水处理项目（投资1.14亿美元）、瓜达尔医院（投资1亿美元）、瓜达尔自贸区（投资3500万美元）、瓜达尔职业技能培训学校（项目金额1000万美元）等。[5]

当然，投资额并非唯一衡量标准，但也能作为一个参考说明中巴经济走廊在项目实施上的侧重点。

（三）"一带一路"融资助力电站建设

电站建设能够一马当先，另一个重要原因是获得"一带一路"框架下的融资，而这又与"一带一路"共同发展的理念和发展战略对接直接相关。

2015年4月，在中巴两国领导人的见证下，丝路基金、三峡集团、巴基斯坦私营电力和基础设施委员会（PPIB）共同签署了谅解合作备忘录，共同建设卡洛特水电站。这是丝路基金——"一带一路"的主要融资平台之一——成立后投资的首个项目。[6] 丝路基金负责人解释称，"巴基斯坦水电开发项目在较短时间内，从开始接触到取得实质性进展，并成为丝路基金的'首单'，主要是由于该项目与丝路基金的投资理念和原则高度契合。"[7] 该负责人还具体解释称，契合主要体现在三个方面：高度契合两国的发展战略，体现丝路基金互利共赢的投资理念；

1 "601669中国电建：关于巴基斯坦卡西姆港燃煤应急电站项目的进展"，中国证券网/上海证券报信息披露平台（中国证监会指定信息披露媒体），2015年4月22日，上网时间：2017年6月29日。

2 "'中巴经济走廊'首个水电投资项目主体工程开工"，中国长江三峡集团公司网站，http://www.ctg.com.cn/sxjt/xwzx/ttxw/527656/index.html，上网时间：2017年6月29日；另参见"水电'航母编队'扬帆海外，擦亮中国名片：走进建设中的巴基斯坦卡洛特水电站"，新华网，http://www.sc.xinhuanet.com/content/2016-12/07/c_1120070730.htm，上网时间：2017年6月6日。

3 Naveed Butt, "Economic corridor: China to extend assistance at 1.6pc interest rate," *Business Recorder*, p.1, September 3, 2015.

4 据笔者2017年3月27日对巴基斯坦计划发展部部长伊克巴尔的访谈。

5 "瓜达尔项目投资将超10亿美元"，中华人民共和国驻卡拉奇总领事馆经济商务室网站，http://karachi.mofcom.gov.cn/article/jmxw/201511/20151101161991.shtml，上网时间：2017年6月22日。

6 王琳、贝迪：《一带一路旗舰："中巴经济走廊"详解》，《第一财经日报》，2015年4月22日A1版。

7 "丝路基金负责人就启动项目投资有关情况答记者问"，中国人民银行网站，http://www.pbc.gov.cn/goutongjiaoliu/113456/113472/2811747/index.html，上网时间：2017年5月30日。

国际组织（包括世界银行下属的国际金融公司）和国内机构多方合作、优势互补，展示丝路基金开放包容的姿态；项目有较好风险管控，可实现中长期合理的投资回报。[1]

其他电站项目也都得到了不同渠道的融资。2017年4月10日，由中国工商银行牵头融资的巴基斯坦萨察尔风电项目投入商业运营。[2] 2017年5月27日，由中国工商银行牵头融资、由华能山东发电有限公司与山东如意集团联合投资的巴基斯坦萨希瓦尔燃煤电站顺利实现发电，成为"中巴经济走廊"首个投产的大型能源项目。[3]

顺利融资的一个推动力是稳定和低风险的投资回报预期。中资电力企业反映，巴基斯坦的电力行业市场空间巨大，市场风险较低，企业利润空间广阔。[4] 这吸引了众多国内企业进入巴基斯坦电站建设领域，促使了电力项目进展迅速。

据巴基斯坦计划发展部介绍，中巴经济走廊框架下电力项目总发电量超过1000万千瓦，目前已经有一多半在建，推进良好。以合同额计，电力项目占总额的一半以上，成为以绝对值衡量的主要方向。[5] 总体评估认为，中巴经济走廊电力项目一马当先，超出预期。[6] 这又反过来塑造了现阶段中巴经济走廊的内涵。

结　语

在中巴经济走廊的建设过程中，强调物理意义上的连通与强调沿线的经济发展，二者并不是相互排斥、割裂的关系。事实上，地理上的互联互通有助于发展；而发展又有利于改善相关区域的地缘政治形势。话虽如此，笔者还是认为，中巴经济走廊所强调的重心前后有一定程度的差异，并对此做出了解释，辅以电力建设领域的具体案例为佐证。

中巴经济走廊作为"一带一路"的先行先试项目，从某种程度上是整个"一带一路"的缩影。互联互通是"一带一路"的重要内容，而共同发展是"一带一

1 "丝路基金负责人就启动项目投资有关情况答记者问"，中国人民银行网站，http://www.pbc.gov.cn/goutongjiaoliu/113456/113472/2811747/index.html，上网时间：2017年5月30日。

2 "集团总承包的巴基斯坦萨察尔风电项目投入商业运行"，中国电力建设集团有限公司网站，http://www.powerchina.cn/art/2017/4/18/art_121_231568.html，上网时间：2017年6月22日。

3《中巴经济走廊重大能源项目首台机组投产》，载《经济日报》，2017年5月27日第8版。

4 根据笔者2016年5月15日对巴基斯坦中资企业的走访调研。另参见王琳、贝迪：《一带一路旗舰："中巴经济走廊"详解》，"丝路基金负责人就启动项目投资有关情况答记者问"，中国人民银行网站，http://www.pbc.gov.cn/goutongjiaoliu/113456/113472/2811747/index.html，上网时间：2017年5月30日。

5 据笔者2017年3月27日对巴基斯坦计划发展部中巴经济走廊项目主任达乌德的访谈。

6 周戎、陈晓晨：《中巴经济走廊进展超预期》。

如何处理好连通与发展的关系，是“一带一路”建设中具有普遍性的问题。

路”的根本宗旨。如何处理好“连通”与“发展”的关系，如何在不同的国情条件下选择最佳实施路径，是一个带有普遍性的问题。中巴经济走廊在地缘联通与综合发展关系上的实际走向，能够为我国在其他地区推进“一带一路”建设、规避地缘政治阻力提供宝贵经验。

中巴经济走廊框架下的瓜达尔港建设评估

张　元

内容提要：2016年11月13日，瓜达尔港贸易车队联运成功，标志着中巴经济走廊建设进入新的阶段。中国政府对于走廊建设已有全面统筹设计，可在此基础上对瓜达尔港建设进行更加细致的规划，特别是针对项目建设进度、投资透明度监管、政治援助与商业行为界定等。当前，瓜达尔港及其周边地区安全形势尚不完全稳定，中方应对本国工程的安全风险进行全面评估，及时出台促进当地民生发展的政策。另外，外部势力对中巴共建瓜达尔港相当警惕，中方需要避免加剧国际社会的恐慌，让中国在中巴关系和南亚地区政策中拥有更多的自主性和灵活度。

关键词：中巴经济走廊　瓜达尔港　评估

瓜达尔港位于巴基斯坦俾路支省内。它的原文“Gwadar”由两个俾路支单词“Gwat”和“Dar”组合而成，意为“风之门”（Gateway of Winds）。18世纪中期，卡拉特汗国（Khanate of Kalat）历史上最有名的汗王米尔·穆罕默德·纳西尔·汗一世·阿赫迈德扎（Mir Muhammad Nasir Khan I Ahmadzai，又称 Nasir Khan the Great）在拓展疆土时获得此地，并于1783年将之暂借给寻求政治避难的阿曼赛义德王朝王子使用。但是，后者并未归还瓜达尔，该地遂成为阿曼的一部分。直到1958年9月，巴基斯坦花费约840万美元从阿曼手中购得。[1] 1964年

张元　北京大学国际关系学院博士候选人。

1 巴基斯坦瓜达尔港务局（Gwadar Development Authority）负责人于2016年8月16日向包括笔者在内的赴巴考察团进行项目陈述时，对1958年前瓜达尔的历史进行了介绍。以上数据引用出自该负责人所使用的书面材料。巴历史学者伊夫提哈尔·H. 马里克也曾经提及，巴基斯坦所购瓜达尔的花费为300万英镑。根据当时布雷顿森林体系英镑对美元固定汇率（1:2.8）换算，此两个数据吻合。参见［巴基斯坦］伊夫提哈尔·H. 马里克：《巴基斯坦史》，张文涛译，北京：中国大百科全书出版社2010年版，第139页。

巴联邦政府决定建设瓜达尔港，但受经济条件限制，项目并未立即启动。1999年穆沙拉夫执政时期，巴政府决定实质性地发展该港，并请求中国政府援建。中国港湾建设集团总公司应巴方请求于2002年3月开建一期工程，至2005年3月完工。2006年12月新加坡港务集团通过国际招标，接手管理瓜达尔港，但是该港投入运营的效果未达到预期，巴国内对此争论不断。2013年2月，巴联邦政府将瓜达尔港运营权和配套基础设施开发权移交中国海外港口控股有限公司。同年7月，中巴两国达成共建中巴经济走廊协议，其中瓜达尔港被纳入经济走廊的组成部分，成为交通基础设施、能源合作、产业园区之外的第四个重点工程。

2014年上半年开始，刚刚起步的中巴经济走廊建设在巴国内引起争议。反对派称执政当局在未经俾路支省和开伯尔—普什图省（原西北边境省，2010年4月更名）政府同意的情况下，改变经济走廊的线路规划，[1] 并举行了抗议活动。2016年11月13日，中巴经济走廊首支贸易车队自北向南穿越巴西部地区，成功抵达瓜达尔港，并第一次大规模向海外出口集装箱。此次贸易试联活动以“中巴经济走廊（西线）初步成型”的形式，打消了西部两省对于经济走廊可能存在利益分配不均的顾虑。加上同年5月，巴联邦政府已经向各省发放经济走廊最新规划路线图，承诺将同期建设东、中、西三线，实现“一走廊，多通道”的目标。因此，“改线风波”在巴国内引发的矛盾得到了缓解，这为中方继续建设经济走廊赢取了主动，标志着中巴合作进入新的阶段。

但是，纵观中巴经济走廊框架下的瓜达尔港建设，其间还存在一些问题，需要引起我国政府的高度重视，主要包括以下三个方面：

一、中国政府对于中巴经济走廊建设已有全面统筹设计，可在此基础上对瓜达尔港建设进行更加细致的规划，特别是针对项目建设进度、投资透明度监管、政治援助与商业行为界定等方面。

目前，我国已对瓜达尔港的整体定位和重点布局进行了全面设计和规划，但在一些细节上还可进一步完善。

中巴经济走廊被列为“一带一路”倡议的旗舰项目和示范工程，这反映出我国政府对经济走廊的高度重视。特别是瓜达尔港，更是成为中巴两国经济合作的亮点。目前，我国已对瓜达尔港的整体定位和重点布局进行了全面设计和规划，但在一些细节上还可进一步完善。

1 据反对派称，中巴经济走廊原定从瓜达尔出发，至奎达，再到兹霍布（Zhob），向东至德拉伊斯梅尔汗（Dera Ismail Khan），再北上延伸至红其拉甫口岸。巴联邦政府却将线路改变为，从瓜达尔出发向东至胡兹达尔（Khuzdar），再向北穿越拉托德罗（Ratodero），最后与信德公路网络连接。因而走廊本应通过巴基斯坦俾路支省和开伯尔—普什图省（称西线），却改为途经信德省和旁遮普省（称东线）。参见Khurram Husain, “Analysis: China-Pakistan corridor or labyrinth?” *Dawn*, February 18, 2015, http://www.dawn.com/news/1164337/analysis-china-pakistan-corridor-or-labyrinth, 2016-11-22; Khawar Ghumman, “Parties give go-ahead to China-Pak corridor,” *Dawn*, May 29, 2015, http://www.dawn.com/news/1184885, 2017-04-03。

第一，中方可加强与巴方，尤其是地方政府的沟通，加快项目建设进度。在巴基斯坦的政治体制下，国内各政治派别常常相互竞争，地方政府又具有比较大的自治权。这导致经济走廊容易成为巴国内政治博弈的公共话题。为了防止类似“改线风波”的情况再次出现，中方可就瓜达尔港建设的细节问题，提前与巴联邦政府和俾路支省政府进行积极沟通，循序推进，防止项目因外部因素中断。目前，巴基斯坦计划、发展与改革部2016—2017年公共项目规划报告显示，包括瓜达尔国际机场、瓜达尔至拉托德罗高速公路（M–8线）、N–25高速公路卡拉特—奎达—杰曼（Chaman）段、瓜达尔渔业管理机制建设、俾路支省工业用水供给等与瓜达尔有关的项目正在开展。[1] 中方可就以上项目及其在瓜达尔港建设中的定位衔接，与相关方面充分协调，在共商共建的基础上适时监督。

第二，中方应对港口建设投资进行严格监管，使其继续朝着“透明、双赢”的方向发展。

从总体来看，巴基斯坦广大民众是非常欢迎和支持中巴经济走廊的。但是，随着经济走廊的推进，少部分人士的心态有所变化。有的希望大力吸引中方投资，至于投资过程中面临的风险，没有进行全面认真的评估。有的认为中国将全力推动“一带一路”倡议，而中巴经济走廊特别是瓜达尔港将是其中关键，可借机获利。对于这些微妙情况的出现，中方需要对瓜达尔港口建设投资进行严格监管，注意维护中国国家利益，使其继续朝着“透明、双赢”的方向发展。

第三，中方需仔细界定政治援助与商业投资的地理界限和行业范围，避免引起巴方的混淆和误会。

在建设经济走廊过程中，提振巴基斯坦经济，合理照顾巴方关切是放在首位的。为此，我们需要向巴方提供无息低息贷款、免费技术支持、人才培训等优惠措施。但是，这并不意味着所有的瓜达尔港项目都属于援建。未来，还会有越来越多的中国企业包括私营企业参与其中，并与巴本土企业展开合作，甚至不排除第三国资金的加入。我们需要坚持的合作原则是，应该注重社会效益的项目不要掺杂过多的商业成分，应该讲求盈利的项目防止出现投资失误和亏损。在这种情况下，中方需要仔细界定政治援助与商业投资的地理界限和行业范围，以及海外投资决策的权限和责任，向巴方有关部门做好解释工作，避免引起对方的混淆和误解。

从根本上说，瓜达尔港建设是服务于中巴经济走廊整体的，而对中巴经济走廊的理解应超越“通道建设”，更加着眼于解决中国的发展问题。这是对瓜达尔港进行整体定位和细节规划的立足点。当前，中国面临着来自国内、国际两方面

---

1 “Public Sector Development Programme 2016-17,” *Planning Commission, Ministry of Planning, Development & Reform, Government of Pakistan*, June 2016, http://202.83.164.26/planningcomission/wp-content/uploads/2016/08/PSDP-2016-17_Final.pdf, pp. 7-82.

的挑战。从内部来说，我国虽然积蓄着丰富的资本、外汇和产能，但难以在国内直接发挥调整经济结构的作用，同时还面临着人口老龄化和能源供需矛盾突出这两大难题。从外部来看，中国周边安全环境正发生着变化，东北亚、东南亚两个地区大国军事博弈明显，周边小国对华疑惧增加，外交工作的复杂性与日俱增。为此，中国一方面需要整合中巴两国的经济资源，使之在优势互补的基础上实现良性流动，为中国经济持续增长拓展纵深空间；另一方面需要通过强化与巴基斯坦的合作，在周边外交工作中找到有利的战略支点，抵御外部安全压力。同时，以中巴之间“睦邻、安邻、富邻”的合作为样本，加强对周边国家的增信释疑工作。因此，瓜达尔港建设作为中巴经济走廊整体框架下的一部分，不能简单地理解为走廊的地理终点，它的细节设计应着眼于更好地实施中国的国家对外政策，服务于中国的经济发展。

二、瓜达尔港及其周边地区安全形势尚不完全稳定，中方应对本国工程的安全风险进行全面评估，及时出台更多政策，以促进当地民生发展。

作为瓜达尔所在的省份，俾路支省的安全形势直接关系着港口建设的成功与否。2009年11月，巴基斯坦人民党吉拉尼政府提出解决俾路支问题的一揽子计划（Aghaz-e-Huqooq-e-Balochistan Package，AHB），缓和了2005年以来俾路支省爆发的分离主义武装冲突。谢里夫就任总理后，以中巴经济走廊为抓手，致力于恢复因阿富汗反恐战争遭受损失的国家经济，在俾路支问题上延续了吉拉尼政府的温和政策。谢里夫遭解职后，巴联邦政府对于俾路支问题的态度也未改变。因此，未来一段时间内俾路支省发生大规模动乱的可能性较小。但是近年来，俾路支省小型安全事件的发生频率却在不断上升，特别是2016年以来，该省已出现“8·8”奎达医院爆炸、“10·24”奎达警察培训学院遭袭等多起恶性事件。2016年下半年伊拉克摩苏尔收复战打响后，“伊斯兰国”（Islamic State，IS）武装人员向俾路支省流窜，这些极端分子已在该省发动了几次严重的暴力袭击活动。[1] 预计未来小型化恐怖主义事件的频繁发生将是俾路支省安全形势的常态。

提及“瓜达尔”，一般指称两种地理范围：一是俾路支省32个辖区之一的瓜

---

1 2016年11月12日，“伊斯兰国”组织向胡兹达尔的夏努拉尼（Shah Noorani）神庙发动炸弹袭击，造成至少52人死亡、超过100人受伤；2017年5月12日，巴参议院副主席阿卜杜·加富尔·海德里（Abdul Ghafoor Haideri）的车队在默斯东（Mastung）遭遇炸弹袭击，至少25人死亡，另有包括海德里在内的多人受伤。“伊斯兰国”宣称对此次爆炸负责；6月9日，“伊斯兰国”组织宣称杀害了上月24日在奎达遭绑架的两名中国公民。以上情况参见 Saleem Shahid, “52 killed in suicide attack on Balochistan shrine,” *Dawn*, November 13, 2016, https://www.dawn.com/news/1296019; “Pakistan bomb attack: Balochistan blast kills 25,” *BBC News*, May 12, 2017, http://www.bbc.com/news/world-asia-39895174; “Islamic State claims it killed two Chinese in Pakistan,” *BBC News*, June 9, 2017, http://www.bbc.com/news/world-asia-40211431, 2017-06-27。

达尔辖区（Gwadar District），[1] 其中该辖区下设瓜达尔、吉沃尼（Jiwani）、伯斯尼（Pasni）和奥尔马拉（Ormara）四县，二是位于瓜达尔县内的瓜达尔港（Gwadar Port）。巴方警备力量在瓜达尔港部署较为完善，主要包括海岸警卫队（Pakistan Coast Guard）、边防军（Frontier Corps）和警察，但是除港口以外的瓜达尔辖区，特别是B区（Category B areas），[2] 恐怖袭击和刑事犯罪事件较为频繁。瓜达尔辖区是莫克兰部落群的聚集地，[3] 虽然这里的部落纷争并非如苏莱曼部落群的马里（Marri）、布格蒂（Bugti）部落那番激烈，但依然值得警惕。同时，近十年来俾路支武装斗争发展的一个新趋向是，广大非部落人员（包括青年学生）参与其中，某些人物甚至成为斗争的中坚力量。最有代表性的武装组织俾路支解放阵线（Baloch Liberation Front，BLF）便盘踞于瓜达尔辖区。

从瓜达尔港出发有两条陆路运输线路通往巴内陆地区。一条是沿莫克兰滨海高速公路进入信德省首府卡拉奇，再由卡拉奇北上进入旁遮普省，这是中巴经济走廊东线规划的途经地区；二是直接北上至俾路支省的奎达和兹霍布，再进入开伯尔—普什图省，这是中巴经济走廊西线规划的途经地区。但是，这两条运输线路均不同程度地存在着安全隐患。莫克兰滨海高速公路是俾路支解放阵线的活动范围之一，而奎达至兹霍布一带，是俾路支省两个著名的分离主义组织——俾路支解放军（Balochistan Liberation Army，BLA[4]）、俾路支共和军（Baloch Republican Army，BRA），以及巴基斯坦塔利班（Tehriki-Taliban Pakistan，TTP）、极端宗教组织羌城军（也称坚格维军，Lashkar-e-Jhangvi）活动的重灾区。

---

1 巴基斯坦行政区划采取省（Province）—专区（Division）—辖区（District）—县（Tehsil，也称Taluka，规模较小的县称Sub-Tehsil）四级管理模式。经过1965年、1974年、1983年、1986年、1992年、2017年六次调整，目前，俾路支省共分为32个辖区，包括奎达、皮申（Pishin）、基拉·阿卜杜拉（Killa Abdullah）、查盖（Chagai）、努什基（Nushki）、兹霍布、巴克罕（Barkhan）、穆萨·基尔（Musa Khel）、基拉·塞义夫拉（Killa Saifullah）、洛拉奈（Loralai）、希兰尼（Sheerani）、锡比（Sibi）、雷里（Lehri）、赫尔奈（Harnai）、加拉特（Ziarat）、库鲁（Kohlu）、德拉·布格蒂（Dera Bugti）、纳西拉巴德（Nasirabad）、贾法拉巴德（Jaffarabad）、卡奇（波仑）（Kachhi（Bolan））、贾尔·马克西（Jhal Magsi）、索巴特普尔（Sohbatpur）、卡拉特、默斯东、胡兹达尔、阿瓦兰（Awaran）、哈兰（Kharan）、瓦舒克（Washuk）、拉斯贝拉（Lasbela）、科赫（Kech）、瓜达尔、本杰古尔（Panjgur）。其中，巴联邦政府于20世纪70年代进行行政区划改革时，将原莫克兰（Mekran）地区一分为三，成立瓜达尔、本杰古尔、图尔伯德（Turbat）三个新辖区，图尔伯德后改名为科赫。

2 根据安全警卫层级，俾路支省分为A（Category A areas）、B两区，A区主要涵盖俾路支省主要城镇，B区包括广大农村和边缘山区。该省5%的地区为A区，其余95%为B区。A区由巴联邦政府派驻的军队和警察力量进行管理，B区则由当地征召的民兵组织（levy）进行维护。参见The Human Rights Commission of Pakistan (HRCP), "Conflict in Balochistan," *Report of HRC fact-finding missions*, December 2005-January 2006, http://hrcp-web.org/hrcpweb/wp-content/pdf/ff/20.pdf, p. 41.

3 按照俾路支语方言的分类，巴基斯坦俾路支部落主要分为苏莱曼（Sulaiman）部落群和莫克兰部落群。说苏莱曼方言的俾路支人居住于俾路支省北部和东北部，也称东俾路支人（Eastern Baloch），说莫克兰方言的俾路支人居住于俾路支省的西南部滨海，也称西俾路支人（Western Baloch）。

4 也有Baloch Liberation Army、Baluch Liberation Army的写法。

瓜达尔港不是孤港建设，其所在辖区及外部运输系统的安全与稳定至关重要。巴方成立了特别安全部队（Special Security Division）专司中巴经济走廊重要节点及中方工程人员的保护，但是由于地方政府与军方之间对于部队管辖权持有争议，过去数月以来安全部队部署进度缓慢。同时，这支部队如能建设成功，长期维持驻军的成本对巴联邦政府来说也是不小的挑战。而驻军对于瓜达尔辖区及港口安全维护的效果如何，还需要长期观察。

我国政府应高度重视瓜达尔港及其周边安全形势的特点，对工程安全风险进行全面评估。

因此，我国政府应高度重视瓜达尔港及其周边安全形势的上述特点，对工程安全风险进行全面评估。同时，当地冲突频发的原因之一，还与民众对巴联邦政府的经济政策长期不满有关，认为其没有有效改善他们的经济境遇。因此，中方可出台一些政策措施，让当地民众真实感受到中巴合作带来的民生变化，避免其将中方工程项目或工作人员作为打击对象。例如：除了已经规划的基础设施建设外，可加强对瓜达尔港周边道路的改造升级和当地民居的修缮；中资企业在出台鼓励招募巴基斯坦人的优惠政策时，要考虑巴国内地区经济发展的不平衡和族际间受教育程度的差异，将更多就业机会向当地俾路支人倾斜；目前瓜达尔辖区渔业人口占总人口的65%，瓜达尔港建成后，大量渔民将面临就业转型。瓜达尔港务局已出台发展渔业加工业的应对举措，但是在如何吸引行业资金、强化渔民的职业技术培训等方面还在进一步斟酌。中方可加强与瓜达尔港务局的协调工作，落实好渔民的就业安置工作。

三、外部势力本身对中巴共建瓜达尔港相当警惕，中方需要注意避免加剧国际社会的恐慌，让中国在中巴关系和南亚地区政策中拥有更多的自主性和灵活度。

沿着阿拉伯海岸线自西向东，巴基斯坦共有瓜达尔、伯斯尼、奥尔马拉、卡拉奇和卡西姆（Qasim）五个主要港口。其中，瓜达尔港拥有扼守霍尔木兹海峡出口、泊位水深且终年不冻的优势，被巴基斯坦视为打破印度海军围堵的最重要港口，一直以来受到外部势力，特别是美、印两国的密切关注。

1979年苏联入侵阿富汗时，对波斯湾的敏感让美国注意到了瓜达尔港。当时美国政府派出大批情报工作人员前往俾路支省，与当地政府官员、部落领袖、普通民众进行了接触。卡内基国际和平基金会开展了针对苏联南亚政策的研究，做出预判认为，苏联可能将陷入阿富汗战争的泥潭，也无法有效控制俾路支省，在此地的活动有限。[1] 因而美国政府在1979—1989年期间，并未在俾路支省采取较大的军事动作。但是，瓜达尔港重要的地理位置始终牵动着美方的神经，美国公司曾在20世纪90年代两次试图掌控瓜达尔港。1996年，美国尤科公司拟投标

1 Selig Harrison, “Baluch Nationalism and Superpower Rivalry,” *International Security*, Vol. 5, No. 3, Winter 1980-1981, pp. 152-163.

修建巴基斯坦输油管道，管线以土库曼斯坦道勒塔巴德（Dauletabad）油田为起点，穿过阿富汗延伸至瓜达尔（这即是当前美国倡议的土库曼斯坦—阿富汗—巴基斯坦—印度天然气管线（Turkmenistan-Afghanistan-Pakistan-India pipeline，TAPI）项目的前身）。由于俄罗斯买断了土国境内80%的油气开采权，让管线无油可运，尤科公司放弃计划。1998年，美国福布斯公司参与了瓜达尔港开发，后由于巴政府在合作协议中给予福布斯公司较多权利，引起军方和国内民众不满，最终福布斯公司被迫退出。

2002年中国参与建设瓜达尔港项目后，美国紧盯中巴合作。2005年3月中国港湾建设集团总公司在完成瓜达尔深水港一期工程后，中国政府同意将继续参与二期工程建设。但是瓜达尔港务局却对港口运营权进行国际招标，最终由新加坡港务集团接手。当时就有分析认为，美国担心中国通过援建瓜达尔港“向印度洋扩张”，组建中巴能源走廊，因此巴基斯坦在多方压力下选择了新加坡公司。[1] 2005年俾路支分离主义武装冲突爆发后，美方不但不支持巴联邦政府动武镇压，还与一些分离主义组织关系暧昧。[2] 卡塔尔《半岛报》（*The Peninsula*）援引可靠消息称，美国中情局在戴维·彼得雷乌斯（David Petraeus）的领导下，一直破坏着俾路支省的稳定，并广泛招募代理人和告密者。外国观察家据此认为，这意在加剧该地区的动乱局势，进而阻挠中国活动。[3]

2017年8月21日，美国总统特朗普自上任以来第一次就阿富汗政策发表电视讲话。他表示美国将继续保持在阿军事存在，以防止迅速撤军带来不可接受的结果，同时指责巴基斯坦为包括塔利班在内的恐怖主义组织提供庇护。[4] 特朗普的言论，除了将矛头对准恐怖主义问题外，暂不能排除其基于中巴关系趋近而考虑重新调整其阿富汗和巴基斯坦政策。未来，美国是否会继续与俾路支省的所谓“代理人”秘密配合，制约中巴合作，需要进一步观察。

印度一直以来视中国接手瓜达尔港为中国“珍珠链”战略的重要组成部分。时任印度海军总司令玛达汶多·辛格（Madhavendra Singh）曾经表示，中国在莫克兰海岸地区的活动，“严重威胁”（seriously endanger）印度至海湾地区的航线

---

1 林风:《新加坡击败香港夺得巴基斯坦瓜达尔港运营权》,《青年参考》,2006年12月15日,http://news.qq.com/a/20061215/002770.htm，登录时间：2016年12月18日。

2 比如，巴基斯坦于2006年4月9日宣布俾路支解放军为恐怖主义组织，但美国认为俾路支解放军并非反美组织，只是要求资源开采权和利润分享权等合法权益，因此不赞同给俾路支解放军贴上恐怖主义组织的标签。参见周戎:《“俾路支斯坦解放军”被巴定为恐怖主义组织》,《光明日报》，2006年4月10日，http://www.gmw.cn/01gmrb/2006-04/10/content_401359.htm，登录时间：2016年12月18日。

3 Eric Draitser, “Balochistan: Crossroads of Another US Proxy War?” *Global Research*, July 1, 2012, http://www.globalresearch.ca/balochistan-crossroads-of-another-us-proxy-war/31703, 2016-12-20.

4 特朗普的讲话原稿参见 Natalie Jennings, “Trump’s muscular but vague Afghanistan speech, annotated,” *Washington Post*, August 21, 2017, https://www.washingtonpost.com/news/the-fix/wp/2017/08/21/president-trumps-primetime-address-on-afghanistan-annotated/, 2017-08-30。

安全。[1] 中巴合作建设瓜达尔港还预示着巴基斯坦将增强在印度洋的海上军事实力，以及提升与中亚国家的经济联系，这也是印度所不能容忍的。为此，印度一直对中巴经济走廊持反对态度（印度的另一个关切在于经济走廊通过了克什米尔争议地区）。莫迪在2015年6月访华期间，明确表示"不能接受"经济走廊。[2] 他在2016年8月15日印度独立日纪念活动上，对中巴经济合作表示深切关注，同时还首次以印度国家领袖身份呼吁国际社会注意俾路支人权问题。[3] 而此前3月，巴安全部门逮捕了服务于印度情报部门研究分析局（Research and Analysis Wing）的间谍库尔·博尚·亚多夫（Kul Bhoshan Yaduv）。他承认在俾路支省负责资助地方武装团体，意在打断中巴经济走廊特别是瓜达尔港的进展，[4] 在国际社会引起轩然大波。未来印度会不会利用俾路支人权问题煽动当地民众情绪，给中巴经济走廊制造障碍，值得评估，届时瓜达尔建设也将受到影响。

尤其需要注意的是，未来南亚地缘政治恐怕面临一场新的变局。一是美印进一步靠拢。2015年《美印防务合作框架协议》和2016年《后勤交流备忘录协定》签署后，美印关系实际上已经实现了某种意义上的突破。预计这种紧密关系将会在特朗普执政时期进一步深化。美印合作将超出南亚地区范畴，越来越成为美国全球战略布局的重要抓手，其中最突出的表现于"抑华制华"。二是美巴疏离。当前美国在处理对印巴关系时已经有了较为明显的偏向，由原来的"印巴并重"转变为"亲印疏巴"。在巴基斯坦国内，由于多年反恐战争给巴造成严重的经济损失和平民伤亡，民众反美情绪十分高涨。近期，美巴关系又再度紧张。特朗普发表电视讲话指责巴基斯坦后，巴外交部随即发表声明予以驳斥。[5] 随后，巴方宣布暂停同美国的会谈和双边访问，包括美国负责南亚与中亚事务的助理国务卿爱丽丝·韦尔斯（Alice Wells）的访巴计划，以及巴外长赫瓦贾·阿西夫

---

1 "Indian Navy concerned over China's expanding reach," *Times of India*, May 21, 2003, http://timesofindia.indiatimes.com/india/Indian-Navy-concerned-over-Chinas-expanding-reach/articleshow/47046095.cms?, 2016-12-21.

2《印媒：印度召见中国大使反对中巴经济走廊》，凤凰网—凤凰国际，2015年6月3日，http://finance.ifeng.com/a/20150603/13751733_0.shtml，登录时间：2016年12月21日。

3《莫迪对中巴经济走廊发出警告》，路透中文网，2016年8月18日，http://www.qiqixw.com/zhengtan/201608/186688.html，登录时间：2016年12月21日；"Narendra Modi's Independence Day speech: PM throws down Balochistan gauntlet," *India Express*, August 16, 2016, http://indianexpress.com/article/india/india-news-india/pm-narendra-modi-balochistan-independence-day-congress-pakistan-salman-khurshid-2977554/, 2016-12-18。

4 "Govt airs video of Indian spy admitting involvement in Balochistan insurgency," *Dawn*, March 31, 2016, http://www.dawn.com/news/1248669/govt-airs-video-of-indian-spy-admitting-involvement-in-balochistan-insurgency, 2017-02-21.

5 巴外交部声明原文参见"US Strategy on Afghanistan & South Asia," *official website of Ministry of Foreign Affairs, Government of Pakistan*, August 22, 2017, http://www.mofa.gov.pk/pr-details.php?mm=NTI3MA, 2017-08-30。

（Khawaja Asif）的访美计划。[1] 预计在短期内，美巴关系难以得到恢复。

随着美印关系的强化和美巴关系的疏离，中巴将会进一步加强紧密合作，以应对美、印在此地区的战略博弈。在此情况下，中巴经济走廊可以说已经成为了影响南亚地区政治走向的关键之一。因此，我们需要以更加务实的态度对待瓜达尔港建设，避免加剧美印对中巴合作的恐慌，让中国在中巴关系和南亚地区政策中拥有更多的自主性和灵活度。

需要以更加务实的态度对待瓜达尔港建设，避免加剧美印对中巴合作的恐慌，让中国在中巴关系和南亚地区政策中拥有更多的自主性和灵活度。

总之，中巴经济走廊及其框架下的瓜达尔港建设，标志着中巴全天候战略合作伙伴关系迈向了新的台阶，它是中巴两国人民深厚友谊的象征。针对当前瓜达尔港建设情况，中国政府可扮演更具建设性的角色：第一，可改变对中巴经济走廊及瓜达尔港建设的狭义理解，对瓜达尔港的远景规划和细节设计着眼于更好地实施中国的国家对外政策、服务于中国的经济发展；第二，对瓜达尔港及其所在辖区、省份展开全面的安全评估，在项目建设过程中充分照顾到不发达地区和少数群体的权益，避免冲击当地的经济生态和社会文化传统；第三，引导国内媒体准确、务实地进行新闻报道，谨慎对待数据引用、观点出处和用词，以防止被不怀好意的外部势力所利用，同时促进中巴两国民众正确认识经济走廊、加强人民间更深层次的相互信任。

1 Naveed Siddiqui, "US of ficial's visit to Islamabad postponed on Pakistan's request: US Embassy," *Dawn*, August 27, 2017, https://www.dawn.com/news/1354290; Iftikhan A. Khan, "Talks with US suspended in protest, Senators told," *Dawn*, August 29, 2017, https://www.dawn.com/news/1354652/talks-with-us-suspended-in-protest-senators-told, 2017-08-30.

中印两国对阿富汗援助的比较

钱雪梅

内容提要：中国和印度都是“新兴援助国”。与西方不同，中印两国的对外援助都不附带政治条件，在阿富汗也是如此。中印两国的对外援助各有重点地区，对阿富汗的援助亦各有特点。相比较而言，印度援阿力度更强，项目覆盖范围更广，在阿富汗民众中的影响更大。援助已成为印度在阿富汗培育软实力的重要基础，尤其是其小型发展援助项目，深得阿富汗民心，值得中国借鉴。

关键词：中国　印度　阿富汗　援助

作为重要的新兴经济大国，中国和印度正积极参与国际发展援助，阿富汗是中印两国共同的援助对象。对阿富汗来说，国际援助[1]是其国家政权的关键支柱。与此同时，20世纪的历史已表明，国际援助是塑造地区乃至世界地缘政治经济结构的强大力量。

中印两国对阿富汗的援助都可追溯到冷战时期。2001年以来，印度成为本地区援助阿富汗最积极、最活跃的国家，在阿亦赢得很高声誉。相比较而言，中国则进展缓慢。2014年起，中国加大援阿力度，2016年5月双方签署共建“一带一路”备忘录。但中国在阿不少援助项目处于停顿状态。要真正落实和推进中阿共

钱雪梅　北京大学国际关系学院副教授。

1 有关“国际援助”概念本身有争议。在发展学领域，“国际援助”有特定的国际政治含义。狭义的国际援助指发达国家对发展中国家的转移支付。近年来，经济合作与发展组织（OECD）下属发展援助委员会（DAC）称中国提供的某些对外援助不是真正的发展援助。在有关讨论中，林毅夫等人主张“超越发展援助”，代之以“发展合作”理念（林毅夫、王燕著，宋琛译：《超越发展援助》，北京大学出版社2016年）。中国政府在2011年4月和2014年7月发布《中国的对外援助》白皮书，详见 http://www.scio.gov.cn/zfbps/index.htm, 2017-03-25。

建“一带一路”的政治共识，中国可考虑借鉴印度援阿的一些经验。

限于篇幅，本文主要研究2002年以来中印两国对阿富汗的援助。在比较异同的基础上，分析差异现象背后的主要战略因素。最后是对阿富汗国际援助总体状况的一点讨论。

一、中印两国对阿富汗援助的相似之处

中印两国援助阿富汗面临的最大共同挑战是客观环境的安全风险。由于阿富汗持续暴力冲突，国际援助项目常难按时兑现和如约完成。截至2011年，印度和中国援阿项目的履约率分别为47.8%和41.7%[1]，大体相近。在项目建设过程中，中印两国都曾遭遇恐怖袭击。但2011年以后印度援助项目的完成率高于中国。

2011年以后印度对阿富汗援助项目的完成率高于中国。

在主观层面，中国和印度对阿富汗的援助有三个相似点。

第一，不附带政治条件。

这是中印两国对外援助政策的基本原则，是其有别于西方传统援助国的根本，也是中印对阿援助的核心特点。

第二，目标相近。

两国多次公开强调，援助阿富汗是为了增强其自主发展能力，帮助其战后重建，以实现阿富汗和平、稳定与繁荣。在此之外，印度还强调保全阿富汗民主制度。

中印对阿援助都同时着眼于地区稳定与繁荣。这体现了它们作为地区大国对地区总体局势的关切。两国都积极把阿富汗纳入各种地区机制，或参与有关阿富汗问题的多边机制。换言之，两国对阿援助在双边和多边层面展开。

第三，主要领域相似。

2014年底之前，中印的援阿重点都集中于经济和社会发展。但近两年有一些变化。2015年起，中国积极斡旋阿富汗政府同塔利班的政治和解。印度逐渐加快步伐落实对喀布尔的政治军事援助承诺。

二、中印两国对阿富汗援助的差异

第一，阿富汗在两国对外援助中的地位不同。

阿富汗在印度对外援助中的地位已超过孟加拉、斯里兰卡和尼泊尔等国，仅

1 各国援阿履约率的具体数字参见 Ministry of Finance, Islamic Republic of Afghanistan, *Development Cooperation Report 2012,* pp.48-49, http://mof.gov.af/Content/files/DCR%20-%202012%20(English).pdf，2017-04-18。

次于不丹，位居第二。[1] 2002—2014年，印度援阿总价值20亿美元，在对阿各个援助国中位列第五。2016年9月，印度承诺未来五年给阿富汗提供10亿美元的援助。由此，2002—2021年印度援阿总额为30亿美元。按年度来看，印度对阿援助超过了它对非洲大陆、拉丁美洲和中亚五国援助的总和，如下表所示。

表1　2012—2014年印度对外援助总额及其地区分布（亿卢比）[2]

	2012/2013年度	2013/2014年度	2014/2015年度
总额	547.193	703.815	943.482
不丹	340.9	410.9	607.4
阿富汗	49.1	52.5	67.6
非洲	23.7	25	35
拉丁美洲	2.76	0.5	3
中亚五国	3	2.5	4

中国政府发布的两份对外援助白皮书中，没有单独涉及阿富汗的内容。根据阿富汗的统计，2002—2012年，中国承诺援阿1.39亿美元，在各援助国中位列第21。[3] 依据中国驻阿使馆网站零星发布的相关信息计算，2001—2012年中国承诺的援阿各类项目总计约为2.5亿美元。2012—2017年新增援助23.6亿元人民币。[4] 据此，2002—2017年，中国援阿总额约为5亿—7亿美元。

把7亿美元和30亿美元嵌入中印两国经济与社会发展水平的对比中，可见更明显的差异。2015年印度国内生产总值（GDP）约为中国的1/5，全印35.4%的人口（4.5亿）还生活在贫困线以下。联合国2016年《人类发展报告》显示，印度人类发展指数（HDI）为0.624，居全世界第131位，中国为0.738，列全世界第90位。[5] 2011年前后中国已从“受援国”群体中“毕业”，而印度目前还是世

1 MEA, Government of India, *Outcome Budget 2014-2015,* p.12, http://mea.gov.in/Uploads/PublicationDocs/23954_MEA_Outcome_Budget_ENG_2014-15.pdf, 2017-03-25.

2 2016年美元与印度卢比的汇率约为1∶66-67。本表数字来自印度外交部历年预算案。MEA, Government of India, *Outcome Budget 2013-2014,* http://mea.gov.in/Uploads/PublicationDocs/21546_MEA_Outcome_Budget_2013-14_English.pdf, 2017-03-25. p.12; MEA, Government of India, *Outcome Budget 2014-2015,* p.12, http://mea.gov.in/Uploads/PublicationDocs/23954_MEA_Outcome_Budget_ENG_2014-15.pdf, 2017-03-25。

3 具体数字参见 Ministry of Finance, Islamic Republic of Afghanistan, *Development Cooperation Report 2012,* pp.48-49, http://www.undp.org.af/Publications/2013/Development%20Cooperation%20Report%20-%202012.pdf, 2017-03-25。

4 详见中国驻阿经商参处：《中阿经贸合作概况》，2015年1月27日，http://af.mofcom.gov.cn/article/zxhz/201501/20150100879514.shtml, 2017-03-25。

5 UNDP, *Human Development Report 2016: Human Development for Everyone,* pp.199-200, 2016 by the United Nations Development Programme 1 UN Plaza, New York, NY 10017 USA.

界最大受援国之一，仍在接受经济合作与发展组织（OECD）的官方发展援助。2012—2016年，世界银行每年援助印度30亿—50亿美元。[1]

2012年以来，印度对外援助总数增长72%，阿富汗在总额中所占比例均保持在7%以上。对照2010—2012年中国外援893.4亿元人民币的总额[2]，对阿援助可谓微乎其微。毫无疑问，中国外援地区分布广（121个国家）是阿富汗所占份额少的原因之一。不过印度每年的外援其实也覆盖100多个国家。

2014年以后，中国明显加大援阿力度，无偿援助增长格外显著。2010—2013年，中国每年对阿无偿援助在1.5亿—2亿元人民币之间，2014年增至5亿元人民币。2014年10月中国政府宣布在2015—2017年间给阿提供无偿援助15亿元人民币。[3]

第二，两国援阿主要方式和项目类别的差异。

中国援阿项目主要有六类：[4] 无偿援助、一般物资捐赠、债务减免、人力资源培训与技术合作、人道主义物资捐赠、资金赠予等。其中，无偿援助所占比例最大，在无偿援助框架内的项目涉及建设水利基础设施、医院、学校等。具体如下表所示：

表2　中国对阿富汗的援助（2001—2017年）[5]

类别	金额和项目
无偿援助	总金额约6亿美元。包括帕尔旺水利修复工程（两期）；喀布尔共和国医院；喀布尔大学中文系教学楼（孔子学院）和招待所；阿富汗科教中心，等项目
一般物资	1. 清淤设备，178.75万美元（2009年）； 2. 小麦8000多吨，价值3000万元人民币（2009年）； 3. 救护车100辆；教学物资和办公家具（2012年）； 4. 礼宾车辆；农业机械设备等（2014年）。

---

1 OECD, *Development Co-operation Report 2016,* p.306, http://www.keepeek.com/Digital-Asset-Management/oecd/development/development-co-operation-report-2016_dcr-2016-en#page1 ,2017-04-12. Lorenzo Piccio, “India’s Foreign Aid Program Catches up with Its Global Ambitions”, May 2013, https://www.devex.com/news/india-s-foeign-aid-program-catches-up-with-its-global-ambitions-80919, 2017-03-25.

2 前引《中国的对外援助》（2014）白皮书。

3 基于中国驻阿富汗使馆公布项目金额汇总。中国驻阿经商参处：《中阿经贸合作概况》，2015年1月27日，http://af.mofcom.gov.cn/article/zxhz/201501/20150100879514.shtml, 2017-03-25。

4 商务部把中国对外援助分为八种形式：成套项目、一般物资、技术合作、人力资源开发合作、援外医疗队、紧急人道主义援助、援外志愿者和债务减免。参见2011年《中国的对外援助》白皮书。本文不采用这种分类方式，一是因无法获取官方相应数字，二是为便于同印度做比较。

5 根据中国驻阿富汗使馆主页公布的相关数字编制，截止时间为2017年2月1日。详见http://af.mofcom.gov.cn, 2017-03-25。

续表

类别	金额和项目
人力资源培训与技术合作	1. 2011年起每年提供100个中国政府奖学金名额。 2. 2013年《经济技术合作协定》。 3. 2014年“援阿共和国医院技术合作项目”。 4. 2014年《经济技术合作协定》，中方承诺在2015—2019年间为阿培训各领域专业人员3000人，提供500个奖学金名额。 截至2016年，已为阿培训人才2000多人，涉及农业、医疗卫生、教育、经贸、通信、禁毒等领域。
资金赠予	1. “政府启动基金”100万美元（2001年）； 2. “现汇援助”100万美元（2015年）。
债务免除	债务960万英镑（2004年）。
人道主义援助	1. 紧急物资援助3000万元人民币（2001年）； 2. 人道主义物资援助1000万元人民币（2015年）。

可见，政府间转移支付是中国援阿的主要形式。惠及普通民众的援助比如奖学金、人才培训、喀布尔医院和大学等项目，主要集中在少数大城市和“精英”群体。援助还没有深入到阿富汗社会机体内部，没有真正影响到占总人口约80%的广大农村地区。

如果说中国援阿还处于原始的“捐赠”阶段，那么印度的援助项目则体现出“支持阿富汗社会经济发展”的踏实努力。从资金流向来看，印度援阿重点集中在基础设施、政府间转移支付和粮食援助等方面。比如2009—2011年的援助构成如下图所示：[1]

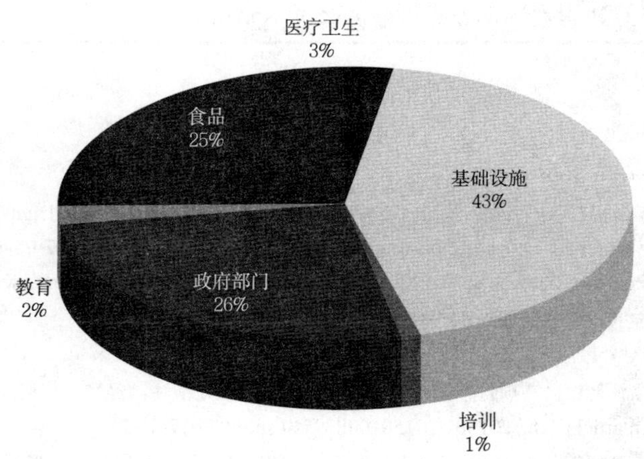

印度援阿构成：2009—2011年

1 数字来自 Rani D. Mullen, “India-Afghanistan Partnership”, May 16, 2013, Centre for Policy Research。

从具体实施的项目来看，印度援阿项目覆盖的社会空间和地理空间的覆盖面比中国广，主要由四类构成：战略性基础设施、政府能力建设和教育、小型发展项目、人道主义援助。如下表所示。

表3　印度援阿主要项目一览表（2001—2016年）[1]：

类别	主要项目
战略性基础设施	1. 扎兰季—德拉腊姆高速公路。已竣工。 2. 阿富汗—印度友谊大坝，即萨尔玛大坝。已完成。 3. 电力系统改造。（1）连接喀布尔和普勒胡姆里。一期已完成，二期将连接乌兹别克斯坦的发电站。（2）法利亚布省130公里长的输电线。 4. 通信基础设施。重建11个省电话通信系统，34个省卫星电视系统。 5. 阿富汗议会大厦。已完工。 6. 扩建喀布尔英迪拉·甘地儿童医院，提供全套医疗设备和医护人员培训，以远程诊疗系统连接印度几家著名医院。 7. 提供各种交通工具。包括3架空客飞机、400辆大巴和200辆中巴、100多辆多功能车辆、285辆军车、数十辆救护车等。
小型发展项目	第三期正在进行。共419个项目，遍及34个省。
教育和能力建设	1. 学校改建、重建和升级。包括喀布尔哈比比亚高中和阿富汗国立农业技术大学。在全国改造升级数十所中小学校。 2. 给各地大中小学提供教室设备、教学器材和图书。 3. 在阿各地创建各种职业培训中心。 4. 在印度培训阿军队、政府公务员、教师、律师等。每年培训军警1200—1700人、文官675人。 5. 每年提供1500个奖学金名额。目前已有约7000名阿富汗青年完成在印度本科或研究生学习归国。
人道主义援助	1. 2002年起，5支医疗队在喀布尔、马扎里沙立夫、赫拉特、贾拉拉巴德、坎大哈等地行医，每个月诊疗3万人次，免费医药。 2. 提供100万吨小麦（价值1亿美元）。

同中国及其他许多国家相比，印度援阿的突出特点是，格外重视草根社区和乡村的开发。2005年印度在阿富汗启动了小型发展项目（SDP），迄今已完成两期，第三期将于2017年完成。项目三期总投资1.198亿美元，419个项目分

印度援助的突出特点是格外重视阿富汗基层社区和乡村的发展。

1 主要根据印度外交部报告和印度驻阿富汗使馆官网主页相关数据制作。部分数字来自Shanthie Mariet D'Souza, "India's Aid to Afghanistan: Challenges and Prospects", *Strategic Analysis,* Vol.31, No.5 (Sept. 2007), pp.833-842. MEA, *India and Afghanistan: A Development Partnership,* http://www.mea.gov.in/Uploads/PublicationDocs/176_india-and-afghanistan-a-development-partnership.pdf, 2017-03-25; Emabassy of India, Kabul, Development Partnership, http://eoi.gov.in/kabul/?0707?000, 2017-03-25。

布在34个省，包括中小学校建设维修、图书馆和实验室、医疗卫生、农村电力、城乡公路桥梁、水井、冷藏库、植树造林、职业培训、灌溉、公用农具中心等多种方式，还包括专门支持普什图社会发展的“边境地区发展项目”。

小型发展项目如今已成为印度援助阿富汗的一个重要品牌，随着这些项目的推进落实，印度赢得了阿各地、社会各阶层的赞誉。它们有四个突出特点：（1）预算小。平均每个项目投入为16万—30万美元。（2）时间短。一般要求项目在6—12个月内完成。（3）向偏远和农村地区倾斜，根据社区和乡村的实际需要立项。（4）项目全过程充分吸纳当地民众参与。

印度政府官员和学者大多认为，需求驱动是印度援阿的重要特点，强调所有项目都是阿富汗需要的。笔者认为，其深意在于，印度的援助能兼顾阿各方需求：既扶助喀布尔政府，帮助其建成战略性项目，也关照阿草根民众的需要，使援助能抵达社会底层。其直接结果是，通过满足各层面、各领域的需要，若干援助项目把阿富汗民心同印度紧密联系起来。

第三，两国应对暴力恐怖袭击风险的方式不同。

在具体项目方面，印度更显积极主动。在更高层面上，中印都积极促成阿富汗的和平稳定，但着力点不同。中国致力于建设阿富汗的内外政治环境，推动喀布尔同塔利班和解。印度则聚焦于喀布尔政府和军队能力建设。

1. 具体项目建设

中国在具体项目的落实方面，比如艾纳克铜矿项目[1]在2008年5月正式开工，同年11月遭受恐怖袭击，2012年之后基本停顿。到2015年，驻守阿富汗的中资企业共八家，中方员工约150人。[2]

印度在阿项目数量多、分布广，加上它同塔利班交恶已久，实际遭受的袭击更多，安全风险更大。但它的项目极少长期停顿，而是积极努力动用一切资源，主动克服困难。绝大部分项目都已完成。2005年扎兰季—德拉腊姆高速公路开工之初多次遭恐怖袭击，印方数名工程师伤亡。作为对策，印度在2006年3月抽调中印边境特警（ITBP）200人专司该项目安全护卫，保障该项目在2009年建成。这也形成印度在阿建设大型项目的一种安保模式，这支队伍现已扩至500人。被阿富汗誉为“印阿友谊大坝”的萨尔玛水坝工程在2006年遭遇阿总体安全局势恶化的考验，虽然有特警护卫，还有赫拉特省军阀的支持，但工程建筑材料的陆路运输风险还是倍增。于是，印度从2011年1月起改用直升机运输

1 国际社会对中国开发艾纳克铜矿有不同评价。这个项目包含投资和带动当地经济社会和教育发展的承诺，也可算入援助范畴。按照协定，中方将投资在当地建设一系列基础设施项目，包括给当地雇员及其家人提供住所、医疗、学校等设施和保障，在卢格尔修建饮用水供应系统，在喀布尔修建发电能力为400兆瓦的火电厂，铺设连通塔吉克斯坦的铁路，给当地人创造3500—4000个工作岗位等。

2 中国驻阿富汗使馆：“中阿经贸合作概况”，http://af.china-embassy.org/chn/zagx/ztgk/t1097560.htm, 2017-03-25。

建筑材料，2016年大坝完工时，项目实际支出比最初预算增加三倍，达177.6亿卢比。[1]

2. 建设和平的努力

在高级政治和外交层面，中国积极支持阿富汗的生存、稳定与和平。除了给新生的喀布尔政府提供资金支持外，还设法把阿富汗纳入和平的地区环境中。2002—2004年，中国同阿富汗、塔吉克斯坦、乌兹别克斯坦、土库曼斯坦、伊朗、巴基斯坦等与阿富汗接壤的国家发表一系列宣言，包括2002年12月《睦邻友好宣言》，2003年9月《关于鼓励更紧密贸易、过境和投资合作的宣言》以及2004年3月《喀布尔睦邻友好禁毒宣言》，各国宣布尊重阿富汗的主权和领土完整，支持阿富汗和平与重建。2015年中国尝试斡旋塔利班同喀布尔政府的和解，促进阿富汗国内和平稳定。但由于矛盾相当尖锐复杂，这个被称为“穆里进程”的政治和解进程一波三折，尚无实质进展。

印度也从双边和多边两个层面促进阿富汗稳定。在双边层面，印度对政治和解毫不热心，而是全力以赴帮助建设喀布尔政府和军警的能力。在多边层面，它在2007年把阿富汗纳入南亚区域合作联盟（SAARC），2012年起积极参与阿富汗问题“亚洲之心—伊斯坦布尔进程”。值得一提的是，印度参加了“亚洲之心”进程的全部六个工作组，负责其中两个小组的领导工作，中国只参加了其中反毒和反恐两个小组[2]。

至此可以归纳出印度应对阿富汗政治安全风险的主要方法：

- 依靠阿富汗民众力量，因地制宜推进项目建设。小型发展项目是典型。
- 借助第三方力量，特别是民间社会组织（NGO）和多边框架。比如它支持印度本土非政府组织“自我就业妇女协会”（SEWA）在阿富汗拓展，资助其设立“女性职业培训中心”，给阿富汗女性（尤其是战争遗孀和遗孤）提供职业技能培训。它还借助联合国平台克服现实障碍。比如它承诺援阿100万吨小麦，但巴基斯坦拒绝其过境通行，便转而把该项目一部分改为“学校食品项目”，加入联合国世界粮食计划署（WFP）的援助之中。[3]
- 增强阿富汗新政权的能力。印度人认为，议会大厦项目是“世界上最大

---

1 Shanthie Mariet D’Souza, “India’s Aid to Afghanistan: Challenges and Prospects,” *Strategic Analysis,* Vol.31, No.5 (Sept. 2007), pp.833-842; J. Cherian, “Killed in Cold Blood”, *Frontline*, May 19, 2006. Srinjoy Bose and Ankit Panda, “India and Chinese Foreign Policy Imperatives and Strategies vis-à-vis Afghanistan,” *India Review,* Vol.14, Iss. 4 (Oct-Dec. 2016), pp.379-406; Devirupa Mitar, “The Amazing Indian Story Behind Heart’s Salma Dam,” June 4, 2016, https://thewire.in/40763/the-story-behind-herats-salma-dam/, 2017-03-25.

2 另外四个小组是：灾害管理、贸易通商和投资、地区基础设施、教育。

3 Shanthie Mariet D’Souza, “India’s Aid to Afghanistan: Challenges and Prospects,” *Strategic Analysis,* Vol.31, No.5 (Sept. 2007), pp.833-842.

的民主国家重建最年轻的民主国家的象征”[1]。不过，更具实质意义的支持是在安全防卫领域。印度在重组阿富汗国民军（ANA）的过程中发挥了重要作用[2]。2011年美国—北约开始撤军，印度加大了培训阿军警的力度。2014年印度正式全面启动帮助阿军队维修苏制/俄制武器的援助项目。现在，印度外交部的年度预算报告明确把援阿项目分为“安全部门合作”和“民生合作”两类，安全部门的援助包括军队相关的各类人员培训、军事装备、军事后勤服务特别是武器维修等。

第四，阿富汗民众对两国援助成效的认知不同。

中国和印度都把“民心”作为其外援目标之一。阿民众对中印两国都怀有好感，但印度的软实力优势相当明显。英国广播公司的民调显示，2010年，印度是71%的阿富汗人最喜欢的外国，远远高于其他国家。[3] 2012年以前，西方机构有关阿富汗民调的报告中很少有中国的信息，印度却始终是主角。

多数阿富汗人知道，印度在帮助阿富汗重建。早在2009年，盖洛普（Gallup）的调查就显示，59%的阿富汗人认为印度应该这么做。印度在阿重建和经济发展方面获得的阿富汗民众的认可，超过了联合国和北约（下表）。

表4 2009年阿富汗人对国际社会支持阿富汗的认知（%）[4]

	北约	联合国	印度	伊朗	巴基斯坦
重建	44	51	56	42	30
经济发展	15	14	15	13	13
维和	20	15	6	3	4
支持现政府	13	8	9	8	4

亚洲基金会（The Asia Foundation）的追踪调研显示，过去10年，中印两国在阿富汗的知名度和认可度都有提升，但印度提升更快。针对“谁给阿富汗重建和发展提供了最大的帮助和最多的项目”这个问题，阿富汗人历年的首选答案如下：

1 Shanthie Mariet D’Souza, “India’s Aid to Afghanistan: Challenges and Prospects,” *Strategic Analysis,* Vol.31, No.5 (Sept. 2007), pp.833-842.

2 R. Bedi, “Strategic Realignments,” *Frontline*, April 17, 2003.

3 http://news.bbc.co.uk/2/shared/bsp/hi/pdfs/11_01_10_afghanpoll.pdf, 2017-03-25；德国为59%，美国为51%，伊朗为50%，英国为39%，巴基斯坦为16%。

4 Julie Ray and Rajesh Srinvasan, “Afghans Assess Roles for NATO, U.N., Regional Actors,” Nov.20, 2009, http://www.gallup.com/poll/124445/Afghans-Assess-Roles-NATO-Regional-Actors.aspx, 2017-03-25.

表5 阿富汗人对中印两国援助贡献的认知（2006—2015年）[1]

	2006年	2009年	2013年	2014年	2015年
印度	6%	10%	16%	11%	11.1%
中国	2%	3%	7%	5%	5%

值得一提的是，印度同普什图族群体的关系近年来也大大改善。主要通过两大努力。一是2002年印度“全印广播公司”（All India Radio）在阿设立普什图语和达里语广播。[2] 二是2006年起在普什图人集中居住的地区推进小型发展项目。其结果，部分普什图地区对印度的认可度高于全国平均水平（下表）。

表6 你认为哪个国家对本地发展提供了最多的援助？（2009—2014年，%）[3]

	2009年		2011年		2012年		2013年		2014年	
	印度	中国	印度	中国	印度	中国	印度	中国	印度	中国
全国平均值	10	3	4	2	4	2	14	9	5	4
东南部地区	9	1	3	1	6	1	22	6	18	8
东部地区	19	10	8	2	7	3	25	9	20	10
西南部地区	9	1	10	1	7	2	28	7	21	6

三、中印差异背后的战略因素

导致中印两国援阿差异的原因很多。中国和印度是两个独立的行为体，两国历史上同阿富汗的联系方式向来不同。但本文在此只考察两大战略因素。它们不仅是两国援阿差异背后的重要原因，而且体现了中国的自我定位和国际战略；其延续或调整则直接关系到中国作为经济大国和地区政治大国的未来发展，以及地区政治秩序的未来走向。

---

1 根据亚洲基金会2006—2015年“阿富汗调查”系列报告中的数字编制。相关报告详见 http://asiafoundation.org/where-we-work/afghanistan/survey/resources/#archive, 2017-03-25。

2 Smruti S. Pattanaik, “India's Afghan Policy: Beyond Bilateralism,” *Strategic Analysis*, Vol.36, No.4, July-August 2012, pp.569-583. The Asia Foundation, *Afghanistan in 2006: A Survey of the Afghan People*, p.76.

3 根据亚洲基金会2009—2015年“阿富汗调查”系列报告中的数字编制。相关报告的链接地址是 http://asiafoundation.org/where-we-work/afghanistan/survey/resources/#archive, 2017-03-25。习惯上，阿富汗东部地区是指努里斯坦、库纳尔、楠格哈尔、拉格曼4省。东南部地区4个省：加兹尼、帕克蒂亚、霍斯特、帕克蒂卡。西南部地区五个省：尼姆鲁兹、赫尔曼德、坎大哈、查布尔、乌鲁兹甘。除了努里斯坦省以外，其余各省居民以普什图人为主。

第一，对外援助在两国战略定位中的差异。

同作为发展中的大国，中国和印度都强调对外援助与南南合作有着内在联系，但对外援助在两国的政治定位大不相同。在中国，对外援助更多从属于对外经济关系范畴；在印度，对外援助是国家外交政策的内容之一。

中国已有学者提出，对外援助应当成为中国全球战略的有机组成部分，它是实施全球战略的重要载体。[1] 然而，从官方各种信息来看，中国的对外援助显然还不具有这样的高度。援外工作多年来由商务部管理和协调，政府在发布援外数字时，亦常名之为“经贸合作”。2011年《中国的对外援助》白皮书所界定的“对外援助”，有三个醒目的基调：（1）属于南南合作范畴，是发展中国家的相互帮助。（2）是中国“向经济困难的其他发展中国家提供力所能及的援助”，是“承担相应国际义务”的表现。（3）这种类型的经济合作在1978年之后经历了一个变化，“由过去单纯提供援助”变为“多种形式的互利合作”。[2]

印度政府给对外援助的定位显然更高：它是国家“对外政策的内在组成部分”。[3] 印度的援外工作一直由外交部负责，2012年在部里设置专门机构，统一协调和管理对外援助各项事宜，提供“一站式”服务。财政部、国防部和进出口银行等相关部门根据外交部的建议和方案提供支持和配合。

中印之间的援外定位还有两点不同。首先，印度不以“援助国”自居，不用“受援国”来指称援助对象。政府文件将援助对象国称为“发展伙伴”，对外援助则表述为“发展伙伴关系”。外交部负责对外援助机构的全称为“发展伙伴关系管理局”（DPA）。其次，20世纪90年代中期印度便已提出，在南亚地区实行“非互惠”原则，即尽力提供支持，不谋求利益回报。[4]

与中国倡导的“互利合作”不同，印度对外援助基本上贯彻了“非互惠”原则。

21世纪以来印度对外援助总量持续增加，南亚始终占80%以上的份额。[5] 也可以说，印度至少80%的对外援助是不求互惠的。当然这不意味着不求任何回报，只是不追求经济层面的“互利互惠”。这种“非互惠”主张不仅凸显南亚在

1 张海冰：《中国对外援助与中国全球战略》，李小云等编著：《国际发展援助：中国的对外援助》，世界知识出版社，2015年，第3页。

2 中国国务院新闻办公室：《中国的对外援助》（2011年），2011年4月21日发布，http://www.gov.cn/gzdt/2011-04/21/content_1849712.htm, 2017-03-25。

3 印度外交部历年援外项目预算报告中都会清楚地说明这一点，比如MEA, Government of India, *Outcome Budget 2014-2015,* p.87, http://mea.gov.in/Uploads/PublicationDocs/23954_MEA_Outcome_Budget_ENG_2014-15.pdf, 2017-03-25。

4 Srinjoy Bose and Ankit Panda, “India and Chinese Foreign Policy Imperatives and Strategies vis-à-vis Afghanistan,” *India Review,* Vol.14, Iss. 4, Oct-Dec. 2016, pp.379-406.

5 Rani D. Mullen, “5Predictions for India’s Development Cooperation Under New Government,” May 28,2014, http://asiafoundation.org/2014/05/28/5-predictions-for-indias-development-cooperation-under-new-government/, 2017-03-25.

印度外交中的特殊地位，而且也说明了援外作为其地缘政治战略的内在环节和工具的属性，这与中国以“互利”为援外原则之一，将对外援助类同于经贸关系的定位有很大不同。

发展伙伴与受援国、非互惠与互利，看起来像是表述或“修辞”上的差异，但除了“名正言顺”的内在逻辑之外，叙事和道义在世界政治中的作用也不容小觑。

第二，两国对阿富汗战略价值的认知和预期差别。

中国领土与阿富汗直接接壤，印度同阿富汗之间隔着巴基斯坦；中国的经济水平和对外援助总量都远远高于印度，但印度对阿富汗援助的力度和执行意志明显强于中国。其关键，在于中印对阿富汗既有和潜在战略价值的认识与态度不同。

1. 战略利益及其培育开发

在中国“大国是关键，周边是首要，发展中国家是基础，多边是重要舞台”的外交战略布局中，阿富汗兼具两个身份：周边和发展中国家。2012年中阿建立战略合作伙伴关系，2014年两国同意在共建“丝绸之路经济带”的基础上深化这一关系。[1] 不过，在外交实践中，中阿双边关系远非“首要”和基础。中阿边境没有贸易口岸，2013年中阿双边贸易总额为3.37亿美元，其中对阿出口3.28亿美元。截至2014年底，中国对阿非金融类直接投资累计5.14亿美元，在阿签订工程承包合同额9.68亿美元，完成营业额6.38亿美元，主要涉及电信、输变电线路和道路建设等领域。[2] 国际社会强调阿富汗矿产资源的战略价值，但还只是潜在的价值，其实现的关键在于阿富汗重建有效的政治安全秩序。在安全领域，阿富汗的战略价值主要同打击“三股势力”相联系，但同时也伴随着阿国内冲突外溢的风险。

从中国在阿富汗的现实利益看，中国援阿的力度和做法可谓合理适度，能够维持中阿友好关系。但其中可能缺少了塑造未来的战略筹谋。印度则完全不同，它对阿富汗的援助不单着眼于当前利益，还包含着对本地区的宏大构想，其援助项目正重塑阿富汗的地区角色。

印度的对外战略以南亚和近邻（immediate neighbor）为重中之重。阿富汗被界定为近邻[3]。冷战时期，印度意图把阿富汗打造为遏制巴基斯坦的伙伴。塔利班政权时期，印度在支持阿北方联盟的同时，设法交好塔吉克斯坦，试图遏制塔利班力量。自2002年起，印度大力支持阿富汗新生民主政权，各种援助项目由此而生。

1《中华人民共和国与阿富汗伊斯兰共和国关于深化战略合作伙伴关系的联合声明》,2014年10月29日，http://af.china-embassy.org/chn/zagx/wxzl/t1206563.htm, 2017-03-25。

2 中国驻阿经商参处:《中阿经贸合作概况》，2015年1月27日，http://af.mofcom.gov.cn/article/zxhz/201501/20150100879514.shtml, 2017-03-25。

3 中国在印度对外战略中的地位不是“近邻”，而是“大国”。

印度援阿的现实利益基础是遏制巴基斯坦，同时还包含着印度塑造未来和地区秩序的努力：把阿富汗纳入中亚连通战略，塑造中南亚地区秩序。2009年建成的扎兰季—迪拉腊姆高速公路项目便是如此。这条高速路位于尼姆鲁兹省内，全长218公里，总耗资1.36亿美元。印度外交部称，该项目“是印度对阿富汗的决心和承诺的象征”。[1] 公路带动了阿本地发展，公路建成后，扎兰季人口从5.5万人增至20多万人，沿线土地价格明显上涨。[2] 但其战略价值不止于此。公路从扎兰季往西联通伊朗港口查巴哈尔；由迪拉腊姆进入环阿富汗高速路网后，北延联通中亚。其直接的地缘经济影响在于：有可能改变阿富汗长期严重依赖巴基斯坦出海口的状况，弱化巴对阿影响力的地缘基础。2015年5月，印度、伊朗和阿富汗签署了共同开发查巴哈尔港口和过境贸易协定。

近年来，印度公开且反复强调阿富汗作为中亚—南亚、西亚—东亚的桥梁和枢纽地位。2012年它把阿富汗纳入“国际南北交通走廊”（INSTC），该走廊意在连通欧亚大陆北部和中部地区，为其提供在印度洋的出海口。印度未来几年的工作重点是将阿富汗打造为印度在陆上联通中亚的通道。需要说明的是，印度对中亚的兴趣不单为了能源和市场，还是其谋求“大国”地位的努力。有分析指出，建立同中亚的密切联系是印度超越喜马拉雅山阻隔、从次大陆国家变成亚洲大国、进而成为世界大国的关键。为此，它在中亚谋求“战略纵深”。[3]

2. 不同内涵的“战略伙伴关系”

中印两国都同阿富汗建立了战略伙伴关系，名称略有区别：中阿之间是“战略伙伴合作关系”，印阿之间是“战略伙伴关系”。

从法律文本来看，中阿战略合作伙伴关系的“战略”色彩较淡。其法律基础是政府间三份联合文件。2012年双方联合宣言是总体原则声明，2013和2014年的两个《中阿关于深化战略合作伙伴关系的联合声明》都以具体援助与合作项目为主要内容。[4] 就此而言，中阿“战略合作”目前还主要在战术层面。

印阿战略伙伴关系的法律基础相对更加完备和系统。2011年10月的《印度—阿富汗战略伙伴关系协定》是阿富汗伊斯兰共和国与外国签订的首个类似协定。内容主要分三块。一是总体原则。二是战略关系的基本框架，涉及政治安全合作、贸易经济合作、能力发展和教育、社会文化和公民社会、民间关系领域。印度承诺要帮助阿建设国家安全力量，提供培训、装备、能力培训等援助。作为支

---

1 MEA, *India and Afghanistan: A Development Partnership,* http://www.mea.gov.in/Uploads/PublicationDocs/176_india-and-afghanistan-a-development-partnership.pdf, 2017-03-25.

2 Shanthie Mariet D'Souza, “India's Role in The Economic Stabilisation of Afghanistan,” Friedrich Ebert Stiftung Report, Nov. 2016, http://library.fes.de/pdf-files/bueros/kabul/12959.pdf, 2017-03-25.

3 Scott Moore, “Peril and Promise: A Survey of India's Strategic Relationship with Central Asia,” *Central Asia Survey*, Vol.26, No.2, June 2007, pp.279-291.

4 三份文件的文本可见中国驻阿富汗使馆网站 http://af.china-embassy.org/chn/zagx/wxzl/, 2017-03-25。

持阿政府能力建设的一部分，印度承诺继续并扩大对阿行政、司法和议会三大部门人员的技术、培训和其他能力支持。协定要求加强两国媒体、教育、宗教和市民团体之间的联系。三是战略伙伴关系的“落实机制”。主要是组织架构，而非具体合作项目。协定规定，印阿战略伙伴关系由两国外交部下属的“伙伴关系委员会”负责落实，委员会每年召开若干次会议，“现有的双边对话机制都是该委员会的一部分”。[1]

印阿协定还把阿富汗可持续发展作为重要目标，其具体内容也体现了印度的塑造努力。双方承诺“努力深化经济上的相互依存”，加深在农业、农村发展、矿业、工业、能源、信息技术、交通通信、民航等部门的多样化合作。同时，通过双边和地区努力推动地区经济合作，“帮助阿富汗成为连接中亚和南亚的贸易、交通和能源枢纽”，“帮助阿富汗经济融入南亚和全球经济体系”。

余 论

本文主要使用“比较法”去观察中国和印度对阿富汗援助的异同。要更全面分析中印对阿援助本身，还需参照阿富汗国际援助体系的总体框架。以下几点值得一提。

第一，在对阿富汗的国际援助体系中，中国和印度都只是参与者，而非主导者。

到目前为止，除了联合国和北约以外，支撑阿富汗国家运转的核心力量是西方国家及其发起和主导的一系列多边机制，包括波恩会议、东京会议、伦敦会议、布鲁塞尔会议等。在经合组织全部成员国的双边官方发展援助中，阿富汗都名列前茅。在阿富汗军事和安全领域，美国和北约是无可争议的担纲者。印度即便尽全力扩大对阿军事援助，短期内也难与美国比肩。2002—2016年国际社会给阿富汗提供的总计约1300亿美元的援助总额中，1150亿美元来自美国。2016年欧盟召集的布鲁塞尔会议上，国际社会承诺在2020年以前给阿富汗提供152亿美元援助。[2]

中印在援助阿富汗方面扮演参与而非主导的角色，与两国当前的国际地位相一致。不过，基于中印同阿富汗的天然地理联系和特殊地缘政治经济关系，不能简单以数量来判断其在阿富汗国际援助体系中的实际作用。中印在援阿方面具有

1 协定全文可见阿富汗外交部网站，http://mfa.gov.af/Content/files/Agreement%20on%20Strategic%20Partnership%20between%20Afghanistan%20and%20India%20-%20English.pdf, 2017-03-25。

2 OECD, *Development Co-operation Report 2016,* http://www.oecd.org/dac/development-co-operation-report-20747721.htm , 2017-04-18. SIGAR, *Quarterly Report to the United States Congress,* July 30, 2016, https://www.sigar.mil/pdf/quarterlyreports/2016-07-30qr.pdf, 2017-03-25. Anonymous, “Afghanistan aid: Donors promise $15.2bn in Brussels”, Oct.5, 2016, http://www.bbc.com/news/world-asia-37560704, 2017-03-25.

区外大国所没有的优势和紧迫感，近一年来，两国都在加大援阿力度。

第二，国际援助改善了阿富汗的民生状况，但阿富汗经济自立的道路还很漫长。

2002年以来，阿富汗经济社会发展取得重大进步。据联合国的数字，[1] 2002—2014年，阿富汗平均预期寿命从42.5岁增至60.4岁，人均总收入（GNI）从不足735美元提高到1885美元。当然，阿富汗的发展水平还很低。2016年全国生活在贫困线以下的人口为35.8%，其人类发展指数排名世界第169位，为0.479。

阿富汗的国民经济也远未自立。2016年财政预算的80%还来自援助，[2] 军费开支几乎完全依靠北约。当前和未来一段时期，阿富汗国家机器还将主要依靠国际援助维持运转。在政治动荡的环境中，在数十年战争的废墟上重建国家必然是漫长的过程。在这方面，援助国和发展伙伴必须有足够的耐心。但人们总是热衷于追求看得见的成效。近年来，面对“巨额援助迟迟不见效”的困境，有关各方互相攻讦。西方媒体和政府归咎于喀布尔政府贪污腐败盛行、行政能力低下。甚至有人称之为“食利者国家”，认为国际援助养成了当地人的“依赖文化”，[3] 等等。

但是，立足于阿富汗自身的历史却可发现，底子薄、依赖外援的状况从19世纪中后期开始便是阿富汗国民经济的一个特点。当时英国为大博弈计，把慷慨的经济援助作为控制喀布尔政权的战略工具。1880年第二次阿富汗战争后，喀布尔同第三国的联系完全被英国切断，从此不得不在经济和军火方面仰赖英国。20世纪美苏争霸延续了阿富汗对大国的依赖。即便在其国民经济状况较好的60年代，国家财政预算的40%也依靠外援。[4] 20世纪七八十年代，人民民主党政权对苏联的经济和军事依赖不断加深。1992年年初俄罗斯切断对阿援助的直接后果是纳吉布拉政府倒台和阿富汗内战。美国发动战争推翻塔利班政权以后，阿富汗财政在2002—2004年对外援的依赖程度超过90%。

第三，国际援助同阿富汗政治经济和社会发展之间有结构性张力。

援助本身不是万应灵药。国际援助一般以项目形式零散分布于个别领域和地区，追求迅速可见的（短期）成就，而一国经济社会的健康发展却应该是全面、长期和可持续的。这是国际援助同阿富汗发展之间的内在差异。不仅如此，各自

---

1 UNDP, *Human Development Report 2002*, p.251; *Human Development Report 2004*, p.280; *Human Development Report 2015*; pp.210/228.

2 Anonymous, “Afghanistan Aid: Donors Promise $15.2bn in Brussels,” Oct.5, 2016, http://www.bbc.com/news/world-asia-37560704, 2017-03-25.

3 Jonathan Goodhand, “Aid Violence or Building Peace? The Role of International Aid in Afghanistan,” *Third World Quarterly*, Vol.23, No.5 (2002), pp.837-859.

4 UNDP, *Human Development Report 2005*, p.82

为政的外援大量涌入，加重了阿富汗经济发展中人力资本的稀缺。援助机构的高薪职位常常更能吸引人，一些人才因此而离开教师、医生、工程师等薪酬不高但对社会发展至关重要的职业，改行为援助机构和项目的语言翻译、司机、中介，等等，形成一种国家内部的人才流失。

政府部门也不得不花费大量的精力和时间处理外援相关事务、完成援助项目，没有时间和空间去思考适合自己的经济发展道路。阿富汗总统加尼在担任前政府财政部长期间便深受其苦，他曾说，“身为财政部长的我，60%的时间都耗费在管理援助方面”，包括会见来访的团体和代表，一再重申政府的政策，募集资金维持政府经常费用，讨论和谈判各种项目，援助项目验收评估，等等。在他看来，“这些时间原本应该用来提高国内财政收入，推行国内改革的”。[1]

就此而言，国际援助构成了阿富汗发展困境的一个部分，甚至在一定程度上加重了发展负担。过去十多年，阿富汗在“经济虚弱需要外援——外援机构争夺稀缺人力资源——落实援助项目成为政府中心工作——发展能力更弱、更加严重依赖外援”的怪圈中挣扎，难以摆脱严重依赖外援的畸形经济。这种情形的长期危害到目前仍没有完全展现出来。

国际援助对阿富汗政治的负面影响则早有惨痛教训。其关键在于援助政治化，即援助国把援助作为世界和地区政治战略的工具；它们以援助的形式介入阿富汗内部冲突，增加阿内部矛盾的复杂性和长期性。20世纪70年代到21世纪初，苏联支持人民民主党政权，美国支持穆贾西丁（Mujahideen）力量，巴基斯坦支持塔利班政权，伊朗和印度支持北方联盟，等等，无一不呈现为慷慨的物资援助。美国的阿富汗战争改变了阿富汗的政治制度，但未改变其政治生态。那么，这种有害的国际援助是否已经退场？目前还难有定论。但印度增加军事援助（尤其是重型武器装备）对阿富汗政治和解进程可能产生的影响，值得关注。

第四，国际援助同本地区国际关系结构具有互动性。

援助国设法通过援助项目塑造地区秩序的努力，必然受既有地区国际关系结构的制约，制约可能导致新的努力，如此持续互动。

印巴冲突是该地区国际关系结构的内核之一。印巴对抗是印度援阿的一个战略考虑，同时也影响着援助的方式和力度。比如，巴基斯坦拒绝印度物资过境输往阿富汗，促使印度加紧开发查巴哈尔港口。另一方面，巴基斯坦对印阿两面夹击格外敏感，在一定程度上制约了印度对阿军事援助的步伐。2011年之后，印度未立即履行其在战略伙伴关系协定中的军援承诺。究其原因，有人认为印度不想激化印巴冲突。有人说印度碍于美国反对，而美国之所以从中阻挠，也是担心巴

---

1 UNDP, *Human Development Report 2005*, p.101

基斯坦不满。[1] 加尼上台后，为了推动同塔利班的政治和解，一度加强同巴基斯坦的关系，包括签订双边军事培训协定，准许巴军队在阿富汗国土执行任务等，令印度深感失落。2015年底，印度给阿富汗军队提供了3架Mi–25武装直升机，揭开了对喀布尔提供重型武器装备的新篇章。总之，在印度对阿富汗的援助中，特别是在军事领域，无论是主动规避、被动受阻还是加大力度，始终都有印巴矛盾的影子。由此也可预见，印度近期如果大规模增加对阿军援，将可能加剧地区国际关系的局部震荡。

1 Sandra Destradi, "India: A Reluctant Partner for Afghanistan," *The Washington Quarterly,* Vol.37, Iss.2, Summer 2014, pp.103-117; "Anthony, India will Not Send Troops," *The Hindu,* Oct.29, 2009; Virkran Sood, "US Just Can't Leave Afghans to Their Fate," *Mali Today*, Oct 16,2009; Harsh V. Pant, "India in Afghanistan: A Test Case for a Rising Power," *Contemporary South Asia,* Vol.18, No.2, June 2010, pp.133-153; Sumit Ganguly, "India's Role in Afghanistan," Jan. 2012, *CIDOB Policy Research Project*; Shashank Joshi, "India's Af-Pak Strategy," *RUSI Journal*, Vol.155, Iss.1 (2010), pp.20-29.

昂山素季主政缅甸以来的中缅关系发展

宋清润　翟　崑　张　添

内容提要：2016年3月30日，昂山素季为实际最高领导人的缅甸民盟政府宣誓就职，缅甸政治迎来了昂山素季主政的时代。昂山素季和民盟政府执政一年余，中缅关系经受住了缅甸政府更迭的考验，总体保持友好关系，在政治、安全、人文等领域的交流与合作持续推进。不过，两国在投资、贸易、边境安全等领域的合作仍存挑战，同时，中缅关系发展还面临其他大国的竞争。

关键词：缅甸　民盟　中缅关系

民盟执政与昂山素季主政缅甸的时代

2016年3月30日，缅甸全国民主联盟（简称民盟）新政府宣誓就职，取代军方支持、吴登盛总统领导的联邦巩固与发展党（简称巩方党）政府（2011年3月至2016年3月执政），结束了军人及其代理人（代理政党）连续执政54年的历史。缅甸迎来昂山素季领导的民盟执政的时代，这在缅甸政治发展史上具有重要意义。

民盟执政具有法理基础，因为，在2015年11月8日大选中，民盟赢得联邦议会选举席位的约70%，在联邦议会人民院和民族院中均超过总议席半数，而且，民盟政府多数高官不再是百姓不太喜欢的军人或退役军人了。[1] 民盟政府执政的重要特征是昂山素季实际领导民盟政府，缅甸迎来了“昂山素季主政时

宋清润　中国现代国际关系研究院南亚东南亚及大洋洲研究所副研究员。翟崑　北京大学国际关系学院教授、中国东南亚研究会副会长。张添　云南大学缅甸研究院助理研究员。

1 详情参见《缅甸时报》（*Myanmar Times*）引用的缅甸联邦选举委员会有关大选的最终结果，http://www.mmtimes.com/index.php/election-2015/live-blog.html，最新登录日期：2016年5月8日。按照缅甸宪法，联邦议会75%的议员由选举产生，25%的议席由军人议员出任。

代”。北京大学知名政治学教授燕继荣指出，权力是控制力和影响力，在政治生活中，权力体现为对公共资源和组织成员的支配能力。[1] 昂山素季在民盟政府是兼具法理型和个人魅力型（克里斯玛型）的政治领导人，是具有高度权威的领导人。[2] 民盟政府最高内外决策者并非总统吴廷觉，而是被称为“民主超人”，身兼民盟主席、国家顾问（也译为国务资政）、[3] 总统府部长（仅1位）、外长、民族和解与和平中心委员会主席等要职于一身的昂山素季。因为，只有昂山素季能“镇得住”多方势力，民盟自1988年成立以来历经前军政府频繁打压而生存至今，能赢得2015年11月大选，主要是靠昂山素季的强大魅力。她在民盟新政府中未能出任总统，主要是因为宪法规定，总统配偶和直系亲属不能为外国人，而昂山素季亡夫和儿子为英国人。因此，民盟推出昂山素季的忠实助手吴廷觉出任总统，便于权力协调运作。

昂山素季主政：缅甸仍面临诸多转型与发展难题

缅甸自1948年独立至今，转型与发展进程曲折反复，历经吴努领导的资产阶级民主制、奈温军政权推进的“缅甸式社会主义道路”、苏貌将军及其继任者丹瑞军政权的“渐进式民主转型”，以及退役军人吴登盛总统加快民主转型、昂山素季和民盟政府主导民主转型与国家发展等五个发展阶段。综合来看，吴努领导的资产阶级议会民主制（1948—1962年）因为执政集团分裂、治国不力、民族矛盾激化和内战爆发、军人夺权等因素的综合作用而告失败，奈温军人统治（1962—1988年）高度极权，推行“缅甸式社会主义道路”，体制僵化，常年内战，对外封闭，导致国家濒临崩溃，苏貌将军及其继任者丹瑞大将领导的军政府（1992—2010年）推行可控的渐进式民主转型取得一定成效，吴登盛总统领导的全面改革取得更大成效（2011—2016年）。从历史发展脉络来看，缅甸转型时期的矛盾总体呈现从集聚到纾解的趋势。

到了昂山素季接续领导缅甸民主转型与发展进程时期，缅甸转型困境有了很大纾解。民盟政府采取诸多惠民措施，推进民族和解，推进佛教徒和穆斯林和解，发展经济，吸引外资，拓展缅甸外交，等等，取得较多成绩。

然而，昂山素季和民盟毕竟在1988年至2015年间长期在野，尽管有着“高大上”的施政抱负，但缅甸国情复杂，发展任务艰巨，民主转型仍处于深化拓展期，民盟政府面临诸多难题。下文将从执政合法性危机、国家建设困境、外部环

1 燕继荣:《政治学十五讲》，北京大学出版社，2013，第108—114页。

2 关于政治合法性基础的详细论述，详见：燕继荣:《政治学十五讲》，北京大学出版社，2013，第136—138页。

3 这个职位是民盟在联邦议会提议并经过议员投票通过而设立的，并因此设立了实体的国务资政部。

境（外部压力）等层面，分析昂山素季主政时代的缅甸转型与发展难题。

第一，从历史上看，执政者合法性危机是困扰缅甸转型与发展的最大难题。尽管文人政权和军人政权都存在合法性问题，但文人政权合法性危机多源于治国失败，而军人政权合法性则先天不足，并因治国失败而加剧。民盟政府经过合法选举上台，民意支持较高，其合法性暂无问题，但面临难题不少，其未来是否面对合法性危机，尚待观察。

民盟政府运作并非完全顺畅，从副总统到正副部长，来自不同派别，团队整合难度较大。同时，民盟政府决策主要系于昂山素季一人，其他政府官员不敢轻易做出决策，有些部长们能力也不足，这些因素影响民盟政府运作效率与施政效果。而且，民盟政府并非缅甸唯一权力核心，军方是与民盟政府并立的另一权力中心，前军政府2008年主导制定的宪法赋予军方很多权力乃至特权，如，军人占据25%的议席，军官出任联邦政府的内政、边境事务、国防三个部的部长，联邦、省和邦、联邦直辖区、民族自治地方应有国防军总司令提名的军人参与国防、安全和边境管理等行政工作等等。[1]

因此，民盟政府仍需与军方搞好关系，协调治国，民盟政府施政甚至还受制于军方，尤其是在涉及国家和平与安全等重要问题上。军政府时期，缅甸政治发展的主要矛盾是军政府与在野民主势力的矛盾，现在是民主势力掌权、军队基本退居幕后的局面，双方权力此消彼长。昂山素季和民盟以什么节奏，什么方式，将政府权力扩展到什么程度？相应的，军人以什么节奏和方式放权到什么程度？两大方面的动态博弈攸关缅甸政局走向及稳定度。目前，民盟与军人集团各有优势、相互制衡，谁也无法绝对压倒谁，“军文共治”将是个较为长期的状态。

然而，双方的矛盾与斗争不少。民盟执政以来，民盟议员主导联邦议会，导致军方议员和巩发党议员提出的议案较难通过，他们抗议民盟政府专为昂山素季设立国家顾问职位等议题，也基本无效。但是，民盟议员提出的力图削减军方所占土地等权益的议案也遭遇军方反对。

缅甸民主转型进程较难逆转，但仍存不确定性。国家能否稳定主要取决于军方、民盟、大众能否相对理性、巧妙地处理军政关系问题和国家利益分配问题，任何一方的过激行为（尤其是民盟会否推动修宪削减军人权益等举措），都可能诱发军政博弈加剧。当国家出现重大危机时，国防军总司令可依宪接管和行使国家行政、立法、司法等权力。

同时，在经济层面，缅甸基础设施很差，电力极缺，民族工业弱。民盟政府经济发展有些成绩，但有些百姓不满经济社会发展慢，如果这种状况持续几年，势必持续削弱昂山素季和民盟政府的民意基础。世界银行数据显示，缅甸

1 本文关于缅甸宪法的所有条款引用，均来自李晨阳、全洪涛主编:《缅甸法律法规汇编（2008—2013年）》，经济管理出版社，2014年，第1—76页的《缅甸联邦共和国宪法（2008年）》及其五个附件。

2016—2017财年（2016年4月1日至2017年3月31日）经济增速为6.5%，比上年低0.8%。缅甸官方数据还显示，2016年通胀率约6.93%。同时，2016—2017财年，缅甸吸引的协议外资投资额达68亿美元，超过预期指标的60亿美元，但比2015—2016财年的90亿美元下降约30%。更令民盟政府头疼和百姓苦不堪言的是，民盟执政一年，缅币贬值14%左右，物价高企。其中原因是政府财政赤字大、2016—2017财年贸易逆差50亿美元、美元升值等。[1] 另据国际货币基金组织2017年4月数据，缅甸2016年人均GDP仅1269美元，政府总债务占GDP约35.8%。[2] 缺电、基建差、民生艰难等问题在民盟执政后并未明显缓解，令百姓不太满意。2017年4月初的议会补选，民盟在19个补选议席中赢得9个席位，比2015年11月大选时得票率低了很多，这也反映了一些民众对昂山素季和民盟政府的不满。[3] 昂山素季和民盟政府在深化民主转型的同时，能否把发展问题解决好，而不至于因此陷入合法性危机，值得关注。

第二，昂山素季和民盟政府在推动解决缅甸独立以来始终未能解决的民族矛盾、教派矛盾与国家建设困境方面，难题更多。

缅甸的民族问题，大致分为两类。一类是主体民族——缅族人内部权益争斗，这主要体现在军方（含前军政府）与昂山素季领导的民盟等民主势力的斗争，这个斗争自1988年以来，持续至今，尚未消除。而今，民盟执政，军人扶持的巩发党在野，双方博弈仍在继续。主体民族不团结，国家建设艰难。

缅甸另一类民族矛盾是缅族与134个少数民族之间的矛盾，民盟政府五年任期内较难实现全国范围的持久和平，军队“一国一军”的目标短期也难实现。缅甸独立后，绝大多数军方高级将领、政府主要领导人，以缅族居多，少数民族在联邦政府和国防军的代表性远远不足。因此，缅甸独立以来，中央政府、国防军与少数民族和少数民族地方武装（“民地武”）的矛盾与冲突始终不断。昂山素季亲自抓民族和解与和平事务，取得一定进展，但难说令人满意。

缅甸政府和政府军与缅北多支“民地武”缺乏互信，在政治、军事、经济、资源等领域的矛盾尖锐，自1948年独立以来，缅甸始终未能实现和平。上届吴登盛政府在2015年10月与8支“民地武”签署全国停火协议，但协议名不副实，因为只有8支武装签署协议，缅北等地区的十几支武装并未签署。民盟政府在2016年8月底和9月初、2017年5月召开两次旨在推进民族和解与和平的“首届21世纪彬龙会议”，第一次会议效果不彰。第二次会议最大突破是实现果敢同盟

1《民盟执政一年 缅币一跌再跌 背后是“看不见的手”》，[缅甸]《金凤凰报》(中文)，2017年4月5日。

2 “World Economic Outlook Database, April 2017”, The International Monetary Fund, http://www.imf.org/external/pubs/ft/weo/2017/01/weodata/weorept.aspx?sy=2016&ey=2016&scsm=1&ssd=1&sort=country&ds=.&br=1&pr1.x=39&pr1.y=9&c=518&s=NGDP_RPCH%2CNGDPD%2CNGDPDPC%2CPCPIPCH%2CGGXWDG_NGDP&grp=0&a=. 最新登录日期：2017年7月14日。

3 笔者2017年5月9—11日首届中缅智库高峰论坛期间，与缅甸多位学者（此处匿名）交流时获得的信息。

军、德昂民族解放军等与政府军冲突激烈的“民地武”参会，使缅北的佤联军、克钦独立组织、北掸邦军和勐拉军、德昂民族解放军、果敢同盟军、若开军等7支武装的代表与会，会议推动各方朝着和解与和平的方向努力，就政治、经济、社会、安全和土地与自然环境五个主题举行了讨论。除安全主题外，各方代表在其他四个主题共41项协议条款中就37项达成一致。[1] 不过，仍有几支武装未能与会，尚未能实现“与会方的最大包容性”，民族矛盾、政治矛盾、军事矛盾等问题的后续解决仍较难，缅北等地的冲突时断时续，实现永久性的全国范围内停火尚存难度。稳定是发展前提，如果和平进程漫长乃至出现反复，民族国家建设与发展困境就难解。

如果和平进程漫长乃至出现反复，民族国家建设与发展困境就难解。

此外，缅甸国家稳定与安全还存在另外一个难题——佛教徒与穆斯林的冲突（主要是罗兴亚人，也译为罗兴伽人）及其引发的极端主义和恐怖主义对国家和地区的威胁。缅甸西部的若开邦是缅甸佛教徒与穆斯林矛盾尖锐、多次爆发流血冲突之地，难民较多。民盟政府执政后，成立若开邦事务顾问委员会，邀请前联合国秘书长安南任委员会主席，提出解决问题建议。不过，民盟政府也需要顾及占人口绝大多数的佛教徒的利益，也难以采取多少“照顾”罗兴亚人的举措。同时，缅甸巩发党等党派、激进佛教徒等人士反对外人介入缅甸内政。因此，若开邦的佛教徒和穆斯林的矛盾仍在持续，2016年10月和11月，当地发生恐怖袭击，造成多人伤亡。若开邦的恐怖风险问题恐将长期存在。民盟执政时期，若开邦的安全局势不仅没比上届吴登盛政府时期好转多少，反而有些恶化。

综上所述，在国内层面，民盟政府执政团队能力不强、经济社会发展成绩不尽如人意、民族矛盾和教派矛盾均较为尖锐，民族国家的构建艰难，国家短期较难实现和平与稳定，这些问题交织，成为昂山素季主政时代缅甸的综合转型难题。

第三，昂山素季本身就是缅甸民主国家身份认同的象征，她亲任外长，提高缅甸自豪感，有助于提高国际地位，获取更多国际援助。民盟政府高度重视区域主义，重点以东盟为依托，参与推进东盟共同体建设，以东亚合作为平台开展东亚及亚太合作，并借此加强与欧亚、亚非的合作等。因此，民盟政府执政以来，缅甸大国平衡外交更游刃有余，以澜沧江—湄公河次区域为依托，连接中、印、孟、泰等国，加大与中美日印等的战略协作，推动大国在缅甸形成良性战略博弈，推动缅甸成为连接各大国亚太—印太战略的重要地缘门户，将缅甸的地缘优势转变为发展资源，提升缅甸的国际地位。缅甸目前进入独立以来外交环境最好的时期之一。

缅甸1948年独立以来，面临的外部环境（压力）主要来自几大方面：国际

1 庄北宁:《缅甸第二届21世纪彬龙会议代表签署联邦协议》，新华网，2017年5月29日，http://news.xinhuanet.com/world/2017-05/29/c_1121055601.htm。最新登录日期：2017年5月31日。

格局变化，如冷战兴起与结束，冷战时美苏在东南亚的博弈是否激烈；地区局势变化，如东盟成立及其扩容、越南战争等；国际民主化压力，如1988年9月至2011年3月前军政府时期，就面临西方制裁与施压；等等。总体而言，上届吴登盛政府时期，缅甸国际形象转好，国际压力减轻，但西方当时对缅甸军方和吴登盛政府恩威并举，并未完全取消对缅制裁。民盟政府力图拓展与所有国家的友好关系，昂山素季等民盟政府领导人访问中国、美国、日本、印度、俄罗斯、东盟国家、欧盟国家等国家，外交格局进入独立以来最好的时期之一。2016年9月，昂山素季访美，奥巴马政府认为缅民主转型取得显著成绩，有意送给昂山素季本人和缅甸“大礼包”，宣布撤销总统行政命令框架下的制裁，予缅“贸易普惠制”及其他援助，这在美缅关系史上具有标志性意义。

不过，罗兴亚人等问题使得缅甸较难完全摆脱西方等国际社会的压力。而且，若开邦宗教冲突带来的流血伤亡，以及引发的难民问题和难民危机，等等事件，引发印尼、马来西亚、孟加拉等穆斯林众多的国家，以及国际伊斯兰组织，美国、欧盟、联合国等对缅甸的强烈批评和极力干涉，引发缅甸与国际社会不断的争吵。2016年12月，缅甸迫于东盟部分国家压力，召开东盟外长会，讨论罗兴亚人问题，但会议难以推动问题的解决。

总体而言，昂山素季正带领缅甸走向新时代。她在民盟执政的五年，必须要形成将个人权力、治理权力、外交权力等多种权力融会贯通，形成特有的昂山素季智慧，化解正在形成中的新时代转型难题，但未来也并非坦途，难免出现波折，乃至挫折。

民盟执政以来的中缅关系发展态势

外界一度担心民盟政府“亲西疏华”？因为民盟与西方政治理念相似，受到西方长期支持。但民盟执政一年多来，中缅关系总体保持友好关系发展，经受住了考验。中缅两国对彼此都有较大利益需求，互利互惠合作密切，合作也有地缘优势，前景广阔。

两国当前对彼此的利益需求密切，拓展合作，互利互惠。当前，中国在缅利益较多。经济层面，根据缅甸投资与公司管理局数据，截至2017年6月30日（统计数据始于1988年），中国大陆和香港（下面数据统计口径相同）累计对缅协议投资额（下同）约267.7亿美元。[1] 因此，维护这些投资项目的安全及相关人员安全，是中国海外利益保护的重要内容之一。而且，当前及未来的一些中缅重大合

1 “Yearly Approved Amount of Foreign Investment (By Country)”, The Directorate of Investment and Company Administration, Myanmar, June 30, 2017, http://www.dica.gov.mm/sites/dica.gov.mm/files/document-files/fdi_country_1.pdf. 本文中所有中国对缅投资数据来源均为缅甸投资与公司管理局。最新登录日期：2017年7月10日。当然，一些项目执行投资合同时遇阻。

作项目，如中缅油气管道、莱比塘铜矿、达贡山镍矿等中缅既有大合作项目，皎漂经济特区、中国（云南）与缅甸陆水联运、跨境经济合作等正在规划的大型合作项目，均涉及中国重要利益。如果两国合作持续顺畅，中国经过缅甸可以更便捷地与印度洋沿岸国家甚至非洲国家进行经贸合作。在中缅边境稳定层面，中缅有着2210多公里的边境线，滇缅边境线占绝大部分，在边境线的缅方一侧的掸邦、克钦邦地区（也就是缅北地区），存在克钦独立军等“民地武”，其与政府军近年来经常爆发冲突，滇缅边境安全存在隐患。加之，边境两侧的黄赌毒等跨国犯罪猖獗。维护边境稳定，推进两国跨境合作，扩大边贸，兴边富民，也是中国重大利益关切。在多边层面，当前，中国与东盟整体合作的推进需要良好的中缅关系作为重要支撑之一。中国积极推进“一带一路”建设，尤其是涉及东南亚、南亚的一些区域合作倡议或机制的推进，也需要缅甸的支持与合作，如，孟中印缅经济走廊建设、中国—中南半岛经济走廊建设、澜沧江—湄公河合作机制建设、中国—中南半岛经济走廊建设，等等。

对缅而言，民盟政府存在不少执政难题，有些需中国协助解决。在经济领域，中国是缅甸最大外资来源国和最大贸易伙伴，中国资金对缅甸基础设施改善、经济增长、就业和民生改善等均有重要作用。民盟政府需要拓展对华经济合作，加快发展缅甸。在民族和解与边境稳定方面，缅甸政府和政府军与缅北多支“民地武”缺乏互信，矛盾尖锐。缅甸民族和解与和平进程需要中国发挥建设性作用。在地缘政治与外交层面，缅甸要把地缘政治优势、资源优势等变为发展优势，也需要与中国倡导的“澜沧江—湄公河合作机制”“孟中印缅经济走廊”“一带一路”倡议等地区合作规划搞好对接，并借助中国的发展资源和外交资源来提升缅甸的地区地位。[1]

而且，民盟新政府的外交政策总体以国家现实利益为核心出发点，而不是以意识形态划界，不会因为政治理念与西方相似而倒向西方，一般不会配合美欧制衡中国的政策。民盟政府在与西方国家拓展合作的同时，奉行对华友好政策，是明智选择。

民盟执政后，中缅政府高层互动创了几个“第一”或者“首次”。2016年4月初，民盟新政府成立一周内，应缅甸外长昂山素季邀请，中国外长王毅访缅，成为民盟政府成立后首个到访的外国高官。这显示两国关系密切，也显示了中国对民盟政府的支持。8月17—21日，昂山素季率团访华，这是她出任国家顾问、

1 这是作者与民盟智库——贝达研究院学者、最大在野党巩发党智库——战略与国际问题研究中心学者等缅甸人士多次交流获得的信息。

外长后首次出访东盟之外的国家，说明民盟政府高度重视对华关系。[1] 2017年4月6—11日，缅甸总统吴廷觉对中国进行国事访问，他表示，感谢中方支持缅甸政府为民族和解、经济社会发展、改善民生等所做努力，缅甸支持并愿积极参与“一带一路”建设，加强双方在基础设施建设、边境经济合作区等领域的重点项目合作。[2] 5月中旬，昂山素季来华参加“一带一路”国际合作高峰论坛。综上所述，自民盟政府上台至2017年5月，吴廷觉访华一次、昂山素季访华两次，中国成为缅甸民盟政府高层两个核心领导人出访总次数最多的东盟外国家。

两国军事与安全领域交流合作也密切。2016年9月底，中国国务委员、公安部部长郭声琨在缅甸首都内比都会见缅甸内政部部长吴觉瑞，并共同主持中缅第五次执法安全合作会议，加强两国执法安全合作，打击跨国犯罪。10月28日至11月3日，缅甸国防军总司令敏昂莱率团访华，与中国国家和军队领导人举行会见会谈，就两国两军关系、国际和地区形势等问题深入交换意见。11月24—25日，中缅外交国防2+2高级别磋商首轮会议在缅甸内比都举行，2017年2月7日，中缅第二次外交国防2+2高级别磋商在昆明举行，双方还商定2017年内在中国再次举行磋商。中缅两国在4个月内两度举行外交国防2+2高级别磋商会议，说明两国高度重视外交与安全层面的协调。首次机制会议召开恰逢缅北2016年11月20日以来的缅北冲突曾导致两国最重要边贸口岸木姐关闭一个多月。第二次机制会议的召开也恰逢重要时间点，因为民盟政府当时筹划第二次“21世纪彬龙会议”，如果缅北冲突和平与和解会议自然难开。总之，对于两国边境地区而言，和平是发展前提，而发展又是保障持久和平的关键。中国驻缅大使洪亮2017年5月19日指出，“中国政府支持缅甸政府以包容性的方式推进和平进程，正同有关各方共同努力，推动恢复缅北民地武与缅甸政府、军队的对话。我们积极敦促‘民地武’参与和平进程，推动其考虑早日签署全国范围停火协议。同时，中国政府还建议缅甸政府和军队采取更加灵活的方式解决‘民地武’有关关切。”[3] 中国与缅甸政府、军方、“民地武”共同努力，推动第二届“21世纪彬龙会议”在参与代表方面实现“更大包容性”，协助缅甸推动和平进程。

两国人文交流等领域也有积极进展，持续推动民心相通，是两国关系发展日益重要的内容之一。在人员培训方面，2016年，中国商务部全部出资为缅甸各

---

1 K. Yhome , “Myanmar’s Neighbourhood Diplomacy at Play”, *The Global New Light of Myanmar*, August 21, 2016. 当然，昂山素季也高度重视对美关系，也可能是昂山素季国务繁忙，从外交日程上来讲，她2016年9月确定要赴美参加联合国大会，最佳方案是一并访美，此前若再在访华之前安排单独访美，较难操作。因此，不能对她“先访华、再访美”做过多解读，她和民盟政府重视与中美的关系，没有大的亲疏远近之分。

2 李伟红:《习近平同缅甸总统吴廷觉举行会谈 两国元首一致同意推动中缅关系持续健康稳定发展》，人民网，2017年4月11日，http://cpc.people.com.cn/n1/2017/0411/c64094-29200850.html。最新登录日期：2017年4月12日。

3《洪亮大使接受缅甸官方媒体联合采访》，中国驻缅甸大使馆网站，2017年5月23日，http://mm.china-embassy.org/chn/sgxw/t1464427.htm。最新登录日期：2017年5月23日。

部门、各行业培训各类人员759人。[1] 在佛教领域，缅甸2016年8月发生6.9级地震，佛教名城蒲甘的众多佛塔受损。中国派出专家参与缅甸修缮工作，并就此向缅甸提供100万美元捐款。[2] 在教育领域，2016年8月5日，由中国扶贫基金会主办的“胞波助学金启动项目暨中国扶贫基金会缅甸办公室成立仪式”在仰光举行，基金会为600名家境贫寒大学生发放为期4年的助学金。在文化领域，两国开展几次大规模交流活动。如，2017年1月28日（大年初一），由中国侨联主办，云南省侨联等机构承办的“亲情中华，欢聚仰光”大型春节联欢晚会在仰光唐人街举行，中国驻缅大使洪亮及夫人、缅甸民盟荣誉主席吴丁乌、仰光省省长吴漂敏登等领导出席系列活动开幕式。在卫生领域，2017年2月21日上午，中国驻缅使馆捐助的杜庆芝妇产医院新楼奠基仪式在仰光举行，升级改造后的杜庆芝医院将是一所设备完善、功能齐全的妇产医院，也是第一所中缅友好医院。

不过，中缅关系目前仍存挑战，这对昂山素季领导民盟克服国内发展与稳定难题也有影响。

一是，中缅经贸合作虽然持续发展，但也有问题。据中国商务部数据，中缅2016年贸易额122.8亿美元，同比负增长18.6%。[3] 而且，缅甸2015—2016年财年（2015年4月1日至2016年3月31日），中国对缅投资额约为33.24亿美元，在缅甸2016—2017财年（2016年4月1日至2017年3月31日），中国对缅投资额约为7亿美元，同比下降较大。[4] 这与缅甸国内部分媒体、非政府组织、民众和西方媒体经常抹黑、抗议乃至冲击中国在缅甸企业有关，尤其是，密松电站自2011年9月30日被上届政府搁置至今，尽管民盟政府2016年8月成立调查委员会，但到底该如何处理，尚无定论。缅甸极度缺电严重影响经济发展，而中企投资缅甸水电又遇困，这是两国经贸合作的棘手问题之一，久拖不决，损害双方利益。而2017年2月仰光发生缅甸工人冲击中资纺织厂的恶性事件，也影响中国投资者信心。这种局面对两国均不利。

二是在安全领域，缅北冲突仍在持续，实现彻底和平尚需时日，中缅边境稳定也时而受此影响。中国在缅甸尤其是缅北地区，对冲突各方进行“劝和促谈”工作，取得较大成绩，也面临挑战，如，缅甸民族矛盾根深蒂固，自身多年未解，中国只能从旁协助，而缅甸有人误认为中国有人幕后支持缅北“民地武”，

1《2016年中国商务部为缅培训759人》，缅甸《金凤凰》中文报，2017年1月16日。

2《洪亮大使出席蒲甘震后文物修复国际会议》，中华人民共和国驻缅甸联邦共和国大使馆网站，2017年2月17日，http://mm.china-embassy.org/chn/sgxw/t1439416.htm。最新登录日期：2017年3月15日。

3《2016年1—12月我对亚洲国家（地区）贸易统计》，中国商务部亚洲司，2017年2月6日，http://yzs.mofcom.gov.cn/article/g/date/201702/20170202510057.shtml。最新登录日期：2017年2月16日。

4 “Yearly Approved Amount of Foreign Investment(By Country)”, The Directorate of Investment and Company Administration, Myanmar, March 31, 2017, http://www.dica.gov.mm/sites/dica.gov.mm/files/document-files/fdi_yearly_by_country.pdf. 最新登录日期：2017年7月6日。

而中国有人则对缅北冲突伤及云南边境稳定和边民安全不满。同时，缅甸西部的若开邦安全局势堪忧。缅北和若开邦是中缅油气管道、多座水电站、皎漂经济特区（预计2018年建设）等两国多个大型合作项目所在地或途经地，部分项目的安全隐患不容忽视。

三是中缅实力悬殊的导致两国关系不对称性凸显。根据国际货币基金组织2017年4月的数据，2016年，中国GDP约11.2万亿美元，缅甸GDP仅约663.2亿美元。[1] 中缅GDP绝对值差距大，两者年度增量的绝对值差距越来越大，双方综合实力不对称状况愈发明显。而且，截至2017年6月30日，中国对缅协议投资总额超过缅甸2016年GDP的1/3。两国地理临近，加之实力差距愈发悬殊。这都会持续影响双方对彼此的认知和利益界定，尤其是影响缅甸对华认知。如缅甸需要通过拓展与其他大国合作来有所平衡中国影响力，其对华既合作、又提防的纠结心态愈发突出，这会影响双方关系发展。[2]

缅甸对华既合作又提防的纠结心态，会影响双方关系的发展。

四是，中缅合作面临西方较大竞争压力，而缅甸能否处理好与中国和其他大国的关系，是影响缅甸外交格局与外部压力的关键因素。美国、日本、印度、欧盟等大国或组织高度重视对缅甸的战略资源投入，目的之一是制衡中国崛起。昂山素季和民盟政府也要争取美国、英国等西方国家的支持，有时还要借助发展与其他大国的关系，完善大国平衡外交格局，来平衡中国在缅较大影响力。

而且，缅甸此前经历长期的军政府统治，导致民盟政府缺乏既懂得国情又具有高超经济专业技能的财经官员，因此，在经济社会发展方面，民盟政府更加倚重美欧日专家，导致中缅经贸合作面临越来越多的“西方规则壁垒”，影响两国在“一带一路”框架下的合作。而大国在缅甸博弈的加剧，如果超出缅甸掌控，缅甸可能会受到大国博弈激烈的反作用。缅甸这个地缘政治小国能否运筹“大国平衡外交”，事关国运兴衰。

未来，中国应继续采取有效对策协助缅甸解决转型难题

缅甸是中国“一带一路”建设的先行先试示范区之一，具备经济快速发展的

1 引用自国际货币基金组织2017年4月发布的世界经济展望数据库（World Economic Outlook Database, April 2017），The International Monetary Fund）中的数据：其中，中国经济数据网址：http://www.imf.org/external/pubs/ft/weo/2017/01/weodata/weorept.aspx?sy=2016&ey=2016&scsm=1&ssd=1&sort=country&ds=.&br=1&pr1.x=73&pr1.y=7&c=924&s=NGDPD&grp=0&a=，缅甸经济数据网址：http://www.imf.org/external/pubs/ft/weo/2017/01/weodata/weorept.aspx?sy=2016&ey=2016&scsm=1&ssd=1&sort=country&ds=.&br=1&pr1.x=39&pr1.y=9&c=518&s=NGDP_RPCH%2CNGDPD%2CNGDPDPC%2CPCPIPCH%2CGGXWDG_NGDP&grp=0&a=. 最新登录日期：2017年7月14日。

2 Brantly Womachk, *China and Vietnam: The Politics of Asymmetry*, New York: Cambridge University Press, 2006, pp.17-18.

良好资源禀赋，又正在推进国家转型与对外开放，发展前景看好。而且其是地缘位置重要的中等国家，是战略枢纽国、东南亚第二大国土面积国家，对于中国具有重要意义，是中国周边外交，尤其是推动对西南方向外交的战略优先国家。中国需要一个逐渐迈向正常化、稳定、统一、繁荣、基本对华友好的缅甸，让缅甸成为孟中印缅经济走廊、“一带一路”的积极参与国和“先行先试示范区”。**缅甸对中国高度重要，可谓“小国大势”，是中国“稳边、护边、兴边、拓边”，进而将发展空间延伸至两洋乃至全球的战略优先点，要使之成为中国稳定、经营、塑造周边的“先行先试区”，则需做好顶层设计和危机管理，真正行之有效地协助缅甸现代化进程。因为，成全缅甸、成就中国，是加强中缅“胞波”情谊的有力见证，是提振中缅关系的必然要求。**

成全缅甸、成就中国，是加强中缅“胞波”情谊的有力见证，是提振中缅关系的必然要求。

而要达到这一目标，非常关键的是要准确认识到中缅关系出现的问题是暂时的、局部的，相信中缅关系会保持总体友好发展的态势。同时也要准确认识缅甸“大国平衡外交”或者“中立主义”的外交原则，以及中缅关系的复杂性。中缅关系渐进调整与转型是一种新常态，其发展前景将是总体呈现“忧喜并存、喜大于忧”的局面。

首先，发挥传统中国外交思维中“修己安人”“积德行善”“和局共赢”的思路，打造周边命运共同体，建立中缅双方都认可的合作发展模式。修己安人，意味着中国应当在自身发展的同时给予缅甸足够空间，将缅甸有机纳入我周边系列发展战略的建设中，主动分享我发展红利，带动缅甸产业转型和经济现代化建设；积德行善，意味着中国应当借缅甸进入转型新阶段、面临解决各类难题尤其是经济、民族、非传统安全危机之时，向缅甸推介中国改革开放、边疆治理和反恐防暴的先进经验；和局共赢，意味着我对缅政策应当官方与民间外交并举，在考虑双边经济发展的同时要注重缅甸的精神文明和生态文明建设，不仅实现缅中两国的“共赢”，也实现两个国家和社会发展的“双赢”。

其次，注重通过区域多边交往来推促中缅关系。充分发挥东盟在东亚区域化中的主导作用，促成东盟框架内的中缅合作机制。缅甸领导人昂山素季就任后首访东盟国家老挝、泰国，并将中国选为其出访的首个东盟域外国家，也是首个访问的大国，其次序优于美、欧、日，这充分彰显了昂山素季的执政智慧。缅甸强调借助区域发展来助力自身建设，东盟是必不可少的后方支持；中南半岛的老、泰等国既是东盟国家又是邻国，关乎缅甸的安全和发展环境；中国是邻国更是大国，昂山素季访华展示了对中缅战略合作关系的认可，也展示了其外交的鲜明层次即“东盟—邻国—大国”。中国应当支持缅甸的选择，缔造积极的“缅甸—东盟—中国”关系，既有助于缅甸发展，也有利于缅甸在“中国—东盟”关系中，尤其是在解决南海问题中扮演一定协调作用。

最后，重视大国关系、赢取合作动力。缅甸应当是“一带一路”建设进程中中美合作的先行先试切入点，而非零和博弈的竞技场，中美对话与合作也应当朝着这方面去努力。缅甸不希望中美博弈在缅博弈影响到缅自身利益，因为这意味着其将陷入“选边站”的尴尬境地，而是更希望中美合作支持缅转型发展，并发挥两个大国各自的优势。2016年6月28日，在中美学者举行的关于缅甸问题的对话上（笔者参与），美国学者强调，中美缅三边关系不应陷入零和博弈场，相反缅甸可以在推动解决诸多问题中促使中美合作。

中缅关系要实现稳定、发展、可持续，既要做到平等互利，更必须做到开放包容。具体而言，可以将“适应性共赢”和“发展加……发展促……”作为指导原则和实施路径，逐步对接两国的发展战略，以更加均衡的“双轮驱动”实现“和平、合作、发展、共赢”，建立共同发展与繁荣的命运共同体。提倡在变通中实现适应性共赢。“发展加……发展促……”的模式是协助缅甸转型的一体多元路径。比如“发展加环保”“发展加道义”“发展加人文”“发展促安全”“发展促民生”等。

一是推进“发展加环保”。中国企业在缅甸要推进环境友好型的投资模式，让环保从中国对缅甸部分投资的负面因素乃至败笔，转变成为中国对缅投资的亮点乃至“保驾护航者”。一方面，加大两国政府部门和民间团体在环保合作方面的力度，推介我倡导生态文明、建设资源节约型、环境友好型社会的战略理念，倡导两国合作共建人与社会和谐共生的“一带一路”与孟中印缅经济走廊；另一方面，支持昂山素季在缅甸国家新经济政策中提到的“构造可持续型经济体制”理念，共同倡导可持续发展，惠及下一代中缅人民。

二是推进“发展加道义”和“发展促民生”。要从整体上改变商务部对缅援助资金目前“多政府间援助（主要用在场馆、道桥等大型工程）、少民间草根项目”的状况，改变中国民间机构在缅开展惠民项目以短期项目为主的状况，优化对缅援助结构，改为以高度契合缅民众需求、受欢迎、花费少、见效快、受惠广的中小民生项目为主，让缅甸人民看到中国项目济贫、扶困之实惠，既能“雪中送炭”，更能“锦上添花”。与政府援缅资金联合做公益事业，持续改变中国民间组织在缅甸此前的“常设机构少、常设人员少、固定资金少、长期项目少”的窘境。要把发展贯穿“改善缅甸整体发展水平”的战略高度，展示中国大国之良善、打造“胞波精神”在战略合作与民间友谊方面的双向作用，以赢得缅甸在整个中国周边战略体系中对华坚定而积极的支持。

三是推进“发展加人文”，官民并举，做好公共关系和危机管理工作，迅速完善在缅公共外交指导与实施的组织架构、人员配备。要健全规范化、机制化的中国民间组织和缅甸民间组织、媒体的公共外交合作渠道；要系统化提升我在缅民间组织、企业等机构人员的公共外交能力，增进缅甸民众普遍形成对华积极认知；要科学化提升我官民互助、共进共赢的社会经济发展理念，要积极调试在缅甸社会的中国投资、项目和援助的结构化比例，全面促进缅甸国家与社会的进步；要示范化推广我在缅投资的成功经验与理念，创造公共关系与文化认知双管齐下的联动效应，与缅甸媒体、公民社会团体等合作，以构建中缅友谊、胞波文化等共赢点作为中缅关系发展的新型增长点。

四是推动“发展促安全、安全促互信”，解决缅北冲突及其带来的中缅边境各种传统和非传统安全问题，消除两国因为缅北问题而产生的长期互信赤字。一方面，要与缅方共商共建中缅安全共同体，作为中缅利益共同体的核心环节，在顶层设计上明确安全问题关系两国经济发展、民生繁荣与社会进步；另一方面，要在具体实践中实施双边和多边安全合作，帮助缅甸在内部协商解决国内长期存在的民族冲突，要建立打击非法贸易、非法资源采掘，应对和解决非传统安全尤其是恐怖主义威胁和挑战的机制。

在不信任中合作：印尼对华外交政策行为解读
——新古典现实主义视角

[新加坡] 兰诺德 · C. 塞巴斯蒂安 [印尼] 埃米尔扎 · 阿迪 · 赛伦德拉

内容提要：多年来，印尼和中国在双边关系中很好地保持了一种平衡状态，用实用主义策略平衡威胁认知，达成政策目标。不过，双方的实用主义仍有细微差别。尤其是在印尼方面，大量的否决者（Veto Players）和政治体制中的制衡设计，限制着印尼与中国发展更为紧密的关系。否决者还推动印尼采取更多元化的政策，虽然多元化政策也是毁誉参半，但都反对太过依赖中国投资。本文从新古典现实主义视角对中国和印尼关系进行研究，考察国内政治对外交政策的影响。本文意图概括出中国和印尼的关系模式，希望能通过关注高层官员的个人观点，展示印尼精英在对华威胁认知上的差异。若精英间无法就此问题达成共识，印尼对华采取更具进攻性的制衡行为便会受到制约。上述论断相当程度上支持了兰德尔 · 施韦勒（Randall Schweller）"没有应答的威胁"理论。

关键词：印尼 对华政策 不信任 合作 实用主义

背 景

印尼和中国在互不信任中维持着合作。多年来，双方都能在两国间高度的威

[新加坡] 兰诺德 · C. 塞巴斯蒂安（Leonard C. Sebastian） 新加坡南洋理工大学拉惹勒南国际研究院印尼项目负责人，并在澳大利亚国防军学院（ADFA）、新南威尔士大学任客座教授；[印尼] 埃米尔扎 · 阿迪 · 赛伦德拉（Emirza Adi Syailendra） 亦供职于新加坡南洋理工大学拉惹勒南国际研究院，任国防与战略研究所（印尼项目）研究员。两位作者感谢北京大学国际关系学院于铁军副教授和新加坡南洋理工大学人文和社会科学学院周陶沫助理教授对本文写作的鼓励，文责由两位作者负责。

胁认知和实现特定目标的实用主义需求间找到平衡。2016年3月19日，中国海警阻止印尼海洋和渔业监测特遣队（Maritime and Fisheries Monitoring Task Force）抓捕在印尼专属经济区捕鱼的中国渔船“桂北渔10078（Kway Fey）”，使两国关系白热化。在中国渔船被拖往纳土纳群岛的过程中，中国海警船干预并解救了被扣押的渔船，但印尼仍拘留了8名船员。尽管如此，为维护两国间的友好关系，尤其是印尼方面考虑到正在积极吸引中国投资，两国政府最终对此还是采取了模糊立场。[1] 20世纪70年代中美重新接近后，印尼外交部便看到了对华采取更具建设性政策的价值，但这个看法在印尼军方受阻，军方认为中国是潜在威胁。但即便对华整体上仍抱负面情绪，苏哈托总统还是决定恢复和北京的关系。[2] 苏哈托总统于1998年5月辞职后，虽时有紧张，印尼和中国仍然维持着战略模糊，并基于实用主义考量而继续维持现状。

如果依据现实主义学派的均势理论，面对国家利益的直接威胁，印尼应采取对华制衡战略。如肯尼思·沃尔兹所论述，如果实力稍逊国家有选择权，它们将会倾向于制衡或与处于类似地位的国家结盟以对抗威胁。[3] 自佐科总统提出印尼将转型为“全球海上支点”（Poros Maritim Dunia，英文为 Global Maritime Fulcrum，GMF）的外交政策学说并强调该学说的关键支柱之一是要维护其海洋边疆之主权时，[4] 这点就显得更为正确了。制衡之外，国关理论家们认为面对崛起国，实力稍逊国家可采取的另一战略便是与更强的对手结盟，即“追随强者”。[5] 可是，我们并不能将上述理念直接套用于东南亚。学者之间有一个共识，即很难按照制衡还是“追随强者”对东南亚国家进行分类。[6] 因此，分析东南亚的内在动力需要一种能重视本地区国家复杂行为的理论。要分析这一案例，新古典现实主义有很大优势，因为它能将国内因素纳入外交政策分析之中。[7]

---

1 Leo Suryadinata, “Did the Natuna Incident Shake Indonesia-China Relations?” *ISEAS Perspective*, April 26, 2016, https://www.iseas.edu.sg/images/pdf/ISEAS_Perspective_2016_19.pdf, 2017年7月30日登录。

2 Ian J. Storey, “Indonesia’s China Policy in the New Order and Beyond: Problems and Prospects,” *Contemporary Southeast Asia*, Vol. 22, No. 1 (April 2000), pp. 148-149. On Southeast Asian Perceptions of China, see, Leonard C. Sebastian, “Southeast Asian Perceptions of China: The Challenge of Achieving a New Strategic Accommodation”, in Derek da Cunha ed., *Southeast Asian Perspectives on Security*, Singapore: Institute of Southeast Asian Studies, 2000, pp. 158-182.

3 Kenneth Waltz, *Theory of International Politics*, Reading, Mass.: Addison-Wesley, 1979, p. 126-127.

4 Joko Widodo “Revolusi Mental,” *Kompas*, 10 May 2014.

5 Stephen Walt, “Testing Theories of Alliance Formation: The Case of Southwest Asia,” *International Organization*, Vol. 42, No. 2 (1988), p. 282.

6 Ann Marie Murphy, “Beyond Balancing and Bandwagoning: Thailand’s Response to China’s Rise,” *Asian Security*,Vol. 6, No 1 (2010), pp. 1-8; David Kang, “Getting Asia Wrong: The Need for New Analytical Frameworks,” *International Security,* Vol. 27, No. 4 (2003), p. 70.

7 Gideon Rose, “Neoclassical Realism and Theories of Foreign Policy”, *World Politics*, Vol. 5, No.1, (October 1998), pp. 144-177.

虽说印尼—中国关系有明显的实用主义特征，但由于众多否决者的存在，两国关系受到印尼国内因素的微妙制约。尤其是在苏哈托威权政权于1998年垮台后，加入决策圈的新行为体在特定政策议题上贡献了更多的不同观点。这种状况使得国家利益形成过程更为松散。当面对不确定的外部环境，尤其是面对崛起大国中国的出击，或者由之而来的美国“再平衡”或者“重返亚洲”战略，这样的利益形成过程便会释放混杂的、有时甚至是矛盾的政策信号。这一背景对理解印尼对外政策实践中的各种脱节都至为关键。如兰德尔·施韦勒所解释的，对外政策制定过程中若存在很多的否决者，精英共识便难以达成。而当精英就什么构成威胁、合适的制衡反应又是什么无法达成一致时，我们便可以预测国家将会因无法对威胁做出反应而难以制衡或者其制衡行为可能流于无效。[1]

本文对中国—印尼关系的研究将聚焦于印尼精英间相互不同、竞争的观点对多元化外交政策、有时甚至是不一致的对外政策信号产生的影响。如何解读印尼将威胁认知和外交政策行为加以区隔的能力？

如何解读印尼将威胁认知和外交政策行为加以区隔的能力?

合作与不信任

中国—印尼关系可追溯至20世纪50年代，由于有推进不结盟运动和支持发展中国家利益的共同目标，两国关系曾非常密切。但20世纪50年代晚期日渐兴起的对共产主义革命的恐惧，让两国关系变得复杂。印尼指责北京干涉内政，两国在1967年断绝了外交关系。[2] 中国在苏哈托时代一直被视为是印尼的主要外部威胁，但两国关系正常化进程一直都在进行，并于1990年恢复了外交关系。虽然如此，从苏哈托到佐科总统，两国都放下负面态度，致力于通过合作实现共同目标。为理解这种态度与行为间的矛盾关系，本文以新古典现实主义范式为分析框架，将国内政治因素纳入外交政策分析中。[3]

在苏哈托的“新秩序”时期，总统及其最亲近的助手垄断了具体的外交政策

---

1 Randall L. Schweller, *Unanswered Threats: Political Constraints on the Balance of Power*, New Jersey, NJ: Princeton University Press, 2006, p. 48.

2 Ian Storey, “Progress and Remaining Obstacles in Sino-Indonesian Relations,” The Jamestown Foundation, December 31, 1969, http://www.jamestown.org/single/?no_cache=1&tx_ttnews%5Btt_news%5D=3887#.VXraPPmqpBc.

3 Some of foundational works of Neoclassical realist scholars: Rose, “Neoclassical Realism”; Thomas Christensen, *Useful Adversaries: Grand Strategy, Domestic Mobilization, and Sino-American Conflict, 1947–1958*, Princeton, NJ: Princeton University Press, 1996; William Wohlforth, *The Elusive Balance: Power and Perceptions during the Cold War*, Ithaca, NY: Cornell University Press, 1993; Randall Schweller, *Deadly Imbalances: Tripolarity and Hitler's Strategy of World Conquest*, New York: Columbia University Press, 1998;Schweller, *Unanswered Threats*, p. 6.

制订。[1] 即便在民主转型后，印尼总统仍然在决定对外政策总体方针上占据主导地位。四修宪法后，印尼在2004年从半总统制过渡到了总统制，印尼的国家领导人也第一次由普选决定。但宪政设计仍授予总统以立法权和在很多情况下颁布行政命令的权力。这些权力让总统居于立法过程的中心。比方说，苏西洛总统在其任内喜欢直接指导外交部，而且不咨询任何机构。[2] 虽然宪政改革创造出一个平衡的国内政治环境，印尼国会（DPR）手握重权，其功能不再只是一个橡皮图章；宪法修正案还赋予国会监督、修正预算和核准很多政府职位任命的权力。例如，2007年由于国会拒绝核准，印尼和新加坡的国防合作条约（DCA）未能达成。[3] 同年，印尼国会中的部分议员又通过行使质询权，迫使印尼政府转变立场，不再支持制裁伊朗核项目的联合国安理会1747号决议。[4]

其他行为体（如政府各部，民间机构和其他公民社会组织）亦有相当权力，并常有不同于总统的立场。例如2013年苏西洛总统驳回了外长纳塔莱加瓦（Natalegawa）之前的声明，对受到印尼森林大火所引起的空气污染影响的国家正式道歉，而外长在前一天刚声明印尼将不会道歉。[5]

民主转型前的印尼—中国关系

领导人的雄心和普遍的国家利益常是驱动印尼—中国关系的主要力量。印尼对华的主要路径是维持现状，即在维持与北京紧密关系的同时，也维持印尼作为东南亚区域领导者的可信度。为实现这两个相互矛盾的目标，印尼采取了复杂的对华战略，以纳土纳群岛为例，印尼就将外交、移民、引入外国公司开采天然气，以及在岛上及其周边实施有限军备建设等手段结合起来。[6] 20世纪60年代早期，虽然陆军司令雅尼将军（Ahmad Yani）1965年宣称中国是印尼最主要的威胁，但北京和雅加达的关系在苏加诺政府时期越走越近。这是由于苏加诺反对新殖民主义的雄心因美苏缓和遭遇挫折，而中国成为苏加诺雄心的主要支持者，因此要维持有利可图

印尼对华的主要路径是维持现状，即在维持与北京紧密关系的同时，也维持印尼作为东南亚区域领导者的可信度。

1 Rizal Sukma, “Indonesia’s Bebas-Aktif Foreign Policy and the ‘Security Agreement’ with Australia,” *Australian Journal of International Affairs*, Vol. 51, No. 2, (1997), p. 239.

2 Interview with Yudhoyono’s Presidential Special Staff for Foreign Policy, Jakarta, October 2, 2013.

3 Dewi Fortuna Anwar, “The Impact of Domestic and Asian Regional Changes on Indonesian Foreign Policy,” *Southeast Asian Affairs*, January 2010, pp. 128-131.

4 Iis Gindarsah, “Democracy and Foreign Policy-Making in Indonesia: A Case Study of the Iranian Nuclear Issue, 2007-2008,” *Contemporary Southeast Asia*, Vol. 34, No. 3 (2012), pp. 416-437.

5 “Ministers Respond Coolly to Yudhoyono Apology,” *The Jakarta Post*, June 25, 2013, http://www.thejakartapost.com/news/2013/06/25/ministers-respond-coolly-yudhoyono-apology.html, 2017年7月30日登录。

6 Storey, “Indonesia’s China Policy,” p. 158.

的对华关系。[1]

1990年同中国关系的正常化，并未伴随着对华态度的变化，印尼仍将中国视为重要外在威胁。这主要是由于悬而未决的纳土纳群岛专属经济区问题。纳土纳群岛坐落在雅加达以北700海里处，由散布在马来西亚东海岸与婆罗洲北岸之间大约300个富于资源的小岛和环礁组成。[2] 中国1947年出版了一份地图，以断续线划定了其在南海的主张，而这一区域同1992年《联合国海洋法公约》颁布后印尼划定的纳土纳群岛专属经济区相重叠。[3] 在外交领域，印尼寻求中国澄清，但中国的回应含糊且暧昧。印尼外长阿里·阿拉塔斯（Ali Alatas）先就地图一事非正式询问中国，随后又在1995年4月正式照会中国，询问中国对纳土纳岛以北水域海洋主张的法律根据。[4] 1995年两国接触后同意保留各自意见并接受分歧的存在。

阿拉塔斯一直都认为，九段线地图仅是说明性的，并不能被看作是真正的地图，因为它缺少对应物和其他说明性特征。1995年6月，中国外交部发言人陈建回击指出印尼忽视了中国的历史性权利，强调两国在纳土纳群岛的所有权上并无争端但愿意就划分两国共同边界进行讨论。阿拉塔斯争辩说，考虑到两国间的地理距离，双方并没有共同边界。而且，阿拉塔斯相信，按照《联合国海洋法公约》的群岛定义，作为大陆国家的中国没有权利环绕南沙群岛划定领海基线。[5] 尽管如此，南沙群岛与其周围海域间的海上边界线目前仍无清晰定义，这使得其是否与纳土纳专属经济区重叠的问题变得更为模糊。[6] 印尼外交部当前无视中国主张的策略，源于那个时代的外交决策过程。

1992年，中国通过了《中华人民共和国领海及毗连区法》，宣布了它在南海的主权主张，并声称拥有使用军事力量以防止任何外国军舰、研究船只侵犯其主权的权利。[7] 印尼的反应是，宣布除了经济存在之外，将增加在纳土纳群岛的军事存在。1993年，印尼购买了39艘原东德海军的二手舰艇和2艘德国海军的209

---

1 Franklin B. Weinstein, *Indonesian Foreign Policy and the Dilemma of Dependence*, Ithaca, NY: Cornell University Press, 1976, p. 298.

2 Michael Leifer, "Indonesia's Encounters with China and the Dilemmas of Engagement," in Alastair Iain Johston and Robert S. Ross, eds., *Engaging China*, London: Routledge, 1999, p. 98.

3 Austin Greg, *China's Ocean Frontier: International Law, Military Force and National Development*, St. Leonards, Australia: Allen & Unwin, 1988, p. 213.

4 Donald E. Weatherbee, "Re-Assessing Indonesia's Role in the South China Sea," *ISEAS Perspective*, April 21, 2016, https://www.iseas.edu.sg/images/pdf/ISEAS_Perspective_2016_18.pdf，2017年7月30日登录。

5 Douglas Johnson, "Drawn into the Fray: Indonesia's Natuna Islands Meet China's Long Gaze South", *Asian Affairs: An American Review*, 24:3, (1997) , pp.155-156.

6 John MacDougall, "China - Natunas Belong to Indonesia," July 22, 1995, https://www.library.ohiou.edu/indopubs/1995/07/22/0012.html.

7 Hyun-Soo Kim, "The 1992 Chinese Territorial Sea Law in the Light of the UN Convention," *The International and Comparative Law Quarterly*, Vol. 43, No. 4 (October, 1994), pp. 894-904.

型柴电潜艇。[1] 此外，印尼还从英国购买了24架“鹰式”战斗机。[2] 按照印尼军队总司令费萨尔·丹戎（Feisal Tanjung）的说法，购买“鹰式”战斗机就是为了保护纳土纳地区。[3] 1995年，哈斯基姆·贾拉（Hashim Djalal），高调的印尼精英人物、印尼外交部的国际海洋法专家，声称存在与中国在纳土纳地区发生冲突的可能性。[4] 随后的1996年，印尼在纳土纳地区举行了19000名军人、50艘海军舰艇和41架喷气式战斗机参加的军事演习，这是印尼有史以来最大规模的联合军事演习。[5]

在加强对纳土纳群岛控制的同时，印尼也邀请美日等其他地区角色在纳土纳投资，支持并加深印尼对这一区域的经济控制。1995年1月，印尼同美国的埃克森·美孚公司就纳土纳地区最大气田的权益签署了价值400亿美元的协议。[6] 印尼政府还利用国内上升的反华情绪，巩固其进攻性民族主义，这是1998年印尼多个城市爆发反华骚乱的可能原因之一。[7]

虽采取如此姿态，雅加达和北京仍维持着紧密的外交关系。印尼在不结盟运动主席的选举中得到中国支持，并于1992年获得了这一职位。虽然国内有很强的反印尼情绪，中国仍毫不遮掩地表现出继续发展建设性关系的愿望，还出手帮助印尼渡过金融危机。在1998年印尼反华骚乱之后，北京保持低调并克制对印尼的批评，还强调反华骚动是印尼内政。1998年8月，中国还同意向印尼出售50000吨大米，并授信提供价值300万美元的药品。中国也加入了国际货币基金组织的援助计划，并做出了同意人民币不贬值的重要决定，以避免对印尼出口造成致命影响。[8]

后民主转型时期的印尼—中国关系

在转型的背景下，印尼对华继续采取了一系列的战略。2017年，一次对供职于海洋事务统筹部（Coordinating Ministry of Maritime Affairs）高阶外交官的访谈，显示出印尼对中国日渐增长的强硬及对纳土纳专属经济区可能产生的影响持有

1 Ming Cheung Tai, “Defence - Instant Navy,” *Far Eastern Economic Review*, February 18, 1993.

2 “British Aerospace Gets Large Indonesian Order,” *Reuters News*, June 10, 1993.

3 “Military to Shield Natuna Gas,” *The Jakarta Post*, February 19, 1997.

4 “Indonesia Discounts China’s Map on Natuna,” *Reuters News*, June 3, 1995.

5 Bernade Estrade, “Veiled Warning to China in Indonesia’s Biggest-Ever War Games,” *Agence France-Presse*, September 2, 1996.

6 Michael Richardson, “Indonesia Signs Major Gas Pact With Exxon,” *New York Times*, November 17, 1994, http://www.nytimes.com/1994/11/17/business/worldbusiness/17iht-gas.html. 2017年7月30日登录。

7 Storey, “Indonesia’s China Policy,” p. 152.

8 Rizal Sukma, “Indonesia-China Relations: The Politics of Re-engagement,” *Asian Survey,* Vol. 49, No. 4 (2009), pp. 598-599.

警戒之心。不过，这位外交官虽强调印尼将继续在纳土纳建设可信威慑，也反复提及不会发展到与中国对抗的程度。[1] 这种策略表明，纵使印尼国内越来越担心中国是一个潜在威胁，但印尼仍强调保持交往，并采用实用主义政策。2005年，苏西洛总统与胡锦涛主席签署了战略伙伴联合宣言，表明印尼将发展同中国的双边关系置于优先地位。[2] 在军事关系上，两国自2000年起开始举行联合训练。[3] 2007年双边防务磋商论坛的建立和2011年确定国防工业合作，是双边关系的里程碑，并将最终带来更密集和更多样化的两国军方高层会议。[4]

中国虽然在1998年亚洲金融危机中对印尼慷慨地施以援手，印尼仍保持戒心，小心评估着北京在南海表现愈发强硬的真实意图。2009年6月，印尼海军以在纳土纳专属经济区非法捕鱼为由，拘留了8艘中国船只和75名渔民。北京反应激烈，要求立即予以释放。[5] 在数轮双边调解谈判后，印尼释放了59名渔民，但仍然以印尼国内司法程序拘留了16名渔民。印尼做出这些调解姿态是考虑到了双方仍在寻求签署战略伙伴关系协议，避免激怒中国。[6] 2010年5月15日和6月23日发生在纳土纳地区的事件，即中国海监迫使印尼海洋和渔业部的巡逻船释放因在靠近纳土纳的印尼专属经济区非法捕鱼而被捕的中国渔船，[7] 引发了印尼武装力量总司令阿古斯·苏哈尔多诺（Agus Suhartono）将军的回应，他强调“我国的国防战略……是阻止外国对我专属经济区的侵犯”，该发言被认为是针对中国。[8] 这种警觉状态在2013年6月的另一起事件后，变得更加紧迫。当时中国海上执法力量“渔政301”船，与刚拘留了9名非法渔民的印尼海洋和渔业部的巡逻艇“晓马坎001（Hiu Macan 001）”号遭遇。中国船只威胁使用武力，阻止了

---

1 Interview with the Deputy Minister for Maritime Sovereignty at the Coordinating Ministry of Maritime Affairs, Depok, February 10, 2017.

2 Qin Jize, “Indonesia Now a Strategic Partner,” *China Daily*, April 26, 2005, http://www.chinadaily.com.cn/english/doc/2005-04/25/content_437349.htm.

3 Ken Conboy, “Troubled Courtship: Military Ties Between China and Indonesia,” *China Brief* 2, No. 20, December 31, 2003.

4 “TNI Eyes Closer Cooperation with China,” *The Jakarta Post*, February 26, 2014, http://www.thejakartapost.com/news/2014/02/26/tni-eyes-closer-cooperation-with-china.html，2017年7月30日登录。

5 Keith Loveard, “The Thinker: Caution Over Natuna” *Jakarta Globe*, July 02, 2009 http://jakartaglobe.id/archive/the-thinker-caution-over-natuna/.

6 I Made Andi Arsana and Clive Schofield, “Indonesia’s ‘Invisible’ Border with China,” in Bruce A. Elleman, Stephen Kotkin, and Clive Schofield, eds., *Beijing’s Power and China’s Borders: Twenty Neighbors in Asia*, London: Routledge, 2013, p. 69.

7 Arsana and Schofield, “Indonesia’s ‘Invisible’ Border with China,” p. 69.

8 Istiqomatul Hayati, “Admiral Agus Suhartono: We Must First Secure the Key Points,” *Tempo Magazine*, October 19, 2010.

印尼方面声称的执法行动。[1] 这些负面行动要与两国间范围更广泛的积极外交行动相对照来理解。

2013年，雅加达和北京签署了全面战略伙伴协议，覆盖了从教育到安全合作的诸多领域。[2] 这里有几个相关重要事件需要被提及，包括2013年习近平主席成为到访印尼国会的第一位外国元首。而雅加达也被他选为赴东南亚官方访问的第一个目的地。也正是在这次访问中，中国对外宣布了其“发展海上伙伴关系，共同建设21世纪‘海上丝绸之路’”的计划。[3] 习近平主席的演讲饱含象征意义，意味着中国承认印尼在实现海上丝绸之路倡议中作为关键伙伴的重要地位。[4] 伴随着这一姿态，作为印尼对华好意的表示，苏西洛总统于2014年3月12日颁布总统令，撤销1967年内阁主席团公告，将官方称呼中带有歧视性的“支那”（Tjina）[5] 换为“中国”（Tionghoa）或“中华”（Tiongkok）。[6]

实用主义的局限：印尼—中国关系中的否决者

随着佐科总统在2014年上台，中国在双边关系上获得了新的动力。苏西洛政府在同中国发展更深入的关系上戒心重重，呈现出同新兴大国保持战略距离的形象。与之相较，佐科采取了更为实用主义的立场，要与能带来经济利益的国家发展更深入的关系。[7] 这为深化两国关系提供了机会，扩大了空间。佐科上台伊始，中国对印尼的兴趣日益明显，两国高层交往频繁。两国领导人看到了联结中国的“两国世纪海上丝绸之路”和印尼的“全球海洋支点”这两大海上倡议的机会，随

1 Scott Bentley, “Mapping the Nine-Dash Line: Recent Incidents Involving Indonesia in the South China Sea,” *The Strategist*, October 29, 2013, https://www.aspistrategist.org.au/mapping-the-nine-dash-line-recent-incidents-involving-indonesia-in-the-south-china-sea/., 2017年7月30日登录。

2 Indonesia’s Foreign Ministry, *Future Direction of Indonesia-China Comprehensive Strategic Partnership*, October 02, 2013, http://kemlu.go.id/ Documents/RI-RRT/ Joint%20Statement%20Comprehensive%20 Strategic%20Partnership.pdf. 2017年7月31日登录。

3 “Speech by Chinese President Xi Jinping to Indonesian Parliament,” *ASEAN China Center*, October 03, 2013, http://www.asean-china-center.org/english/2013-10/03/c_133062675.htm，2017年7月30日登录。

4 Wu Jiao, “President Xi Gives Speech to Indonesia’s Parliament,” *China Daily*, 2 November 2013 http://www.chinadaily.com.cn/china/2013xiapec/2013-10/02/content_17007915.htm.，2017年7月30日登录。

5 Leo Suryadinata and Charles Coppel, “The Use of the Terms ‘Tjina’ and ‘Tionghoa’ in Indonesia: An Historical Survey,” *Papers on Far Eastern History*, No.2, (September, 1970), pp.97-118.

6 “Keppres Penggantian Istilah Cina Menjadi Tionghoa Ditandatangani,” [Presidential Decree Replacing Term Cina to Tionghoa], *ANTARA News*, May 31, 2015, June 10, 2015, http://www.antaranews.com/berita/425081/keppres-penggantian-istilah-china-menjadi-tionghoa-ditandatangani，2017年7月31日登录。

7 “‘Thousand Friends’ Policy No More Under Retno,” *Jakarta Globe*, October 30, 2014, http://jakartaglobe.beritasatu.com/news/thousand-friends-policy-retno/.

即在2015年11月北京APEC峰会上，共同宣示要加强双边关系以促进共同利益。[1]之后在亚非会议60周年纪念活动上，习近平主席承诺中国将参与印尼的大规模基建项目。佐科总统则公开支持“亚洲基础设施投资银行（亚投行）”。[2]

印尼—中国间的紧密关系虽然符合佐科总统从中国吸引投资的愿望，但印尼国内的诸多否决者仍对两国关系现状持批评和怀疑态度。这导致了印尼对华的双轨外交：1）政策多样化；2）强调实用而短期的计划，而非长期投资。

印尼的否决者

印尼的民主化进程创造出了多个相互竞争的行为体和利益集团，这意味着外交决策中有更多的否决者。按施韦勒的预测，民主国家对外来威胁的应对尤其慢，因为其对外政策进程中有很多的“否决者”，而它们能达成一致对改变现状又是不可或缺的。

印尼的民主化进程创造出了多个相互竞争的行为体和利益集团，这意味着外交决策中有更多的否决者。按施韦勒的预测，民主国家对外来威胁的应对尤其慢，因为其对外政策进程中有很多的“否决者”，而它们能达成一致对改变现状又是不可或缺的。[3]尤其是对于佐科总统来说，他在掌控受政党寡头和军方所左右的政府体系上已非常困难。即便是总统自己的印尼民主斗争党（Indonesian Democratic Party of Struggle, PDI-P）也在管控限制总统施展腾挪的空间。这在第一次内阁各部长候选人的提名过程中表现得尤为明显。佐科机敏的政治控盘让他处于一个既能逐渐取得公众信任和支持，也能与政治寡头的既得权力与利益进行斗争的位置。[4]尽管如此，精英不能团结一致和充满争论的政治环境会对国家利益有所影响且会愈加明显。一个很明显的例子便是 国全球海洋支点”这一概念在成型过程中的宽泛无序。由于在构述的过程中缺乏相关政府各部门的实质性探讨，在宣告的过程中又缺乏清晰的方针和行得通的定义，各部门在把这一概念落实到具体行动中时，最终都采取了自己的解释。[5]

目前，印尼预计需要4500亿美元来实现其基建发展规划，包括公路、铁路、

1 “Jokowi Serius Tautkan Jalur Sutra dan Tol Laut,”［Jokowi is Serious in Linking the Silk Road with Maritime Highway］, *Tempo*, November 12, 2014.

2 Satria Sambijantoro, “AIIB May Take Major Role in RI Projects,” *The Jakarta Post*, April 29, 2015.

3 Schweller, *Unanswered Threats*, p. 48.

4 Emirza Adi Syailendra, “Two Years Under Jokowi – Jokowi: King or Puppet?” *RSIS Commentaries*, August 19, 2016, https://www.rsis.edu.sg/rsis-publication/rsis/co16212-two-years-under-jokowi-jokowi-king-or-puppet/#.WWb9sYiGO70.，2017年7月30日登录。

5 “Poros Maritim Tanpa Strategi: Indonesia Bisa Menjadi Penyeimbang Strategis,”［Global Maritime Fulcrum without Unified Strategy: Indonesia Should Have Acted a Strategic Balancer］, *Kompas*, September 1, 2016.

港口和发电厂的建设。[1] 其中70%基建融资需要依赖于投资者和国企。于是，印尼期待三分之一的投资能出自中国领导的亚投行。[2] 这更彰显了亚投行对“全球海洋支点”旗下项目融资的重要性。[3]

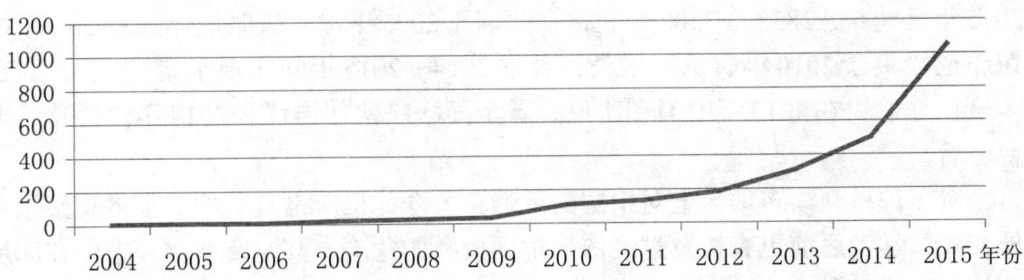

图1 2004—2015年中国在印尼落地投资项目数[4]

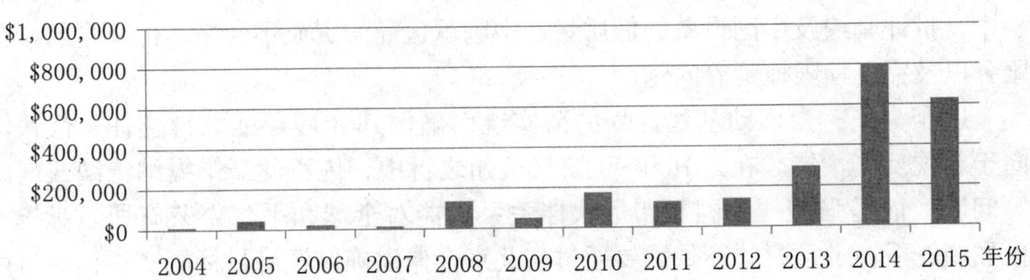

图2 2004—2015年中国在印尼落地投资项目总值（千美元）[5]

---

1 Wilmar Salim and Siwage D. Negara, “Why is the High-Speed Rail Project so Important to Indonesia,” *ISEAS Perspective*, 7 April 2016, https://www.iseas.edu.sg/images/pdf/ISEAS_Perspective_2016_16.pdf.

2 Chris Brummitt and Haslinda Amin, “Jokowi Leans on China, Central Bank to Revive Indonesia GDP,” *Bloomberg*, 11 February 2016, http://www.bloomberg.com/news/articles/2016-02-11/jokowi-seeks-china-funds-rate-cuts-to-meet-indonesia-gdp-target, 2017年7月30日登录。

3 Zhang Qishi, “China, Indonesia Vow to Strengthen Maritime Cooperation,” *CRI English*, 4 November 2014, http://english.cri.cn/12394/2014/11/04/3745s850828.htm，2017年7月30日登录。

4 The data that was published by the Indonesia Investment Coordinating Board refers to the numbers of realized projects done by China in Indonesia. See, National Single Windows for Investment & BKPM (n.d.) Investment Development Based on Year. Investment Development Based on Year [online]. Available from: http://nswi.bkpm.go.id/wps/portal/biumum/!ut/p/c5/04_sb8k8xllm9msszpy8xbz9cp0os3hdawnpjyddrwn3u1mta0f_egovydcxywmdq_1wka6zeamcwnfa388jpzdvvya7rxwakmxvpg!!/dl3/d3/l2djqsevuut3qs9zqnz3lzzfmtawsujcmuewrzu1ndbbt1qzslngrdmwmde!/, 2016年4月15日登录。

5 Available from: National Single Windows for Investment & BKPM (n.d.) Investment Development Based on Year. Investment Development Based on Year, http://nswi.bkpm.go.id/wps/portal/biumum/!ut/p/c5/04_sb8k8xllm9msszpy8xbz9cp0os3hdawnpjyddrwn3u1mta0f_egovydcxywmdq_1wka6zeamcwnfa388jpzdvvya7rxwakmxvpg!!/dl3/d3/l2djqsevuut3qs9zqnz3lzzfmtawsujcmuewrzu1ndbbt1qzslngrdmwmde!/，2016年4月15日登录。

印尼—中国投资关系在最近十几年里发展迅速。基于印尼投资统筹局（Indonesian Investment Coordinating Board，BKMP, Badan Koordinasi Penanaman Modal）的数据，由图1可知中国在印尼落地的项目数从2004年的11项上升到2015年的1052项。如图2所示，同期中国在印尼投资的总值也增加了约56倍，2015年已达6亿2833万7300美元。自两国于2005年建立战略伙伴关系后，中国在印尼投资于2010年后稳步增长，并在2014—2015年间实现了指数性的增长，而这正好发生在2013年中国和印尼签署全面战略伙伴协议和2014年佐科总统上台之后。

对于佐科在诸多项目上对中国的依赖，公众的反应是复杂的，很多观察家和外交政策学者之前也有提及过度依赖中国投资的危险，其主要原因是中国在印尼基建项目上的既有表现并不总是尽如人意。[1] 印尼国内对接收中国发展援助的主要反对意见源自媒体对中国在印尼基建项目质量的负面报道。例如苏西洛政府时期饱受批评的10000MW电站项目，其90%的项目投标最后都落入了中国承包商手中，批评则遍及中国设备的低质量、中国承包商的资质不合格、低质量的维护服务以及完工期限拖延等问题。[2]

迄今为止，为推动基建计划的落实继而确保其2019年能取得连任，佐科倾向于忽视反华情绪。在2016年9月2日杭州之行中，佐科丝毫未提纳土纳或南海等问题，而是强调“中国和印尼伙伴关系应能对全球和平与繁荣有所贡献”。[3] 再强调一下，最重要的还是需要通过与北京合作以确保经济目标能实现，并进而确保2019年总统大选的胜利。尽管如此，来自很多否决者的批评仍然阻碍着两国关系进一步发展的势头和范围。一些否决者与中国的国际对手还维持着长期的关系。例如，在中国赢得雅加达到万隆高铁项目的竞争后，考虑到平衡相互关系和使投资来源多样化，2017年3月印尼决定选择日本作为建设雅加达至东爪哇泗水的铁路项目的合作伙伴。[4]

中国在印尼大型投资的另一个例子是超过170亿美元的发电站投资项目。这项目由印尼的国家电力投资集团（State Power Investment Corporation）和中国的安徽海螺水泥有限公司合作进行。它是印尼有史以来最大的发电站项目，其目标是在婆罗洲建设7000MW的水电站。[5] 2016年1月，据《Tempo》杂志报道，印

---

1 Salim and Dharma Negara,“Why is the High-Speed Rail Project so Important”.

2 “Selamat Datang Buruh Cina,” [Welcome Chinese's Labor!] *Tempo*, September 6, 2015.

3 Ina Parlina, “Jokowi has Fifth Meeting with China's Xi,” *The Jakarta Post*, September 3, 2016, http://www.thejakartapost.com/news/2016/09/03/jokowi-has-fifth-meeting-with-chinas-xi.html，2017年7月30日登录。

4 “Japan Selected as Partner for Jakarta-Surabaya Railway Project,” *The Jakarta Post*, March 27, 2017, http://www.thejakartapost.com/news/2017/03/27/japan-selected-as-partner-for-jakarta-surabaya-railway-project.html，2017年7月31日登录。

5 Tito Siahaan, “China Invests $17b in Indonesian Power Project,” *Jakarta Globe*, May 29, 2013, http://jakartaglobe.beritasatu.com/business/china-invests-17b-in-power-project/，2017年7月30日登录。

尼国家电力公司（Indonesian State Electricity Company，PLN）所设计的投标疑似偏向中国公司。该公司所提的条件现实中只有中国能满足，如候选方需要在非常紧的期限内能提供价值615兆印尼盾的10% 的履约保证金（约合475亿美元），2% 的现金抵押和10% 的投资价值。按该杂志的调查，上述严苛条件旨在排除中国以外的其他公司的竞争。[1] 中国投资者之后获得了印尼政府35000MW 电站建设目标中的17000MW 的合同。包括能源部电力部门负责人查尔曼（Jarman）在内的不少观察家和以昆多罗·孟古苏布洛托（Kuntoro Mangkusubroto）为首的印尼国家电力公司理事会，都曾提醒该项目不能被一两个国家的技术所主导。虽然印尼国家电力公司总经理苏菲延（Sofyan Basir）强调过同中国伙伴们的合作更有利可图，他也解释说该项目本质上是实用主义的和短期的。[2]

中国威胁论的多面性：印尼精英们的不同看法

正如前几节中提到的，精英统合的缺失使得理解国家利益的构成愈发困难。精英群体间的不同视角也反映了他们在竞争相互重叠的权威和管辖权。这通常是在对外威胁的性质和政策处方上意见不同的结果。正如施韦勒所述，精英共识在决定下列问题上非常重要：（1）问题是如何被认知的；（2）问题的性质；（3）如何着手处理。一定程度上，精英团结与否会决定威胁等级的排序和面对威胁时形成一致有效战略的能力。[3]

中国在2016年3月和6月“侵犯”了印尼的领土主权（即纳土纳专属经济区），但未遇到坚决抵抗。这彰显了印尼外交政策的问题。[4] 尽管如此，海洋资源和渔业部部长苏西·普吉亚斯图蒂（Susi Pudjiastuti）等精英谴责中国拦阻印尼在其领土内的执法行动，要求中国方面归还原本打算拖回印尼水域中弄沉的拖网渔船。[5] 与之相较，印尼外交部虽然就事件发表了言辞激烈的声明，但对使冲突军事化的任何动作都十分谨慎，因为那样做可能会削弱长期以来鼓励中国在南海接受多边主义路径的外交努力。[6] 随后印尼时任财政部长班邦（Bambang Brodjonegoro）也重申“两国领导人关系紧密……我们在南海没有任何问题”。[7]

---

1 “Shocked by Chinese Electricity,” *Tempo*, January 11-17, 2016, pp. 21-23.

2 “Chinese Investors Today Are Different,” *Tempo*, January 11-17, 2016, p. 26.

3 Schweller, *Unanswered Threats*, pp. 47-54.

4 Suryadinata, “Did the Natuna Incident Shake Indonesia-China Relations?”

5 Weatherbee, “Re-Assessing Indonesia’s Role in the South China Sea.”

6 Interview of Tempo Magazine with Foreign Minister Retno Lestari Priansa Marsudi, “Indonesia Will Always be There for Palestine,” *Tempo* (English), March 27, 2016, p. 48.

7 “Indonesia-China Economic Relations Unaffected by Maritime Row: Minister,” *Reuters*, March 23, 2016, http://www.reuters.com/article/us-indonesia-southchinasea-china-idUSKCN0WP0CT，2017年7月30日登录。

佐科总统对中国蚕食纳土纳专属经济区也没有做出非常强烈的公开声明。这与苏加诺和苏哈托总统的路径是相似的，即纵使国内对华威胁认知已逐渐上升，对北京也不采取制衡战略。

中国威胁的四个面向

佐科政府几个重要部门间的官僚政治，加上总统在基建计划上对中国投资的期望，使得印尼对华政策出现了相互竞争的利益和观点。在威胁认知上，精英内部在对华威胁认知上有至少四种视角：[1] 其一，中国对印尼主权构成了一种想象出来的威胁。正如施韦勒所解释的，这一威胁是"想象的"，即"对认知主体来说，这一威胁是真实的，但手头证据的客观解读并不支持这种认知"。[2] 印尼军方仍有人对中国的共产主义意识形态抱有疑虑。当佐科总统吸引中国投资的努力达到高点的同时，公众对共产主义意识形态扩散的不安感也在上升，这是印尼对共产主义意识形态仍有隐忧的又一个证据。[3]

在海上前沿，中国的九段线可能与纳土纳专属经济区重叠。这种不安目前还只是推测，因为两国间是否存在主权冲突，牵涉到中国如何界定其九段线。如果九段线与印尼的专属经济区出现重叠，两国间可能会出现边境冲突。但迄今为止，中国还未就九段线的功能做出进一步的解释，不确定中国是将九段线内视为专属经济区、大陆架还是其他。比方说，若中国以九段线标记其范围内海岛的所有权，印尼与中国间将无争议，因为印尼并未对南海或九段线内的任何岛礁主张主权。[4] 尽管如此，人们也认识到同中国发生海洋边界争端是有可能的。[5]

其二，中国在南海增加了对"武装渔民"（fishing militias）的使用，且常与印尼保护其海洋资源的努力相冲突。中国在南海越来越多地使用其所谓"海上民兵"（maritime militia）的非正规武装来帮助巩固它对南海的主张。[6] 在最近几年

---

1 Emirza Adi Syailendra, "A Nonbalancing Act: Explaining Indonesia's Engagement Amid Distrust Towards China," Paper Presented at Conference on "Great Power Rivalries, Domestic Politics and Southeast Asian Foreign Policy: Implications for the United States", Held by the Dorothy Borg Research Program, Weatherhead East Asian Institute at Columbia University New York, NY on November 10-11, 2016.

2 Schweller, *Unanswered Threats*, p. 38.

3 Randy Fabi and Kanupriya Kapoor, "Indonesia's 'Red Scare' Stokes Unease Over Military'S Growing Influence," *Reuters*, May 18, 2016. Available at http://www.reuters.com/article/us-indonesia-military-idUSKCN0Y933F, 2017年7月30日登录。

4 Interview with KEMLU's Diplomat, *Jakarta*, April 26, 2016.

5 Departemen Hukum dan HAM Republik Indonesia (Indonesia's Ministry of Law and Human Rights), *Peraturan Menteri Pertahanan Nomor 33 Tahun 2012 Tentang Rencana Kerja Pertahanan Negara Tahun 2013* [Defence Minister Regulation no 33/2012], Jakarta: Indonesia's Ministry of Law and Human Rights, 2012, p. 12.

6 Andrew S. Erickson and Conor M. Kennedy, "China's Maritime Militia," *Foreign Affairs*, 23 June 2016, https://www.foreignaffairs.com/articles/china/2016-06-23/chinas-maritime-militia, 2017年7月30日登录。

中，这些民兵在国际水域中引起了数起摩擦，包括之前提及的2016年3月和6月的印尼海上巡逻艇相关事件。

其三，印尼的决策者担心他们所认为的中国在南海对国际法的漠视。例如，常设仲裁法院（PCA）2016年7月所做裁定判决“中国侵犯了菲律宾的主权”。[1]但北京拒绝此裁定。[2] 其四，印尼还担心中国在南海的行为会造成东盟分裂，而东盟一直是地区团结的基础。

精英间的冲突：直面威胁 vs. 部门利益

对安全挑战性质的不同认知，导致了政策优先顺序上的不协调——究竟该重视未来可能浮现的安全挑战，还是吸引中国投资之类的眼前考虑。外交部和印尼军方两个机构间的不同做法是一个好例子。当面对中国日趋明显的强硬姿态时，外交部更倾向于低调处理与中国的潜在紧张，而印尼军方则计划采取更具有进攻性的方针，如增强在纳土纳群岛的军事部署。[3] 2015年11月，与总统关系密切的政治、司法与安全事务统筹部长卢胡特·潘查伊坦（Luhut Pandjaitan），宣称若同中国的海上冲突无法以对话形式得到解决，就要将中国告到国际法庭（International Court of Justice）上去。[4] 印尼外交部发言人之后否定了此声明，并再次强调其既有立场——两国间不存在领土争端。[5]

对安全挑战性质的不同认知，导致了政策优先顺序上的不协调——究竟该重视未来可能浮现的安全挑战，还是吸引中国投资之类的眼前考虑。

与之类似，印尼武装部队总司令穆尔多克将军（Moeldoko）2014年4月在美国《华尔街日报》发表评论文章，在未同苏西洛总统和纳塔莱加瓦外长商量的情况下，就宣称要在南海采取更强硬的态度。[6] 穆尔多克的说法与外交部轻描淡写潜在冲突的努力大相径庭。这种不同观点并存的局面让印尼能维持现有立场，并

1 Permanent Court of Arbitration (PCA), *The South China Sea Arbitration*, The Hague: PCA, July 12, 2016, p. 10.

2 “Full Text of Statement of China’s Foreign Ministry on Award of South China Sea Arbitration Initiated by Philippines,” *Xinhua*, July 12, 2016, http://news.xinhuanet.com/english/2016-07/12/c_135507744.htm，2017年7月30日登录。

3 “TNI to Increase its Forces Around Natuna Waters,” *ANTARA News*, February 27, 2014.

4 “Indonesia Says Could Also Take China To Court Over South China Sea,” *Reuters*, November 11, 2015, http://www.reuters.com/article/us-southchinasea-china-indonesia-idUSKCN0T00VC20151111，2017年7月30日登录。

5 Randy Fabi and Ben Blanchard, “Indonesia Asks China to Clarify South China Sea Claims,” *Reuters*, November 12, 2015, http://www.reuters.com/article/us-southchinasea-china-indonesia-idUSKCN0T10KK20151112#FpxvFikQ4V2vr8eB.97，2017年7月30日登录。

6 Moeldoko, “China’s Dismaying New Claims in the South China Sea,” *Wall Street Journal*, April 24, 2014, http://www.wsj.com/articles/SB10001424052702304279904579515692835172248，2017年7月30日登录。

采取一种避免与中国直接冲突的立场。例如，印尼对常设仲裁法院决定的反应便非常低调。[1] 虽然一直有国内压力要求雅加达利用这一机会，并塑造东盟的集体共识来压中国接受裁定，但雅加达最终决定不采取任何行动。[2] 东盟最终也没有做出任何提及这一裁决的声明，也没有呼吁相关各方遵守决议。[3]

风险认知很大程度上也与精英的个性和政治资本有关系。例如，佐科总统受爪哇文化影响，其固有的实用主义和协调本性影响着雅加达对北京的态度。苏西部长个性则更直接，刚上任便取消了两周前签署的向中国购买1000艘大型拖网渔船的谅解备忘录。虽受到了某些政客以及其他方面的批评，还要面对影响两国外交关系的可能性，苏西部长仍坚持其决定，并主张过去的政策与本届政府所主张的新原则与政策相冲突，因为这些船的运载能力超过了1000吨，对海洋环境具有潜在的恶性影响。[4] 在这个背景下，便需要将个性看作一个能在印尼精英决策过程中发挥作用的要素，虽然本质上，其对双边关系的影响可能只是短期的。

虚张声势与红线政策：在变动的区域地缘政治中保持现状

没有任何一个爪哇人总统可以承受得起在国内民众面前被视为弱者和屈服于中国。在爪哇文化中，一个总统、一个父亲、一个部门领导或一个村社领袖都被视为其所在群体或机构的化身，因此不能将个人同其所代表的集团分开看。领导人的声誉像盾牌一样保护着社群的团结。但佐科总统需要来自中国的大量支持以实现其雄心勃勃的多项计划。为协调这些相互冲突的目标，佐科采取了混合策略，既虚张声势以安抚国内民众，也安抚中国表明印尼仍是一个有价值的伙伴。

为协调这些相互冲突的目标，佐科采取了混合策略，既虚张声势以安抚国内民众，也安抚中国表明印尼仍是一个有价值的伙伴。

2017年6月17日，印尼海军“伊玛·波吉383（KRI Imam Bonjol-383）”舰因扣押一艘悬挂中国旗帜的非法渔船“粤阳东渔（Han Tan

1 Evan A. Laksmana, “The Domestic Politics of Indonesia’s Approach to the Tribunal Ruling and the South China Sea,” *Contemporary Southeast Asia*, Vol. 38, No. 3, (2016), p. 382.

2 Tama Salim, “RI urged to Support Int’l Tribunal Ruling,” *The Jakarta Post*, July 11, 2016.

3 “Asean Will Not Make Statement on South China Sea Ruling: Diplomats,” *Strait Times*, July 14, 2016, http://www.straitstimes.com/asia/se-asia/asean-to-keep-mum-on-south-china-sea-ruling-diplomats，2017年7月30日登录。

4 Ministry of Marine Resources and Fisheries, “Maritime Alasan Kerjasama 1000 Kapal Super Purse Seine Cina Dibatalkan,”［Reasons of Termination of ‘1000 Super Purse Seine Ships’ Agreement with China］, April 15, 2016, http://kkp.go.id/2016/04/15/alasan-kerjasama-1000-kapal-super-purse-seine-cina-dibatalkan/，2017年7月30日登录。

Cou）19038”号，并逮捕了7名船员，与中国海监船只发生了对峙。[1] 6月23日，佐科总统同几位部长一起访问了纳土纳，并在停留于争端水域的“伊玛·波吉尔383”舰上召开了会议，做出了令媒体瞩目的外交姿态。这次会议后，印尼军方亦制订计划加强其在纳土纳群岛的军事部署。[2] 2016年10月3日，印尼空军也在南海某些岛屿附近举行了有史以来最大的军事演习，向外界展现力量，并强调其有能力保护富于天然气的纳土纳地区的主权。[3] 这些行动为佐科在国内政治上带来了明显的好处，印尼公众亦对他能摆出如此大胆的对华态度有所好评。[4] 2016年9月13日印尼战略与国际问题研究中心发布的国情调查表明，上述动作都加强了公众对佐科维护海洋主权的信心。按照该调查，73.6%的被调查民众支持政府在加强印尼海防上的强烈意愿，而69%的民众认为佐科的行动表明他决心使印尼在本地区发挥海上大国作用。[5]

即便只是一个象征性的强硬姿态，纳土纳访问后印尼各部门仍追加了一系列的澄清，如佐科总统再次强调印尼仍期待同中国建立强有力的外交关系。卢胡特·B. 潘查伊坦部长（Luhut）也发表安抚性声明，强调印尼对华没有敌意。[6] 外长马尔苏迪（Retno Marsudi）亦提及军事演习只是空军例行训练的一部分，印尼既没有对抗中国的意图，也并不想给外界留下在纳土纳积极进行军备建设的印象。[7] 这种各方高度配合的澄清模式也表明，军备建设和“活动筋骨”的尝试不针对中国，也不能被认定为是制衡行为。印尼对外确实展现出一副坚毅面孔，但

1 “Ministry Narrates Chronology of Chinese Fishing Boat in Natuna Sea,” *ANTARA News*, June 21, 2016, http://www.antaranews.com/en/news/105317/ministry-narrates-chronology-of-chinese-fishing-boat-in-natuna-sea，2017年7月30日登录。

2 “TNI to Increase Its Forces Around Natuna Waters,” *ANTARA News*, February 27, 2014, http://www.antaranews.com/en/news/92881/tni-to-increase-its-forces-around-natuna-waters，2017年7月30日登录。

3 “Indonesia air force holds its largest military exercise in South China Sea,” *Reuters*, October 4, 2016, http://www.reuters.com/article/us-southchinasea-indonesia-idUSKCN124OO9，2017年7月30日登录。

4 Agus Trihartono, “Diplomasi (Megafon) di Natuna: Langkah Kuda Presiden Jokowi,”［Strong Diplomacy in Natuna: President Jokowi's Maneuver］, *CNN Indonesia*, July 1, 2016, http://www.cnnindonesia.com/nasional/20160701102959-21-142315/diplomasi--megafon--di-natuna-langkah-kuda-presiden-jokowi/, 2017年7月30日登录。

5 “Dua Tahun Pemerintahan Jokowi: Optimisme Publik, Konsolidasi Kekuasaan, dan Dinamika Elektoral,”［Two Years Under Jokowi: Public Optimism, Power Consolidation, and Electoral Dynamic］, *CSIS Indonesia*, September 13, 2016, https://www.csis.or.id/uploaded_file/event/konferensi_pers__rilis_hasil_survei_nasional_csis___dua_tahun_pemerintahan_jokowi__optimisme_publik__konsolidasi_kekuasaan_dan_dinamika_elektoral__notulen.pdf, 2017年7月30日登录。

6 Prima Gumilang, “Indonesia Tegaskan Tak Berniat Konfrontasi dengan China”［Indonesia Clarifies That It Has No Hostile Intents Towards China］, *CNN Indonesia*, June 23, 2016.

7 The Ministry of State Secretariat of the Republic of Indonesia,［Setkab］“Menlu: Tidak Ada Konflik Perbatasan Dengan RRT,”［Foreign Minister: There is No Conflict In the Border With PRC］, *Jakarta: Setkab*, 6 October 2016, http://setkab.go.id/menlu-tidak-ada-konflik-perbatasan-dengan-rrt/, 2017年7月30日登录。

这一信号旨在实现两个目的：首先是安抚国内，表明印尼政府不会屈服于外国势力；再就是重申印尼同中国的战略距离。

红线问题

印尼精英们采用的策略显示，他们在同中国是否存在领土冲突、在塑造东盟对华共识上是否发挥领导作用缺少共识。同时他们也面临新的可能的冲突。本区域的安全环境受制于多个热点，印尼也担心失去战略自主性。东盟成员国在南海争端上无法达成共识，之前在达成2012东盟联合宣言上的区域合作失败也展示了这一点。而且，印尼也需要对中国的新主张做出反应，如2016年6月16日中国外交部发言人华春莹提出的纳土纳专属经济区位于中国“传统渔区”之内的主张。[1] 这将成为紧张局势的新来源，因为中国渔民会从该声明中得到此区域位于中国九段线领土内的提示。而印尼的困境在于，如果对这些渔船既不抗议也不制止，就意味着承认中国的九段线主张；若强烈反应，则与其否认存在领土争端的既有战略相冲突。因此印尼外交部亦鼓励其他单位不要做出否认以外的其他强烈反应。印尼外交部仍会继续否认中国方面提出的争端水域位于其“传统渔区”内的说法。[2] 随之而来的问题是，是否存在一条能统合印尼精英不同立场的“红线”和印尼精英在何种情况下将被迫对华采取制衡策略。

关于印尼在什么情况下会对华做出强硬反应，历史上有如下几个例子：第一种情况是中国干涉印尼内政的迹象。1967年，苏哈托取代苏加诺成为印尼总统后，指控北京介入1965年“9．30行动”，即那次由印尼共产党发动的流产政变，印尼中止了同中国的外交关系。印尼国内的很多力量，尤其是印尼军方，至今仍将这次事件解释为北京试图将印尼变成共产党附庸国。[3] 两国恢复关系后，印尼军方对它认为的任何干涉其国内事务的行为仍保持戒心。例如，在中国外交部批评1994年4月发生在棉兰的针对华人店铺和商业的骚乱行为后，印尼官方对此做出了强烈回应。[4] 第二种情况是当精英可以维持统合并就对华威胁行为达成实质共识之时，如印尼对纳土纳地区局势渐趋紧张的反应。也包括之前由于担心中国的意图，而在1995年12月18日背离其不结盟立场，同澳大利亚签署《共同安全合作协定》（Agreement on Maintaining Security，AMS）以升级两国防务关系的决

1 Ministry of Foreign Affairs of the People’s Republic of China, “Foreign Ministry Spokesperson Hua Chunying’s Remarks on Indonesian Navy Vessels Harassing and Shooting Chinese Fishing Boats and Fishermen,” June 19, 2016.

2 Interview With a High Ranking KEMLU’s Diplomat Who Is Also a Deputy of Maritime Sovereignty at the Coordinating Ministry of Maritime Affairs, *Jakarta*, April 22, 2016.

3 Storey, “Indonesia’s China Policy,” p. 145.

4 Storey, “Indonesia’s China Policy,” p. 154.

定。[1] 印尼不认为该条约是军事条约，但一些分析家注意到了中国在南海的强势是该条约得以签订的主要因素。[2] 该条约在1999年由于澳大利亚介入干涉东帝汶的国际制裁而被中止。[3] 即便如此，上述动作仍可看作是当印尼精英对中国威胁的认知存在共识时，印尼借助外力强化对华威慑的例子。

结 论

雅加达控制对华负面态度和合作实现共同目标的能力证明了两国关系的实用主义本质。上述解释也同样是印尼无法采取纯粹的制衡或追随强者战略的证据。在两国于1990年实现关系正常化后，印尼虽有时仍视中国为威胁，但尚未采取更强有力的行动，如以与其他外部力量结盟的方式获取助力，或针对性地致力于对华军事建设。但另一方面，印尼面对中国尚能维持战略自主与战略地位，这意味着印尼还是可以不采取追随强者的战略，也就不会引致该战略的传统结果——即向超级大国低头。印尼对华采取复合战略以实现其常常相互冲突的目标，其得到的好处包括经济和外交支持，以及保持其作为中立而诚实的中间人的位置。

印尼虽有时仍视中国为威胁，但尚未采取更强有力的行动，如以与其他外部力量结盟的方式获取助力，或针对性地致力于对华军事建设。但另一方面，印尼面对中国尚能维持战略自主与战略地位，这意味着印尼还是可以不采取追随强者的战略。

国内层次的变量如领导人目标、政治团结和国家结构，在影响印尼外交政策的选择上也发挥着重要作用。我们的研究支持新古典现实主义者如吉登·罗斯、柯庆生、威廉·沃尔弗斯和兰德尔·施韦勒等的观点。他们试图使用国内分析层次的自变量来解释国家行为。本项研究表明，印尼决策者不仅仅将外在因素或国家间的权力分配视为关键决策变量。国内变量如部门利益、领导人个性和个人利益，都在塑造中国—印尼大方向上具有影响力。印尼精英在中国威胁的性质和程度上观点不同。这源于他们对风险紧迫程度和严重程度看法不一致，而且他们会考虑如何回答中国是不是威胁这个问题会不会与部门利益冲突。

受历史包袱的影响，北京和雅加达关系仍充满模糊性和不确定性。印尼国内体系中行为体的多样性也让对华政策意见多种多样，而实用主义亦迫使雅加达继续坚持能带来多种政治利益的对华交往。这种交往仍是充满戒心的。大量的否决者在印尼复杂的国内政治环境中活动，要求印尼采取多样化的政策，而不是过度

1 Storey, "Indonesia's China Policy," p. 161.

2 Michael Leifer, "Indonesia's Encounters with China and the Dilemmas of Engagement," In Alastair Iain Johston and Robert S. Ross, eds., *Engaging China*, London: Routledge, 1999, p. 104.

3 Storey, "Indonesia's China Policy," p. 162.

依赖中国的支持。原因有三:(1)对中国的干涉仍然感到恐惧，这主要是受到军方仍相信中共与1965年的流产政变有关的影响;(2)可能在南海问题上与中国关系紧张;(3)本地区其他国家对印尼保持战略自主性和诚实中间人地位的期待。印尼国内的反华情绪有多个源头，公众对共产主义意识形态在印尼扩张的疑虑;印尼人和华人关系;以及印尼军队所持续发动的反对外国干涉的宣传。

将中国视为潜在威胁的观点一直都很流行，在海上冲突的背景下，上述因素在各种政治圈子中都能发挥作用甚至火上浇油。但这并不意味着北京和雅加达的关系就无法改善。双方都已经证明能彼此区分负面态度与负面行为，并能从更实用主义的角度看待双边关系。随着双方相互了解和理解的深入，双边关系也将进一步深化。两国学术机构和智库在这方面可以发挥作用。日本在深化本国对印尼的了解上投入很大，也非常成功，也因而在两国间建立起强有力、可持续的相互依赖关系。中国有雄厚的财力，在改善同印尼的关系上可以做得更好。

（李卓 译；师小芹 校）

中国与东盟的环境合作：历史、现状与未来

张洁清

内容提要：中国与东盟环境合作的历史显示，双方的环境合作虽然起步晚，但发展迅速，突出体现在双方的合作已从早期的零散交流发展到今天的机制化合作的新阶段，形成了以机制化为特征、以对话交流和能力建设为主要合作方式，以论坛、研讨会和培训班为主要合作载体的合作模式。展望未来，中国与东盟的环境合作面临如下机遇：稳定的政治互信为双方环境合作奠定坚实基础；蓬勃发展的绿色低碳发展国际潮流为双方环境合作指明合作的大方向；中国的“一带一路”倡议为双方环境合作提供强劲动力。与此同时，中国与东盟的环境合作也面临三大挑战：中国环境援助的能力和经验不足；东盟各国发展不均衡，利益诉求不一，区域整体合作协调难度大；中国政府各部门的合作资源分散，影响合作效果。未来进一步深化中国和东盟的环境合作需要采取以下措施：加强合作研究，提升自身能力，提高合作水平；进一步统筹合作资源；深化与东盟成员国的双边环境合作，“以点带面”推动中国与东盟的区域环境合作。

关键词：中国　东盟　环境合作　机遇与挑战

自1991年中国与东盟开启对话进程以来，双方关系迅猛发展，在短短二十几年的时间里，双方关系从对话伙伴跃升至战略伙伴，并在政治安全、经贸、人文社会等领域开展了卓有成效的合作。其中，环境合作正成为中国与东盟合作的新亮点。本文拟对中国与东盟环境合作的历史、现状和未来做简要分析。

张洁清　中国—东盟环保合作中心副主任。

一、东盟环境状况

东盟地区自然资源丰富，是世界上海洋资源最具多样性和最丰富的地区之一，作为拥有17万公里海岸线的地区，东盟的海洋渔业生产力占全球17%，东盟还是世界上拥有森林面积最多的地区之一，文莱、柬埔寨和马来西亚的国土面积一半以上被森林所覆盖。东盟还是世界上生物多样性最丰富的地区之一，虽然东盟面积只占全球的3%，但拥有全球超过20%的植物、动物和海洋物种。[1] 与此同时，东盟也是世界上人口密集度最高，经济最活跃，经济增长最快的地区之一。在1990—2010年的20年间，东盟国家的年均GDP增速为5.8%，而同期世界平均水平为3.4%。[2] 人口密集以及经济发展对自然资源的严重依赖带来对东盟地区自然环境的破坏。

东盟所面临的首要环境挑战是淡水和海洋生态系统的环境破坏。东盟因为其独特的地理优势，拥有丰富的淡水资源，然而由于人口增长，城市化进程加速，以及工业生产活动等因素的影响，多数东盟国家面临较为严重的水污染问题。

表1 部分东盟国家的水质状况[3]

国家	年份	水质状况
印尼	2008年	在受监测的33条河流中，54%受到严重污染
菲律宾	2008年	14%—28%河流的BOD排放量超过了限值
泰国	2008年	2007年48%的河流水质较差，2005年为29%
越南	1996—2001年	河流BOD超过了国家标准的2—3.8倍。

东盟是世界上热带海洋生物多样性中心，但东盟成员国对海洋资源的严重依赖导致海洋资源过度开发和海洋生物多样性的丧失。东盟25%的珊瑚礁因海岸带的开发受到严重威胁。[4]

陆地生态系统的退化和生物多样性的减少是东盟所面临的一项严重环境威

1 ASEAN Secretariat, "Fourth ASEAN State of the Environment Report 2009," October 2009, p.8 and p.56, http://environment.asean.org/wp-content/uploads/2015/06/Fourth-ASEAN-State-of-the-Environment-Report-2009.pdf. 2017-05-04.

2 Asian Development Bank Institute, "ASEAN 2030: Toward a Borderless Economic Community," 2014p.99, https://www.adb.org/sites/default/files/publication/159312/adbi-asean-2030-borderless-economic-community.pdf, 2017-05-04.

3 中国—东盟环保合作中心:《中国—东盟环境展望报告》，北京：中国环境出版社，第62页。

4 ASEAN Secretariat, "Fourth ASEAN State of the Environment Report 2009", p.46

胁。其中森林砍伐和气候变化是造成这一威胁的重要原因。据统计，东盟地区的森林面积在2000年至2007年期间每年以1.1%的速度递减，远高于世界平均水平0.16%。[1] 东盟是全球对气候变化影响最敏感和最脆弱的地区之一，气候变化使得东盟地区在旱季引发更多森林大火和森林病虫害，从而使濒危物种的生存条件逐步恶化，造成物种的灭绝。

东盟是全球对气候变化影响最敏感和最脆弱的地区之一。

跨境烟霾是长期困扰东盟的环境问题，近年来，随着人口增加、城市化和工业活动使大气污染，特别是颗粒物污染（PM10、PM2.5）成为多数东盟国家面临的严重大气质量问题。其中，工业和交通行业排放是影响东盟国家空气质量的重要来源。据统计，马来西亚电力部门排放了全国60%的二氧化硫和50%的PM，而交通部门排放了绝大部分的氮氧化物和35%的PM。[2] 在越南，交通是最大的污染源，对空气污染的贡献度达到70%左右。在全国范围内，交通工具排放了85%的一氧化碳，95%的挥发性有机化合物。[3]

随着人口增长和城市化进程加快，东盟地区产生的废弃物也在不断增加，对废弃物的处置管理能力不足使东盟中低收入国家遭受固体废物污染的困扰。例如，在马来西亚，2004年的城市固体废物达到870万吨，预计到2020年这一数字将增加到1570万吨。在印度尼西亚，2008年的城市固体废物达到1140万吨。

二、中国与东盟的环境合作进程

中国与东盟环保合作起步比较晚但发展速度快。1991年中国与东盟建立对话关系后的最初十年，双方合作以政治和经济贸易合作为主轴，环保合作没有被列入议程。随着双方合作的进一步发展，扩大合作领域成为双方的共识。2002年11月中国与东盟签署的《中国—东盟全面经济合作框架协议》中首次提出各缔约方同意合作应扩展到其他领域，其中包括环境领域。2003年中国与东盟签署《面向和平与繁荣的战略伙伴关系联合宣言》，强调“进一步活跃科学、环境、教育、文化、人员等方面的交流，增进双方在这些领域的合作机制”。

此后，历次中国—东盟领导人会议均谈及环境合作议题，并且在会议通过的联合宣言和行动计划中提出了许多具体的合作倡议（见表2）。

1 ASEAN Secretariat, “Fourth ASEAN State of the Environment Report 2009”, p.53.

2 Ibid., p.70.

3 Ibid., p.71.

表2　中国—东盟领导人会议关于环境合作的相关表态和政策建议

年份	会议 / 活动	环境合作相关表态和建议
2003年	第七次中国—东盟领导人会议	《面向和平与繁荣的战略伙伴关系联合宣言》：进一步活跃科学、环境、教育、文化、人员等方面的交流，增进双方在这些领域的合作机制。
2004年	第八次中国—东盟领导人会议	《落实中国—东盟面向和平与繁荣的战略伙伴关系联合宣言的行动计划（2005—2010）》：3.8环保合作章节，共提出5条具体合作倡议。
2007年（1月）	第十次中国—东盟领导人会议	温家宝总理："中方建议将环境合作纳入中国—东盟合作范畴，适时建立部长级对话机制。"
2007年（11月）	第十一次中国—东盟领导人会议	温家宝总理："我们愿同东盟探讨制订《中国与东盟环保合作战略》。"中方将于明年建立"中国—东盟环保合作中心"，建议适时建立中国—东盟环境部长会议机制，为建设资源节约型和环境友好型的东亚共同努力。
		会议决议：将环境保护列为中国—东盟领导人会议机制下第十一个重点合作领域。
2009年	第十二次中国—东盟领导人会议	温家宝总理提出"尽早通过《中国—东盟环保合作战略》，加强在生物多样性保护、生态保护、清洁生产、环保产业、新能源和可再生能源等领域的合作。中国将在未来三年内为东盟国家培训100名环境官员。"
2010年	第十三次中国—东盟领导人会议	温家宝总理：双方要根据《中国—东盟环保合作战略》，尽快制订行动计划，发挥中国—东盟环保合作中心的作用，探讨开展"中国—东盟绿色使者计划"活动，扎实推进在循环经济、绿色经济、节能环保等领域的交流与合作。
		《中国和东盟领导人关于可持续发展的联合声明》：支持发挥中国—东盟环保合作中心的作用，积极落实《中国—东盟环保合作战略2009—2015》，特别是在通过与东盟生物多样性中心合作保护生物多样性和生态环境、清洁生产、环境教育意识等领域开展合作，支持《东盟环境教育行动计划2008—2015》及环境可持续城市，共同努力实现人与自然和谐发展。
		《落实中国—东盟面向和平与繁荣的战略伙伴关系联合宣言的行动计划（2011—2015）》：3.7环境合作章节，共提出9条具体合作倡议。

续表

年份	会议/活动	环境合作相关表态和建议
2011年	第十四次中国—东盟领导人会议	《纪念对话关系二十周年/第十四次中国—东盟领导人会议联合声明》：我们将加倍努力，分享经验，以应对气候变化、环境保护和可持续发展等挑战，并在国际气候变化谈判中加强对话与合作。
2013年	第十六次中国—东盟领导人会议	李克强总理：我们还将提出中国—东盟环保产业合作倡议，建立中国—东盟环保技术和产业合作交流示范基地。
2014年	第十七次中国—东盟领导人会议	李克强总理："中方建议启动制定中国—东盟环保合作战略(2016—2020)，分享科技创新和生态建设成果。"
2015年	第十八次中国—东盟领导人会议	李克强总理："希望双方早日通过《中国—东盟环境合作战略(2016—2020)》，建设环保信息共享平台，探讨建立中国—东盟生态友好城市发展伙伴关系，携手实现绿色发展。"
		《落实中国—东盟面向和平与繁荣的战略伙伴关系联合宣言的行动计划（2016—2020）》：文件中3.6环境保护章节，共提出11条具体合作倡议。
2016年	第十九次中国—东盟领导人会议	《第19次中国—东盟领导人会议暨中国—东盟建立对话关系二十五周年纪念峰会联合声明》：我们将继续深化在环境保护、可持续发展、土地和水资源管理、生物多样性保护等领域合作，应对跨境挑战。我们将在国际气候变化及其他与环境相关谈判中加强对话合作。

资料来源：作者整理。

在双方政治承诺的基础上，中国与东盟于2004年开始启动对话交流活动。2004年8月，原国家环保总局（现环境保护部）与东盟在海南省三亚召开了中国—东盟环境政策对话研讨会，双方对中国与东盟各国的环境政策进行了交流，并就中国—东盟环境合作未来发展和优先领域达成了一致。此次会议标志着中国与东盟的环保合作进程正式开启。

2006年和2007年，中国与东盟又陆续举办了一系列研讨活动，双方在环境管理、环境影响评价、环境技术和清洁生产、环境教育及公共环境意识、可持续发展等方面展开对话和交流，从而增进了双方的了解与沟通，为双方进一步深化合作奠定了基础。但是，由于缺乏稳定的资金来源和固定的合作机制，双方合作局限在政策、经验的对话和研讨方面，合作形式相对单一，合作缺乏系统性。

2007年是东盟成立40年，这一年，环境保护被列为中国—东盟领导人会议机制下第十一个重点合作领域。11月，第十一次中国—东盟领导人会议在新加坡举行。时任中国总理温家宝在会上提出："愿同东盟探讨制订《中国与东盟环保合作战略》，中方将于明年建立中国—东盟环保合作中心，建议适时建立中国—东盟环境部长会议机制，为建设资源节约型和环境友好型的东亚共同努力"。[1]

2009—2010年是中国—东盟环保合作从零散合作走向机制化合作的关键年份，期间发生了两个重大事件。一是2009年，根据时任中国总理温家宝的倡议，中国与东盟共同制定了《中国—东盟环境保护合作战略2009—2015》(以下简称"合作战略")，作为双方开展环境合作的指导文件。合作战略确立了双方合作的优先领域，包括环境意识提高，环境无害化技术、环境标志与清洁生产，生物多样性保护，环境管理能力建设等六大领域，明确了实施安排和资金机制。二是2010年，环境保护部成立了中国—东盟环境保护合作中心，负责推动中国—东盟环保合作并实施合作战略。

从此，中国东盟环保合作进入快车道。为确保合作战略的落实，2011年和2013年，双方又先后制定并通过了《中国—东盟环境保护合作行动计划(2011—2013)》和《中国—东盟环境合作行动计划(2014—2015)》。行动计划明确了在合作战略所确定的六大优先领域下计划开展具体行动，包括每年举办中国—东盟环境合作论坛、开展中国—东盟绿色使者计划、联合研究并出版《中国—东盟环境展望报告》等。

在合作战略和行动计划框架下，双方重点推进了环境政策对话与交流、生物多样性与生态保护、环保产业与技术交流、环境管理能力建设、联合研究等领域的合作。自2011年起，围绕双方共同关注的环境问题，由中方与东盟秘书处合作，已经连续举办了六届"中国—东盟环境合作论坛"，中国政府部门、科研机构、企业及东盟各成员国代表和国际机构、非政府组织等逾千人参加了论坛。论坛为中国与东盟之间开展环境政策高层对话，促进双方交流搭建了重要平台。2011年10月，旨在推动公众环境意识提高和能力建设的培训项目"中国—东盟绿色使者计划"启动。培训面向东盟国家的政府官员、青年和产业界人士，截至2016年，培训人数超过500人次。为推动生物多样性保护，双方共同编制了"中国—东盟生物多样性与生态保护合作计划"，举办系列研讨活动以支持东盟国家提高制定和实施生物多样性保护的政策和行动能力。在环保产业和技术合作方面，中方主导编制了《中国—东盟环境技术与产业合作框架》，为双方加强环保技术和产业合作提供了路线图，并建设了中国—东盟环保技术和产业示范基地(详见表3)。

---

1 温家宝:《扩大合作 互利共赢——在第十一次中国与东盟领导人会议上的讲话》,2007年11月20日，新加坡，http://news.xinhuanet.com/newscenter/2007-11/20/content_7116831.htm, 2017-05-04。

表3　中国—东盟环境合作进展一览表

年份	会议 / 活动	活动领域
2004年	第一次中国—东盟环境政策对话研讨会	环境政策
2006年	中国—东盟环境管理研讨会	环境管理
2007年	中国—东盟环境标志和清洁生产研讨会	环境标志和清洁生产
	中国—东盟环境影响评价及战略环境影响评价研讨会	环境影响评价
2008年	中国—东盟环保合作战略国际研讨会	环保合作
2009年	通过《中国—东盟环境保护合作战略（2009—2015）》	环保合作
2010年	成立中国—东盟环境保护合作中心	环保合作
	中国—东盟绿色产业发展和合作研讨会	绿色产业
2011年	通过《中国—东盟环境保护合作行动计划（2011—2013）》	环保合作
	1）中国—东盟环境合作论坛2011：创新与绿色发展； 2）中国—东盟绿色使者计划启动并举办绿色使者计划第一期培训活动	环保合作、环境执法
2012年	1）中国—东盟环境合作论坛2012：生物多样性与区域绿色发展； 2）中国—东盟绿色使者计划框架下五期培训活动； 3）实施第一期中国—东盟生物多样性与生态保护合作计划	生物多样性、绿色发展、绿色经济
2013年	通过《中国—东盟环境合作行动计划（2014—2015）》	环保合作
	1）中国—东盟环境合作论坛2013：区域绿色发展转型和建立伙伴关系； 2）中国—东盟绿色使者计划框架下两期培训活动； 3）加强东南亚国家制定和实施2011—2020生物多样性保护战略和实现爱知目标能力项目	环保合作、绿色发展、绿色经济与城市环境管理、绿色大学、生物多样性
2014年	1）中国—东盟环境合作论坛2014：可持续发展的国家战略和区域合作； 2）中国—东盟绿色使者计划框架下一期培训活动； 3）发布《中国—东盟环保技术和产业合作框架》； 4）中国—东盟环保产业合作研讨会	环境影响评价、环保技术和产业合作
2015年	1）中国—东盟环境合作论坛：环境可持续发展政策对话与研修； 2）中国—东盟绿色使者计划框架下两期培训活动； 3）实施第二期中国—东盟生物多样性与生态保护合作计划； 4）中国—东盟生态友好城市发展伙伴关系研讨会	环保合作、水污染防治、工业污染防治、生物多样性、生态城市

续表

年份	会议 / 活动	活动领域
2016年	通过《中国—东盟环境保护合作战略（2016—2020）》	环保合作
	1）中国—东盟环境合作论坛2016：绿色发展与城市可持续转型； 2）中国—东盟生态友好城市发展伙伴关系示范合作研讨会； 3）中国—东盟滨海湿地生态保护与修复技术合作论坛； 4）与东盟国家合作，共同编写《中国—东盟环境展望报告》 5）中国—东盟绿色使者计划框架下四期培训活动	绿色发展与城市可持续转型、生态城市、海洋生态保护、环境政策

资料来源：作者整理。

综上所述，中国与东盟的环境合作已形成以机制化为特征、以对话交流和能力建设为主要合作方式，以论坛、研讨会和培训班为主要合作载体的合作模式。

三、深化中国与东盟环境合作面临的机遇与挑战

从2004年中国—东盟环保合作进程正式启动算起，中国与东盟的环境合作在过去十几年的发展历程中经历了从无到有，从零散政策对话到形成固定和常态化的交流机制的重大变化。今年是中国与东盟机制化环境合作的第八个年头，回顾过去七年的合作历史，无论从合作的参与人数、内容的多样性还是合作效果来看，双方的环境合作堪称成效显著。但是，我们应该清醒地意识到，过去七年的中国—东盟环境合作模式，由于其单一化的合作类型，合作效果已开始呈现递减趋势。

由于单一化的合作类型，中国—东盟环境合作的效果已开始呈现递减趋势。

当前，中国正在以更加积极主动的姿态参与国际环境治理进程，并希望通过南南环境合作介绍中国的环境技术和标准，阐述中国的环境问题解决方案；同时，中国“一带一路”倡议的提出与实践也使发展中国家普遍对与中国开展环境合作有更高的期待。在此背景下，以政策对话、能力建设为主的单一合作模式显然越来越难以满足双方对环境合作的期待。因此，如何使合作方式更加多元，合作内容更加深化成为摆在我们面前的重要课题。寻找这一问题的解决方案，机遇与挑战并存。

就机遇而言，主要有以下三点：

第一，政治互信为双方环境合作奠定坚实基础。经过二十五年持续对话与深入合作，中国与东盟积累了深厚的政治互信基础，双方关系从过去的“黄金十

年”已经步入起点更高、内涵更广、合作更深的“钻石十年”。[1] 这为双方环境合作打下坚实政治基础。

第二，绿色发展国际潮流助推双方环境合作。从国际层面看，自2008年联合国环境规划署提出绿色经济理念以来，各国都在积极探索自己的绿色经济转型模式，绿色发展概念被国际社会普遍接受。2015年9月，联合国可持续发展峰会通过的《2030年可持续发展议程》成为指导国际社会未来十五年经济、社会和环境发展的纲领性文件，《2030年可持续发展议程》通过17个可持续发展目标和169个子目标的设立，进一步明确了可持续发展必须是经济、社会和环境三者融为一体的综合发展，环境纳入了经济、社会发展的主流。国际社会对环境保护前所未有的关注使国际环境合作成为大势所趋。

第三，“一带一路”战略为双方环境合作提供强劲动力。2013年10月，习近平主席倡议与东盟共建“21世纪海上丝绸之路”，为中国—东盟合作的长远发展指明了方向，得到东盟国家积极响应。2015年3月，中国政府发布了《推动共建丝绸之路经济带和21世纪海上丝绸之路的愿景与行动》，文件强调，“要在投资和贸易中突出生态文明理念，加强生态环境、生物多样性和应对气候变化合作，共建绿色丝绸之路”。绿色丝绸之路建设的总体要求意味着生态环保合作势必会成为“一带一路”建设中重要的合作内容，从而推动双方环境合作逐步迈入双方政治、经贸合作的舞台中央。

东盟从区域到国家层面对环境保护的日趋重视激励双方环境合作的进一步深化。近年来，东盟人口快速增长，工业化、城市化进程加快，对区域资源环境所造成的压力和损害趋势东盟在区域层面采取联合行动，推动本区域的环境保护和资源的可持续利用。如建立东盟环境部长会议机制，召开多次环境部长会议，讨论东盟地区的环境问题与对策，发表诸多有关环境行动的宣言，并制定《东盟环境战略行动计划》。在国家层面，随着经济发展，从政府到民众越来越重视环境问题，各国纷纷采取多种举措推动本国的可持续发展。然而，东盟成员国中以发展中国家为主，还包括最不发达国家，环境保护能力不足，基础薄弱。以缅甸为例，缅甸政府2011年才成立环境保护和林业部，2012年才制定环境保护法和环境保护条例。[2] 因此，东盟对环境合作的意愿较高、需求旺盛。这也是双方环境合作起步晚、发展快的一个重要原因。

就面临的挑战而论，主要包括：

第一，环境援助能力、经验不足是当前合作形式单一的一个主要原因。中国作为发展中国家，长期以来都是国际环境合作的受援国，以“引进”资金和技术

1 李克强：《在第十七次中国—东盟（10+1）领导人会议上的讲话》，2014年11月13日，缅甸内比都，http://news.xinhuanet.com/world/2014-11/14/c_1113240171.htm, 2017-05-04。

2 缅甸自然资源与环境保护部保护司处长尼尼昂在“中国—东盟环境合作论坛”上的发言。

为主。近年来，随着国际政治经济格局的变化和中国经济实力的提升，中国逐渐成为南南环境合作的倡导者和主要实施者，开始“输出”资金和技术。然而在短时间内，我们还未培养出熟知国际合作规则、援助经验丰富的人才开展环保援助活动，因为缺乏经验和能力，难以设计出形式多样的合作模式，合作内容未能充分考虑受援地区的实际需求，所以导致当前的合作模式和内容仍然较为单一，阻碍了合作的进一步深化。

第二，东盟各国发展不均衡，利益诉求不一，区域整体合作协调难度大，区域合作只能选择具有普适性的领域。东盟内部既有被称为亚洲“四小龙”之一的新加坡，也有被联合国列为世界上最不发达国家之一的缅甸，不同的经济发展水平决定了不同的环境合作意愿和环境合作重点。这一现实情况使中国在与东盟整体开展合作时，很难做到务实和具有针对性，只能以普遍性的环境管理能力建设应对各国特殊的环境挑战。

第三，合作资源分散，未能形成合力，影响合作效果。根据部门分工，中国与东盟所开展的区域环境合作由环保部牵头组织开展，合作资金主要来源于中央财政及中国政府设立的中国—东盟合作基金和亚洲区域专项合作资金，资金规模不大，以能力建设、联合研究和对话交流为主，我们也称之为“软项目”。商务部负责中国的对外援助项目，主要为具体的投资项目，我们可称之为“硬项目”。两部门均在各自传统业务范围内推进工作，“软、硬项目”之间缺乏协调配合，导致合作资源分散，影响合作效果。

“软、硬项目”之间缺乏协调配合，导致合作资源分散，影响合作效果。

四、进一步深化中国与东盟环境合作的几点思考

为充分抓住当前良好的合作机遇，积极应对合作中的挑战，使合作更好满足双方期待，拟提出以下对策建议。

第一，要加强合作研究，提升自身能力，提高合作水平。当前，中国正在从先进环保理念和技术的“引入方”逐渐过渡成为“输出方”，如何使合作既满足对方需求又符合中国的利益，要求我们既要深入了解合作伙伴的环境状况、合作需求，又要熟知国际合作规则，以灵活多样的方式设计合作项目，实现合作目标。作为第一步，我们应首先深入学习、研究发达国家过去几十年开展环境援助的成功经验，尽快提升自身在这方面的能力。

第二，需要进一步统筹合作资源。国内涉及与东盟及东盟国家开展环境合作的各部门应加强统筹协调，既避免重复安排项目，也避免合作资金安排过于零散，从而提高合作资源的利用效率，实现协同增效。

第三，通过深化与东盟国家的双边合作，“以点带面”推动中国与东盟的区域合作。东盟地区作为一个区域整体与我国开展了一系列环保合作活动，但中国

与东盟内部国家之间所开展的双边活动却并不多。东盟内部各国经济社会发展水平不一，面临环境挑战、环保需求也有很大不同。未来在开展区域合作的同时注重与东盟国家的双边合作，在一些国家开展环保政策、标准、技术的试点示范工作，一方面有助于推动中国环境管理经验、理念及环保技术实实在在落地，另一方面也可以通过这种“以点带面”的方式进一步深化我们与东盟的区域合作。

中国对非援助与国际合作：理念、历史与挑战

李安山

内容提要：随着中非关系的快速发展，中国对非援助作为国际学术界的热点最近又有所回升。本文通过对西方援助体系和中国援非理念与历史的勾勒，力图分析比较西方援助与中国援助的类型与特点。中国强调互相平等的观念，认为援助是双向的，并在实施过程中不附带任何政治条件，从而达到合作共赢共同发展的目的。在新形势下，中国与非洲的发展合作必须适时应变。中国应有高举国际发展合作道义旗帜的勇气和魄力，推动改革不合理的国际援助体系，努力完善发展援助与合作的机构和机制。国际发展合作既是代表国家利益的行为，也是为人类共同体提供公共产品的实践，中国应该在这方面为打造人类命运共同体而大胆创新。

关键词：国际援助体系　中非关系　中国援助理念　国际发展合作　南南合作

在中非关系的发展过程中，中国对非洲的援助曾长期成为西方政府和国际学者关注、评论、批判和攻击的对象。[1] 由于中国与非洲合作进展顺利，成果丰硕，特别是在非洲诸国进行的多次民调显示出非洲人对中国的印象比较正面，对中非关系的非议和指责近两三年来相对消停了一段时间。[2] 然而，2017年3月1日出版的英国《国际事务》（*International Affairs*）杂志刊登的一篇文章重拾这个话题，

李安山　北京大学国际关系学院教授。

1 参见李安山：《中非关系研究中国际话语的演变》，《世界经济与政治》，2014年第2期，第19—47页。

2 2015年皮尤研究中心有关"对中国的意见"民调显示，九个非洲国家的大多数人都对中国持正面态度。"Opinion of China", http://www.pewglobal.org/database/indicator/24/survey/17/，查阅日期：2017年4月24日；2016年非洲晴雨表在36个非洲国家进行的有关中国印象的民意调查表明，63%的民众对中国持积极正面的看法。"Here's What Africans Think about China's Influence in Their Countries"，28 October 2016；http://www.afrobarometer.org/blogs/heres-what-africans-think-about-chinas-influence-their-countries；查阅日期，2017年4月24日。

并使用了一个颇有深义的标题:《中国正在削弱传统捐助国在非洲讨价还价的能力吗?》，于是，有关中国对非援助的话题再次涌现。该文作者黑利·斯韦德伦德（Haley J. Swedlund）通过对西方捐助国高官的采访及对三个非洲国家（加纳、坦桑尼亚、乌干达）的实地考察后得出的结论，似乎能够打消西方政界和学界近10年来一直心存的担忧。她认为，有关中国削弱西方捐助国讨价还价能力的观点言过其实，非洲国家在很大程度上仍依赖传统捐助国。中国在非洲的影响力虽有增长，但并未从根本上改变西方传统捐助者的地位。[1]

如何客观评价以西方为代表的国际援助体系?中国对非洲援助与西方对非洲的援助有哪些区别?中国对非援助面临的挑战又是什么?这些是本文作者希望探讨的问题。本文所定义的“西方援助”，主要包括欧洲国家的传统经济型援助（以英国为例）和美国主导的强调意识形态的地缘政治性援助。

一、西方对外援助：类型与特点

从合作到援助 近代国际体系建立以来，“合作”成为国与国之间使国际秩序在和平中持续的必要形式。这种合作的意愿导致了欧洲大陆各种联盟的建立和协议的签订。从全球的范围看，第一次世界大战之后国际联盟（League of Nations）的成立是这种合作的初次体现。然而，国家的版图有大有小，综合实力有强有弱，发展程度有高有低，这种差别在合作过程中的权力分配上体现出来。

第二次世界大战结束以来，联合国的建立是国家间合作在新的基础上的体现。美国作为最具实力的战胜国在国际合作过程中享有了主导权。布雷顿森林体系的制定为国际金融合作定下了基调，为了欧洲重建而启动的马歇尔计划不仅确立了美国在世界新秩序中的领导作用，也断然将国际合作从“合作”的性质转向了“援助”的性质。然而，随着欧洲国家的复兴，有着殖民主义经验的欧洲国家将已经建立的不平等的合作关系进一步演变为有利于自身发展的援助关系。尽管以前在殖民帝国内部也提及所谓的“援助”，但将这种方式正式纳入国际关系则完全是二战后的现象。[2] 一种新的外交手段悄然渗透到传统的了国际体系之中。

西方对外援助的类型 西方援助的目的虽然有多种，但类型主要有两种，即以英国为代表的欧洲传统型经济援助和以美国为代表的地缘战略型援助。

传统经济型援助：这种援助在欧洲国家中较典型，包括三方面：殖民国家以促进殖民地发展的名义对殖民地进行投资开发，前宗主国或发达国家为维护自身优势对发展中国家的援助，出于救赎目的实施的慈善援助。这种援助有三个特

---

1 Haley J. Swedlund, “Is China Eroding the Bargaining Power of Traditional Donors in Africa?” *International Affairs*, (2017) 93 (2), pp.389-408.

2 参见李小云:《国际发展援助背后的真相》,《国际援助》，2016年第1期，第42—47页。

点，自以为是的道德制高点和合法性依据，发展中国家须遵循发达国家制定的发展模式（包括政治制度），发展中国家须满足一些条件以维持援助国的主导地位或自身经济利益。

以英国为例：早在殖民主义时期，英国为开发殖民地多次颁布法令，如1929年的《殖民地开发法》，1940年的《殖民地开发和福利法》以及1945年修订后再度颁布的《殖民地开发和福利法》。[1] 1940年，经殖民大臣马尔科姆·麦克唐纳（Malcolm McDonald）提议，"殖民地开发和福利法案"在议会通过，决定每年将500万英镑用于殖民地今后10年的发展，同时每年将50万用于殖民地问题研究。1945年，《殖民地开发和福利法》得以延续，金额增加到每年1200万英镑。这些法律的基本目的在于稳定殖民地人心，更好地利用殖民地资源。[2]

二战后席卷亚非拉的独立浪潮使大英帝国不复存在，但英国利用原宗主国地位加强对原殖民地的各种支配，援助是重要手段之一。1964年英国成立了海外发展部（Ministry of Overseas Development），从此开始较大规模援助非洲，大致经历了三个阶段：1964年到1970年以促进非洲经济发展为目标，主要提供技术援助，体现为大量的技术援助和技术合作项目，且94%的受援者为前殖民地。[3] 20世纪80年代到90年代的中期，英国响应世界银行和国际货币基金组织（IMF）号召，推行"有条件援助"（即如果受援国不能履行承诺或援助资金被滥用，英国有权取消或暂停援助），捆绑援助（即受援国的进口商品和服务必原产自英国）也是此时期的特点。[4] 捆绑援助规定广受批评，于2001年废除。20世纪90年代中期起，英国援助政策发生重大调整，1997年成立国际发展部（Department for International Development, DFID），从关注经济发展转向社会发展，从直接生产部门的经济技术援助转向社会领域援助。[5] 2000年以来，英国对非援助依据2000年联合国首脑会议制定的"千年发展目标"进行，并确定"在贫穷国家消除贫困

---

1 关于英国的殖民地发展援助诸计划，参见张顺洪等著：《大英帝国的瓦解——英国的非殖民化与香港问题》，北京：社科文献出版社1997年1月第1版，第47—67页。

2 李安山：《不列颠帝国的崩溃——论英国'非殖民化'的计划问题》，《历史研究》，1995年第1期，第183—185页。

3 值得注意的是，在保守党执政的70年代前期，莱索托、博茨瓦纳、加纳、肯尼亚、马拉维、尼日利亚、斯威士兰、乌干达和赞比亚九个非洲国家所得援款分别占到总援助额的4%以上（肯尼亚高达24%），九国合计所得援款超过总援款的87%；S. Alex Cunliffe, "British Economic Aid Policy and International Human Rights: a Comparative Analysis of Conservative and Labour Policies in the 1970s," *Political Studies*, 33, 1985, pp.106-107.

4 O Morrissey, "The Impact of Multilateral and Tied Bilateral Aid on the UK Economy," *Journal of International Development*, 2(1), 1990, pp 60-76; Tony Killick, "Policy autonomy and The History of British Aid to Africa," *Development Policy Review,* 23: 6 (2005), pp.669-670.

5 Gordon D. Cumming, "British aid to Africa: A Changing Agenda?" *Third World Quarterly,* 17:3（1996）, pp.487-501; 田德文：《国家利益至上——解析英国对外援助政策》，《国际贸易》，2001年第9期，第27—31页；田德文：《英国：对外援助与国家利益》，《欧洲研究》，2002年第6期，第16—24页。

尤其是到2015年实现千年发展目标”。英国一直自认在国际援助上发挥着领导作用。尤其在推动发达国家援助非洲减贫和消减非洲债务、促进公平贸易等问题上比较积极。不管英国政府如何自我标榜，对英国援非历史的研究表明：尽管不同时期不同因素对英国国际援助政策起作用，但持续发挥影响的两个重要因素是英帝国的殖民历史和保持对非贸易与投资的优势。[1]

地缘政治型援助：这是为地缘政治争夺而实施的援助。美国在冷战时期的援助属于这一典型（有些西方国家的援助也时常带有这种倾向），这种援助的特点与前一种类型一样，即要求受援方遵循发达国家的发展模式并满足援助者制定的条件，其主要目的是通过政治—经济结盟以孤立或击败对手。这种援助在美国二战后的对外政策中起了十分重要的作用。美国的援外计划包括根据美国国会批准的各种方案进行的拨款。举其要者，1947年5月美国国会通过“军事经济援助希（腊）土（耳其）法案”，[2] 1947年5月22日，该法案由杜鲁门总统正式签署。根据该法案，1947—1950年，美国援助希、土两国6.59亿美元，由美国出钱出枪，重新武装和改编希腊政府军队。1948年，美国通过“经济合作法案”，即美国战后援助欧洲国家的“马歇尔计划”，也称为“援助”法案[3]。1949年成立北大西洋公约组织后，美国批准了“联防互助法案”，开始援助北大西洋公约国家。1950年，美国通过“国际开发法案”，即“第四点计划”，或“技术援助法案”。[4] 1951年，美国批准的“共同安全法案”将军事、经济和技术援助归并为一个计划。1957年3月，美国国会根据艾森豪威尔主义批准了“援助中东国家法案”……[5] 冷战时期美国的国际援助有三个目的：遏制苏联、与欧洲加强联系并竞争、倾销剩余农产品。[6]

冷战结束后，非洲并未成为美国对外战略的重点，20世纪90年代美国援非款项平均每年只有11亿美元。1998年克林顿总统的非洲之行标志着美国转变对

---

1 Tony Killick, “Policy Autonomy and The history of British Aid to Africa,” *Development Policy Review,* 23: 6 (2005), pp.665-681.

2 1947年3月12日，美国总统杜鲁门在国会联席会议上发表的学说中宣布：美国将援助维护自己的自由制度而反对以建立极权制度为目的的任何运动的“自由民族”。他号召援助自由力量以镇压希腊和土耳其的解放运动。这个外交政策方针在文献中称为“杜鲁门主义”。

3 1947年6月5日，时任美国国务卿马歇尔在哈佛大学演讲时宣布了美国在经济上援助欧洲国家的4年援助计划（1948—1951年），这在文献中被称为“马歇尔计划”。

4 1946年1月20日，杜鲁门总统在就职演说中提出了对落后国家的“新的大胆的计划”，这个计划实称为“杜鲁门第四点计划”。有关“第四点计划”的分析，参见〔瑞士〕吉尔贝·李斯特著，陆象淦译:《发展的迷思——一个西方信仰的历史》，北京：社会科学文献出版社2011年，第64—74页。

5 冷战时期苏联的援助既有国际主义的理想，也有地缘政治的成分。

6 这种做法主要是通过《480号公法》进行。1961—1967年“粮食用于和平”计划中的款项占对非援助的36%。1987年通过的“粮食用于发展”援助计划也体现了这一目的。20世纪80年代后期也对埃塞等遭受旱灾的非洲国家进行大量粮食援助。梁根成:《美国与非洲》，北京大学出版社，1991年，第69—72页。

非政策，体现在减少直接援助，更加重视对非贸易和投资。[1] 美国开始在非洲挑战法国的利益，双方争斗被学者称为“新冷战”。[2] 2000年，美国推出《非洲增长和机会法》(The African Growth and Opportunity Act, AGOA)，对多种非洲产品减免关税。至此，美对非政策由冷战时期重政治转向后冷战时期重经济的调整基本成形。[3] “9·11事件”迫使美国从逐步脱离的做法转为积极干预政策，援助随之跟上。美国对外援助的主要目的，除了继续推行美国价值观与发展模式以及重点照顾美国企业的利益外，还有反恐、与竞争对手或潜在对手争夺市场等其他因素。

西方对非援助的特点 资深发展援助学者卡尔德利斯(Robert Calderisi)在分析西方国家对非洲的援助不成功的原因时，将主要责任归咎于非洲国家的领导人。[4] 这一观点值得商榷。我认为，西方国家援助非洲失败的主要原因也在于其理念。其一，经济利益至上。援助完全是为了援助方自身的利益特别是其经济利益，马歇尔计划如此，英法对非洲的援助也是如此。其二，输出其价值观与发展模式。这在西方与苏联争夺新独立的亚非国家主导权的冷战时期，表现得非常清晰。冷战后，这种援助在与新兴国家竞争时仍然十分明显。这样做的目的只有一个：永远保持发达国家在世界政治经济格局中的统治地位。

西方国家援助非洲失败的主要原因是援助方自身利益至上、输出其价值观与强推其发展模式。

西方国家将援助作为工具，为了自己国家的经济积累而阻挠受援国有效的经济发展，提供援助时附带有利于援助国而不利于受援国的各种经济条件，甚至力图使受援者产生援助依赖。例如，世界银行及国际货币基金组织在借贷条件上强迫加纳开放国内稻米市场，加上世贸组织施行不公平的贸易规则，以致大量美国廉价大米进入加纳。尽管加纳农民生产的糙米营养价值较高，但加纳人宁愿选择从受美国政府补贴生产的廉价米。[5] 非洲棉农几乎被享受美国补贴的棉花摧毁。非洲33个国家共有2000万棉农依靠种植棉花为生。自2003年以来，西非的棉花价格逐年下跌。在美国，每英亩棉花地享受政府补贴230美元；2004—2005年度，美国政府共补贴棉农42亿美元，同年，布基纳法索的棉花虽获得丰收，却遭受8100万美元的损失。“华盛顿每年向这些农民提供的补贴仍然高出向非洲提供的援助许多倍”，“他们因此能够轻而易举地击败来自发展中国家的竞争对

1 Peter J. Schraeder, “Trends and Transformation in the Clinton Administration’s Foreign Policy Toward Africa (1993-1999)”, *Issue: A Journal of Opinion*, 26:2(1998), p.16.

2 关于美国对法国在非洲利益的挑战，可参见X. Renou, “A Major Obstacle to African Unity: A New Cold War in Africa,” in E. Maloka, ed., *A United States of Africa?* Pretoria: Africa Institute of South Africa, pp.419-444。

3 杜小林:《冷战后美国对非政策的演变、特点及趋势》,《现代国际关系》,2006年第3期，第11—15页。

4 Robert Calderisi, *The Trouble with Africa: Why Foreign Aid Isn’t Working*, Palgrave Macmillan, 2006.

5 “Crisis in Ghana”, *Oxfam Hong Kong Annual Review 2005–2006*, p.9.

手”。非洲棉花生产者协会主席弗朗索瓦·特拉奥雷在谈到美国补贴时表示：“造成这种局面是在犯罪。那些连美国在何处都不知道的家庭深受其政策之害。我们不是他们的敌人，他们为什么要用自己的财富毁掉我们？有朝一日我们面对同一个上帝的时候，他们如何解释自己的行为？”他谴责了这一行为：“我不愿意追溯历史，但我情不自禁地想起与美国关系差正是从他们到非洲来将奴隶运到他们自己的棉花种植园开始。现在是改变那种负面形象的机会，从而可以减轻数百万人所遭受过的痛苦。”布什政府表示要对非洲农民进行援助，但遭到拒绝，他们宁愿要一种公平的贸易。[1] 在有些国家，外来援助最后成为受援国的巨大债务。研究援助问题的法国专家加巴斯指出：“南方国家，或者更确切地说是某些南方国家给所谓援助国的回报实际上超过了它们所得到的。1995—2000年间，援助受益国仅支付的利息就达到每年1000亿—1200亿美元。”[2]

援助也是西方推行自身政治和军事利益的工具。西方将援助作为强加自己发展模式和影响力和加强自身军事力量的外交手段。西方援助带有苛刻的指标，而这些指标是西方政府或国际组织的智库根据发达国家标准制定的。以美国对非援助的“千年挑战账户”为例。2004年初，小布什政府设立了“千年挑战账户”以加强与非洲的合作，国会拨款10亿美元作为启动资金，由特别组建的联邦独立机构“千年挑战公司”（Millennium Challenge Corporation, MCC）管理。[3] 这家机构对援助对象国有严格要求，受援国政府必须统治公正、造福人民并鼓励经济自由。该机构参照世界银行、世界经济论坛等国际组织和传统基金会、自由之家等美国非营利组织的数据制定了三大类共16项指标来评估和确定受援对象。“公正统治”（Ruling Justly）类指标包括政治权利、公民自由、腐败控制、有效治理、法治、负责任的政府；“造福国民”（Investing in People）类指标包括免疫比率、医疗卫生、初级教育、女孩完成初级教育比率；“经济自由”（Economic Freedom）类指标包括监管质量、开办企业的成本、开办企业的时间、贸易政策、通货膨胀、财政政策。[4] 很明显，处于发展中的非洲国家要达到这些从发达国家智库里设计出来的指标并非易事。如果这些指标都能达到，非洲国家还需要外援吗？一些非洲国家为得到援助，只好进行一些并不到位的改革，

---

1 Lucy Bannerman, “The Farmers Ruined by Subsidy,” *The Times*, April 9, 2007.

2 让－雅克－加巴：《南非合作困局》，北京：社会科学文献出版社，2010年版，第18页。

3 千年挑战公司（Millennium Challenge Corporation, MCC）是美国联邦政府组建的“创新型”援外机构，2004年由国会创设，使命是援助那些“统治公正、经济自由、投资于本国公民”的不发达国家，迄今已批准和实施总额110亿美元、分布在约45个国家的发展援助项目。该机构现任领导人为2017年1月上任的代理首席执行官乔纳森·纳什（Jonathan Nash）。更多详情可见其官方网站 https://www.mcc.gov/。

4 这16项具体指标可见：https://www.mcc.gov/who-we-fund/indicators。

给发展带来副效应。[1]

中国对非援助：理念与历史

非洲各国独立以来一直接受外来援助。西方国家对非援助的数额不小，但效果似乎一直不佳，这一点也为西方学术界和官方所承认。纽约大学伊斯特利（William Easterly）教授的新作《白人的负担》，其副标题是“为何西方援助他国的努力为害甚多而增益甚少”，就充分说明西方援助的失败。[2] 曾长期在世界银行任职的卡尔德利斯在题为《非洲的麻烦：为何外援无效》的近作中也坦承这一失败。[3] 随着经济全球化的发展，由新兴国家主导的发展合作型援助开始出现，即中国、印度、巴西等国为加强与发展中国家的发展合作而提供的援助。这种援助的主要特点是不附加政治条件、不干涉他国内政和互相尊重平等互利，其主要目的是实现合作双赢和共同发展。[4] 这里我们着重谈谈中国对外援助的理念与历史。[5]

中国对非援助坚持的基本理念是平等相待、互助合作和不附带任何政治条件。

中国对非洲援助数量有限，但效果较好，为什么？美国、丹麦、日本和英国的官员以及欧洲的学者几乎都对我提出过类似问题。我的解释是：这是根源于中国对外援助的理念。中国以平等地位对非洲进行援助；并认为援助是双向的，而不是单方面的。

国家民族之间互相平等 中国与非洲都有过沦为殖民地或半殖民地的经历，这使得双方在处理国际关系时有着相同准则：互相尊重，平等相待。关于中国与非洲国家平等的思想，毛泽东早有表述。1963年他在会见几内亚代表团时表示：“我们感到同你们是很接近的，我们两国、两党互相帮助，互相支持，你们不捣我们的鬼，我们也不捣你们的鬼。如果我们有人在你们那里做坏事，你们就对我们讲。例如看不起你们，自高自大，表现大国沙文主义。有没有这种人？如果有这种人，我们要处分他们。中国专家是不是比你们几内亚专家薪水高，有［无］

1 关于非洲学者对西方援助的研究和批评，可参见：〔赞比亚〕丹比萨·莫约著，王涛、杨惠等译：《援助的死亡》，北京：世界知识出版社，2010年版；〔肯尼亚〕詹姆斯·史夸提：《援助与发展：非洲人为何要有梦想并走出去》，载《中国国际战略评论2015》，北京：世界知识出版社，2015年版，第333—344页。

2 William Easterly, *White Man's Burden: Why the West's Efforts to Aid the Rest Have Done So Much Ill and So Little Good*, Penguin, 2006; Paul Collier, “Africa Left Behind; Editorial: Rethinking Assistance for Africa,” *Economic Affairs* (Oxford), 26:4 (Dec, 2006), p.2.

3 Robert Calderisi, *The Trouble with Africa: Why Foreign Aid Isn't Working*, Palgrave Macmillan, 2006.

4 Li Anshan, “BRICS: Dynamics, Resilience and Role of China” , *BRICS-Africa: Partnership and Interaction*, Moscow: Institute for African Studies, Russian Academy of Sciences, 2013, pp.122-134. 有关国际援助的历史、现实与批判，参见李安山：《国际援助的历史与现实：理论批判与效益评析》（上、下），《国际援助》，2014年第1期，2015年第1期。

5 可参见：舒运国：《中国对非援助：历史、理论与特点》，《上海师范大学学报（哲学社会科学版）》，2010年第5期，第83—89页。

特殊化的情况？恐怕有，要检查，待遇要一样，最好低一些。”这里毛泽东提到双方的平等地位及中国应警惕大国沙文主义，并首次提出中国援外专家应与非洲专家享有同等待遇。他还向非洲朋友指出：“我们与你们的情况差不多，比较接近，所以我们同你们谈得来，没有感到我欺侮你，你欺侮我，谁都没有什么优越感，都是有色人种。西方国家想欺侮我们，认为我们生来不行，没有什么办法，命运注定了，一万年该受帝国主义的压迫，不会管理国家，不会搞工业，不能解决吃饭问题，科学文化也不行。”[1] 这里，毛泽东提到历史因素，考虑到人种因素，还考虑到在西方歧视下中非的共同特点，强调了双方平等的观念。1964年，毛主席在接见亚非朋友时表示：“我们之间相互平等，讲真话，不是表面一套，背后一套。”“如果有的中国人不尊重你们，不讲平等，在你们国家捣鬼，那么你们可以把这样的中国人赶走……我们之间的相互关系是兄弟关系，不是老子对儿子的关系。”[2]

第二、三以及四代中国领导人的立场也是一样。1989年，邓小平会见布隆迪前总统布约亚时非常高兴地说：“我年岁大了，快85岁了，你才40岁，我今天交了个年轻的朋友。”同年，邓小平同志在会见乌干达总统穆塞韦尼时表示：“我们非常关注非洲的发展与繁荣。”“我们现在还不富裕，在财力上对你们帮助不太大，但我们可以把我们的经验教训告诉朋友们，这也是一种帮助。”[3] 江泽民在访问非洲曾在非洲统一组织应邀发表了题为《为中非友好创立新的历史丰碑》的演讲。江主席在演讲中就发展面向21 世纪中非关系提出五点建议。他传递的信息十分明确：中国与非洲是平等的朋友，双方合作是互惠互利。胡锦涛主席曾五次访问非洲，多次表达了与非洲平等友好相处、相互支持，合作共赢的强烈愿望。2007年2月7日访问南非时，他应邀在比勒陀利亚大学发表讲演，提出中国愿同非洲国家一道在以下四个方面共同做出努力：真诚友好，密切政治上的沟通和协调，增进相互理解和信任；深化合作，扩大经济技术交流，实现互利共赢；加强沟通，促进中非两大文明加强交流，在相互学习和借鉴中共同进步；平等相待，加强国际事务中的合作，共同维护发展中国家的正当权益。2013年，习近平访非时提出“真、实、亲、诚”的理念。这些都是在强调双方平等。

援助从来都是双向的 从根本上说，对外援助是一个国家国内政治的拓展，也是其推行外交政策的工具，对非援助亦如此。从实际操作看，对非援助受到以下因素的影响：国家的援外政策、经济资源与对非政策，而这三种因素直接受制于国家外交战略。中国对非援助始于非洲民族独立运动期间。非洲国家相继独

1 中国外交部、中共中央文献研究室编：《毛泽东外交文选》，北京：中央文献出版社/世界知识出版社，1994年版，第490—492页。

2 黎家松主编：《中华人民共和国外交大事记》(第二卷：1957年1月至1964年12月)，北京：世界知识出版社，2001年版，第432—433、438页。

3《邓小平文选》(第三卷)，北京：人民出版社，1993年版，第289、290页。

立后，中国对非政策以意识形态为主轴，援助也多集中在政治斗争方面。毛泽东在1959年接见非洲朋友时指出："你们需要支持，我们也需要支持，而且所有的社会主义国家都需要支持。谁来支持我们？还不是亚洲、非洲、拉丁美洲的民族解放运动，这是支持我们的最主要的力量。……你们可以考虑，中国可以当作你们的一个朋友。我们能牵制帝国主义，使它力量分散，不能集中力量去压迫非洲。"[1] 1961年，他在会见非洲朋友时表示："非洲是斗争的前线。……我们的斗争你们支持，你们的斗争我们支持。"[2] 虽然毛泽东主席的表述带有鲜明的时代特点，但他明确表达了中国与非洲互相支持、互相援助的意愿。

1964年1月14日，周恩来总理与刚受到政变冲击的加纳总统恩克鲁玛举行了两次会谈后，认识到中国对非洲的援助必须是真诚的、无私的、平等的。[3] 1月18日，周总理在加纳回答记者提问时正式提出了中国对外提供经济技术援助的八项原则。[4] 值得注意的是，八项原则的针对者不是受援者，而是作为援助者的中国；诸种原则完全是对中国的自我约束与自我规定，这既包括援助的态度和目的，也包括援助的办法与方式，还包括对受援国条件的考虑。[5] 这一宣示的外交意义十分重要。中国政府明确表示：不将援助看作是单方面的赐予，援助是相互的。这种互相援助既能加快发展，也能加强友谊。这一原则逐渐扩展到政治外交等方面。1971年中国被非洲朋友"抬进联合国"是典型事例。当时对提案投赞成票的76国中26个为非洲国家。非洲在台湾、人权等问题上一直支持中国。"在这场旷日持久的国际人权斗争中，中国之所以能连续10次挫败反华提

1 中国外交部、中共中央文献研究室编：《毛泽东外交文选》，第370页。

2 同上，第467页。

3 当时不少随行人员从安全考虑建议取消此次访问，但周总理认为：我们应该按期前往，在恩克鲁玛总统处于困难时期，更需要我们的支持。黄镇写道："我同黄华大使一起去见恩克鲁玛，他脸上贴着纱布，缠着绷带，住在克里斯兴城堡里。我们一方面代表周总理对他表示慰问，一方面与他们商量访问的具体安排，并转达了周总理的建议，这次访问免去一切礼节，总统不要到机场迎接，也不要在城堡外面举行会议和宴会。这些安排照顾了恩克鲁玛的困难处境，他听了周总理的这些建议非常高兴，表示完全同意……恩克鲁玛非常感激我们，他原来估计在这么动乱的情况下周总理不会去的。"黄镇：《把友谊之路铺向觉醒的非洲》，《不尽的思念》，北京：中央文献出版社，1987年，第368页。

4 这八项原则是：根据平等互利的原则，不将援助看作是单方面的赐予，认为援助是相互的；援助时绝不附带任何条件，绝不要求任何特权；提供的无息或低息贷款需要时可延长期限，以减少受援国的负担；援助的目的是使受援国走上自力更生、经济独立发展的道路；援助项目力求投资少、见效快，使受援国增加收入；提供自己生产的质量最好的设备和物质，按国际市场议价，不合商定规格和质量的保证退换；提供技术援助时要保证受援国人员充分掌握这种技术；中国援助专家与受援国专家享受同等待遇，不许有任何特殊要求和享受。《人民日报》，1964年1月18日。

5 八项原则除了强调援助是双向的和不附带任何条件外，还突出了对受援国各方面优惠条件的考虑，如贷款期限可以延长以减少受援国的负担，援助项目的选择应该从受援国的条件出发，力求投资少、见效快；援助设备应具备最好的质量，不合规格和质量的保证退换；在提供援助时必须保证受援国人员充分掌握这种技术等。原则中特别提到对中国援助专家的待遇，不许他们享有任何特殊要求和享受。这些从受援国角度考虑问题的态度在其他国家的援助过程中大概从未有过。

案，应该说与绝大多数非洲国家给予我国的坚决支持分不开。在涉及台湾问题的外交斗争中也是如此。”[1] 在1989年北京政治风波后中国遭遇困境，面对西方国家制裁中国的局面，到中国访问的第一位外国元首、第一位政府首脑、第一位外长都来自非洲。“他们表示，之所以在这个时候访问中国，就是要向全世界表明，非洲是中国的真正朋友，即使是在中国最困难的时候也是如此。过去中国帮助了他们，因此，在中国最需要支持的时候，他们会不遗余力地表达对中国的声援”。[2] 1999年美国为首的北约用导弹袭击中国驻南联盟大使馆事件中，非洲朋友对中国表示坚决支持。中国除了在国际舞台上支持非洲国家各方面的合理主张外，在联合国秘书长人选问题上旗帜鲜明地支持非洲候选人竞选或竞选连任（如萨利姆·萨利姆、布特罗斯–加利、科菲·安南）。

援助不附带任何条件 周恩来总理提出的八项原则中有一条就是“援助时绝不附带任何条件，绝不要求任何特权”，中国政府在援助过程中一直坚持这一原则。早在20世纪50年代中期，中国在向柬埔寨提供八亿柬埔寨元的物质援助时，这些物资完全由柬埔寨方面接收支配，中国没有附加任何条件。1956年，当苏伊士战争爆发时，中国政府对英法威胁世界和平、武装朝夕埃及和狂暴的侵略行为提出严重的抗议，同时，毛泽东主席还将自己关于埃及反侵略战争的军事部署和战略方针的建议提交给埃及方面参考。周恩来总理致电纳赛尔总统，并代表中国政府向埃及政府捐赠2000万瑞士法郎；中国红十字会向埃及红十字会捐赠10万元人民币的医药物质，并准备组织医疗队赴埃及。[3] 毛泽东主席明确表示：“中国愿帮助埃及，我们的帮助没有任何条件，只要我们能力所及……我们可以给出无代价的援助。”[4]

坦赞铁路已成为中非关系的现代传奇。虽然其他西方国家和国际组织拒绝了来自坦桑尼亚和赞比亚的请求，但中国却接手了这项任务。中国同这两个非洲国家一起完成了这项巨大的工程，克服了重重困难，65位中方人员在建设过程中献出了生命。这是中非合作的最佳案例，是各类技术援助和合作的典范。[5] 坦桑尼亚总统尼雷尔对中国政府无条件的援助行为感受极深，他说：“我再次重复一遍，中国人没有因为这笔贷款来要求我们成为共产主义者！……他们从来没有因为在帮助我们修建这条铁路而要求我们改变我们的国内外政策，他们只是很慷慨地

1 钱其琛：《外交十记》，北京：世界知识出版社版，2003年版，第255页。

2 同上书，第256—257页。

3 王泰平主编：《新中国外交50年》，北京：北京出版社，1999年版，第540页。

4 中国外交部、中共中央文献研究室编：《毛泽东外交文选》，第249页。

5 有关中国援建坦赞铁路历史的研究，可参见：Jamie Monson, *Africa's Freedom Railway: How a Chinese Development Project Changed Lives and Livelihoods in Tanzania*, Indiana University Press, 2009; 沈喜彭：《中国援建坦赞铁路研究》，黄山书社（待出版）。

在资金及人力方面向我们提供援助。"[1] 邓小平上任后，对援助问题提出了新思路。他在1974年联合国第六届特别会议上明确提出在援助过程中应当尊重受援国的主权，不附带任何政治、军事条件。此后，对外援助不附带任何政治条件成为原则，至今主导着中国对外援助。[2] 从20世纪90年代后期起，中国从非洲进口的能源大大增加，从而引起西方大国的不安，认为中国的这种"扩张"侵害了西方的传统利益。[3] 2004年以来西方多次批评中国这一原则，而且往往以津巴布韦、安哥拉以及苏丹为例，认为中国为获取能源，对这些国家的援助不带任何条件。这种指责毫无道理。不干涉他国内政及援助不带任何条件是中国政府从20世纪五六十年代以来的一贯政策，并非始于今日。与代表着非洲国家的非洲联盟相比，中国(或其他任何大国)在非洲事务上不可能也不应该更有资格做出评判，也不可能拥有更多的发言权。津巴布韦的事件即是明证。[4] 令人寻味的是，多次对中国大加鞭挞的美国在对待赤道几内亚的政策上似乎开始采取类似政策。[5]

共同发展，合作双赢 这是中国对外援助的另一条重要原则。改革开放将中国的战略重点放到经济建设上。中共"十二大"召开3个月后，中国总理赵紫阳访问非洲。他表示这是中国政府的一个"重大外交行动"，并宣布了对非经济技术合作四项原则：平等互利、讲求实效、形式多样、共同发展。这四项原则与对外援助工作八项原则一道，构成中非经济互利合作的整体框架，是目前中国援外工作的指导方针。四项原则是对八项原则的补充和发展。两项政策具有互补作用；前者主要是约束中方，后者强调双向合作和共同发展，以提高非洲国家的自力更生能力。这无疑是对新形势的政策调适。两者构成了中非经济援助和互利合作的整体原则。2014年，中非双方的贸易额突破2200亿美元。

中国从20世纪90年代开始对外援助改革，探索各种援助方式。2000年成立并召开首次会议的中非合作论坛部长会议开启了中非友好合作的新阶段，中国在

---

1 朱利叶斯·尼雷尔:《尼雷尔文选第三卷 自由与发展1968—1973》，王丽娟、聂莹、王磊译，上海：华东师范大学出版社，2014年版，第177页。

2 有关这一议题，可参见吕晓莉、张秀燕:《中国对外援助中坚持"不附加任何政治条件"原则的历史追索与原因分析》,《国际援助》，2016年第1期，第48—56页。

3 Bernt Berger, "China's Engagement in Africa: Can the EU Sit Back?" *South African Journal of International Affairs*, 13:1, Summer/Autumn, 2006, pp.115-127; Princeton Lyman, "China's Involvement in Africa: A View from the US," *ibid*, pp.129-138.

4 津巴布韦政府2005年发起了摧毁首都贫民窟的行动。当时，一些西方大国对此表示谴责，认为侵犯人权，但非盟支持穆加贝的行动。见："African Union Defends Mugabe," *The Guardian*, January 25, 2005. 在津巴布韦2007年3月发生的政治事件中，津巴布韦总统穆加贝为稳定局势对反对派领袖采取措施而受到英美等国政府的严厉指责，但南部非洲发展共同体领导人专门开会，最后一致表态支持穆加贝，并要求西方国家取消对津巴布韦的经济制裁。这说明他国对非洲政局的干涉不得人心。见："Africa Gives Mugabe Its Blessing to Fight West's Sanctions," *The Times*, March 30, 2007.

5 Alex Vines, "The Scramble for Resources: African Case Studies," *South African Journal of International Affairs*, 13:1, Summer/Autumn, 2006, p.72.

后续行动中表明了一个负责任的大国所为：承诺继续提供对非援助，减免非洲部分到期债务，帮助非洲国家开发人力资源，推动中国企业到非洲投资办厂。到目前为止，中国对非援助大致有以下方式：无偿援助（包括人道主义援助）、援外项目合作合资方式、政府贴息优惠贷款和中非发展基金贷款、援非医疗队、人力资源开发和发展经验交流。这些合作不仅使中国在国际上的地位得以提升，在国际发展合作领域里开始具有引领作用，在非洲和国际舞台上也得到了普遍认可。

中国对非援助：方式与效益

援助方式的改革 胡耀邦在1982年在谈到对外经济援助时指出，“那种完全奉送的办法，对双方都不利。”[1] 这样，中国开始探讨对外贸体制及援外方式进行改革。20世纪80年代后期和20世纪90年代前期正是中国外贸及援外工作的改革期。中国无偿援助对非洲发展起到一定作用，非洲国家以其特有方式给予回报：帮助中国恢复了在联合国的合法地位，用毛主席的话来说：“这是非洲黑人朋友把我们抬进去的。”[2] 然而，实践说明，单靠无偿援助很难改变非洲的贫困现实，中国政府开始探讨援助方式的改革。1987年开始的外贸体制改革有一定成效。[3] 1987年，多哥由于缺乏技术力量和管理经验，中国援建的阿尼耶糖厂由中方派专家租赁经营，企业效益显著提高，受到多哥政府的赞扬。[4] 这演变为一种新援助方式——援外项目合作合资方式，并于1992年开始试行。1991年，马里政府宣布对中国援建的塞古纺织厂实行私有化，希望中方企业合资经营。经过协商，马里政府将80%的股份转让给中国海外工程公司，该公司负责偿还马里所欠中国政府的债务，双方政府给合资企业以优惠。合资企业从1994年起，到1996年产值达76亿非洲法郎，取得良好的经济效益。[5] 援非项目注意到对弱势群体的关怀，援建项目包括苏丹职业培训中心（1989年）、布基纳法索儿童乐园（1991年）、毛里求斯老年人活动中心和喀麦隆残疾妇女宿舍（1999年）等。

实践说明：一个国家的发展不能依赖援助，单靠无偿援助不可能解决贫困问题。

在1993年关于非洲发展的东京国际会议上，非洲代表提出增加外贸和吸引

1 中共中央文献研究室编：《三中全会以来重要文献选编》（下），北京：人民出版社，1982年版，第1127—1128页。

2 翁明：《临行点将——“乔老爷”首次率团赴联大》，符浩、李同成主编：《经天纬地——外交官在联合国》，北京：中国华侨出版社，1995年版，第9页。

3 吴仪：《中国外贸体制改革的成效和方向》，《国际贸易》，1991年第12期。

4 严益吾：《1989年我国的对外援助工作》，《中国对外经济贸易年鉴1990》，北京：中国财经出版社，1990年版，第55页。

5 何晓卫：《继续推行援外方式改革，严格履行对外援助协议》，《中国对外经济贸易年鉴1997/98》，北京：中国经济出版社／经济导报社，1997年版，第75页。

外来投资比政府间传统合作更有效，普遍要求援助国改变援助方式。[1] 这是对援助方式进行改革的要求，表达了受援国对传统援助理念的不满。政府贴息优惠贷款经过三年试点后于1995年下半年开始推行。[2] 朱镕基副总理于1995年7—8月访问东、南部非洲七国，李岚清副总理于10—11月访问西非六国，这两次访问的重要目的之一是宣传新的援助方式。1996年底，中国同16个非洲国家签订优惠贷款框架协议。[3] 2002年6月底，中国与31个非洲国家签署了免债议定书，一共免除债务156笔，约105亿元。[4] 新的援外方式逐渐为受援国接受。

经济利益的互惠 中国在与非洲进行经贸合作时尽量考虑到非洲国家的利益，互利互惠。在中非合作论坛第二届部长级会议上，中国宣布对最不发达国家部分输华商品给予免关税待遇。2005年起，中国对非洲25个最不发达国家的190个税号的产品实施零关税待遇。截至2012年1月，非洲最不发达国家60%的商品已经享受对华出口零关税待遇。该政策实施以来，取得了显著效果，推动了非洲众多商品的对华出口。为了促进非洲商品出口到中国，举办非洲商品展是中国政府采取的另一项具体举措，到目前为止已经成功举办了多届。中国举办非洲商品展的目的在于展示、宣传非洲国家的传统、优势商品，帮助非洲国家企业开拓中国市场，扩大中国从非洲国家的进口，促进中非贸易平衡发展。主办方还为非洲国家参展商提供免费展位以及商品通关和运输的便利。设立"非洲产品展销中心"，是中非合作论坛第四届部长级会议宣布的对非务实合作新举措的一个重要内容，也是中方推出的帮助非洲商品扩大对华出口的又一项重要举措。"非洲产品展销中心"设立在浙江省义乌市的国际商贸城，总面积5000平方米，重点引进非洲特色商品。该中心2010年10月由中国商务部授牌，2011年5月正式开业，已汇集肯尼亚、坦桑尼亚、津巴布韦、突尼斯、埃及、南非、加纳、塞内加尔、贝宁、尼日尔、埃塞俄比亚等27个国家的2000余种商品。[5]

2000年的中非贸易有两个特点。其一为贸易总额首次超过100亿美元（105.98亿美元），其二是进口额超过出口额。当年的中国出口额为50.43亿美元，

1 张炽鑫：《贯彻援外新方针，开拓援外新局面》，《中国对外经济贸易年鉴1994/1995》，北京：中国社会出版社，1994年版，第62页。

2 政府贴息优惠贷款是指由我国银行提供的具有政府优惠贷款，其利率与银行通常利率之间的利息差额由国家援外费补贴。贴息优惠贷款主要用于为发展中国家建设有经济效益的生产性项目，也可用于受援国政府能保证偿还贷款的基础设施项目。

3 何晓卫：《继续推行援外方式改革，严格履行对外援助协议》，《中国对外经济贸易年鉴1997/98》，北京：中国经济出版社 / 经济导报社，1997年版，第75页。

4 邱德亚：《2002年中国对外援助情况》，《中国对外经济贸易年鉴·2003》，北京：对外经贸出版社，2003年版，第91页。

5 "《非洲观察》：中国积极采取措施助非洲扩大对华出口"，2013年3月22日8:55，国际在线，http://news.ifeng.com/gundong/detail_2013_03/22/23397282_0.shtml, 2017-05-10。

进口额为55.55亿美元。[1] 这种情况表明：非洲对华贸易的增长速度已经加快。

据统计，中国自2009年起已连续三年成为非洲第一大贸易伙伴国。2011年中非贸易额达到1663亿美元，比2000年增长了16倍。2011年，非洲对华贸易顺差201亿美元。中国采取的免关税等促进非洲对华出口措施初见成效。非洲对华出口额增长迅速，从2000年的56亿美元增加到2011年的932亿美元。[2]

在贸易额不断增长的同时，中国对非出口商品结构进一步优化，机电和高新技术产品出口迅速增长，占中国对非出口总额的一半以上。由于中国强调技术援助与经济援助的结合，这种结构不仅将在技术层面帮助非洲国家的发展，也为中非双方在借鉴发展经验、制定发展策略方面提供了交流的平台。这无疑是一种双赢的局面。

温家宝总理在2006年访问埃及时重申了中国对非经贸关系的三个着力点："第一，要积极扩大进口非洲的商品，中国将采取有力措施为非洲推介商品创造条件；第二，要把技术援助同经济援助与合作紧密结合起来，重在增强非洲自我发展能力；第三，大力帮助非洲培训技术人员和管理人员。"[3] 这种宣示从根本上表现了中国对非政策强调互利双赢的和谐哲学：设身处地为对方着想以调动合作的积极性；将本国利益与他国利益相结合以保证合作的公正性；将暂时利益与长远利益相结合，以保证合作的持久性；通过增强对方自我发展能力以保持合作的可持续性。与此相对应的是，在2008年5月的第四次东京非洲发展国际会议上，南非总统姆贝基再次强调：援助是好事，但更重要的是投资。

中国对非洲援助主要集中在发展方面。就对外援助资金而言，截至2009年底，中国累计对外援助金额达2562.9亿人民币，其中无偿援助1062亿元，无息贷款765.4亿元，优惠贷款735.5亿元，其中的45.7%是援助非洲国家。[4] 根据2015年发表的对外援助白皮书， 2010年至2012年，中国对外援助金额为893.4亿元人民币。对外援助资金包括无偿援助（36.2%）、无息贷款（8.1%）和优惠贷款（55.7%）三种方式，援助项目的分布领域包括社会公共设施、经济基础设施、农业和工业。非洲国家仍是中国对外援助的重点，占援助资金的51.8%。[5] 近年来，中国在人道主义方面也加大了对非援助力度。2014年西非发生的埃博拉将中国援外医生推上风口浪尖。当他国人员离开西非感染国家时，中国医生急赴当地救援；当他国外交人员撤离西非时，中国外交人员坚守岗位；当他国飞机绕

1《中国对外经济贸易年鉴·2001》，北京：对外经贸出版社，2001年版，第503页。

2 "外交部副部长翟隽：中非务实合作举措已得到全面落实"，2012年7月12日 21:58:07，来源：新华网，http://news.xinhuanet.com/2012-07/12/c_112424506.htm, 2017-05-10。

3《人民日报》，2006年6月19日。

4 中华人民共和国国务院新闻办公室：《中国的对外援助（2011年4月）》，北京：人民出版社，2011年版。

5 中华人民共和国国务院新闻办公室：《中国的对外援助（2014年）》，北京：人民出版社，2014年版。

道飞行时，中国派专机向当地运送救援物质。[1]

发展经验的交流 举办研讨班和培训班是合作互利双赢的另一重要举措。为了交流发展经验，首届中非经济管理官员研修班于1998年8月3日开幕，共有12个非洲国家的22名学员，目的在于“使学员了解中国并介绍各自国家的情况，相互交流，加深理解，增进中国与非洲国家的友谊和长期合作”。根据江泽民主席的提议，中国每年将举办两期这样的研修班。[2] 2002年中国举办了一期非洲部长级经济官员研讨班。12个非洲国家的部长或代表出席。[3] 2003年“中非经济改革和发展战略研讨会”邀请了16个非洲国家的22名经济或金融部门的官员和7名非洲发展银行的官员，还包括部分非洲驻华使馆官员。中方代表16名。

在研讨会上发言的中方代表为来自经济和金融部门的负责官员，他们向非洲同行介绍了各自部委经济改革的经验与教训。为了使非洲官员对中国有一个较全面的了解，研讨会不仅组织了与会非洲代表游览了万里长城和故宫，还组织他们实地考察了减贫项目和浦东开发区。中国政府还与有关组织联合举办了各种类型的减贫经验交流研讨会，使非洲国家“在分享中国减贫经验的过程中找到适合他们自身国情的扶贫减贫策略”。[4]

第二种类型是学习或提高技能或技术的培训班，其确定有两条原则：中国之所长和非洲之所需。中国在中非合作论坛第二届部长合作会议承诺3年间力争培训1万名各类非洲人才，为此成立了“对外人力资源开发合作部际协调机制”。2005年9月，胡锦涛主席在联合国千年发展高级别筹资会议上宣布中国支持发展中国家加快发展的五项举措，其中特别强调为发展中国家培养急需人才。为了更好地落实中国政府的承诺，教育部于2006年3月底在云南召开了第四次对发展中国家教育援助人才培训工作经验交流研讨会。根据2006年援外经费额度，教育部将实施九个人才培训项目，商务部拟委托20所院校和单位承办17个短期培训班和3个研究生班。[5] 2010—2015年间，11.1万名发展中国家的政府工作人员和专业技术人员前往中国接受培训。以肯尼亚为例，自2011年开始的5年中，共有2065人接受了短期培训，涵盖行政管理、农业畜牧业、经济与贸易、能源与安全、卫生医信息与通信技术等各个领域。[6] “授人以鱼不如授人以渔”，这一成语

1《埃博拉病毒肆虐非洲四国 中国医疗队在西非坚守》,2014年8月8日，新华网/人民日报，http://news.xinhuanet.com/2014-08/08/c_1111986545.htm。“Liberia Lauds Chinese Aid to Combat Ebola”, August 14, 2014, The BRICS Post, http://thebricspost.com/liberia-lauds-chinese-aid-to-combat-ebola/。

2《人民日报》，1998年8月4日。

3 邱德亚:《2002年中国对外援助情况》，第91页。

4《人民日报》，2004年9月24日。

5“第四次对发展中国家教育援助人才培训工作经验交流研讨会会议纪要”，教育部国际司，2006年4月。

6《刘显法大使：中国将继续帮助肯尼亚培训科技人才 增强自主发展能力》,2016年6月30日，环球网《中国时报》，http://world.huanqiu.com/hot/2016-06/9102175.html。

十分贴切地概括了中国上述举措的目的。

令人不解的是，目前西方千方百计希望将中国纳入现有的“国际援助体系”。既然约半个世纪的西方对非援助并不十分奏效，既然中国的对非援助正在有效运行，为何要将中国纳入现有的体系呢？是否有其他目的？我曾谈到中国在非洲遇到的挑战之一是与西方大国既得利益的矛盾。[1] 汉堡大学布恩特·伯格（Bernt Berger）的文章表达了这种忧虑：“中国在该地区（指非洲）的卷入与日俱增，这已成为欧盟决策者关注的原因。中国与印度等局外人（external player）的兴起对欧洲的战略形成了一种挑战。”[2] 这大概说明了为何西方大国力图通过各种手段使中国（还有印度等新兴国家）遵守他们制定的游戏规则，纳入他们的体系之内。

中国在非洲遇到的挑战之一是与西方大国既得利益的矛盾。

对中国援助非洲还有一种说法：中国为了得到自然资源，就不顾国际舆论的反对，支持那些人权记录不佳的国家并通过援助来达到自己的目的。对此，本人曾有过回应。[3] 实际上，中国从其他国家（如澳大利亚）同样输入大量资源，为什么没有人说三道四呢？中国和美国各自就对方的人权状况做出批评，这并未影响中美之间的贸易往来，为什么对非洲就非得有一种特殊政策呢？这是否有双重标准之嫌？

2015年12月，中非合作论坛峰会在南非约翰内斯堡召开。会议上，习近平主席代表中国政府宣布：愿在未来三年同非洲重点实施“十大合作计划”，包括中非工业化合作计划、中非农业现代化合作计划、中非基础设施合作计划、中非金融合作计划、中非绿色发展合作计划、中非贸易和投资便利化合作计划、中非减贫惠民合作计划、中非公共卫生合作计划、中非人文合作计划、中非和平与安全合作计划。为支持这十大项目，中国将给予非洲600亿美元资金支持，其中包括50亿美元的无偿援助和零息贷款，350亿美元的出口信贷等贷款支持，为中非发展基金和非洲中小企业发展专项贷款各增资50亿美元，设立首批资金100亿美元的“中非产能合作基金”。[4] 这必将为新形势下的中非合作注入新的活力。

---

1 李安山：“论中国对非洲政策的调适与转变”，《西亚非洲》，2006年第8期，第11—20页。

2 Bernt Berger, “China’s Engagement in Africa: Can the EU Sit back?” *South African Journal of International Affairs*, 13:1, Summer/Autumn 2006, pp.124-125.

3 李安山：“论‘中国崛起’语境中的中非关系——兼评国外的三种观点”，《世界经济与政治》，2006年第11期，第7—14页。

4 周永生：《中国模式引领非洲的建设与发展——中非约翰内斯堡合作论坛峰会对非洲经济援助的创新》，《国际援助》，2016年第1期，第14—19页。

挑战：对外援助抑或发展合作？

然而，正如肯尼亚学者史夸提指出，全球发展援助构架是建立在一个假设之上，“这种假设认为世界上一些国家具备解决问题的能力，而其他国家则永远是被动地等着别人提供解决方案。这种认识掩盖了一个事实，即由美国、欧洲、澳大利亚、日本及其同盟国主导的援助的目的是捐助国自身的利益，从市场准入、担心由于政治、经济和气候变化导致非洲移民的泛滥，到广义的安全担忧、恐怖主义、疾病，再到获得和控制非洲大陆巨大自然资源以及地缘政治博弈。”[1] 这种施援者 / 受援者体系衍生出方案提供者 / 方案接受者体系。方案提供者为了自身利益为并不了解的非洲提供一种有利于自己的解决方案，而处于失语状态的作为方案接受者的非洲人则只有被动承受的资格。正如刚果（金）历史学家德·佩尔钦所言：问题的根源在于西方将非洲人看作是需要被殖民的野蛮人，需要被发展的穷人。[2] 在这种既定体系存在的基础上，中国很难与西方国家合作，除非西方改变既定的理念和政策。在非洲国家日益觉醒、新兴国家力量日益壮大的情况下，这种改变并非不可能，且已有某种迹象。

在现存国际发展援助体系中，中国很难与西方国家合作，除非西方改弦更张。

目前，我们可以就“国际援助”问题明确以下几点：

1. 西方国家一直热衷于国际援助体系，并努力证明该体系存在的必要性和合理性；

2. 实施了半个多世纪的国际援助体系并未改变非洲状况，非洲贫困局面变得更糟；

3. 明智的非洲国家领导人明确表示这种体制不合理，提出投资和贸易比援助更重要；[3]

4. 明智的非洲学者指出国际援助体系假设的荒谬性并提出非洲人应有自己的主动性；[4]

5. 西方国家认识到“国际援助”提法的不合时宜，在话语上正用“国际发展合作”取而代之。

---

1 [肯尼亚] 詹姆斯 · 希夸提：《援助与发展：非洲人为何要有梦想并走出去》，李安山、潘华琼主编：《中国非洲研究评论 2014》，北京：社会科学文献出版社，2015年，第239页。

2 Jacques Depelchin, *Silences in African History: Between the Syndromes of Discovery and Abolition*, Dar Es Salaam: Mkuki na Nyota Publishers, 2005, pp.6-10.

3 这种看法日益成为共识。2016年7月底在北京召开的“中非合作论坛峰会成果落实协调人会议”上，100多名来自非洲各国的高官将注意力集中在积极争取合作投资项目而非援助项目上。

4 我的刚果（金）博士生龙刚（Antoine Roger Lokongo）多次表明，他的国家有丰富的自然资源，根本不需要援助，需要的是公平的贸易和投资。诸多非洲知识分子均表达过这种观点。

面对新形势，中国应该适时应变。

首先，中国应有高举国际发展合作道义旗帜的勇气和魄力。西方援助体系在战后半个多世纪的实践已失去信誉。非洲国家提出“向东看”是怀疑西方模式的具体体现。中国的发展在南方国家具有示范效应，是自主发展与国际合作相结合的典范。我们要在总结对外援助经验的基础上研究适合南方国家特点的国际发展合作理论，对内对外建立国际发展合作新体系。

其次，推动改革不合理的国际援助体系。以经合组织为代表的这种百孔千疮的体系虽然还在修修补补，但其建立在“施舍 / 受惠”这种不平等理念上的框架难以持续。中国在引领建立新国际发展合作体系的过程中，要有为人类共同体服务的理想和情怀并付之于行动。只有这样，才能产生感召力。中国应欢迎其他国家加入（如亚洲基础设施投资银行），但必须依照互相尊重和平等互利的南南合作原则行事。

再次，努力完善发展援助与合作的机构和机制。商务部在主管对外援助事务过程中做出了很大贡献，但也出现了不少问题，最根本的问题是容易使人（包括外国人）将中国援助与谋取经济利益挂上钩。商务部业绩的评判标准是会更好地赚钱，而援外工作的评判标准是有效地给钱。这种行为逻辑上的矛盾性使援外机构的调整成为当务之急。成立国际发展合作署应是可取之道。

最后，必须为打造人类命运共同体而大胆创新。国际发展合作既是代表国家利益的行为，也是为人类共同体提供公共产品的实践。市场力量的介入对国际发展合作是一种推动，但将两者有机结合尚需逐步推进。以前的做法弊病不少，既要认识和调动市场力量，又不能将国际发展合作庸俗地理解为经济活动。将国家、企业、市场和公民社会组织等力量整合到国际发展合作中来是一盘大棋，它呼吁创新精神。

发展的实践使中国有资格和能力高举国际发展合作大旗，逐步建立新的国际发展合作体系。

深入理解安理会改革之困

陈须隆

内容提要：各方围绕安理会改革进行的博弈，目前仍处于推力积聚阶段，质变的实现仍尚需时日。强大的守势方（“五常”）与失势方（“团结谋共识”集团）只要联手或彼此借重，就足以对激进的得势方（“四国联盟”和“非洲联盟”）形成有效牵制。目前安改在国际议程上的地位趋降，国际大势更不利于得势方。IGN（联大非正式全会政府间谈判）在进程上并没有缩小各方对安改的根本立场对立和分歧，其积累的压力有外溢到G20等其他国际机制的迹象。安改本身也逐渐成为各大国进行战略与外交博弈的日常筹码，而“安改之友集团”来者不善，将助长得势方的势头。中国对安改问题一直给予高度重视，低调、稳妥、谨慎、负责地对其进行处理，避免了热炒、误读和内部争论，创造了良好的外交环境。

关键词：联合国改革　安理会　四国联盟

安改[1]问题事关重大，牵动各国政治敏感神经，引发全球外交大博弈，上演精彩攻防拉锯战，目前已进入各方深度博弈的“新常态”。安改看似动力十足，实则举步维艰，前景更是难言乐观，困境亦发人深省。

一、认识安改问题的视角与方法

安改问题把国际政治的新旧时空拉到一起，引发既有结构性矛盾的激烈碰撞。从时间上看，安改似乎迫在眉睫，势不可当。2005年，正值联合国成立60

陈须隆　中国国际问题研究院国际战略研究所所长、研究员。

1 “安改”指安理会改革，下同。

周年。世界的巨大历史变迁构成了安改的强烈动因。当时，人们都在谈论，2005年的世界与1945年的世界迥然不同，联合国必须适应新的时代形势做出相应变革，安理会应扩员，以增强其代表性与合法性。一场没有硝烟的安改大战如期上演，却以“争常”[1] 失败而告终。现在，人们又强调，今日世界与70年前的世界已不可同日而语，安理会亟待改革，以“反映21世纪的现实”。这听起来似乎颇有说服力，但实际上似是而非。安理会的组成和权力划分基本上是以二战战胜国的格局确定的，仅在1965年改革过一次，将“非常”[2] 数目由6个扩大到10个。“五常”[3] 的特权地位是历史形成的，今天仍难撼动。从空间上看，它将整个世界牵涉进来，关乎国际格局的变动和世界秩序的重构。与此同时，这一空间充满了结构性矛盾，但却弹性不足。因此，新时代与旧结构之间形成了尖锐的矛盾和冲突，而新时代的推力尚不足以冲破旧结构的惯性。推力虽在不断积聚，安改也仅表现为量变进程加快，要实现质变仍需时日和条件。

（一）正确看待安改的三大视角

为了总揽安改全局，洞察安改大势，抓住主要矛盾，把握关键问题，明晰自身处境，放大自身优势，并在外交博弈中精准发力，宜采取以下长期有效的三大视角：

一是看安改问题的政治属性或本质特点是什么，牵涉到怎样的利害关系。安改的内涵并不简单，主要包含五个方面的问题：（1）成员类别；（2）否决权；（3）地区代表性；（4）扩大后的安理会规模及其工作方法；（5）安理会与联合国大会的关系。这些问题在联大议程中被统称为“安全理事会席位公平分配和成员数目增加问题及有关事项”。其要害是扩员与否决权之争，牵涉到国际体系最高层政治中核心权力的重新分配，关乎大国地位与尊严，各方争夺的是战略资源、稀缺资源，具有明显的零和博弈特点，一方所得为另一方所失，势必难以达成妥协。换言之，安改具有明显的权力冲突性质。而要就任何权力冲突问题在联合国193个成员国中达成广泛共识，是极为困难的。而且，安改被大国当筹码用来进行战略博弈，在捞取战略利益的同时加以相互牵制。这也就决定了，安改必定是国际体系和平变革中“最难啃的骨头”，必定是一场各方深度博弈的持久战、拉锯战。

二是看围绕安改问题国际力量发生了怎样的分化组合，力量对比如何，形成了怎样的结构性矛盾。各国围绕安改可分为得势方、守势方、失势方、协调方和弱势及无势方，在态度与政策上主要表现为激进派、保守派、温和派、促进派和中间派。

1 “争常”指争取联合国安理会常任理事国席位，下同。

2 “非常”指联合国安理会非常任理事国，下同。

3 “五常”指联合国安理会现有的五个常任理事国（美国、中国、俄罗斯、英国、法国），下同。

得势方由两类国家构成。一是二战的战败但在战后重新崛起的发达国家，即日、德，它们是国际关系中的"修约派"，依托雄厚国力，急于通过"入常"而彻底甩掉历史包袱。二是部分新兴大国，以印度、巴西为代表，国力增长迅速，国际影响上升，它们是国际关系中的政治"激进派"，急于通过"入常"而获取政治大国身份。得势方必然地走到了一起，组成"争常"四国联盟（G4），且得势不饶人，倾向于采取激进的政策与做法，欲毕其功于一役，但也容易犯急躁冒进的错误，结果是欲速则不达，但绝不会善罢甘休。得势方目前是安改矛盾的主要方面。

其他一些重要国家在"争常"中处于相对劣势，相对而言成为失势方。它们不愿意看到地区竞争对手胜出，希望有入主安理会的机会，政策较为温和，堪称安改中的温和派。其前身为"咖啡俱乐部"，后改称"团结谋共识运动"，现以"团结谋共识"集团（UfC）著称，也被称为"观点相近国家"[1]。它由激进"四国"的竞争对手韩国、意大利、巴基斯坦、墨西哥等若干中等强国及其追随者组成，不愿坐视G4[2]得逞而成为输家，遂联合70余国与之抗衡。他们也希望扩大安理会，但"争常"力有不逮，于是接受"轮流坐庄"，反对"增常"[3]，主张扩大"非常"并可连选连任，态度相对温和。温和派作为激进派对立面出现，对G4形成很大牵制。但也有动力不足、影响有限和组织松散等问题。

"五常"尽管都宣称支持安改，且英法相对积极，但客观上都是既得利益方，是被冲击的对象，都不愿失去既有特权，均要为安理会的效力负责，并且"家家有本难念的经"、各有自身关切，在安改中处于守势，或者明攻暗守，堪称守势方，政策相对稳健并偏保守，被视为安改中的保守派[4]。其中，美国最不愿安改，因怕"权力被稀释"，是安改的最大保守派和反对派。从公布的立场与运用的种种策略手段可以看出，美国对安理会扩员，尤其是"增常"态度消极。对美国而言，安理会越小越好，如能按其意图扩大（把日本和以色列包含进来）当然好，否则，以不扩大为好。英法看似积极，实则以攻为守，生怕因安改而"失常"[5]。守势方的优越地位是历史形成的，是经过战火洗礼而斩获的。"五常"大国权杖上流淌着无数烈士的鲜血，绝不容许他国轻易染指与撼动，均力保否决权。"五常"在安改中必有默契与合作。

"五常"大国权杖上流淌着无数烈士的鲜血，绝不容许他国轻易染指与撼动。

若干中小国家在"争常"中处于弱势，甚至无势，属于中间派，是被争夺的

1 本文采用"观点相近国家"的称谓，即指"团结谋共识"集团（UfC）。

2 G4指由日本、德国、印度、巴西组成的四国联盟，下同。

3 "增常"指增加联合国安理会的常任席位或常任理事国，下同。

4 在安改问题上，应客观、理性地看待"保守派"，不应赋予其过多贬义，还应看到其稳健、负责的积极一面。

5 "失常"指失去联合国安理会常任理事国席位，下同。

对象，它们择机行事，待价而沽，并抱团增势发声，对安改进程施加积极影响，甚至成为代言人。

安改中的“非洲因素”突出，特殊而重要。非洲国家集体觉醒，采取统一立场即AU[1]立场，急于通过“入常”而结束历史不公，本身又是“大票仓”，独成一个重要结构因素。AU也属于激进派，在“常任”“非常任”和“否决权”上都有高要求，甚至比G4更激进，也更值得同情。AU是左右安改走势的关键变量，愈发成为各方争相拉拢的对象。

在安改中还有一股力量，是从多边主义立场出发力促安改的联合国高官，包括联合国秘书长、联大主席及其改革团队，堪称安理会中的促进派。但促进派终究受制于成员国，其作用更多体现在提供便利和技术支持、凝聚共识、落实协议上，但易为激进派所借重，成为其拉拢和利用的对象。

安改深受结构性矛盾的制约，其基本博弈态势是，强大的守势方与失势方只要联手或彼此借重，就足以对激进的得势方形成有效牵制。这一点业已获证明，并将继续得到证明。

换言之，激进派与温和派间的矛盾难以调和，但温和派处于弱势，需借力保守派。而保守派一旦力挺温和派，激进派便难占上风。所以，保守派给力是关键。

保守派虽各唱各调并钩心斗角，但有共同利益，包括维护既有权势和安理会效力。所以，“五常”在安改上既斗争又合作。“五常”之间可相互战略对冲与制衡，关键是要找到制衡点。

安改结构性矛盾中蕴藏各方，尤其是大国战略博弈的着力点，就看谁善于捕捉与利用。经过近十年来的安改风雨洗礼，“五常”对各自盘算都心知肚明，已达成一定程度的谅解和默契，深知安改难寻共赢方案，唯恐伤及自身，宁愿维持现状。“五常”更强调达成广泛共识和维护安理会效力，不愿扩大否决权。所以，“五常”虽未罢手国际博弈，但更有默契，甚至联手管控安改进程。

激进派中的G4与AU存在鸿沟，因而分道扬镳；但亦有合流动因。G4垂涎AU“大票仓”，一直试图拉拢AU及其成员国。但G4并非铁板一块，两股力量迥异，可被分化。AU各国虽痛感历史不公并持共同立场，但也绝非铁板一块，难免松散和被分化，且将围绕席位分配发生内斗。这增加了安改矛盾与斗争的复杂性。

三是看安理会改革取得进展的要素或必要条件是否具备。主要看三要素：标准、方案和程序。不管安改的政府间谈判已进行了几轮，只要在标准、方案和程序上不能达成共识，安改就无法取得实质性进展。

其中，安改必然涉及修宪问题。由于联合国宪章对安理会的组成、职权等作

1 AU指非洲联盟，下同。

出了明确规定，因此安改必然涉及联合国宪章的修改。根据联合国宪章第十八章108条，宪章的修改必须获得联大所有成员国2/3以上（至少129票）以及5个常任理事国的同意。

“魔鬼藏在细节里”。安改的“魔鬼”藏身于标准、方案和程序三大要素里。在标准上，各有算盘，各唱各调，难达共识。在方案上，各有偏好，各有利弊，均难服众。程序上，强行单个表决、人为设置时间表等做法行不通，终须取得共识的决议案提交联大表决，并获成员国至少2/3赞成票（即129票），还要修改宪章并得“五常”批准。“五常”拥有事实上的否决权，是绕不过去的“大山”。

“魔鬼”难除。关于安改的政府间谈判（IGN）也是举步维艰，收效不大。从2009年迄今，IGN[1] 虽已进行了12轮，但离基于案文的真正谈判仍远。安改将长期面临“魔鬼”挡道，各方须与“魔鬼”共舞，关键看谁“舞技”高。

只有对上述三大问题洞若观火，才可把握安改脉搏，不会被似是而非的东西所迷惑，得出正确的调研结论，并形成明智而有效的外交政策。

（二）运用三维综合分析框架

基于上述分析，可得到一个关于安改的三维分析框架：

首先是根本性视角——看问题的本质与特性。它决定着各国的态度、政策与博弈特点或斗争程度。关键在于，看各方对安改性质的认识是否会发生变化和调整，是否会在政治上降温和进行“脱敏”处理。

其次是宏观与战略视角——看结构性矛盾与博弈态势。它决定着各力量的分化组合、主要矛盾与主要博弈对手的“过招”。关键在于看激进派如何发招、如何拉票。

再次是微观与技术视角——看改革进程推进的四要素：标准、方案、程序与工具（如IGN等谈判机制）。它决定着安改能否有效推进。关键在于把好程序关。

二、安改进入深度博弈“新常态”

新世纪以来，安改进程保持动力与活力，现已进入各方深度博弈阶段，并呈现值得关注的“新常态”。

（一）安改动因强劲且目的明确

安改动因主要有五。一是世界之变。联合国成立72年后的世界，与1945年联合国成立之初的世界，已迥然不同。面对日趋复杂严峻的国际和平与安全新形势，联合国亟须通过改革安理会来更好地应对所面临的新问题新挑战，以跟上时

---

1 IGN 指关于安理会改革的政府间谈判，下同。

代发展和形势变化的步伐。

二是联合国成员国之变。联合国成员国的数量已由当初的51个发展到如今的193个，这使得由“五常”和十个“非常”组成的安理会缺乏足够的代表性。而且，伴随着广大发展中国家的集体崛起，其在联合国系统内（包括安理会）代表性与发言权不足的问题日益凸显，亟待通过改革加以解决。

三是联合国及其安理会的地位与作用更被看重。作为世界上最具代表性、普遍性和权威性的国际组织，在全球性问题和挑战日益突出的新世纪，联合国及其安理会的地位与作用备受重视。而且，“争常”各方都把“入常”看作崛起为世界政治大国的重要标志。

四是激进派力推。G4和AU等持续发力，使安改在联大议程上保持高热，并力推IGN进程，千方百计寻求突破。

五是全球治理其他方面的进展催生安改紧迫感。关于应对气候变化的《巴黎协定》的达成及生效，关于联合国可持续发展2030议程的通过及实施，均对安改进程产生激励和催促作用。

安改是大势所趋且明确了其正当目的。安改的目的在于，“使安理会具有更广泛的代表性、更高的效率和透明度，从而进一步加强其效力与合法性，加大其决定的执行力度。”[1]

安改虽然动因强大且目的明确，但却一直深陷僵局。与十多年前相比，安改势头有所下降。各国认清问题的复杂性和艰难性，变得更现实、更理性。各方都无法破局，安改进入拉锯相持阶段。

安改在国际议程上的地位趋降。世界正经历前所未有的历史大变局，在“南升北降”“东升西降”大势所趋下，西方正发生深度裂变，自顾不暇。国际社会乱象丛生，地缘政治回归，恐怖主义和极端主义肆虐，民粹主义异军突起，反全球化声浪增高，民族主义抬头，发展议题突出。乱变交织的国际局势，对和平、发展、人权等提出严峻挑战，对全球治理提出新要求，这些均冲淡了安改议题。因此，安改虽动力未失且因机制化而“高烧”不退，但国际大势更不利于激进派。

安改虽动力未失且因机制化而“高烧”不退，但国际大势更不利于激进派。

（二）安改进程保持压力并外溢

自1993年联大成立安改工作组起，安改议题每年都被摆上联大议程，迄今已有24年。

2005年各方围绕着安改进行了一场激烈交锋。以G4为代表的激进派遭受重挫。但此后并未偃旗息鼓，而是卷土重来，变换手法力推安改。自2006年第61

1 联大第60/1号决议，第153段。

届联大以来，安改不仅再次摆上台面，且迈出重要步伐。2007年第62届联大闭幕前，一致通过了第62/557号决定。其核心内容是，立即在安改工作组内解决政府间谈判的“框架和模式”问题，政府间谈判在第63届联大期间举行，时间不能晚于2009年2月28日，它还确定了安改将涉及的5大问题。

2009年1月联合国成员国启动了关于安改的联大非正式全会政府间谈判（IGN），逐步取代了联大1993年设立的安改工作组。2009年2月19日，IGN如期举行，安改谈判在新平台上就此展开。所谓安改“关于谈判的谈判”阶段结束，安改从磋商进入谈判。每年新一届联大会议召开的9月份，成为IGN进程的重要时间节点。

IGN主要围绕着安改所涉及的五大问题展开，即成员类别、否决权、地区代表性、扩大后的安理会规模和工作方法、安理会与联大的关系。

在谈判进程中，逐渐形成了立场迥异甚至对立的“四方两派”：“四方”是指G4、UfC、AU、S5[1]，其中G4成员和UfC主要成员是地缘政治上竞争对手，后者反对前者“入常”；“两派”是指安理会现任“五常”中的英法和美俄，前者倾向于G4立场，后者对安改持谨慎态度。S5由于无望争“常”，争“非常”也渺茫，因此从自身利益出发，其主要诉求是改革安理会工作方法，目的是使安理会的工作更加透明和问责。它们提出两个要求：一是安理会在通过决议时要同联合国所有成员国协商；二是要求“常”们在使用否决权时向联大解释原因。

除了上述“四方两派”外，在谈判中还出现了不结盟运动、加勒比共同体、阿拉伯国家联盟、小岛屿发展中国家等组合，均力图对安改施加各自影响。

目前看，各方在安改所涉及的五大问题，特别是在成员类别、否决权及地区代表性这三个更为关键的问题上，立场严重对立，难以调和。

关于成员类别。G4主张，增加“常”[2]和“非常”[3]两类成员，具体为增加6个新“常”和4个“非常”,6个新“常”应是它们4国和2个非洲国家。UfC认为，安改的目标应是建立更加民主、公平、透明、有效和问责的安理会，改革的核心应是民主原则，而定期进行选举是确保实现安理会负责和便于接近的关键，因此反对“增常”，只主张扩大“非常”。此外，UfC还建议增设一种安理会成员新类别，即“定期的非常任理事国”。AU也主张增加“常”和“非常”两类席位，但强调分配给非洲的“常”位不能少于2席、“非常”总数要达到5席。

“五常”中，美对适当扩“常”和“非常”持开放态度，但坚持遴选新“常”和“非常”的标准是联合国宪章第二十三条，即必须首先考虑有能力维护国际和

1 S5指“五小国集团”，由哥斯达黎加、约旦、列支敦士登、新加坡和瑞士组成，后发展壮大为由若干中小国家组成的“问责、一致性及透明度组织”（ACT）。

2 “常”指联合国安理会常任理事国，下同。

3 “非常”指联合国安理会非常任理事国，下同。

平与安全及联合国其他宗旨的国家。俄未明确表态，只原则表示，在各方立场严重两极化的前提下，只有通过妥协才能使谈判取得进展，目前应认真考虑“过渡方案”。而英法则支持增加安“常”和“非常”两类席位，支持G4国家和非洲国家成为新“常”；法建议新“常”中应包括阿拉伯国家。

关于否决权问题。G4主张，新“常”享有与现“常”相同的责任和义务，但表示在15年后进行审议之前新“常”将不使用否决权。UfC认为，安理会增加“非常”后，在实质问题上应按照联合国宪章第二十七条采取多数通过原则，对现“常”的否决权，建议取消或限制使用，否决权只适用于联合国宪章第七章的问题，即威胁和平、破坏和平和侵略行为问题。AU认为应取消否决权，但只要否决权存在，新“常”就应享有。S5主张，严禁在种族灭绝、反人类罪和严重违反国际人道主义法问题上使用否决权，同时认为使用否决权的常任理事国不仅需要向安理会解释原因，也需要向联大各成员国做出解释。

“五常”在否决权问题上立场基本一致。美反对改变现有否决权机制，不赞成将否决权扩大到新“常”。俄反对禁止或限制现“常”使用否决权，表示任何改变现“常”否决权的努力都将成为安改不可逾越的障碍，并表示只有在安理会实现扩大后，才能讨论是否将否决权扩大到新“常”。英法的立场也是反对放弃、改变或改革现有的否决权机制。

关于地区代表性问题。这表现为安理会新增席位如何按区域进行分配。G4主张，在六个新“常”中，两个来自非洲、两个来自亚洲、一个来自拉美和加勒比国家、一个来自西欧和其他国家，即“四国”加非洲两国。四个新“非常”，一个来自非洲、一个来自亚洲、一个来自东欧国家、一个来自拉美和加勒比国家。UfC提出以一种新的方式解决区域分配问题。目前安理会“非常”分别由亚洲、非洲、东欧、拉美和加勒比、西欧和其他五个国家组别选举产生。UfC的方案是，改革现有选举“非常”组别，今后将根据“非常”类型确定新国家组别构成。AU只强调确保非洲在安理会得到公平与合理的代表席位，分配给非洲的“常”席不少于两个，“非常”席位不少于五个。

IGN进程艰难迈步。2010年9月12日联大非正式会议关于安改的政府间第五轮谈判结束，IGN进入“基于案文”阶段，开始寻求各方都能接受的安改“案文”。2015年7月31日,IGN进程按安改五大问题汇集各方立场和主张，形成“文本及附录”。同年9月14日，联大决定采纳“文本及附录”作为谈判性文件，首次决定以官方文件为基础商讨安改事宜。2016年7月，IGN进程催生两大“汇聚要素”，即“安理会和联大的关系”与“扩大后的安理会规模及其工作方法”；继而形成“关于安理会改革的草拟口头决定”，强调联大在安改中的中心作用，决定在第71届联大期间召集一个安改“开放工作组”。但两大“汇聚要素”只是IGN的“讨论要素”，而非“谈判要素”。而且，其回避了上述三大更为关键的问题，显然是在避重就轻。

需要指出的是，IGN 并没有缩小各方对安改的根本立场对立和分歧，却使安改一直摆在联大议程上，始终保持安改活力和压力，使实质问题愈发难以回避。

此外，安改斗争蔓延至 G20[1] 和 BRICS[2] 等新兴机制。一是以 G20 为准组成新安理会的提议出笼，但难以被普遍接受。二是 G20 提供了新的博弈平台。法国等曾欲在 G20 框架内推动安改，一度引起墨西哥等国的不安。三是印、巴在 BRICS 合作框架内力推安改议题，向中俄施压。

安改斗争蔓延至 G20 和 BRICS 等新兴机制。

（三）安改成为各大国进行战略与外交博弈的筹码

美国在安改上高调支持日、印“入常”，以中国为对手进行战略博弈，图谋一箭数雕：拉拢日印，离间中日、中印；打日本牌刺激中方做出“应激反应”，以便坐收渔翁之利；以中国为“挡箭牌”，掩盖美国是安改最大障碍之实。但其招数已被识破，如意算盘愈发难打。

在2005年安改进入决战阶段前夕，美国抛出扩大安理会的方案，宣布：按照美国所定标准支持安理会增加“两个左右”新“常”，支持增加两个或三个“非常”，从而把安理会成员从现有的15个扩大到19或20个。这无疑是分化瓦解 G4 的高明之举，一举击中 G4 结盟与捆绑战略的要害，给 G4 提案以迎头重击，显示了老辣的外交手法。

美国支持日本“入常”别有用心，却口惠而实不至。美国明确表示支持日本“入常”，认为其完全符合美国的标准。这一方面显示了日本在美国全球和东亚战略中的特殊地位，有安抚和拉拢日本的考虑。另一方面，美国包藏着利用中日在安改问题上的矛盾来恶化中日关系的祸心。同时，美国对日本的支持口惠而实不至，因为只支持日本，而又反对以日为主要成员的 G4 提案，实际上阻断了日本“入常”的希望之路。美国这一做法使日本深感沮丧和无奈。

2007年2月，美国前驻联合国大使约翰·博尔顿在美国锡拉丘兹大学麦克斯维尔学院关于安改的一次演讲中说：“我认为随着日本（成为常任理事国）的前景向前推进，现实中会在这一点上与中国相冲突。如果中国准备否决，那么就让它否决好了，它有这个权利。但是当推动变成强推的时候，中国实际上将如何做是很有意思的。这就是我关于安理会改革的建议。不然的话，年复一年，可能数十年，将仍是同样的结果，一点改变都没有。”[3] 博尔顿的言论明显有借“入常”问题加剧中日矛盾的算计。

为了推行“亚太再平衡”战略并拉印制华，奥巴马政府高调支持印度“入

1 G20指二十国集团。

2 BRICS 指金砖五国（巴西、俄罗斯、印度、中国、南非），下同。

3 转引自毛瑞鹏：《美国当前联合国安理会改革政策分析》，《世界经济与政治》，2008年第4期，第71页。

常”。从大国博弈的角度来看，美国此举旨在离间中印。同时，美国企图以政治交易换取经济实惠。美方随后不得不就此事安理会其他成员国做出解释。据称，当初在奥巴马访印之前，美国就已事先向巴基斯坦通报。巴外交部对此提出批评和警告：美国应该具有道德观，不应当因为强权政治的临时性私利和紧急需要就做出这样的决定；任何支持印度成为联合国安理会常任理事国申请的决定都将会对南亚的和平安全构成负面影响。

美国支持印度“入常”对安改进程还带来了三方面影响。一是抬高了印度的国际地位，增强了其“入常”愿望。二是实际上否定了“过渡性方案”或“中间方案”，害了 UfC 而帮了 G4 及英法。三是影响了各方对美安改政策的判断。其实，美国并未超出当初支持“两个左右”国家“入常”的限定，同时强调了未来安理会的效率、效力，回避了否决权问题。

英法通过支持安改，显示其多边主义立场和改革派姿态，在拉拢 G4同时，占据道义高地，企图将安改僵局归咎于中国等，但怕因安改而“失常”[1]，底气不足。英国脱欧给安改前景带来潜在影响，使以欧盟取代英法占据“常”位的设想落空。“欧盟入常”设想需进行必要修正。

鉴于俄与西方仍处于“准冷战”状态，俄可能以安改为筹码，敲打日德，离间美日、美欧，拉拢印、巴与南非等国，并加强对华协作。

（四）“安改之友集团”带来新挑战

2016年9月21日，急于推动安改取得进展的一些国家在纽约举行部长 / 高官级别的会议，强调安改三原则：及早改革、进行基于案文的谈判和扩大“常”和“非常”两类席位，“安改之友集团”宣告成立。

“安改之友集团”鱼龙混杂，包括 C10[2] 、L.69[3] 、CARICOM[4] 、G4、北欧五国、英、法以及一些东欧和亚洲国家等80个以上国家，并呼吁更多国家加入。

其出笼有多重背景和动因。一是 G4在不断调整策略，需扩大声势破局，并争取更多支持票。二是非洲国家对安改裹足不前愈发不满，急躁情绪上升。三是大多数会员国不甘心安改商谈20多年而流于务虚，期待开展案文式谈判，内心向往安改取得积极进展。

“安改之友集团”来者不善。其旨在聚拢“以改革为导向”的国家，形成“共推安改”的强大声势。它会把安改问题炒得更热，也将被 G4借重，进行拉拢、

---

1 “失常”指失去联合国安理会常任理事国席位，下同。

2 C10指非盟委员会10国，包括阿尔及利亚、利比亚、塞内加尔、塞拉利昂、纳米比亚、赞比亚、肯尼亚、乌干达、赤道几内亚和刚果（布），它们代表非盟54国处理安改问题。

3 L.69是由非洲、拉美和加勒比地区、亚洲和太平洋地区国家的42个发展中国家组成的集团，取名于其所提出的推动 IGN 进程开启的 L.69草案号。

4 CARICOM 指加勒比国家联盟，包括15个成员国，还有5个联系国和8个观察员国。

串联和造势。它将助长激进派的势头而弱化 UfC 的影响。

三、中国妥善应对安改难题（代结语）

“崇尚改革的秘书长”安南，基于对安改问题重要性、复杂性和艰难性的深刻认知，强调“改革是一个过程，不是一个结果。”[1] 总体而言，对于安改应采取建设性的现实主义态度，需耐心寻求共识，坚持循序渐进，而不能急于求成和急躁冒进，否则，结果会适得其反。

中国是安改博弈中当仁不让的重要角色，而且地位和作用愈发突出。面临重压，中方打赢一场又一场“外交硬仗”，值得深刻总结经验并做长远谋划，以确保中国在安改博弈中立于不败之地，并开辟更加主动有利的前景。

中国的一条重要成功经验就是，充分认识到安改问题的重要性和敏感性，一直给予高度重视，并低调、稳妥、谨慎、负责地进行处理，及时推出立场文件，避免了热炒、误读和内部争论，创造了良好的政策执行环境。

安改可以作为战略调研与多边外交调研的一个典型案例，对教育和培养外交与国际政治人才具有很高的理论与实践价值。

1［美］弗雷德里克·埃克哈德著：《冷战后的联合国》，J.Z.爱门森译，杭州：浙江大学出版社，2010年，第259页。

TPP 搁浅与亚太经济秩序的未来

张 云

内容提要：TPP 并不是美日反华的工具，其在地缘经济上的本质含义包括日美自由贸易协定、美国对东亚的整体框架和亚太自贸圈的实现途径三方面的要素，而各国参与 TPP 也主要是为了借助“外压”来推动国内改革，并在亚太经济新秩序中维护自身的利益和地位。TPP 的搁浅并不意味着 RCEP 会自然成功，也不意味着美国主导亚太经济秩序的主导权就会自动转移到中国。面对后 TPP 时代的亚太经济秩序，中日美作为世界上最大的经济体需要明确共有建设亚太自贸区远景目标，增强本地区经济体对于亚太经济秩序建构的信心。此外，中美投资协定对各方的意义都极为重大，对中国堪比“入世”，对美国也是改革的动力，将为美国进一步参与亚洲经济一体化进程提供便利，也会有助于国际经济治理机制的完善。

关键词：TPP　RCEP　中美双边投资协定　亚太经济秩序

美国新总统特朗普执政后正式宣布反对跨太平洋伙伴协定（Trans Pacific Partnership, TPP），[1] TPP 即便不说死亡，至少也已搁浅。[2] 对此，有学者认为中国推动的区域全面经济伙伴协定（Regional Comprehensive Economic Partnership, RCEP）将会成为通向更广泛贸易自由区的唯一途径；有的则认为这是美国“亚太再平衡”遏制中国战略中的经济抓手的失败；还有的认为特朗普将在亚太地区战略收缩，而 TPP 的停滞为中国减少美国在地区霸权存在和积极主导构建新亚

张云　日本国立新潟大学国际关系学副教授。

1 “Trump Abandons Trans-Pacific Partnership, Obama’s Signature Trade Deal,” *The New York Times*, January 23, 2017.

2 “Pacific Trade Try Persist Persevere,” *The Economist*, November 19, 2016, p.13.

太秩序提供了难得机会。笔者认为不得不说很大程度上作为一个经济安排的TPP在过去几年的讨论中被高度战略和政治化了。在其搁浅的时候，我们还是要回到原点，冷静思考TPP的目的究竟是什么？搁浅后未来地区合作有哪些可能的情况？究竟什么样的地区经济秩序符合区域内大多数成员的利益？对这些问题的理性思考有助于我们抵御可能误导短期结论的诱惑，收获长期的利益。

TPP在地缘经济上的本质意义

2015年10月，以美日为主导的跨太平洋伙伴关系谈判达成框架协议，而在11月举行的亚太经合组织（APEC）会议上，东道国马来西亚宣布，原定在2015年末达成协议的中日韩东盟加印度、澳大利亚、新西兰的RCEP协议时间推迟到2016年以后。2014年，中国在北京的APEC峰会上提出启动亚太自贸区进程，从目前的情况来看似乎条件尚不成熟。当时，有不少评论认为TPP框架协议达成和RCEP的滞后意味着美国在对中国亚太地区遏制战略上占了上风，笔者认为这种分析是片面的，在政策上有误导性，需要全面正确地理解TPP在本地区新的经济秩序建构中的地缘经济意义。

首先，要认识到TPP的本质实际上是日美自由贸易协定。虽然12个国家参加TPP，但日本是否加入对于该协定具有决定性的意义，日本的GDP是除了美国外其他所有成员国的两倍多，由于日本的加入，该协定才能覆盖全球GDP的40%。[1] 日美自由贸易协定一直在讨论，但是由于各自国内原因一直没有实现，如果能够通过TPP多边方式实现日美自贸协定，将具有里程碑意义。这也将可能是亚太主要经济体之间首次通过多边方式实现双边贸易协定，而目前世界三大经济体的中美日三国之间都没有双边自贸协定。美国对亚洲经济接触的进一步加强无疑对于日美同盟进一步强化有意义，另一方面也可能会推动本地区其他主要经济体学习美日方式通过多边的方式来实现双边自贸协定，例如加快中日韩自贸协定谈判进程，而该进程如果实现就意味着中日之间双边自贸协定的签订。

第二，TPP的签署意味着美国首次同东亚地区签订了具有法律意义的文件，这是美国东亚战略的标志性事件。从历史上来看，美国同亚洲的关系非常依赖双边关系和条约，还没有一个整体性的美国同东亚的框架[2]，若TPP实现，美国将会首次拥有一个比较完整的亚洲战略和法律性文件。奥巴马政府的亚洲战略可较

---

1 Bernard K. Gordon, "Trading Up in Asia: Why the United States Needs the Trans-Pacific Partnership," *Foreign Affairs*, July/August 2012, pp.18-19.

2 张云：《美国对东亚多边主义的新热情？论奥巴马政府对于东亚地区一体化的认知》，《中国国际战略评论2014》，北京：世界知识出版社，2014年，第273—283页；《可控的紧张：中日美之间的认知与误认知》，杭州：浙江人民出版社，2016年；《东亚国际秩序的共建与中美日三边关系》，《中国国际战略评论2016》，北京：世界知识出版社，2016年，第278—289页。

为清晰地分为以下步骤，第一步是与同盟国家强化关系，这个过程中必然出现一定程度关系紧张，钓鱼岛问题就是证明；第二步是扩大同亚洲国家的伙伴关系，主要体现在美国与东盟国家关系加强上，同样会带来中美紧张，主要体现在南海问题上；第三步是美国同亚洲整体关系上的一个制度性安排的建设，TPP 是这个过程中的一个重要支柱；第四步是进一步包容中国。[1] 时任美国助理国务卿的拉塞尔在接受《日本经济新闻》采访时候说，美国亚太战略的核心是中国，奥巴马政府在战略思考上试图通过建立制度安排来应对这一核心问题。

第三，TPP 可能成为实现覆盖 APEC21个经济体的亚太自由贸易圈（FTAAP）的一种途径。从美国战后建立国际机制的传统以及中国本身的战略思维来看，在亚太建立一个高覆盖度的亚太自贸圈这个战略目标上，双方是一致的，目前的分歧在于如何实现。我们可以看到目前参加 TPP 和 RECP 的成员国有不少是重合的，也就是说这两个并不是相互排斥的关系，而是合作竞争并存的关系，动态看待的话，两者将来很有可能殊途同归，在某个时点上融合并最终实现亚太一体化，这样中美之间的战略互疑也会得到制度性的改善。

TPP 是不是美日的反华工具?

自美日和其他成员国开始谈判 TPP 起，中国国内认为这是美国和日本企图遏制中国崛起的战略的看法就很普遍，有的甚至发展到“阴谋论”的高度。[2] 在中国经济高速崛起的背景下，将来本地区的经济秩序的重建进程中，中国与美国日本存在竞争是毫无疑问的，观点不同路径不一也不奇怪，但认为 TPP 是美日反华工具的认知不准确也不全面。

认为 TPP 是美日反华工具的认知不准确也不全面。

首先，TPP 的内在动力主要源于日美希望借助“外压”来推动国内改革。从美国来说，WTO 多哈回合的谈判15年来基本没有进展，2011年开始一些双边 FTA 的谈判，例如2011年同韩国、哥伦比亚等签订了自贸协定。[3] 但是，由于美国国内政治中反对势力强大，同更大的经济体之间签署自贸协定变得非常困难，随后美国对外经济战略上开启了以 TPP 为中心的亚太地区经济多边谈判的新进程。[4] 而这个 TPP 进程的开启又同奥巴马政府提出的“亚洲再平衡”战略同步，

---

1 Remarks By Tom Donilon, National Security Advisor to the President: “The United States and the Asia-Pacific in 2013,” At The Asia Society, New York, March 11, 2013, https://obamawhitehouse.archives.gov/the-press-office/2013/03/11/remarks-tom-donilon-national-security-advisor-president-united-states-an.

2 “Regional development All Partners Except China,” *The Economist*, November 14, 2015, p.29.

3 Bernard K. Gordon, “Trading Up in Asia: Why the United States Needs the Trans-Pacific Partnership,” *Foreign Affairs*, July/August 2012, p.17.

4 张云:《可控的紧张：中日美之间的认知与误认知》，杭州：浙江人民出版社，2016年，第165页。

在中国常常被解读为遏制中国的一种手段，但很大程度上是为借助外力来推动国内改革。日本，澳大利亚，新加坡等12个亚太国家如果能够达成TPP显然不仅会有经济利益而且有战略利益，更加容易说服美国国内。日本的情况也相似，日本在20世纪90年代后由于经济结构改革滞后，导致了20多年的低增长，各种既得利益结构很难被打破。参加TPP谈判的决定最早是民主党执政时期野田首相决定的，而同期的增加消费税也是野田首相决定的，这些都为自民党安倍晋三政权上台后所继承，也就是说在TPP问题上日本存在着超党派的共识。以TPP为契机，我们已经看到了安倍政府在农协改革、降低法人税等方面迈出了过去20年来日本首相想做而没有做成的事情，这个动机同当年中国入世谈判为了推动国内改革从本质目的来说并没有什么本质差别。TPP如果能够促进日本经济进一步开放，增加经济活力反过来可以让日本国内的政治生态朝着更开放和宽松的方向发展，这样在对外关系上也就会有更多的信心和余力来参与，日本经济恢复好本身对中国来说是一件好事。

第二，TPP的外在动力来源于日美希望在亚太经济新秩序中维护自身的利益和地位的诉求，这并不是直接等同于遏制或者反对中国。对于美国来说，TPP是保持包括美元在内的美国在国际经济规则指定中的地位的重要手段，而对日本来说维护美国体制有利于维持自己在原来体制中的地位。日本战后在经济上的优势主要是通过同美国的结盟和融入美国主导的秩序获得，保持这个经济秩序的活力符合日本国家利益，积极推动TPP帮助美国实际上就是帮助日本本身。而目前美国国内政治因素导致TPP有停滞会影响到日本自身的战略意义，日本就需要更加积极地说服和推动美国国内进程。当然美日维护自身战略利益的行动会同中国产生一定的矛盾，但是性质不是零和的。一来相比其美国通过大规模强化军事同盟，建设新的军事基地的方式维护秩序的做法，通过经济的方式的中美竞争风险健康和具有良性意义；二来TPP中很多内容例如国企改革，各种非贸易壁垒的撤销，知识产权等都是中国将来希望实现的改革的目标，如果TPP实施进程顺利，那么就会给中国带来进一步开放的竞争性压力，中国国内改革获得这样的动力后可能加快速度。这个动态会造成一些压力，但是这些压力也不完全都是负面的，关键在于中国如何解读这些压力，把这些压力都解读成为遏制中国的手段，那就会导致对抗性的政策结果。

目前本地区各种自贸协定安排看上去机制林立，但是他们的生命力和可持续性最终需要经过市场的检验。无论是TPP还是RCEP还是东盟经济共同体（AEC）的认可度，决定权不在于政府，也不在于媒体的评论，而在于实际参加经济活动的企业。对于企业来说选项增加本身不是坏事，他们会按照最有利于资源配置和利益最大化的原则寻找最为有利的地区安排框架，并在此基础上配置商品，人员，资金的流动。因此在未来的亚太经济秩序的重新建构过程中，各种机制会长期处于相互竞争的状态，并在竞争中努力提高自身的附加值同时寻找与其他机制合作与融合的机会。这将是一个非常动态的过程，对此需要保持战略思想灵活度才不会失去机会。

TPP 参加国利益诉求的多元性

由于TPP作为美国总统奥巴马的“转向亚洲”（Pivot to Asia）和“亚洲再平衡”战略中的经济政策的主要部分，加上该协定没有包含中国，TPP 从一开始就经常性地被认为是美国遏制围堵中国崛起的战略工具。这种认知并非没有道理，但过度强调则会让我们的分析不成比例地聚焦于中美战略博弈的“中国因素”，无形中忽视参加国及其利益诉求的多元性。

首先，美国推动 TPP 除了同中国战略博弈需要外，直接动因源于对 WTO 全球贸易体制谈判的绝望和减少国内反对的考虑。2011 年，面对多哈回合谈判十几年没有进展，奥巴马政府同哥伦比亚，巴拿马和韩国签署了自贸协定。由于国内的反对，同更大的经济体签订双边自贸协定变得更为艰难，随后奥巴马政府开始在全球和双边之间寻找新的办法，即同亚洲的 TPP，同欧洲的 TTIP（Transatlantic Trade and Investment Partnership）。[1] 美国希望借此重振全球自由贸易体制，同时也希望利用 TPP 的外压来缓解国内的反对。

第二，亚太地区发达经济体支持 TPP 主要是为了拉住美国继续发挥全球自由贸易体制的领导地位。不少人认为安倍晋三执政后日本才变得对 TPP 感兴趣，并认为这是为了追随美国遏制中国的需要，这种动机不能完全否认，但事实上民主党执政时期就已经做出了加入 TPP 谈判的决定，安倍只不过延续上届政府决定而已。日本是战后美国主导的全球贸易体制的获益者，面对自由贸易谈判的停滞，作为第三大经济体，日本意识到自身的积极努力可能可以改变美国的消极态度。同样作为全球贸易体制受益者的新加坡在支持 TPP 上也有同样的考虑。新加坡总理李显龙2016年8月对美国进行国事访问时候也说，TPP 是美国在亚洲可信度（credibility）的试金石（litmus test），并对奥巴马能顶住国内政治压力表示赞赏。[2]

第三，发达经济体对于 TPP 具有内在需求。随着全球化的深化，发达经济体在全球产业链条中重新定位，制造业的生产过程日益向发展中国家转移，生产前的设计阶段以及生产后的服务部分成为发达经济体创造附加价值的主要来源。[3] 以美国为例，过去的贸易形式已经发生了根本性变化，2010年，全世界向知识产权拥有者支付的金额中的40%，约1000亿美元流向美国，这个数字与美

1 张云：《可控的紧张：中日美之间的认知与误认知》，杭州：浙江人民出版社，2016年，第165页。

2 “Singapore backs US push on trade deal,” *Financial Times*, August 3, 2016.

3 日本银行总裁黑田演讲，环日本海经济研究所国际会议，2017年2月14日。

国出口飞机，谷物和商业服务的利润相当。[1] 2012年，美国从知识产权的海外版税和许可费用同美国农产品出口获利相当。随着软件、技术和娱乐产业的发展，媒体的电子化和互联网将全球市场连接，迪斯尼、环球影城和微软施压美国政府采取更加严格的制度，对于这些公司来说这就意味着保护新贸易形势下的法治。[2] 这些都与传统的降低进口关税贸易自由化有很大不同。

第四，不少参加国家希望借助 TPP 来推动国内经济结构改革，实现经济增长方式的转型。马来西亚，越南，甚至日本都有这方面的考虑。

TPP 搁浅并不意味 RCEP 自动成功

一种观点认为，日本首相安倍晋三在推动 TPP 上耗费大量的政治资源，此次美国退出 TPP，对其国内执政合法性有巨大损害，在野党再以此追责，国内政治的动因会让安倍政府无法继续推动 TPP，而不得不面对现实参与 RCEP，而日本转向参与 RCEP 会为将来的亚太自贸区的广泛包容性奠定基础。这种设想不是没有可能，但也不应“一厢情愿”（wishful thinking）。2016年5月，《日本经济新闻》的民意调查显示49% 的受调查者支持 TPP，32% 反对[3]，一方面大部分日本民众是全球化的受益者，另一方面这也反映了他们对于安倍试图通过引入“外压”倒逼既得利益集团改革显示出的“领导力”的认可。日本主要在野党民进党的确想利用美国退出攻击安倍经济外交失败，但其列举反对 TPP 的三大理由说服力并不强。第一，他们认为安倍政府没有保护日本重要的农产品出卖国家利益；第二，美国对于汽车行业减税不明显；第三，谈判不透明。但是，第一条理由得不到大多数都是城市居民的日本民众的支持，相反给人以旧时自民党的复古形象，第二条理由就连日本的主要汽车公司和经济界都支持 TPP，第三条理由主要是程序上的。这些让人感到民进党是为了反对而反对，为了找理由而找理由的不诚实做法。与此同时，自民党在今年夏天的参院选举中高调打出支持推进 TPP 旗号，大选的胜利说明民意并不在在野党一边。如果民进党在这个问题上继续仍然为了反对而反对只能进一步自我边缘化。所以从国内政治的角度来说，日本并不存在彻底放弃 TPP 的压力和动因。　还有一种观点认为 TPP 的失败因为其排他性；而 RCEP 具有开放性，且门槛比较低是能够被地区广泛接受的框架。这种看法说得有一定道理，但是只说对了一半。我们需要对这两个协定的性质有清醒的认识才不会被误导，RCEP 是传统的减免关税的自贸安排，因而在短期内效果

1 Bernard K. Gordon, “Trading Up in Asia: Why the United States Needs the Trans-Pacific Partnership,” *Foreign Affairs*, July/August 2012, p.20.

2 “A new world of royalties,” *Financial Times*, September 24, 2012.

3《日本经济新闻》，2016年5月2日。

比较明显，而TPP则是超越传统意义的广泛性的经济协定，其意义是长期性的。换言之，一定程度上两者不具有可比性，也不是单纯的谁取代谁的问题，由于亚太经济体发展阶段不同，因而需要有不同的安排，即使这次TPP“死亡”，将来还会有类似的东西出来，因为需求并没有改变。将来亚太地区的经济秩序的逐渐稳定是在不同发展水平的国家（特别是主要国家）间的差距逐步缩小的进程中，不同的经济安排走向融合实现大经济圈的过程，而不是哪一个吃掉那一个的直线式问题。TPP不成功如果说成是因为包容性不够，那么RCEP同样面临如何包容美国，日本等发达经济体的问题，问题其实是一样的。这不是一个你赢了我输了，我输了你赢的简单的直线性问题，这是一个如何建立一个更加具有包容性的广泛性经济秩序的问题。

第三种观点，RCEP更容易达成共识，在此基础上包容日本和美国，然后就能顺利建设亚太自贸区。这也是一个并不容易实现的美好愿望。RCEP成员国中有不少国家贸易开放程度不高，例如印度，最终达成共识的障碍也很大。如果严格照顾各国的舒适度，那么即使关税减免也要取最大公约数，那么RCEP的谈判进程就会放慢，质量也可能会受损。越南，马来西亚等RCEP可能的参与国之所以当年参加TPP谈判，也是看到了这个协定可能会真正带来国内改不动的行业的改革，而RCEP是否能带来足以促内变的外压，目前还不明朗。2016年8月初，RCEP的16个国家的部长级会议召开，但没有发表共同声明。亚太自贸区无疑将是未来亚太地区合作的远景目标，但是短期内实现仍有很多困难，特朗普连TPP都要退出，更难设想他会轻易支持亚太自贸区。

第四种观点，TPP搁浅，美国主导亚太经济秩序的主导权就会自动转移到中国。主导权之争的解读往往会引发人们的关注，然而主导权并非完全是一个争夺的结果，某种程度上也是自然形成和过渡的过程。目前美国在亚太乃至世界经济主导权也是历史形成的，并非完全依靠大战略造就，二战后美国压倒性的经济技术军事文化实力和主要国家无力承担国际秩序重建的特殊环境下让美国的领导力变得不可或缺（当然后来这也让美国开始认为自己是例外国家）。今天的亚太，中国的崛起极大地改变了亚太经济力量的平衡，中国的GDP占世界的15%，贸易额世界第一，中国需要拿出“中国方案”已经不是空喊的口号，而是实际的需要和世界的呼声。同时也要看到同二战后的美国相比，中国在亚太经济秩序建设中的作用很大但不是支配性的（big but not dominant），美国加上日本的经济规模仍然超过中国不少，而IMF的数据表明2015年中国进口额占据世界总额比重为12%，而日美韩等发达亚太经济体大约为37%，而且与这些发达经济体相比，中国还不是世界主要的最终消费品的进口国家，这都会对中国引领贸易自由化的领导力有影响。因而中国国内经济的尽早升级换代也是中国在国际经济秩序建设中发挥更大主导作用的重要前提条件之一。

后 TPP 时代的亚太经济秩序与中日美合作

中日美作为世界上最大的经济体需要明确共有建设亚太自贸区远景目标。

首先，中日美作为世界上最大的经济体需要明确共有建设亚太自贸区远景目标，增强本地区经济体对于亚太经济秩序建构的信心。2016年11月在秘鲁召开的亚太经合组织工商领导人峰会上，中国国家主席习近平在主旨演讲特意指出要有效对应“区域经济合作碎片化挑战”，亚太自贸区建成并非容易事情，但需要有“一张蓝图干到底”的精神。[1] 根据世界贸易组织的估算，2016年世界贸易将首次在15年来增长低于GDP增长，在亚洲出口今年仅为0.3%，远低于过去20年的8%。[2]

其次，在具体操作上将会出现一个双边协定增加的过渡阶段。正因为TPP构想中非中国因素在其搁浅后仍然存在，加上RCEP并不会很顺利推进。TPP将有可能以日美双边贸易协定的方式部分得到继续，而RCEP要真正有所突破可能需要中日之间的自贸协定来引领。主要经济体之间如果达成双边协定对于防止大量双边协定横行的无序状态的碎片化现象会有遏制作用。现在亚洲已经有147个双边贸易协定，而十年前仅为82，还有68个正在谈判。[3] 2016年两会期间，中国商务部部长高虎城在记者招待会上说，中国不认为TPP是为了对抗中国，不认为TPP和RCEP（区域全面经济伙伴关系协定）相冲突，RCEP是具有最大差异性贸易谈判。[4]

最后，中日在地区经济秩序共建上具有合作的潜能。某种意义上说，中国同样也是战后美国主导的经济秩序的受益者，这一点上同日本没有本质区别。中美目前正在进行的双边投资协定（BIT）谈判部分动因也是为了拉住美国继续保持经济开放。在发达经济体中日本内政上最为稳定，安倍晋三支持率稳定，中国同样内政稳定，中央权威高，这都为两国推动自由贸易提供有利国内政治条件。

中美投资协定提供改革开放新动力的效果可比“入世”

在2016年的第八轮中美战略与经济对话开幕式上，中国国家主席习近平特别提到了“要全力争取早日达成互利公赢的中美投资协定”，这是以前没有过的

1《习近平在亚太经合作组织工商领导人峰会上的演讲》，2016年11月19日，秘鲁利马，http://news.xinhuanet.com/2016-11/20/c_129370744.htm。

2 “Trading down the collapse of TPP,” *The Economist*, November 19, 2016, p. 23.

3 Ibid.

4《人民日报》海外版，2016年2月23日。

明确信号。[1] 对于中国来说双边协定最大的意义在于借助“外力”来推动中国国内的改革，为新一轮的经济发展模式转型，产业升级和对外开放带来推动器。

首先从国内意义上说，中美双边投资条约犹如当年的“入世”谈判，是促进新一轮改革的手段。20世纪90年代末，中国利用“入世”谈判来推动国内改革，通过国有企业转制上市办法打破原有的国家包干的铁饭碗，历史性地实现了国企重组。正因为有2001年“入世”前的几年的努力，为“入世”后中国经济的腾飞带来了持续的动力，并一跃成为世界第二大经济体。可以说，当年如果没有“入世”的“外压”，江泽民和朱镕基的改革很难成功。现在中国再次面临改革的困境，国有大型企业的确变大变强，但是既得利益让市场还难以成为决定性力量，而且过去的模式的社会成本，例如环境污染、高能耗的弊端已经非常突出。中美双边投资协定将会强有力地帮助新一轮的中国改革家们提供重要“外力”来推行依法治理、靠市场来调经济的发展模式转变。双边条约将给中国企业进入美国市场的机会，美国市场的高度竞争，不同于过去十年来中国出去主要进入的是发展中国家市场那样容易，这有利于国有企业的现代化和增强竞争力，需要真正的管理人才才能担当重任。中国的国家目标是实现两个百年的“中国梦”，这就需要跳出“中等收入陷阱”，据世界银行统计，1960年有100个左右国家被认定为中等收入国家，而之后50年仅有13个国家进入高收入国家行列。[2] 扩大开放新领域放宽投资限制，这就会让外资和民资进一步进入市场，引进竞争机制促进创新。

第二，从地区层面来看，中美双边投资协定具有重要的风向标作用，有助于亚太地区经济一体化朝着更加包容性方向发展。中国最初对于跨太平洋合作协定（TPP）态度消极，主要担心这是美国在本地区搞贸易小圈子排斥中国，最终可能导致中国与亚洲贸易锐减影响中国经济。但中国开始发现，TPP中的不少内容事实上是将来中国改革的方向。随着中国提出“一路一带”，亚投行后，中国企业大规模的走出去就变得更加现实，这与过去作为出口基地有很大不同，因为海外购买资产和投资活动需要得到相应的法规保障。这也是为什么中国入关入世主要谈判代表的龙永图在第十次中日韩名人会议上明确提出要高度评价TPP的经济效果，可以同RCEP有机结合。[3] 如果中美能够在投资协定上有突破，无疑会刺激其他经济体加快同中国谈判的进程。

第三，从全球层面来看，中美双边投资协定将会进一步促进新兴经济体国家群的持续发展，为全球经济力量的平衡和构建更加公正合理的全球经济治理秩序奠定基础。中国入世后的快速崛起不是中国一家的“一枝独秀”，而是带动了新

1《人民日报》，2016年6月7日。

2 日本银行总裁黑田演讲，环日本海经济研究所国际会议，2017年2月14日。

3《日本经济新闻》，2015年12月13日。

兴国家群的共同崛起。中国作为“世界工厂”，而不少新兴国家则为中国提供原料能源获得发展，随着中国经济减速，对于原料资源需求减少，这些国家同样面临着经济转型的任务。中美投资协定带动下新兴国家将会效仿从而转化为他们改革的新动力，为经济多元化和减少对外国独依存的可持续发展提供契机。

可见，习近平的这个表态不是空话，而是这届领导集体对内改革对外开放的坚定信念和决心，也是对地区和全球治理改善的重要承诺。

双边投资协定对于美国自身改革的意义

中美“入世”谈判基本上是一个美国提要求，中国讨价还价的单方面的过程，而此次投资协定的谈判情况很不一样。

第一，中国向美国提要求，要求美国相应改革，这也是为美国提供改革的“外力”。如同“入世”谈判一样，美国反对投资协定势力的主要理由是担心就业机会的流失。事实上就业机会流失的主要原因在于劳动力国际竞争力的相对下降和技术进步带来的生产率的提高，用就业减少来反对投资协定实际上是不想改革的意愿在作祟。中国“入世”后，美国经济增长点主要依靠IT和金融业，而劳动力的国际竞争力方面进展并不大，对于美国来说就需要彻底下决心改变过去那种依靠金融信贷拉动消费的不可持续发展模式。对于美国来说同样面临改革的阻力，自己改革动力不足，既得利益在美国并不比中国小，投资协定是双方相互之间相互给予改革的动力和机会。

第二，从地区层面来看，投资协定将为美国进一步参与亚洲经济一体化进程提供便利。双边投资条约谈判成功的话那么一路一带的项目美国企业就可以进入，亚投行参加也会变得容易，中国进入TPP也会更加快，也就是说目前被认为中美在地区经济治理上各搞一套的看法将会被颠覆，而是进一步走向融合。2014年，习近平在会见美国总统奥巴马的时候就明确指出中美双边投资协定谈判达成一个全面，高水平而且体现非歧视，公平，公开和透明的协定。[1] 双边投资条约让外国企业获得同样的国民待遇用法律的形式得到保证，尽管双边投资协定内容可能有所不同，但是本质上是允许投资者追求他们的赔偿诉讼可以通过约束性和中立的国际仲裁而不是通过当地法院来得到解决。[2] 这些内容实际上同TPP的某些部分是相通的。

第三，全球层面投资协定将有助于完善国际经济治理机制。世界贸易组织为国际贸易提供了基本框架，然而在投资领域还不存在一个高覆盖型的机制。中美

1《人民日报》，2014年11月13日。

2 Henry M. Paulson, JR, *Dealing with China An Insider Unmasks the New Economic Superpower*, London: Headline Publishing Group, 2015，p.310.

双边协定如果达成，将会使用具有法律约束力的规则来保证投资者们的投资获得与本地的投资者一样的待遇，这意味着世界上两大经济体同意允许投资者在法律诉讼的时候可以通过具有约束性的国际仲裁来解决而不是当地法院或者政府来裁决，具有划时代的意义。

TPP 虽然搁浅，但是亚太国家国内经济结构转型和地区经济秩序的建构进程不会停滞，无论是投资协定还是自贸协定都要满足本地区经济体多样性的需要，并有利于各国国内经济改革推进，而亚太经济秩序的构建的主导权不会是哪个国家独大，而将会是一个共享的主导权（shared leadership），而最关键在于中日美的合作。

亚太经济秩序的主导权会是共享的，而其关键在于中日美合作。

安倍首相的政权战略与外交安保政策

［日］佐藤贤

内容提要：安倍晋三首相能将长期政权维持到2021年吗？最大的关口便是下次的众议院选举，安倍首相一定在考虑应当何时解散众院重新选举。对实现长期政权来说，经济、在野党相互协调与保守主义本色这三方面的因素至关重要。安倍首相如能在下次的众院选举中获胜，必会将修宪作为最大政治遗产，实质性地推动修宪。具体条款上，"9条""紧急事态条款"和"教育机会均等"都可能成为候补。外交安保政策上，日美同盟的强化将表现为在"质"上扩大自卫队功能和在"量"上增加防卫费。

关键词：安倍长期政权　修宪　日本外交政策　美日同盟　TPP

一、政权战略

（一）迈向长期政权之路

首先要考虑的是安倍晋三首相的政权能持续多长时间。安倍首相作为自民党总裁的任期将持续到2018年9月。自民党在2017年3月的党大会上，已经将关于总裁任期的党章规定，从"连任最多2届6年"改为"连任最多3届9年"[1]。安倍首相如能在2018年9月的总裁选举中获胜，就有机会将长期政权延续至2021年9月。

若落实3期9年，当安倍首相执政至2019年11月的时候，他就将超过战前的桂太郎首相，成为日本历史上执政时间最长的首相。2020年夏天，安倍首相亦能

［日］佐藤贤　日本经济新闻编集局政治部次长。

1 自民党的党章修订，https://jimin.ncss.nifty.com/pdf/aboutus/organization.pdf，2017-02-09登录。

在自己努力下成功举行的东京奥运会上，以首相身份作为主人招待各国首脑，成为名显日本政治史的大宰相。

“安倍一强”出现的主要原因是，安倍首相在大选中能不断取得胜利，包括2012年12月和2014年12月的众议院选举，2013年7月和2016年7月的参议院选举。而对于自民党国会议员来说，是否支持党总裁主要取决于这么做是否有利于自己的下次选举。

自民党在7月2日投开票的东京都议会选举中惨败，安倍内阁的支持率也下降了。对谋求长期执政的安倍首相来说，下一个关口便是众议院选举。焦点则是众院解散重选的时机。本届众院议员的任期将于2018年12月结束。在剩下不到两年内，众院选举将会于2017年秋到2018年底这段时间里举行。若众院胜选，2019年7月还会有参院选举。也就是说，若要实现能持续到2021年的“九年政权”，这两次大型选举的关口就必须要通过。

安倍首相可能在2017年底解散众院，重选选举。

关于众院选举的时机，安倍首相首先会考虑的应该是2017年11—12月。秋季召开临时国会，以促成“工作方式改革”法案为背景，并配合2017财年补充预算案的编成及由此而来的经济景气提振后，再解散众院才是妙案。若2017年11—12月的众院解散无法实现，2018年夏季至秋季则是另一个机会。

被称为“传家宝刀”的众院解散权给予首相极大权限。但离众议员任期结束的时间越近，在有利时机下解散众院的余地也就越小。若无法顺利行使解散权，就会演变成在任期接近结束的不利环境下“被追逼解散”的情况。但若在野党中最大的民进党仍旧势力尽失，即便任期结束之期将近，仍可判断自民党终将胜选。

2017年3月，现有众议院（议员总数475）的势力分布情况如下，执政党联盟共计327人，其中自民党292人，公明党35人。已经超过了在国会内发动修宪所需的三分之二（317人）议员数达10人之多。

自民党中仅当选一次两次的选举基础弱的新手议员甚多，因此很多看法认为自民党在下次众院选举中所获得的议席数会下降。2012年或2014年众院选举中第一次当选的年轻议员们，过去靠的是跟风安倍首相的人气，亦有受惠于“安倍一强”而怠慢本地选举活动的年轻议员。安倍首相2016年7月不举行“众参院同日选”的理由之一就是担心本党的年轻议员，也就是所谓“自民党议席下降30席的可能性很大”的判断（自民党干部）。

从安倍首相的角度来看，还是希望维持包括赞成修宪的日本维新会（现在众院有15席）在内的众院三分之二优势。自民党的议席若下降40—50席以上，党内要求安倍首相下台的呼吁便无法避免。因此议席下降幅度可否控制到20席以内，是能否下决心解散众院的关键。

经济是维持长期政权的第一要务。经济也是国民支持安倍政权的一大理由。

安倍经济学虽提振股价，改善了富裕阶级的生活，但整体效果有限，很难惠及低收入阶层。因此，安倍首相着力于“一亿总活跃”“工作方式改革”等分配政策，希望打出经济最优先的口号，培养出投票者的期待感。比起实际成果，拥有一种“有盼头”的期待值是要点。当然比起“有盼头”，未来实际成果如何也还是会被问到。关于消费税，虽有2019年10月税率从8%上调到10%的计划，但安倍首相或许会考虑将其延期。

实现长期政权的第二关键点便是在野党的弱化。在野的民进、共产、自由、社民四党以打倒安倍政权为目标。在野党首相候选人的提出若各行其是，反而对执政党有利。因此，在野党合作共斗的局面能否实现也是一个焦点。虽然它们在停止运行核能发电站和安保问题上实现了政策一致，但在野党合作共斗仍然是一大课题。2016年9月以来，以莲舫为党魁的民进党的支持率持续低迷。在2017年7月东京都议会选举中，莲舫没有表现出存在感，在党内遭到了批判，民进党的向心力也下降了。

第三重要的便是政权议程设定的目标为何。安倍首相即便坚持“经济最优先”的立场，能将保守舆论控制到什么程度也很重要。2013年通过的《特定秘密保护法》和2015年通过的《安全保障关联法》等保守课题都使得内阁支持率下降了。2017年的通常国会，更改了旨在对计划阶段的犯罪进行处罚的“共谋罪”的构成要件，在新设的《组织犯罪处罚法改正案》中增加“恐怖活动等准备罪”。为通过该改正案，安倍政权消耗了不少政治资本。这些保守化的课题有引起女性和无党派投票者“脱离安倍”的风险。修宪执念能持续燃烧到何处，亦同这点相联系。

（二）后安倍

安倍首相在2018年9月自民党总裁选举中，非常有可能第三次当选。对安倍首相保持一定距离的原自民党干事长石破茂成为候选人的可能性也非常高。安倍首相着眼于以实绩为背景，希望以包揽地方票取得压倒性胜利来稳固政权根基。而作为对安倍首相“批判票”的石破茂能在多大程度上获得选票也就引人注目了。

不过所谓“后安倍”究竟如何呢？预测四年后，即2021年9月后的政治状况是非常难的。若安倍首相保持强势和在野党无法兴起的结构延续下去，自民党总裁任期延长论再度出台、安倍首相继续连任也是可以想象的场景。

如果安倍首相能实现持续到2021年9月的3期9年自民党总裁连任，石破茂、岸田文雄外相和小泉进次郎等人在之后的总裁选举中出马也是可以预想的。这里的重点是安倍首相会指名谁做自己的后继者以及安倍首相是否有指名自己后继者的实力的问题。

安倍首相如果能保持高人气，便会指名能继承安倍路线的中意人选作为后继者，这便能构筑所谓“无安倍首相的安倍时代”。作为安倍首相的顺从的候补人，菅义伟官房长官可被视为有力的后继者。从安倍首相的角度来看，目前重用的有自民党代理干事长下村博文、防卫相稻田朋美、一亿总活跃担当相加藤胜信、自民党总裁助理西村康稔等亲近人物，日后继续重用他们做阁僚或自民党“三役”也在考虑之中。

当然，这种安倍首相指名后任的“禅让”，是以他能维持高人气为前提的，是一种乐观的预测。对选举有重大影响的经济状况，出现不利于安倍首相的情况也仍然是有可能的。民主党下台距今近10年了，国民“讨厌民进党”的意识在淡化。若国民要求从安倍路线转圜的声音增强，小泉进次郎、岸田文雄和石破茂从党内获得支持就会更容易。

东京都知事小池百合子的高人气也引人注目。通过在制造敌人的“剧场型”政治中的演出，她从无党派选民和女性选民处获得了很多支持。2017年7月东京都议会选举中，很多小池系的竞选者胜选，则下次众院选举中“小池新党”的候选者会有多少当选，亦值得关注。

据日本经济新闻社2017年2月实施的舆论调查，就安倍首相连任到2021年9月一事，63% 的人赞成，28% 的人反对，前者超过后者。而问及最适合担任下一任首相的政治家时，回答“安倍晋三”的人最多，达21%，而排名第二和第三的小泉进次郎和小池都知事最多也只有16% 的支持率。如果看年龄层的分布，安倍首相的特别之处是从年轻人处获得了相当支持。而小泉和小池在高龄者中的人气较高。[1]

安倍首相并没有培养能成为后继首相的有力的“后安倍”人选。若从一开始就消灭对自身构成威胁的存在，也就谈不上有力的“后安倍”。但这也就使得自民党内能胜任首相的人才难以出头。从长期来说，“安倍一强”与自民党人才基础孱弱是相联系的。

（三）安倍首相的资质

一定要贯彻自身意志的绝不屈服的信念。妥协后获取实绩的现实主义。安倍首相包含这两种要素，并巧妙地维持二者的平衡。

安倍首相有两位祖父辈的亲属。一位是其母安倍洋子的父亲，前首相岸信介。另一位是其父安倍晋太郎的父亲安倍宽。岸信介被誉为“两岸”[2]，他作为政治家从来不采用单调的政治手法，而是会利用手头的所用选项主导政局，谋划政事。安倍宽在1942年东条英机内阁下的翼赞选举中，是反对大政翼赞会、以“非推荐候选人”的身份为信念而战的人。安倍首相继承了他祖父和外祖父两方面的

1 日本経済新聞2017年2月进行的舆论调查，http://www.nikkei.com/article/DGXLZO13693540V00C17A3PE8000/，2017-02-09登录。

2 指在对立的双方都握有人脉（校者注）。

政治基因。

安倍晋三的兄长安倍宽信在谈及首相时，曾反复强调“我和弟弟虽然长得很像，但性格肯定不会完全一样。性格固执这点，打小就是话只要一说出口，就不会再听别人劝。兄弟吵架，即便因为小事情引起口角，也绝不后退。从来不改变自己的想法，一定要贯彻执行”。一方面“与父亲（安倍晋太郎）相比，非常接近岸信介的感觉”，另一方面也从安倍晋太郎那里“继承了作为政治家的平衡感”。[1]

安倍首相在第一次首相任期内因为健康状况而离任。为什么第二次任期开始后，政权运营就一直还算顺利呢？首相本人感到“运势”好很重要。他曾对旁人说过“部长这一级靠实力尚能成事，但首相、党总裁若无运势则完全不行”的话。他还说一边心里想着“自己运势正旺”，一边努力做事。[2]

第一次政权里，年金记录遗漏问题和阁僚的经济问题之类的负面事件层出不穷。安倍首相也因为这种“没有运气啊”的想法而气势变弱，压力累积到出了健康问题，陷入打击不断的恶性循环之中。参院选举惨败，再加上所患的溃疡性大肠炎的恶化更让安倍雪上加霜。

按照心理分析家黒川伊保子的说法，积极向上的思维在科学上有合理性。“不囿于过去，天真率直些，反而容易产生新的想法。此外，如果自认为‘正在走运’的话，自己的潜意识也会将平时意识不到的必要信息显示出来”。[3] 健康管理的好处之一，也就在于它能维持“运势”。

二、修宪

（一）安倍首相与宪法

安倍首相同周围的人曾讲过“说到底还是权力管用”这句话。首相这把交椅坐了四年以上，在全国性的重要选举中连选连胜，对付政界和官僚的力量随之上升，使用权力也日渐得心应手，人也渐渐自负了起来。对现在的安倍来说，比起当首相本身，更重要的是在首相之位上做什么事。在直至2021年的任期内，安倍首相所思之事是应该用什么作为政治遗产。

修宪一事对安倍来说，堪称毕生之作，也是其再次登上首相宝座的原动力之一。与安倍首相关系密切的柴山昌彦首相辅佐官，曾强调“能感受到首相对修宪倾注了不少心力。任期内想实现修宪的心情非常强。眼前的经济问题自然很重要，但日本的基础和全体国民生活的根本还是宪法”。[4]

---

1 2006年3月对安倍寛信的采访。

2 2015年5月对安倍晋三首相的采访。

3 日本経済新聞，2015年7月12日 http://www.nikkei.com/article/DGKKZO89216280S5A710C1PE8000/, 2017-02-09登录。

4 2016年2月，对柴山昌彦首相補佐官的采访 .

对安倍首相来说，修宪意味着彻底终结“战后”，让作为保守国家的日本重新站立起来。在2006年的对谈集中，他也谈到“如果不能全面检讨现行宪法，出自占领军的这套战后体制自己是不会变化的。对于把21世纪的日本建设成为一个新国家来说，打破战后固有观念的意义极为重大”。[1]

日本国宪法在2017年5月3日迎来了其施行的70年，至今为止还从未修改过的。但今后数年内就是否修宪举行全民公决的可能性很高。安倍首相5月3日宣布计划修订宪法，争取在2020年施行新宪法，维持现有宪法中规定“放弃战争”“不持有战力”的第9条1、2项目，此外明文写进“自卫队”。安倍首相希望2017年秋季召开的临时国会中提出自民党修宪案，并在2018年秋诉诸全民公决。

修宪本身需要众参两院到会总议员数三分之二以上的赞成票，才能正式启动。之后，如果在全民公决中，在约一亿有投票资格的国民所投出的有效票中，若过半数赞成，修宪便可实现。众议院（议席总数475）中，自民党、公明党共占327席，已经达到了超过三分之二的目标（317席）。参议院（议席总数242）在2016年7月的选举后，自民、公明两党合计获得147席，再算上日本维新会等其他修宪势力，也超过三分之二（162席以上）。

从目前执政党联盟的情况来看，在国会发动修宪倡议是非常可能的。公明党目前所寻求的是，在野党中最大的民进党也能同意修宪，形成一致同意的局面。如果在野党中的最大党反对修宪的局面出现，社会舆论就会有很大的分裂，在全民公决中被否定的可能性也就会提高。2016年英国退欧公决中的舆论分裂是执政党联盟在意之事。自民党干部也很畏惧这种局面，并担心“若史上第一次修宪公决就被否决，今后10年可能都无法推进修宪事业了”。

但是民进党反对安倍政权下的修宪，认为目前还不是确立具体修改项目的时候。如果进入具体修改项目的争论，各党党内目前还模糊的修宪派与护宪派之间的裂痕就可能表面化。对这种局面的危机感也会对修宪进程有所影响。由于这方面的考虑，众参两院宪法审查委员会内的各党成员对宪法的讨论也无甚进展。

（二）修宪项目

目前关于要修改哪项法条以及相关的时间表，安倍首相还没有提出具体的意见。这大概是考虑到，如果表现出前进的姿态，反而会使在野党和舆论的态度强硬化。不急于推进肯定会消耗政治资本的宪法第9条修正，而期待能在国会的具体讨论中取得进展，是目前的考虑。

具体的宪法修改项目中，有力的是如下三条：

第一条是修改宪法第9条。

---

1 PHP研究所編:『安倍晋三対論集—日本を語る』，PHP研究所，2006年，第78页。

安倍首相提出将自卫队的存在及活动方式明文写进宪法9条，旨在明确自卫队的合法性。

安倍首相提出将自卫队的存在及活动方式明文写进宪法9条，旨在明确自卫队的合法性。关于修宪的具体表现，焦点放在如何配合与第9条第二款的“不持有战力”。自民党的执政伙伴公民党，对这一问题展开了谨慎的研究。为汇总执政党的意见，有可能需要更多时间。

第二条是应对重大自然灾害的紧急事项条款。

2012年自民党的宪法修正草案在第九章新设了“紧急事态”，可以在紧急情况下赋予政府相应处理的大权。首先，所谓“紧急”究竟是什么情况呢？自民党的预案中将其定义为“来自外部的对我国的武力攻击、内乱及其他社会秩序混乱、地震之类的大规模自然灾害以及其他法律所规定的紧急事态”。由于包含了很多种情况，最终被限制定义为“大规模自然灾害”的可能性很高。[1]

紧急情况下国会议员的任期是可以延长的。虽然自民党预案中写入了让政府能集中权限的条文，但因为在野党提出了“会妨碍到人权”的批评意见，最终只好放弃。为了能发现同在野党能契合的点，这方面实质性的内容可能只限于国会议员的任期延长。

第三条是教育无偿化。

日本维新会在2016年3月形成的修宪提案中建议在宪法第26条确定的“受教育的权利”中，增加“法律中规定的学校教育全部具有公有性质，并将从幼儿期到大学阶段的教育，不仅以法律形式确定其性质，而且还将免费”的教育无偿化的规定。同时，“不得因为经济理由而致使受教育机会被剥夺”的条文也要加进去。[2] 从结果来论，“无偿化”条款可能非常难通过，但对教育机会均等相关规定的反对意见并不多。对安倍首相来说，这将成为其拉拢日本维新会的材料。

自民党最开始提出的三项有力修宪条款中，紧急事态条款外，还有“环境权等新型人权”和“坚持财政纪律的规定”。当初被认为最有力的环境权的明文写入进展不力，转折点在众议院宪法审查会成员于2014年7月在欧洲的调查。里斯本大学法学部的戈麦斯助理教授在关于明文写入环境相关权利与义务的葡萄牙宪法的发言中，曾言及“规定相关权利是不对的”。这也给积极致力于环境权的公明党浇了一盆冷水。[3]

在安倍经济学以积极财政政策为其“第二利箭”的背景下，在宪法中规定财政纪律也非常难。安倍首相自己的心里话恐怕是，要对明文写入财政纪律规定持慎重态度吧。

自民党内还有人提出，要取消由参院相邻选区合并为一而成的“合区”。也

---

1 “自民党 日本国宪法改正草案”，http://constitution.jimin.jp/draft/，2017-02-09登录。

2 “大阪维新会　宪法改正原案”，https://o-ishin.jp/news/2016/03/26/223.html，2017-02-09登录。

3 2015年1月，对公明党斉藤鉄夫幹事長代行的采访。

有人主张每逢选举，从各都道府县选举参院议员的内容也应该进入宪法。由于选举制度牵涉到执政党和在野党的利害关系，可以预想到相关调整将会波折连连。

三、外交、安保政策

（一）外交政策

安倍首相从2012年12月再次上任到2017年7月，已经出访过70个国家与地区。作为外交口号的“积极和平主义”和“俯瞰地球仪式外交”都已经出台。但是，安倍外交的本质不在这些口号中，那么安倍首相的外交理念究竟是什么？

2014年4月8日，安倍首相在官邸接待来访的美国软件巨头甲骨文的CEO拉里·埃里森时曾被问及“您的外交理念是什么？”首相回答：“有三点。第一是确保以日美同盟为中心的亚太地区与世界的和平安定。第二是促进跨太平洋伙伴关系协定（TPP）。第三是推广自由与民主主义、法治等普世价值。”[1]

安倍首相的外交理念包括安保、经济和普世价值的三大支柱。当然政府高官也有“不管怎么说，都是针对中国的威慑战略”的解说。

安倍首相所期望的外交，不同于过去由外交官主导的日本外交。这点能从安倍首相对战后日本外交的不满中得知：“战后日本自己缄默无言，国际社会说‘日本去做什么’，日本就认真做了什么。必须要主张今后的日本一定要有一个面向世界的姿态。日本要向世界明确提出，通过推广自由和民主主义的普世价值，是可以实现一个富足而和平的世界的。”[2]

第一点的稳步推进中的日美同盟强化。我想在后文说明其具体的展望。

第二点的TPP，由于美国总统特朗普已宣布退出，变成了让安倍首相头痛的地方。但是安倍首相还不想放弃TPP，期待通过向美国阐明TPP除经济利益外还有牵制中国的作用，促使美国在2—3年回心转意。安倍首相也有直接通过新的日美经济对话来促进日美两国主导的贸易和投资规则制定，乃至实现以日美为核心的经济一体化的想法。

安倍首相有通过新的日美经济对话来促进两国主导的国际贸易和投资规则制定，乃至实现以日美为核心的国际经济一体化的想法。

第三点的普世价值，对安倍首相来说，非源于自己所奉行的主义或思想，而是为了强化和美国的关系而采取的外交手段。如果能通过以自由和民主主义为柱石的普世主义建立起日美之间的联系，就可以构造出“日美对中国”的局面。中国长久以来，都以历史问题作为中日关系相关讨论的基础。而只要有这一基础，美英等二战的战胜国的立场就会接近中国。也有解读认为，若以安倍首相所期望的普世价值作为基础，日本在国际社会

1 2014年4月，对国家安全保障局幹部的采访。

2 2008年，对安倍晋三氏的采访。

的外交战就会更有利。[1]

但是特朗普成为美国总统改变了这一情况。2014年4月安倍首相与时任美国总统奥巴马一起发表的日美共同宣言中写明了"支持民主价值"，即明文公示了日美"价值"共有这一点。[2] 但2017年2月安倍首相和特朗普总统的共同声明中则没有"价值"这样的文字。日美同盟中的"价值"因素相对淡化了。[3]

特朗普缺乏普世价值的意识。与前总统奥巴马和之前的布什总统相比，特朗普政府下，以普世价值来强化日美同盟联系的效果并不会好。特朗普总统的外交方针还是优先于安全和经济方面的具体得失的计算。

（二）安全保障政策

2015年9月通过的安全保障关联法在2016年3月正式实施。历代内阁基于宪法第9条而禁止的集团自卫权变得可以使用了，这可以说是战后防卫政策的一个重大的转折点。

安倍首相讨厌对美追随的态势。尽管如此，促成日美同盟的强化，对于日本的安全保障仍是最佳选项。因为在安倍看来，影响日本安保环境的最大要素是"中国"。

防卫省2017年2月完成的"我国安全保障上的课题"反映了安倍首相的这一认识。首先从整体上来说，有四个国家的要素：第一，中国的军力强化，在日本周边海域空域以及南海的活动愈发活跃；第二，朝鲜的核试验和弹道导弹发射；第三，俄军在远东的活动愈发活跃；第四，美国严峻的财政状况和特朗普政府的成立。此外还就中国国防开支增加进行了说明，强调中国国防开支在"过去28年里增加了44倍（过去10年间增加了约3.4倍），相当于2016年日本的3.7倍"。

今后防卫政策上具体的重大课题是2013年内阁会议上决定的"防卫计划大纲"的修订。防卫计划大纲是约10年内国防力量整备的指针。通常的安排是在2020年代前半期进行修订，但目前正在考虑提前修订。目的是面对美国特朗普政权实，通过扩大日本作用的方式强化日美同盟。具体来说，为应对中国的军备增强和朝鲜核武器与导弹的开发，要着眼于国防费用的增加，要探讨是否要拥有能对敌方基地进行打击的能力，以及是否要对美军为"矛"、日本自卫队为"盾"的关系进行修正。

安倍首相也有想增加防卫费的考虑。第二次安倍内阁建立后的2013年至今，日本国防费用一直在增加，并于2016财年突破了5兆日元。2017年度的预算是

---

1 佐藤賢：『習近平時代の中国』，日本経済新聞出版社，2011年，第284页。

2 日美共同声明（2014年4月25日），http://www.mofa.go.jp/mofaj/na/na1/us/page3_000756.html，2017-02-09登录。

3 日美共同声明（2017年2月10日），http://www.mofa.go.jp/mofaj/files/000227766，2017-02-09登录。

有史以来最高的5兆1251亿日元。基本都是接近国内生产总值的1%，2017年度约占GDP的0.926%。安倍政权的预想是若能持续到2021年，希望能超过GDP的1%。

防卫省的干部认为，如果先围绕防卫费增加的具体规模进行讨论，不容易获得国民的理解。因此，首先应该得让中国、朝鲜在军事上的风险升高这一点广为人知，随后才能就具体什么样的防卫力量整备才是必要的进行理论武装。

装备上，导弹防御系统是一大支柱。安倍首相曾谈到北朝鲜的核武器和导弹开发是“新阶段的威胁”。美国的特朗普政权对朝鲜倾向于采取强硬政策这点，也有利于强化导弹防御系统的部署。在具体的装备增强上，引进美军最新型的拦截导弹“战区高空防御系统”（萨德,THADD）和地上配置型的宙斯盾系统“Aegis Ashore”将成为未来的课题。

安倍首相还倾向于让日本拥有能攻击海外敌方基地的能力。对于北朝鲜不断试验的弹道导弹，比起发射后进行拦截，发射前就攻击其发射基地将更为及时。日本政府考虑过从宙斯盾舰上发射“战斧”巡航导弹或从F–35战斗机进行空对地攻击。

但在日本“专守防卫”的原则下，若要使上述行动不变成宪法所禁止的先发制人攻击，就需要做出“敌国已有攻击日本的意图”的判断。而日本的情报能力有限，难以独自做出判断。拥有对敌方基地进行攻击的能力也有很大难度，自民党打算利用政策讨论的机会，获得舆论的理解。

日美同盟如今已经进入在“质”上扩大自卫队作用、在“量”上增加防卫费两方面并举的阶段。

（李卓 译；归泳涛 校）

中亚国家的权力交接形式及其评估

杨 恕

内容提要：卡里莫夫逝世后，乌兹别克斯坦的政权交接非常平稳。至此，除苏联解体之初塔吉克斯坦发生的内战之外，中亚地区已出现三种权力交接形式。第一种，吉尔吉斯斯坦2005年及2010年发生的两次街头革命式权力交接，具有暴力性和鲜明的部族主义色彩；第二种，吉尔吉斯斯坦2010年后的议会选举式权力交接，具有非暴力性、合法性高、商业化运作及公民参与度高等特征，目前较为稳定，但仍存在诸多不确定因素；第三种，乌兹别克斯坦和土库曼斯坦出现的领导人病逝后，其权力由指定的接班人继承，过程平稳。这三种模式出现的主要原因在于各国政治制度的特性，以及各国领导人对“恩威并施”策略的运用。此外，根据哈萨克斯坦与塔吉克斯坦的现状，哈未来可能出现类似于土、乌两国的权力交接方式，而塔未来可能出现第四种权力交接形式，即家族式权力交接。

关键词：中亚地区 权力交接形式 政治制度特性 “恩威并施”策略

2016年9月2日，执政长达25年的乌兹别克斯坦总统卡里莫夫逝世。随后，乌于同年12月4日举行总统大选，时任政府总理的米尔济约耶夫在选举中以88.61%的得票率当选，标志着乌的权力交接顺利完成。至此，中亚各国（塔吉克斯坦内战除外）已出现三种权力交接形式，即街头革命式权力交接、议会选举式权力交接以及领导人主导下的精英内部转移式权力交接。本文的结构安排如下：首先，分别对上述三种权力交接形式进行简要介绍，并着重分析各个形式的特征与出现的原因；其次，对三种形式进行简要评估；最后，对中亚地区未来可能出现的第四种权力交接形式进行简单分析。

杨恕 兰州大学中亚研究所所长。

一、街头革命式权力交接

2005年3月，吉尔吉斯斯坦反对派抗议当政者在选举中舞弊，“郁金香革命”爆发，其结果为南方派的巴基耶夫政权取代了北方派的阿卡耶夫政权；2010年4月，吉国内再次发生抗议活动，结果为北方派的阿坦巴耶夫政权取代了南方派的巴基耶夫政权。吉国内的两次权力交接方式均为街头暴力革命，故将其称为街头革命式权力交接，这种方式仅在吉发生过。

这种权力交接形式具有以下两个主要特征。首先，它具有鲜明的暴力性。两次政变均以抗议示威活动为开端，其中，2005年的政变仅造成少量人员伤亡及财产损失，而2010年的政权更迭却造成近千人的死亡，比什凯克商业中心遭到洗劫。对比两次政变，其暴力程度在提高，从“郁金香革命”时的抗议活动发展到2010年政变时的占领电视台，乃至攻击地方政府大楼及总统府。其次，部族主义色彩鲜明。如前所述，两次政权更迭的结果为南方与北方政权的互换，即南方部族与北方部族的权力斗争，实质上是“因部族斗争而引发的国家权力再分配的结果”。[1]

为何吉的两次权力交接均为街头式革命而非较为平稳的形式？这一问题的回答，需回顾两次政变发生的原因，并找出其中共同的因素。通过对相关成果的整理可以发现，国内外学界关于两次政变发生原因的分析大致相同，主要有以下几种:（1）经济或民生问题;（2）部族主义或南北问题的影响;（3）自身政治制度与本国政治文化传统不符，存在较大缺陷;（4）外部势力，尤其是美国等域外大国的影响;（5）当权者的问题，如腐败、任人唯亲等。[2] 从本质上看，2010年动

---

1 焦一强:《影响吉尔吉斯斯坦政治转型的部族主义因素分析》,《俄罗斯中亚东欧研究》,2010年第3期，第21页。

2 相关成果参见邓浩:《从吉尔吉斯斯坦剧变看中亚地区形势走向》,《新疆师范大学学报（哲学社会科学版）》,2011年第32卷第1期，第30—36页；包括:《中亚国家政治发展进程中的政治稳定与政治危机》,《俄罗斯东欧中亚研究》2016年第1期，第94页；焦一强:《吉尔吉斯斯坦政变的原因及其对转型国家的启示》,《领导科学》，2010年，第58—60页；徐晓天:《“民主孤岛”的悲剧——吉尔吉斯斯坦政局动荡原因分析》,《和平与发展》，2010年第4期，第25—29页；潘光:《吉尔吉斯斯坦动荡：俄美欧的作用、对中国的影响》,《新疆师范大学学报（哲学社会科学版）》，2010年第31卷第4期，第39—44页；薛福岐:《吉尔吉斯斯坦独立以来的两度政变与政治发展前景》,《新疆师范大学学报（哲学社会科学版）》，2010年第31卷第4期，第45—50页；Edward Schatz, “The Soft Authoritarian Tool Kit: Agenda-Setting Power in Kazakhstan and Kyrgyzstan,” *Comparative Politics*, Vol.41, No.2, 2009, pp.213-217；Yilmaz Bingol, “The Colorful Revolution of Kyrgyzstan: Democratic Transition or Global Competition?” *Alternatives: Turkish Journal of International Relations*, Vol.5, No.1&2, 2006, pp.73-81；Steve Hess, “Protests, Parties, and Presidential Succession: Competing Theories of Color Revolutions in Armenia and Kyrgyzstan,” *Problems of Post-Communism*, Vol.57, No.1, 2010, pp.28-39. 由于相关成果较多，故在此不一一列举。

荡是2005年“郁金香革命”的延续，[1] 两次政变则被认为是独立以来吉选择的西式民主政体和俄式威权政体失败的体现。[2]

事实上，在阿卡耶夫和巴基耶夫执政时期，吉尔吉斯斯坦并不是真正的民主制度或威权主义制度，而是一种混合型政体（hybrid regime）。这种混合型政体是民主制度与威权政体的结合，在某种程度上是一种软威权主义（soft authoritarian）制度，也被称之为竞争性威权主义（competitive authoritarianism）政权。软威权主义政体之所以受到“颜色革命”的影响，主要是因为以下几个方面的特征：（1）缺少单一、高度制度化的政党；（2）缺少强力有效的强制性安全机制；（3）对经济资源的控制较弱；（4）易受到外部联系（linkage）——外部大国的干预、跨国社会运动的传播与扩散等——的影响。[3] 由于中亚国家均或多或少地面临外部联系的影响，故这里着重讨论吉在前三个方面特征上的表现。[4] 首先，吉政党建设存在明显问题。吉国内有数十个政党，但不存在具有主导地位的政党。除吉外的其他四个中亚国家都是支持总统的政党在议会中占据主导地位，从而使得总统和议会间的矛盾在很大程度上得以消除。[5] 而由于吉并没有占主导地位的政党，因此，反对派反对当局的情况时有发生，进而导致政局动荡乃至发生政权更迭。其次，吉缺少强力有效的安全力量，以震慑反对派和维护局势的稳定，这在中亚国家很重要。事实上，吉是中亚军事力量最弱小的国家之一。如2005年，吉的军事力量仅为10000人，基础设施也很差，却要保护近600万公民的安全，并维持全国的安全与稳定。[6] 弱小的安全力量显然无法有效维持国内稳定，这也是反对势力能够迅速推翻当局的一个重要原因。最后，吉政府对经济资源的控制很差，改革少有进展。从经济增长数据来看，吉两次“革命”前的GDP增长率表现并不是特别糟糕，如2004年的GDP增长率为7.027%，2009年的经济增长率为2.886%；[7] 然而，由于吉财富分配的失衡，经济增长率并不必然

1［吉］库鲁巴耶夫：《吉尔吉斯斯坦独立20周年回顾与展望》，《现代国际关系》，2011年第8期，第59页。

2 薛福崎：《吉尔吉斯斯坦独立以来的两度政变与政治发展前景》，《新疆师范大学学报（哲学社会科学版）》，第46页。

3 Lucan Way, “The Real Causes of Color Revolutions,” *Journal of Democracy*, Vol.19, No.3, 2008, p.62. 更详细的讨论请参见 Steven Levitsky and Lucan Way, “The Rise of Competitive Authoritarianism,” *Journal of Democracy,* Vol.13, No.2, 2002, pp.51-65; Steven Levitsky and Lucan Way, “International Linkage and Democratization,” *Journal of Democracy,* Vol.16, No.3, 2005, pp.20-34。

4 或许吉尔吉斯斯坦的政局发展的确较其他中亚国家易受外部联系的影响，但外因终究还需通过内因才能发挥作用。故限于篇幅，本文不对吉两次革命与外部联系之间的关系展开讨论。

5 吴宏伟：《中亚国家政党体制的形成与发展》，《俄罗斯中亚东欧研究》，2006年第4期，第31—32页。

6 U.S. Department of State, “World Military Expenditures and Arms Transfers (WMEAT)”, 2005, www.state.gov/t/vci/rls/rpt/wmeat. Quoted from Steve Hess, “Protests, Parties, and Presidential Succession: Competing Theories of Color Revolutions in Armenia and Kyrgyzstan”, pp.35-36.

7 数据源于http://data.worldbank.org/indicator/NY.GDP.MKTP.KD.ZG?locations=KG。访问时间：2016年12月23日。

带来人民生活水平的提高。事实上，自吉独立以来，其处于贫困线及以下的民众占全国人口的百分比始终在30%以上。[1] 至于为何“颜色革命”出现在2005年和2010年，则受到偶然因素、内部发展动力、外部干预等一系列因素的影响。诚如社会运动研究者产生的疑问，为何不满无处不在，但抗议并不是无时不有。故要理解“颜色革命”出现的准确时间，是一个相当复杂的问题，本文不予展开。无论如何，民众对国家政权的积怨始终是影响国家稳定的重要因素，能否有效避免积怨转化大规模的民众抗议活动，则在很大程度上取决于吉的国家能力。事实证明，吉在这方面的表现甚至差于其他中亚国家。

此外，吉当权者自身的权力运作不佳是两次革命爆发的另一个重要原因。总体而言，无论是阿卡耶夫执政时期还是巴基耶夫执政时期，当权者推行政治制度改革的主要目的是巩固自身的执政地位，而不是现代国家建设。这就导致吉成为“软威权主义”或“竞争性威权主义”失败的例证。成功的软威权主义制度要具备以下五个具体条件:（1）当权者需有一批核心支持者;（2）能够通过物质贿赂或敲诈等手段动员核心支持者之外的人;（3）拥有镇压反对势力的强制力;（4）能够有效管控信息流通;（5）阻止反对势力获得群众支持。[2] 而就吉的情况来看，其软威权主义制度是失败的。当然，阿卡耶夫政权与巴基耶夫政权也有一定的区别。如在任人唯亲方面，巴基耶夫更加肆无忌惮，以致相对于阿卡耶夫疏远的政治精英更多；在民主问题上，尽管后期的阿卡耶夫具有越来越多的集权倾向，但总体而言，阿卡耶夫比巴基耶夫要相对开明，对反对势力的态度也较为温和；在外交政策上，阿卡耶夫在执行多边平衡外交方面比较稳健，与俄罗斯的关系并未因吉发展与西方的关系而明显恶化，而巴基耶夫的草率甚至贪婪，直接导致了俄罗斯对其产生了明显不满，这对巴基耶夫政权被推翻产生了重要的影响。尽管这里讨论的是两次“颜色革命”的相似性，但阿卡耶夫政权与巴基耶夫政权之间的差异也是需要关注的。

吉当权者自身的问题主要在于未能成功运用“恩威并施”策略。一方面，阿卡耶夫与巴基耶夫没有对国家进行有效控制，如薄弱的安全力量不能维持国家的稳定，不能对信息流通进行有效管控。另一方面，阿卡耶夫与巴基耶夫当权时也没有给予自身的支持者、民众乃至反对派足够的好处。两人上台后都致力于巩固自己的权利，腐败、家族势力膨胀等十分严重，执政前的精英大多被边缘化，民众生活水平低下，也未与反对势力达成妥协。在此情况下，反对派和公众联合起来以暴力推翻政权成为有效的手段。在政权更迭的过程中，反对派精英的目的是夺取政权，而民众的目的则是改变政权。选举危机的出现及精英的分裂给政权更

1 数据源于世界银行，http://data.worldbank.org/indicator/SI.POV.NAHC?locations=KG，访问时间：2016年12月23日。

2 Edward Schatz, “The Soft Authoritarian Tool Kit: Agenda-Setting Power in Kazakhstan and Kyrgyzstan,” pp.206-207.

选提供了机会，[1] 民众的不满和怨恨则在反对势力的诱导下成为推翻政权的一股强大力量。

二、议会选举式权力交接

2010年4月政变发生后，随着巴基耶夫政权的垮台及临时政府的成立，吉尔吉斯斯坦临时政府于同年6月27日通过了新的宪法，宣布改总统制为议会制，随之国家权力平稳地从“人民革命”（这是吉国内对4月事件最流行的称谓）建立的临时政府移交给民选政府。与以往被视为“威权体系与极权统治的装饰品”[2]的旧议会不同，议会制政体的确立被认为是吉政治民主化进程的重大转折，颇受国内与外界的好评。从目前的情况来看，与两次暴力的街头革命式权力交接相比，2010年政变后，吉采用了议会选举进行权力交接，过程平稳，结果也较好。本文将吉的这种议会选举式权力交接视为中亚地区的第二种权力交接形式。

与第一种形式相比，这种形式具有一些新的特征。首先，权力交接没有发生暴力。在议会制政体实施的几年中，吉各政党和民众逐渐放弃了以街头革命改变政权的目标，如2015年议会选举的顺利完成。在这次选举中，社会民主党击败共和国故乡党成为议会中的第一大党，而主张回归总统集权的威权主义政体的共同党并未与社会民主党发生明显冲突。同时，议会选举前共同党与故乡党间的冲突也被中央选举委员会顺利平息。自议会制政体确立至今，吉权力交接过程中尽管存在一些波动，但并未发生暴力的街头革命。其次，权力交接的合法性增强。如前所述，2005年与2010年发生的街头革命式权力交接在合法性上是有问题的，而通过议会选举的方式进行权力交接，则将无视国家法律规定的部族政治斗争转化为在国家法律框架内的政党竞争。尽管部族与地域因素在吉政治生活中仍具有重要影响，但它在选举中的影响已然开始下降，这使权力交接方式的合法性增强。

再次，权力交接过程的商业化。在吉的议会选举中出现了提高竞选资金门槛和购买选票的现象，金钱政治的风气逐渐盛行。如通过对2010年政党选举名单的观察可以发现，“大多数政党都是基于‘金钱、选票或二者兼有’来决定其选举名单的”。[3] 而2015年参与议会选举的政党所需缴纳的竞选费用则是2010年的

1 Henry Hale, “Democracy or Autocracy on the March? The Color Revolutions as Normal Dynamics of Patronal Presidentialism,” *Communist and Post-Communist Studies*, No.39, 2006, p.321.

2 KURTOV Adzhar, “Presidential Seat or Padishah’s Throne? The Distinctive Features of Supreme Power in Central Asian States,” *Russian Social Science Review*, Vol.48, No.6, 2007, p.92.

3 Shairbek Juraev, “The Evolving Role of Political Parties in Kyrgyz Politics”, in Marlene Laruelle and Johan Engvall eds, *Kyrgyzstan beyond “Democracy Island” and “Failing State”: Social and Political Changes in a Post-Soviet Society*, Lanham, MD: Lexington Books, 2015, p.29, quoted from Asel Doolotkeldieva and Alexander Wolters, “Uncertainty Perpetuated? The Pitfalls of a Weakly Institutionalized Party System in Kyrgyzstan,” *Central Asian Affairs*, Vol.4, No.1, 2017, p.41.

十倍。多个政党因为经费不足而不得不退出竞选，这在一定程度上削弱了选举的公正性。此外，在2015年的议会选举中还出现了购买选票的现象，投票者的每张选票价值500—3000索姆不等。同时，一些政党中商人与政府官员（包括前政府官员）比重较大，使得权力运作中的商业化气息越发浓重。最后，权力交接中存在顽固的精英主义，政党个人化倾向明显。自2010年议会制确立起，在选举中，与候选人依靠自身魅力及个人政策主张获得合法性的理想状态相去甚远，政党选举开始出现个人化的现象。[1] 在吉国内，以血亲关系和地域为基础的地方精英拥有着世袭体系下的权力，通过控制地区公共资源，分配物质利益以换取民众的支持。部分地方精英纷纷以个人名义自建政党，这种现象在2011—2012年开始普遍出现，地方精英强迫候选人退出选举的现象也同样存在。吉议会选举式的权力交接颇有精英操纵的色彩。

吉采取议会选举形式进行权力交接的原因主要有以下几点。第一，两次暴力革命的教训。2005年与2010年的政变所造成的新政权都没有对国家实行有效治理，民众迫切需要建立一种新的、有效的权力机构，而两次革命已在民众中造成了对暴力的广泛厌倦情绪，他们更愿意用政党、议会民主的方式来争取权利，这已成为社会共识。奥通巴耶娃在“郁金香革命”发生后就曾表示：“我们没有给予政党发展以足够的重视。我们迫切需要政党发展，革命的警钟正促使我们去完成这项任务。”[2] 在此背景下，尽管以政党政治为主要特征的议会制可能存在诸多不足，但无疑是一种不坏的选择。

第二，国内外民主因素的参与。在国内因素上，吉独立之初便欲建立西方式的民主制度，在1990年的总统选举中，就出现了其他候选人挑战第一总书记阿卡耶夫的情况。阿卡耶夫当选总统后，曾致力于吉的民主建设，具体体现在演讲自由、出版自由、公民社会团体的出现及经济自由化进程等方面。时任美国助理国务卿的丹尼尔·塔鲁洛（Daniel Tarullo）称吉是“新兴独立国家中最具民主头脑的国家之一”。吉更是被称作中亚的“民主岛”。[3] 阿卡耶夫对吉民主化建设所做出的贡献也有被肯定，如有学者认为，“阿卡耶夫的领导在决定吉最初的自由和政治改革的道路方面起到了至关重要的作用。”[4] 就国外因素而言，主要是以美国为首的西方鼓动的民主化进程。“郁金香革命”普遍被认为是美国在吉扩大其

1 Asel Doolotkeldieva and Alexander Wolters, “Uncertainty Perpetuated? The Pitfalls of a Weakly Institutionalized Party System in Kyrgyzstan,” p.41.

2 Eugene Huskey, “Kyrgyzstan’s Tulip Revolution: Interview with Roza Otunbayeva,” *Demokratizatsiya*, Vol.13, No.4, 2005, p.487.

3 J. Anderson, “Kyrgyzstan: Central Asia’s Island of Democracy?” Amsterdam: Harwood Academic Publishers, 1999.

4 Regine A. Spector, “The Transformation of Askar Akaev, President of Kyrgyzstan,” Berkeley Program in Soviet and Post-Soviet Studies, Working Paper Series, 2004, pp.27-28.

民主阵营的结果，更有学者将此次革命视为一次民主突破。[1] 此外，西方主导的非政府组织及公民社会团体等也成为吉民主化的国外因素的组成部分。事实上，正是上述因素的存在成为吉议会制确立的基础，如果没有这些因素的存在，议会制也不会在吉出现。

第三，部族政治对新形势的适应。独立以来，部族之间围绕国家政权进行斗争的现象屡见不鲜，2005年与2010年的两次革命就是最鲜明的例子。两次“革命”后，南方部族与北方部族在国家政权的争夺中互有胜负，双方都认识到传统部族政治所产生的负面影响，如国家认同缺失所引发的社会分裂、裙带关系与腐败盛行等，这些因素不仅不利于自身政权的稳定，也为民众所厌恶，而向议会制框架内的政党政治转型则具有诸多益处：第一，议会制并不改变部族政治以血亲关系和地域划分为基础的本质，同时能够赋予部族政治以合法性，并限制部族间冲突的升级；第二，它能够被国内民众及外界尤其是西方所认可，有利于国家的稳定；第三，为各种政治势力的妥协留下了空间，避免利益分歧迅速演变为政治暴力。这样，议会选举式的权力交接成为新形势下各种政治力量，包括部族势力可以接受的一种平衡权力和利益的方式。

议会选举式的权力交接成为新形势下各种政治力量、包括部族势力可以接受的一种平衡权力和利益的方式。

三、精英内部转移式权力交接

2006年12月21日，土库曼斯坦总统尼亚佐夫突然逝世，由于尼亚佐夫事前并未公布继承者，当时国外普遍担心土国内可能发生大规模动乱。2016年9月2日，乌兹别克斯坦总统卡里莫夫也在没有公布继任者的情况下病逝，此后认为乌国内可能发生动荡的看法也普遍存在。然而，两国都顺利完成了权力交接。事实表明，构建一个稳定而没有受到强有力挑战的领导精英集团是权力平衡交接的核心。这一过程的结果本身是公开的、合法的，而过程本身实质上是利用权力逐渐弱化甚至排斥了反对派，造成了无竞争权力交接的局面。

构建一个稳定而没有受到强有力挑战的领导精英集团是权力平衡交接的核心。

由于土、乌出现的情况十分相近，因此，本文将两国的权力交接视为中亚地区的第三种权力交接形式。

这种权力交接形式明显的特征是平稳。土、乌两国的政治精英通过内部妥协，成功避免了国内由于权力真空可能出现的动荡，平稳地完成了权力交接。土总统尼亚佐夫逝世后，土国内政治精英做出了一系列应对措施。首先，在国家安

1 Theodor Tudoroiu, “Rose, Orange and Tulip: The Failed Post-Soviet Revolutions”, *Communist and Post-Communist Studies*, Vol.40, No.3, p.316.

全委员会的授权下，由别尔德穆哈梅多夫代行总统职权。随后议会于2006年12月26日召开特别会议，修改选举法以赋予别尔德穆哈梅多夫参加总统选举的资格，并确定在2007年2月11日进行总统大选。最后，别尔德穆哈梅多夫在大选中获胜并于2月14日正式就任总统。乌总统卡里莫夫病逝后，乌国内政治精英同样迅速做出了妥协。首先，议会在2016年9月8日任命总理米尔济约耶夫为代总统。随即按照宪法的规定，乌于2016年12月4日举行总统大选，米尔济约耶夫在四名候选人中脱颖而出，成功当选总统。

土、乌精英内部转移式权力交接能够平稳进行的主要原因主要有两点。第一，两国的威权主义制度十分牢固，大大降低了发生动荡的可能。与吉尔吉斯斯坦两次革命前的软威权主义制度不同，土、乌两国的政治制度是一种硬威权主义制度。[1] 然而，无论是软威权主义制度还是硬威权主义制度，其本质上都是威权主义制度，只是前者更多依靠诱导力，[2] 而后者则更倾向于依靠强制力。如前所述，成功的威权主义制度需具备三个条件，即单一、高度制度化的政党；强力有效的强制性安全机制；对经济资源较强的控制力。这三个条件土、乌两国显然都具备。

首先，就两国的政党格局而言，土是民主党一党执政，尽管宪法允许实行多党制，但到目前为止民主党仍是土国内唯一的合法政党。而乌国内的政党格局虽是多党并存，但这些政党大都拥护总统。其次，两国都具有较为完善的强制性安全机制，能够及时、有效地平息国内出现的，或可能出现的动荡。土在尼亚佐夫执政时期乃至独立至今都没有发生过大的动乱，而乌国内出现的动乱，如安集延事件等，也都被迅速平息，并未引发剧烈的动荡。最后，两国对经济资源的控制极强。土是中亚地区最封闭的国家，奉行中立政策，对外来经济力量的进入持谨慎态度，作为国内经济发展支柱的油气资源也牢牢掌握在政府手中。乌的四大支柱产业（黄金、石油、棉花和天然气）也大都由国家管控，金融体系也十分封闭，经济发展受外界的影响较小，由此使土、乌的威权主义政体非常稳固，在很大程度上抑制了两国在权力真空出现时发生剧烈动荡的可能，为两国权力交接的平稳进行提供了制度保障。

第二，尼亚佐夫与卡里莫夫对权力的成功运用，使得各国国内不存在有能力挑战国家政权的势力。就土而言，首先，尼亚佐夫在执政期间始终将维持政局及社会稳定作为优先选择，极其重视对国内的管控。尼亚佐夫揽国内大权于一身，[3] 为限制可能存在的反对势力采取了诸多措施：如减少其他部族在政府中的

---

1 Yilmaz Bingol, "The Colorful Revolution of Kyrgyzstan: Democratic Transition or Global Competition?" p.75.

2 Francis Fukuyama, "Asia's Soft Authoritarian Alternative," *New Perspectives Quarterly*, Vol.9, No.2, 1992, pp.60-61.

3 尼亚佐夫既是总统也是总理，也是民主党的党魁、人民委员会的主席、国家安全委员会和宗教事务委员会的主席以及国家武装力量的总司令。

影响力；限制国内公民社会团体的发展；频繁更换国家重要部门的官员以防止其发展自身势力；抓捕或驱逐潜在反对者等。由于其他部族的政治精英及公民社会团体能够获得的资源十分有限，权力根基十分浅薄，因此，土国内并不存在能够挑战尼亚佐夫政权的势力。此外，尼亚佐夫推行的中立外交政策为土赢得了较为宽松的国际环境，大大降低了大国对国内政治的影响。

其次，在稳定优先的基础上，尼亚佐夫也非常重视经济的发展及人民生活水平的提高。尼亚佐夫在国内推行渐进式经济改革，以丰富的油气资源（主要是天然气）为基础，分阶段向市场经济过渡，取得了显著成效。自1998年以来，土经济一直稳定发展，其中，1995年、2005年和2006年的GDP增速更是高达10%以上。[1] 此外，尼亚佐夫也十分重视民生问题，对社会福利政策方面的财政投入巨大，在改善国民生活水平方面成绩斐然。经济持续稳定发展以及国民生活水平的不断提升，一方面使得尼亚佐夫政权赢得了广大民众，另一方面也使得潜在的反对势力无法获得广泛的群众支持。

尼亚佐夫的威权统治限制了反对势力的发展，其推行的中立外交政策则隔绝了大国对土权力交接可能的干预。尼亚佐夫逝世后，潜在反对势力没有能力与拥护尼亚佐夫的政治精英争夺权力。在此基础上，拥护尼亚佐夫的政治精英内部由于利益基本一致顺利达成了妥协，在尼亚佐夫逝世的次日，便逮捕了拥有总统合法继承权的议长阿塔耶夫，而代行总统职权的别尔德穆罕默多夫在之后的大选中正式当选总统，从而顺利地完成了权力交接。概而言之，尼亚佐夫对“恩威并施”策略的成功运用，为土的权力交接提供了稳定的国内与国际环境，政治精英在权力交接过程中所采用的高明策略，则是土权力交接得以平稳完成的直接原因。

就乌而言，卡里莫夫对国内的管控也很严厉，同样以维持国内稳定作为政策的主导方向。1992年乌国内出现的反对当局的学生运动、塔吉克斯坦内战以及颜色革命等事件，都给卡里莫夫以警示。为巩固其统治，乌国内存在的反对势力均遭到卡里莫夫的打压，甚至卡里莫夫的大女儿卡里莫娃在2014年失宠后也从公众视线中消失。同时，乌国内的媒体、公民社会团体、非政府组织及经济等方面的发展，都受到卡里莫夫的严格控制。卡里莫夫的强权政策，使得反对派无法获得有效渠道挑战现有政权的合法性。[2] 此外，尽管9·11事件后乌允许美国驻军汉纳巴德军事机场，但卡里莫夫坚决反对外部势力对国内政治的干预，[3] 在很大程度上消除了大国干预乌权力交接的可能。

---

1 数据源于世界银行，http://data.worldbank.org/indicator/NY.GDP.MKTP.KD.ZG?locations=TM，访问时间：2017年1月16日。

2 Steven Levitsky and Lucan A. Way, *Competitive Authoritarianism: Hybrid Regimes After the Cold War*, Cambridge University Press, 2010, pp.6-7.

3 Stephen Blank, “A Sino-Uzbek Axis in Central Asia?” *The Central Asia-Caucasus Analyst*, Vol.16, 2010, pp.3-5.

卡里莫夫对国内进行严格管控的同时，也逐渐在政治、经济及社会等领域推行渐进式改革。在政治方面，卡里莫夫着手推动总统制向总统议会制过渡，通过修改《基本法》适度扩大议会的权力，减少总统的权力。乌一度开始按照民主程序进行政党建设，总统选举也都如期举行。同时，卡里莫夫为避免权力过度集中，对塔什干部族和撒马尔罕部族的政治精英委以重任，有效地平衡着主要部族之间的利益。在经济方面，卡里莫夫不断推进私有制改革，逐渐减少国家对市场的干预，在发展农业等传统产业的同时，也大力发展新兴产业。自1996年摆脱经济负增长后，乌的GDP增速逐年上升，即使在2008年全球金融危机期间仍保持8%的高速增长。[1] 在经济高速发展的同时，卡里莫夫加大对社会保障的持续投入，贫困人口也逐年减少，如2012年至2013年期间，乌贫困人口占国家总人口的比重就由15%下降至14.1%。[2] 在社会方面，卡里莫夫在一定程度上放开了限制，与以往相比，对非伊斯兰教及非本民族语言持宽容态度，适度提高了国内媒体的开放程度，在一定限度内允许非政府组织的发展。民众生活的社会氛围渐趋宽松，生活质量逐步提升，对卡里莫夫政权的不满程度逐渐下降。卡里莫夫逝世后，由于国内不存在有实力的反对势力，国际上没有大国的干预，拥护卡里莫夫的政治精英作为既得利益者都倾向于维持现状，为权力交接营造了有利的环境。

概括地说，卡里莫夫在苏联时期已担任了国家领导人，具有丰富的执政经验和能力。独立后，他一直把权力集团的培育作为重要任务。多年来，卡里莫夫一直在精心培养一个政治精英阶层和权力核心，以保证国家政权的稳定。特别是近几年，他撤换了一批苏联时期留下来的年纪较大、业绩平平乃至腐败，而又热心培植私人势力的官员，提拔了一批年纪较轻、拥护自己政治理念的官员，这实质上是在为接班人创造权力转移的条件。至于最后由谁来接任领导人，主要也取决于卡里莫夫本人的意愿。有报道说，卡里莫夫在去世前夕曾召开过秘密会议，对身后各权力中心的利益平衡做出了安排，而米尔济约耶夫则是这种平衡的黏合剂。[3] 之后几件大事的安排完全遵照了卡里莫夫的遗愿。一是对总统的国葬安排，治丧委员会由米尔济约耶夫主持。这一角色对具有东方传统的乌兹别克斯坦来说，表示着一种"子承父业"式的合法性。米尔济约耶夫在葬礼上发言时也直言卡里莫夫"像父亲一样教导了我"；二是对代总统的安排破例。根据乌宪法，应

1 数据源于世界银行，http://data.worldbank.org/indicator/NY.GDP.MKTP.KD.ZG?locations=UZ，访问时间：2016年12月30日。

2 数据源于世界银行，http://data.worldbank.org/indicator/SI.POV.NAHC?locations=UZ. 访问时间：2016年12月30日。

3 Шавкат Мирзиёев — кандидат на пост президента Узбекистана номер один，16 сентября 2016，https://eadaily.com/ru/news/2016/09/16/shavkat-mirziyoev-kandidat-na-post-prezidenta-uzbekistana-nomer-odin，访问时间：2016年9月23日。

由上议院主席行使代总统职责，但在9月8日的乌立法院和参议院联席会议上，米尔济约耶夫被任命为代总统。这说明，若任命上议院主席尼·尤尔达舍夫为代总统，就会使乌政府出现两个权力中心，名义上的领导者是尤尔达舍夫，事实上则是米尔济约耶夫，这种情况将非常不利于乌政权和社会的稳定。这些情况使人有理由认为，这些安排很可能是一种计划，而不是即时为之。

四、对中亚国家权力交接形式的思考

通过对中亚地区发生的政权更迭现象的分析可以发现，中亚地区已出现三种权力交接形式，即街头革命式权力交接、议会选举式权力交接以及精英内部转移式权力交接。下文将对这三种形式进行简单评述。

第一，街头革命式权力交接。这种形式是除战争方式之外最不理想的权力交接方式，它也是软威权主义制度在吉尔吉斯斯坦彻底失败的体现。如2005年“郁金香革命”发生后，有学者称吉拥有颜色革命国家中最不民主、最不稳定的政治制度，吉是一个失败国家。[1] 如前所述，吉国内出现的这种权力交接模式，具有暴力性及部族主义色彩鲜明两大特征。无论是暴力性还是部族间的权力斗争，都不利于国家的稳定与发展，因此，暴力的街头革命是三种形式中最不理想的权力交接方式。

暴力的街头革命是三种形式中最不理想的权力交接方式。

第二，议会选举式权力交接。这种形式既是吉两次革命后顺应形势的“迫不得已”，也是吉政治精英结合国内外诸多因素做出的理性选择。议会选举式权力交接具有非暴力性以及合法性高的特征，它保证了吉以和平与合法的方式进行权力交接。至少就目前来看，与第一种形式相比无疑是一大进步。然而，这种形式仍存在一些问题，如权力交接的商业气息浓重及部族精英主义与个人化等现象，这给吉未来的权力交接带来了不确定性。吉的议会政党竞争仍是碎片化的、以地域和血亲关系为基础的群体或个人间的竞争，而不是理念、规则及法律的竞争。政党制度化程度低以及政治精英短视的选举策略，侵蚀了吉的议会体系与政治多元主义，吉现行的政治制度实质上是一种中空的议会民主制，[2] 未来吉国内出现暴力革命的可能性虽然减小了，但未消失。

第三，精英内部转移式权力交接。该形式是土库曼斯坦、乌兹别克斯坦两国的政治制度与尼亚佐夫、卡里莫夫成功的威权统治相结合的产物，明显的特征是

1 Vitali Silitski, “‘Survival of the Fittest:’ Domestic and International Dimensions of the Authoritarian Reaction in the Former Soviet Union Following the Colored Revolutions,” *Communist and Post-Communist Studies*, Vol.43, No.4, 2010, p.340.

2 Asel Doolotkeldieva and Alexander Wolters, “Uncertainty Perpetuated? The Pitfalls of a Weakly Institutionalized Party System in Kyrgyzstan,” pp.26-50.

平稳。在继续推行渐进式改革的基础上，采用这种模式在很大程度上能够保证两国未来政权更迭的平稳过渡。然而，两国未来的发展同样面临一些障碍。国内方面，土的集权化明显，如将总统任期由五年改为七年，而乌新任总统米尔济约耶夫是否能够像卡里莫夫一样，成功运用"恩威并施"策略以维持国家的稳定与发展尚待观察。需要指出的是，精英内部权力转移这种方式并不仅在中亚出现，在集权国家中是一种普遍的做法。从中亚的情况看，这种方式具有这样一些特点：（1）有一个以领袖为核心的稳定的领导集团；（2）领导集团、特别是领袖有较好的执政能力和效果；（3）缺乏具挑战能力的反对派；（4）公众对领袖和领导集团有较高的认可度；（5）外部力量介入权力转移过程的程度很低，或没有介入。

到目前为止，在中亚国家中，哈萨克斯坦和塔吉克斯坦还没有进行过权力交接。就哈而言，首先，其威权主义制度较为稳固。[1]"祖国"党占主导地位的政党格局以及政府对国家各方面的有效管控，有效削弱了反对势力对哈政局稳定构成的威胁。其次，在哈总统纳扎尔巴耶夫的统治下，国内的军事实力、经济发展及人民生活水平等方面均先于中亚地区，纳扎尔巴耶夫本人在国内具有很高的声望。另外，纳扎尔巴耶夫已经开始进行权力结构的调整，如在2017年3月14日撤换了卡拉干达州、阿克莫拉州、北哈萨克斯坦州和曼吉斯套州的州长[2]。在未来出现权力交接时，拥护纳扎尔巴耶夫的政治精英掌握国家政权的可能性将远远超过反对势力。因此，大致可以预计，哈可能会出现类似于土库曼斯坦和乌兹别克斯坦的精英内部转移式权力交接。

而对塔吉克斯坦而言，首先，其威权主义制度非常脆弱。[3] 在政党建设方面，伊斯兰复兴党长期与执政党人民民主党对立，且部分伊斯兰复兴党开始分裂并具有极端化倾向。在安全机制建设方面，塔的强制性能力较弱，内战后国家安全机制的内部分化严重，[4] 国家缺少威权主义的组织性权力。[5] 在经济方面，塔是中亚地区最贫穷的国家，贫困人口占总人口的比重常年高于30%。[6] 其次，塔总统拉赫蒙试图谋求家族统治。如拉赫蒙的大儿子鲁斯塔姆·埃莫马利23岁时出任海关缉私局局长，在29岁就被任命为反恐机构的负责人，31岁被任命为杜尚别

1 Edward Schatz, "The Soft Authoritarian Tool Kit: Agenda-Setting Power in Kazakhstan and Kyrgyzstan," pp.208-213.

2 Казахстан: Нурсултан Назарбаев за один день сменил руководителей сразу четырёх областей, 14.03.2017，http://www.fergananews.com/news/26138，访问时间：2017年3月26日。

3 Lawrence P. Markowitz, "Tajikistan: Authoritarian Reaction in a Postwar State," Democratization, Vol.19, No.1, 2012, pp.98-119.

4 Lawrence P. Markowitz, "Unlootable Resources and State Security Institutions in Tajikistan and Uzbekistan," Comparative Political Studies, Vol.44, No.2, 2011, pp.156-183.

5 Lucan Way, "The Real Causes of Color Revolutions," p.60.

6 数据源于世界银行，http://data.worldbank.org/indicator/SI.POV.NAHC?end=2015&locations=TJ&start=2013，访问时间：2017年1月10日。

市长；拉赫蒙的大女儿及大女婿也分别担任过外交部副部长与财政部副部长。此外，拉赫蒙家族掌握着塔国内的诸多重要企业，如塔境内约有60家扎棉厂，其中40家由拉赫蒙的家族掌控。[1] 根据塔的现状来看，其国内未来的权力交接可能伴随着一定程度的动荡，也有可能出现中亚地区的第四种权力交接形式，即家族式权力交接。拉赫蒙正在努力保证自己后方的安全，进一步确保其政权的稳定性，为可能的家族内部接班人准备条件，已有专家预测，“若鲁斯塔姆不做出过分行为，他接任塔吉克斯坦总统的时间可能在2026年之后”。[2] 现在已有人推测，类似的情况可能会在土库曼斯坦出现，预言别尔迪穆哈梅多夫的儿子谢尔达尔·古尔班古雷耶维奇·别尔迪穆哈梅多夫会成为总统接班人。[3]

权利变更方式和结果是一个国家政权建设是否成熟的标志之一。家族权力交接从本质上讲，是精英集团内部权力转移的一种极端表现——家族成为精英集团的核心。这种方式在世界上并不鲜见。在苏联国家已有先例。2017年2月21日，阿塞拜疆总统夫人梅赫里班·阿里耶娃成为第一副总统就是一个现实的例子。对塔吉克斯坦来说，第四种权力交接方式是否一定会出现、如何出现，还需要做更多的研究和分析。而对这四种权力交接方式也有必要进行更多的观察和研究。

---

1 Для семьи президента Таджикистана нет никаких преград，05.06.2016，https://www.e-tadjikistan.org/analitika/dlya-semi-prezidenta-tadzhikistana-net-nikakix-pregrad.html，访问时间：2017年3月26日。

2 Зафар Абдуллаев: Зачем президент Рахмон снял Убайдуллаева и назначил Эмомали? 14 Марта 2017，http://catoday.org/centrasia/zafar-abdullaev-zachem-prezident-snyal-sposta，访问时间：2017年3月25日。

3 Андрей Медведев, Туркменистан. Расклады и персоны. http://kz.expert/archives/2175，访问时间：2017年3月29日。

阿富汗国内政治进程与安全问题

[俄罗斯]伊万·萨弗兰丘克

内容提要：2014年以来，阿富汗深陷于政治危机。在此背景下，2015年和2016年阿富汗安全部队艰难地履行着安全职责。本文考察了此次政治危机的基本情况，并认为政治危机在更大程度上削弱了喀布尔当局在全国范围内保障一定的安全水平的能力。加尼总统通过与塔利班谈判来摆脱政治危机的努力也会无果而终。

关键词：阿富汗　政治危机　安全危机

总体上看，喀布尔当局自2014年以来深陷于旷日持久的政治危机中。这场危机的根源可以追溯到2014年总统选举的过程及其结果。

卡尔扎伊在其两个总统任期里始终致力于维护普什图民族主义者和少数民族的联盟。他从个人感情上来说偏向普什图民族主义者，但也明白与塔吉克强力军阀结盟的重要性，特别是同潘杰希尔人的领袖法希姆、同马苏德家族、同控制了巴尔赫的巴达赫尚人拉巴尼·A.努尔，以及同多年担任赫拉特州长的伊斯梅尔.汗等人的结盟。这些人进入了政府的权力体系，但与总统卡尔扎伊的关系十分微妙。卡尔扎伊不仅依靠塔吉克族，也依赖于其他知名的圣战人士（乌兹别克人、普什图人、哈扎拉人）。因与圣战者尤其是塔吉克人结盟，卡尔扎伊饱受非议。在卡尔扎伊的第二个总统任期时，第一副总统法希姆的故事广为流传，说他曾违抗总统、自行其是、具有很大的影响力云云。塔吉克人的版本是说那段时期这些军阀很有影响力。但同一些故事从普什图人嘴里说出，就有些“塔吉克人太

[俄罗斯]伊万·萨弗兰丘克（Ivan Safranchuk） 俄罗斯外交与国防事务理事会成员，莫斯科国际关系学院副教授，政治学博士。

把自己当回事”的意味，觉得那是对普什图人、对卡尔扎伊的羞辱。尽管本族人有种种批评，卡尔扎伊依然坚持与圣战者在现实和象征两个层面结成联盟。担任总统的几乎全部时间里，他一直称赞艾哈迈德·沙阿·马苏德（潘杰希尔人，北方联盟领袖，在2001年9·11前被杀）的英勇——这种英勇精神是潘杰希尔人在许多其他“圣战者”的支持下刻意为之的；必要的时候卡尔扎伊还会现身在印有“民族英雄马苏德”字样的海报上。但另一方面，卡尔扎伊同时也鼓励缓慢的普什图化进程。

在2013年和2014年年初复杂的竞选运动中，加尼没有邀请任何显赫的塔吉克人加入自己的竞选团队。在第一轮投票之后，他才向齐亚·马苏德发出了邀请。后者还因此被许多塔吉克政治家诟病[1]、被自己家族指责。尽管加尼还任命了“北方联盟”的重要人物杜斯塔姆（出身于乌兹别克族）为第一副总统，但大多数“圣战者”都对加尼持警惕态度，加尼也并没有表现出继续与圣战者结盟的意愿。

在2014年第二轮选举前的竞选中，加尼刻意高唱民族主义的调子。如果说西方观察家认为他是高水平的技术官僚，那么国内的普什图人则视他为“普什图复仇”党的领导者，能够带领普什图人重新在喀布尔权力结构中获得优势，并引领公共生活各个领域进一步的普什图化。[2] 特别是第二轮选举结束之后，国家已走到了内战的边缘，这种争斗又加剧了这些情绪。在2014年夏天的喀布尔，加尼的坚定拥趸们有时甚至不肯说达里语，因为他们坚持认为阿富汗语言是普什图语。整个2014年夏天大选的对抗主线是“‘圣战者’对阵普什图族民族主义者”，之后又多了反塔吉克情绪这一条支线。

2014年阿富汗总统选举危机是以“两手”方式得到解决的。9月21日上午加尼和阿卜杜拉签署了一项政治协议（以下简称“协议”），几个小时后阿富汗独立选举委员会（IEC）发布正式选举结果：加尼当选总统。

然而，这种“两手”解决让每个候选人都可以去质疑这一问题：加尼何以成为总统？[3] 阿卜杜拉认为，是凭借那份协议，若达不成协议，则选举结果根本就没有可能被公布。加尼却说，他能成为总统是基于选举结果，协议与选举结果并

---

1 2014年夏，“圣战者”特别是那些对马苏德决意加入加尼阵营而不满的“圣战者”经常说“他不再是‘马苏德’，我们以后只以其名‘齐亚’称呼他（许多圣战者坚信，艾哈迈德·沙阿·马苏德如果活着，肯定不会支持加尼）。”

2 Искандаров К.И. Президентские выборы в Афганистане: проблемы отложены // Большая Игра: политика, бизнес, безопасность в Центральной Азии. 2014. № 3(36). С. 17-18. 伊斯坎达罗夫，К.И.，《阿富汗总统选举：问题被搁置》，《大博弈：中亚政治、商务与安全》，2014年第3期，第17—18页。

3 Сафранчук И.А. К вопросу об итогах президентских выборов в Афганистане в 2014 году и судьбе политического транзита // Вестник «Таджикистан и современный мир». 2015. № 2(45). С. 31–48. 萨弗朗楚克，И.А.，《关于2014年阿富汗总统选举和政治转型命运的问题》，《塔吉克斯坦和当代世界学报》，2015年第2期，第31—48页。

不直接相关，它只是提供了竞争的冠亚军的合作方案。双方都有自己依据。协议（或者说协议所引用的那些文件）规定缔约双方要公布选举结果（哪位候选人得了多少票）。阿富汗独立选举委员会（IEC）总结了选举结果。然而人们认为，由于阿卜杜拉不同意这个结果，所以IEC没有做相关发布。

在喀布尔2014年那个紧张的夏天之后，加尼政权究竟是什么性质这一问题——如果他基于协议成为总统，则是政治性的；如果基于选举结果成为总统，则是法律的，在政治危机得以和解、一片兴高采烈的气氛里已不再那么重要。但这个问题对于未来具有理论和现实的双重意义。如果加尼是基于协议就任总统的，那么该协议失效时他也将失去执政的依据；如果加尼根据选举法定程序就任总统，那么即使协议失效，他仍是总统。

一个普遍共识是：2014年阿富汗的政治进程超越了法律范畴，是政治家之间的约定。

2014年秋天的一个普遍共识是，当年夏秋的阿富汗政治进程已超越了法律的框架和范畴，是政治协议基础上的政治家之间的约定，起作用的主要是政治因素而不完全是宪法。因此有人认为政治进程必须尽快回归到法律框架。这就是为什么该协议不仅包含民族团结的条款——实际上是加尼和阿卜杜拉分权，也包含关于宪法改革的条款，即要把纯粹政治性的共识转化为宪法的法规。该协议要求召开支尔格大会并获得其同意在协议签署两年内（即不迟于2016年9月）基于协议修改宪法。然而，实际执行协议的时候，要求已简化为只求在平等基础上构建政府，而即使这部分内容实践起来也困难重重：政府的成立就耗时六个月，而非协议所规定的两个月；关键的国防部长一职至今仍是“代”字头；至于其他条款的落实，总统还未开始尝试；宪法改革也没有准备好。此外2015年秋的政治进程更是超越了宪法框架，根本没在规定时间里举行议会选举，而是无限期推迟。而2014年为解决危机做出重大贡献、让协议得以签署的国际调停方（美国和联合国）2015年也没有采取措施保障协议的执行。在这种情况下，协议里得到艰难落实的内容只有组建政府的那部分，其他则落为空文。总统加尼毫无全面执行协议的意思。

大选前，人们对于总统加尼的期待主要是经济改革方面，但他当选后把与塔利班谈判定为最主要的任务。[1] 为了能启动这个谈判、让谈判多少有点儿成效，他同意巴基斯坦在其中发挥一定的作用。但阿富汗一贯担忧巴基斯坦过多的影响力，于是这一次加尼也邀请了美国和中国代表。理论上，这种形式的谈判似乎很值得期待，第一轮的数次会晤引起了该地区政治界和研究界的极大兴趣，很多人认为加尼很快就能同塔利班达成协议。

---

1 Сафранчук И. А. Переговоры А. Гани с талибами: решение или путь к новому кризису? // Большая Игра: политика, бизнес, безопасность в Центральной Азии, 2015. № 3(42). С. 2–5. 萨弗朗楚克，И.А.《А. 加尼与塔利班的谈判：解决问题抑或导致又一场危机？》，《大博弈：中亚政治、商务与安全》，2015年3期，第2—5页。

显然，加尼的想法是在协定所规定的宪法改革期限里即2016年秋天前同塔利班谈判并达成重大协议。被“塞入”与阿卜杜拉（及其背后的“圣战者大人物”）的联盟的加尼，本可以换一个合作者（代替“圣战者”的），或者由他本人、“圣战者”、塔利班作为三个权力中枢构成一个政治体制，在这种结构中，加尼将最具合法性、力量最强大，而“圣战者”和塔利班是他的“小兄弟”，彼此冲突和制约，让他得以保持超然地位。加尼试图与塔利班加快谈判并达成重要协议，这让“圣战者”对其报以极端不信任的态度，反过来也只会加深总统和他执政合作伙伴之间的怀疑。

但加尼没能在这一年半的时间里与塔利班真正展开谈判，2016年夏，加尼不再指望能与塔利班很快完成谈判。于是新伙伴没争取到，与老搭档的关系又恶化到了极点。

前总统哈米德·卡尔扎伊2015年下半年的时候加紧了在阿富汗的活动。许多观察家认为，在某些情况下他是很有可能重新掌权的。加尼顽疾复发的流言在2015年全年都未曾止歇，尤其秋天以后愈演愈烈。总统无法理事或者总统死亡肯定能“解冻”喀布尔的政治危机，但就算加尼活着，“解冻”或者发生激烈夺权也是有可能的。因为这位阿富汗总统几乎搞砸了所有事——与塔利班没有谈拢，与“圣战者”关系极度恶化，他自己的政治能量被大大削弱。持续将近两年的高压态势也削弱了“圣战者”的元气。加尼和他的支持者是一方，阿卜杜拉和他的支持者是另一方，两方深陷龃龉。因此，阿富汗政治需要一位能够同各方说得上话、谈得妥话的人物。就连加尼的支持者也承认，他的强硬风格也不尽然完全有道理。卡尔扎伊总统如今保持着与阿富汗各方政治人物的艰难互动，他任总统时的危机已逐渐被人遗忘，普通人觉得那是一段相对和平与繁荣的时期，商人和承包商也怀念那个能获得数十亿美元投资的“黄金时代”，政客们认为卡尔扎伊时期时局稳定，几股主要力量的利益是平衡的。阿富汗的一些邻国，即中亚国家和俄罗斯，也对他有兴趣，仍然看重他，对他有很好的评价。显然对于关切喀布尔政府危机的阿富汗邻国来说，一个能够稳住方方面面、让喀布尔政府恢复影响和能力的人是值得关注的。

然而，在通往权力的道路上，卡尔扎伊本人有时候也会带来不稳定。以他2016年对那份协议的解读，协议仅在两年里有效，那么基于它的政府也就只有两年的效力，将于2016年9月期满。这样的解释既不符合“字面意思”也不符合协议“精神”。卡尔扎伊在2016年十分活跃，还让民族团结政府下了台，这时候，美国国务卿克里支持民族团结政府，声称它应该有五年的寿命，而不是两年。不过，协议关于宪法改革的条款未能执行，这一点又一次被美国方面忽略了。因此卡尔扎伊指责约翰·克里干预阿富汗的内政。卡尔扎伊努力推动政治危机在2016年秋“解冻”、包括撤销协议和组建新政府，甚至更换总统。加尼周围的许多高层人物实际上完全有可能是卡尔扎伊的人。

但这位前总统的手段在2016年没有奏效。不过，阿富汗的政治体制在“合法犯规”的边缘经常能达到一个平衡，而且也经常有超出宪法之外的地方。如果没有最高当局的同意，没有结盟各方之间的互信，没有他们共同协调安全和经济，就根本不能指望阿富汗政府能有效运行。但现实中所有这些条件都不存在：政治有“冻僵”的危机，解决危机的宪法改革努力中断了，政府高层不断内斗。“解冻”则可能会导致公开的夺权斗争。因此，现实中并没有让阿富汗政府能有效运行的政治条件。

现实中并没有让阿富汗政府能有效运行的政治条件。

不信任和猜疑的气氛是阿富汗政治的普遍特征，它在上述政治“冻僵”的危机里起了绝对作用。阿富汗政界和媒体都在传某些权力人物正搞“两面博弈”，指的就是那些总统近臣，说他们牵涉有组织地调集武装团伙到该国北部的事，还与塔利班乃至包括ISIS在内的其他力量搞秘密交易。

在这种政治环境下，阿富汗安全部队打击反政府武装越来越困难。阿富汗的安全局势正在恶化。专家的估计虽略有变化，但总的趋势是越来越不乐观。在过去三年的美国阿富汗重建特别监察长（SIGAR）向美国国会的报告里，各项数据都创下了历史纪录，新的威胁频频出现，即叛军控制领土扩大、阿富汗安全部队和平民伤亡增加。联合国的报告也展现了类似的趋势。

随着阿富汗局势普遍恶化，另一个重要趋势凸显：东北、北部省份和西部的部分省份开始变得不稳定。但是专家们常提出的关于不稳定性从南部和东部省份直接转移到北部和西北部假设并没有得到统计数据的证实。从客观指标来看，情况更复杂。

南部省份仍然是最危险的，这里是反政府武装和阿富汗安全部队的冲突造成平民伤亡最多的地方。但这些省份的伤亡率很多年来维持在一个稳定的水平。东南部和东部省份也有类似的情况。喀布尔周围的中部省份最近几年情况严重恶化，东北省份（巴达赫尚、塔哈尔、昆都士）的局势恶化趋势尤为显著，反政府武装和阿富汗安全部队冲突在这些省造成平民伤亡人数比2009年几乎增加了7倍，创下了纪录——阿富汗没有任何一个其他地区的平民伤亡增加有如此之多。在过去的三年，这些省份的局势恶化尤其迅速：2013年后东北部省份平民伤亡的人数几乎逐年翻倍。北部省份（巴尔赫、朱兹詹、萨尔普勒、萨曼甘）局面稍好，西部省份（法里亚布、巴德吉斯、赫拉特）的情况看起来是最稳定的，这里的伤亡数据在2013年陡升，但此后基本保持不变。[1]

阿富汗南部、东南部和东部省份（毗邻巴基斯坦）从数据的绝对值上看仍是最危险和动荡的地区，但随着时间的推移，情况稍有变化。毗邻巴基斯坦的省份近年已有所好转。毗邻中亚国家的省份自2009年起局势则不断恶化，最近几年

1 UNAMA (UNITED NATIONS ASSISTANCE MISSION IN AFGHANISTAN*), 2016 Annual Report, Protection of Civilians in Armed Conflict*, Kabul, Afghanistan, Feb, 2016. p. 8.

尤其迅速。

在东北部、北部和西部省份的反政府武装和阿富汗安全部队冲突里的平民伤亡体现了政府、亲政府武装与反政府武装的冲突正在加剧。但问题是：这些省份的武装反对派为何有力量越打越激烈？答案只有一个：武装分子越来越多。这在很大程度上归咎于来自巴基斯坦以及阿富汗东部省份的武装团体转移到了这些省份，尤其是转移到了巴达赫尚、塔哈尔和昆都士。

对于这股迁移，官方给出的解释大致是：巴基斯坦近年来（尤其是2014年12月白沙瓦恐怖袭击事件之后）在瓦济里斯坦采取了更加积极的军事行动来打击盘踞该地的极端组织，导致武装分子为躲避巴基斯坦军队而转移到阿富汗境内的山区，如阿富汗东部省份和巴达赫尚（巴达赫尚很容易藏身，然后再从这里向塔哈尔和普什图族人口占多数的昆都士转移）。结果，武装分子被“挤”出了巴基斯坦，巴基斯坦军队又出于众所周知的原因不会在阿富汗境内追击，阿富汗安全部队则无法拦截经山区进入本国的武装团体，结果，后者盘踞于阿富汗并形成多个反政府武装团体。

这种解释是基于一系列令人信服的事实。的确，巴基斯坦军队加强了在瓦济里斯坦的军事行动，并取得了成功。很明显的是武装团体已经开始经由山区进入阿富汗东部。普什图部族频繁越过他们不承认的所谓边境。然而，这种解释无法回答另一些问题，例如，为什么尽管武装分子从巴基斯坦西部向阿富汗东部省迁移，但为何这些省份里反政府武装和阿富汗安全部队的冲突不仅没有加剧，甚至还小幅下滑？为什么从巴基斯坦进入阿富汗的普什图族武装团体不留在东部省份，而且也往往不急于回到巴基斯坦西部？他们为什么不继续留在他们的家乡——阿富汗和巴基斯坦边境两侧的普什图斯坦？我们可以理解他们在普什图人口占多数的阿富汗中部地区的迁移，但为何他们要在巴达赫尚省和其他东北、北部和西部省份逗留呢？这些省份的主要人口是塔吉克人和乌兹别克人。即使是在普什图人口数量占优的昆都士，为什么普什图族武装团体和政府军战斗持续多年，也并非毫无胜绩，如今却要走得离巴基斯坦这么远？他们多年来同喀布尔政权作战，为什么如今却如此远离？

“挤出”武装分子一说，显然有一定市场，即这一原本可能导致阿富汗东部省份安全局势急剧恶化的问题，蔓延到了该国的其他普什图地区。然而，官方的解释并没有说明白为什么在“挤出”的过程里，阿富汗东北部局势会如此急剧地恶化、北部省份也不容乐观。

这便导致阿富汗媒体和政界广泛采用另一个版本来解释正在发生的这些事：大意是武装分子的迁移和他们与反政府武装团体的合流并非自发，而是有组织的过程。阿富汗国内经常提到的一种说法是，在2014年春夏，巴基斯坦情报局（ISI）和美国中央情报局之间、然后是巴基斯坦情报局和阿富汗、巴基斯坦塔利班领导层之间，分别达成了关于重新部署武装分子的秘密协议。据称，根据该协议，正在被“挤出”巴基斯坦的武装团伙得以保留走廊的一部分用于撤入阿富汗；协议甚至鼓励他们进入阿富汗东北部、北部和西部省份。在这个版本还有衍生版：巴基斯坦不仅将武装团伙“挤出”瓦济里斯坦，而且于2015年将中亚裔武装分子有组织地转运至阿富汗——这些人近些年借道土耳其赴叙利亚和伊拉克参战，但今天已无法原路返回。

当然，这个版本的所谓在巴基斯坦协助下“有组织转移”武装团体也有很多不通之处。譬如，如何解释2014年12月白沙瓦的袭击，如果当年夏天已经达成了那个秘密协议的话？难道是塔利班的人决定撕毁协议？但不管怎么说，它的几个衍生版（细节处各有不同）在周边地区——阿富汗和巴基斯坦以及中亚邻国，得到了广泛认同；人们很大程度上正是通过这种解释来看待时事并据以理解。

阿富汗的情况非常复杂，很多事件相互矛盾，有多种解释。

阿富汗的情况非常复杂，很多事件相互矛盾，有多种解释。然而若以几年的跨度来观察，则大势相当清晰。阿富汗境内与中亚国家毗邻的地区自2009年以来情况不断恶化，特别是近几年；毗邻塔吉克斯坦的东北部在近两年的局势急剧尖锐化；靠近巴基斯坦的地区尽管有被“挤出”巴基斯坦的武装分子，但今年局势稳定，未见明显的恶化。

政治危机和安全问题的激化导致了许多技术层面的问题。例如，阿富汗政府一直对安全部队的逃兵情况遮遮掩掩，据专家估计，逃兵的比例每年超过20%。自从2014年阿富汗安全部队接管整个阿富汗的安全后，反政府武装就不断带来严峻考验，安全部队不得不全力应战，这又增加了伤亡。2015年11月起政府禁止公布阿富汗安全部队的减员数据，这只能证明情况在大大恶化，而且相应地可能会有更多逃兵。

还有一个情况值得考虑。随着战斗愈加激烈，安全部队被迫使用会造成无差别伤害的重型攻击武器，特别是炮类，因此他们的战斗也造成更多平民伤亡。一般来说，联合国会把阿富汗冲突平民伤亡的责任归于反政府武装。联合国的报告年复一年地指出是反政府武装要对绝大多数的冲突造成的平民伤亡负责，联合国划给了他们70%的责任，某些年份如2012年则超过了80%。但2015年的情况非同寻常，或许是一个转折点：2015年联合国只将62%的平民伤亡责任归于反政府武装，阿富汗安全部队的责任相应地上升了。[1]

加尼竭力试图与反政府武装的主力——塔利班达成协议，然而在开始与塔利班的谈判后，他与执政合作者们、与“圣战者”的关系也变得非常紧张，而后者在过去15年里一直是后塔利班时期阿富汗宪法的坚定捍卫者。加尼试图把“圣战者”拉到自己一方，2015年在他的支持下阿富汗成立了“圣战者最高委员会”和全国性政党。然而，最重要的那些“圣战者”并没有加入，因此加尼为了修复

1 UNAMA, *2016Annual Report, Protection of Civilians in Armed Conflict*, Feb, 2016. p. 31.

与“圣战者”关系而做出的努力也并不能说很到位。同时，他很可能也逐渐意识到阿富汗安全部队已经在满负荷运转、有时已应付不来，所以他一边继续与塔利班谈判，一边开始考虑是否把与反政府武装作战的一部分责任转移到另一些亲政府武装集团——也就是地方军阀身上。然而在这方面他的言行是不一致的，一方面他在安全部队外也支持一些亲政府武装，另一方面，又公开说在任何情况下都不会支持非政府武装集团，阿富汗安全部队应承担全部的安全责任。[1]

结果，阿富汗同时出现了两种危机——政治危机和安全危机。在过去的两年中，这两种危机都升级了，加尼解决问题的尝试还未见效果。

（林文昕 译；关贵海 校）

1 Office of the President, Islamic Republic of Afghanistan , “President Ghani Visits Kunduz Province and Assesses the Situation”, 16 Oct, 2015. http://president.gov.af/en/news/president-ghani-visits-kunduz-province-and-assesses-the-situation/，登录时间：2016年5月3日。

英国脱欧，欧盟与亚洲：欧洲自由主义的终结？

[英]拉蒙·帕切科·帕多

内容提要：受全球化和一体化所带来的社会流动性下降、就业竞争、移民问题和种族问题的影响，英国最终选择退出欧盟。这使得整个世界，尤其是亚洲，需要承受一个在国际关系上更少自由主义、而更加现实主义的欧洲。英国脱欧使得欧盟一贯坚持的经济自由主义纲领难以维持，欧盟未来在贸易、投资自由化上的积极性会大幅下降；对于亚洲来说，英国脱欧首先意味着欧盟同若干亚洲国家之间的投资、贸易协定的谈判会有更大的变数。但政治关系上，自由主义的下降，会减少欧盟对亚洲的政策的规范性色彩。经济摩擦可能性上升的同时，欧亚之间在政治与外交上将会实现更多合作。

关键词：英国脱欧　欧盟　自由主义

桑德兰位于英国东北部，拥有27.5万人口，占英国总人口的不到0.01%。当地劳动力主要受雇于日产公司的一家制造厂，而在它生产的汽车中，55%都销往欧盟的其他国家。2016年6月23日晚，这个之前不太出名的城市登上了全世界的新闻头条。投票结果显示，61%的当地民众决定支持英国脱离欧盟。脱欧博弈告终，英镑在结果宣布后立即贬值3%，而希望能够留在欧盟内的英国人则意识到，他们输掉了这次公投。脱欧会带来现实的风险，例如日产的制造厂可能不得不削减数千工作岗位，甚至将面临停产，但这并没有能够说服当地民众选择留在欧盟。相比留在欧盟这个世界最大市场内能够得到的明确且直接的获益，投票人对英国独自发展的不确定性有着更强的偏好。

拉蒙·帕切科·帕多（Ramon Pacheco Pardo）博士　伦敦国王学院国际关系副教授，伦敦亚太社会科学中心主任。

为什么52%的英国投票者做出同多数桑德兰人一样的选择，决定脱离欧盟？毕竟极少有国家比英国从欧盟成员国身份中获益更多。在1973年加入欧盟时，英国被认为是“欧洲病夫”（the sick man of Europe）。事实也确实如此，1976年英国甚至卑躬屈膝地向国际货币基金组织寻求紧急援助。40年后，英国已经成为表现最好的发达经济体之一，它的劳动力市场吸引了来自欧洲其他国家乃至世界各地的数十万移民；伦敦是少数几个真正的国际大都市之一；英国的金融与商业服务、创意与时尚产业、高等教育等都是世界领先的。截至2017年，尽管国际金融危机的影响尚存，我们仍可借用1957年时任英国首相哈罗德·麦克米伦所发表的著名演讲中的一句话来形容现在，“英国的很多方面从没有像现在这样好”。

然而，英国总体上的成功掩盖了一些重要的问题。英国是世界上最不平等的发达国家之一。[1] 在伦敦的上流住宅中生活的成功且富有的金融家和律师们，与英格兰北部因工作外包而下岗的工人有着完全不同的生活。英国也是社会流动性最差的发达国家之一。[2] 在英国，人们所接收的教育决定了生活前景，这个问题几乎比西方任何国家都要严重。仇外心理与种族主义仍然以反移民的情绪在英国的大片地区表现出来。针对支持脱欧民众的调查与研究显示，对所谓的大规模移民的不满，即便不是多数民众投票脱欧的最重要原因，也是关键原因之一。[3] 总之，自由主义没能让许多英国人产生获得感。资金与货物的自由流动导致了周期性的经济危机与失业。欧盟确保的人员自由往来也带来了移民，这被认为引起了不公平的就业竞争。如果民众认为欧盟同时象征着自由主义、全球化、移民以及民众面临的经济低迷，那么他们选择脱离欧盟也是合乎逻辑的。

这种现象不仅体现于英国脱欧这一问题上。矛盾的是，英国政府一直坚定支持欧洲的商品、服务、资金与人员往来。加入欧盟后，英国不断寻求经济的自由化、减少管制及自由贸易的发展。[4] 在脱欧公投之前，很少有欧盟成员国像英国一样，对第三国的贸易与投资协定持如此开放的态度。与法国所领导的国家中心主义相比，英国确实是自由主义阵营非官方的领导者。然而，脱欧的投票显示，对自由主义的乐观态度在英国内部并不被广泛接受。与之相似，遍布欧洲的其他民粹主义政党或社会运动亦寻求从欧盟的自由化政策中退出。他们想要更多的国家干预来塑造经济与社会。

结果，整个世界，尤其是亚洲，需要承受一个在国际关系上更少自由、更加现实的欧盟。欧洲的政治与商业精英开始认识到，不受限制的自由主义在欧洲远

1 OECD, *Income Inequality (indicator)*, doi: 10.1787/459aa7f1-en, accessed on February 23, 2017.

2 OECD, *In It Together: Why Less Inequality Benefits All*, Paris: OECD Publishing, 2015.

3 Matthew J. Goodwin and Oliver Heath, “The 2016 Referendum, Brexit and the Left Behind: An Aggregate-level Analysis of the Result,” Vol.87, No.3, July-September 2016, pp. 323-332; Peter Walker, “Poorer Voters’ Worries on Immigration Fuelled Brexit Vote, Study Finds,” *The Guardian*, December 2016.

4 Alex Barker, “If Britain Goes: Brexit Would Jolt the EU’s Political Order,” *Financial Times*, February 2015.

未被普遍接受。为了避免脱欧的再次发生，或者甚至是为了维持政权，欧盟成员国不得不考虑自身民众的愿望所在。这意味着自由贸易与投资协定、更深层次的合作，以及签证要求的放宽，都将不再是可供选择的政策。与此相对应的是，经济上的保护主义，以及更加强硬、更少普世主义（universalistic）的外交政策，将主导未来几年欧盟与其他地区与国家的关系。

经济上的保护主义，以及更加强硬、更少普世主义的外交政策，将主导欧盟未来几年的对外关系。

英国脱欧与欧盟：自由主义在衰退?

欧盟既被认为是自由主义的副产品，又是其热情的推动者。二战结束之后，欧洲大国决定创造一个共同市场来促进和平，这背后的基本理念是，经济相互交织的国家之间不会发生战争。在欧盟庆祝其推动自由贸易与和平60周年时，唯一能够得出的结论是欧盟通过深层的经济一体化，令人欣喜地成功避免了战争。这个成功使得欧盟开始向世界其他地区推广其模式。欧盟坚信自由市场、民主、法治、保护人权等自由主义的原则是相互交织的，并且对所有个体都是有利的。[1] 因此，欧盟有责任在其内外部推广自由主义。

英国既被认为是自由主义价值观的诞生地之一，又是其典范代表。至少从撒切尔夫人起，英国历届政府都不遗余力地推进欧洲层面的自由主义与一体化。[2] 撒切尔夫人本人就是1992年建立共同市场背后的主要推动力量之一。很大程度上，托尼·布莱尔首相通过强烈支持欧盟向后共产主义的中东欧扩张这一方式，来提升欧洲整体上从自由市场和个人自由所获得的收益。戴维·卡梅伦首相也强烈支持与中国和美国的自由贸易协定。用政治经济学的术语来说，作为盎格鲁–撒克逊国家之一的英国，致力于促进自由主义的放任经济（laissez-faire economy）。[3]

如果从外部来观察欧盟，这些自由主义的价值似乎是被广泛接受的，然而这并非事实。2005年，法国与荷兰的公投否决了旨在创造欧盟宪法的计划。大多数欧盟原有成员国就人员自由流动问题，向新加入欧盟的中东欧国家强制实施了为期七年的过渡期政策。全球金融危机以及随之而来的欧元区主权债务危机，让许多欧洲人开始公开质疑自由主义、资本主义及全球化。尽管这么说可能存在过于

1 Ben Rosamond, "Three Ways of Speaking Europe to the World: Markets, Peace, Cosmopolitan Duty and the EU's Normative Power," *British Journal of Politics and International Relations*, Vol.16, No.1, February 2014, pp. 133-148.

2 Patrick Diamond and Roger Liddle, "Options for Britain: Europe," *The Political Quarterly*, Vol.79, No.S1, September 2008, pp. 165-182.

3 Peter A. Hall and David Soskice (eds.), *Varieties of Capitalism: The Institutional Foundations of Comparative Advantage*, Oxford: Oxford University Press, 2001.

简化的风险，英国脱欧无非进一步证明了，很多欧洲人严重担忧欧盟的自由主义与发展方向。英国在这方面并不是一个局外人。[1] 欧盟可能在外部推广自由主义的价值观，但是其内部很多公民都拒绝、甚至恐惧这些价值观。

在英国脱欧公投过程中，对自由主义的公开质疑达到了极点，并在政治与经济层面都产生了影响。从政治层面来看，欧洲的民族主义和民粹主义政党受到了鼓舞。其中很多政党已经存在了至少20年。然而，这些政党仅仅是在21世纪初才开始得到较为固定的选民支持，并能挑战传统政党。[2] 在全球与欧元区危机之后，随着中东欧国家的移民被部分西方媒体描述为对就业市场与生活水平的威胁，伊斯兰恐怖主义在欧洲重新出现，以及大量难民经过北非涌入欧洲大陆，这些政党已经成为主流的政治力量。玛丽娜·勒庞领导的法国国民阵线，奈杰尔·法拉奇领导的英国独立党，欧尔班·维克多领导的匈牙利公民联盟，以及基尔特·威尔德斯领导的荷兰自由党，这些政党都具有一些相似之处。它们认为更自由主义、更一体化的联邦式欧盟即将出现，并且排斥这种倾向。它们向往更加简单、美好的过去，认为那时候经济安全与社会同质化仍占据主导地位。

正如所料，主流的政党在对待移民和难民时采取了更加强硬的言辞与行动。德国总理默克尔最初欢迎叙利亚难民，但当德国舆论开始质疑这项政策时，她开始明确表示有犯罪记录的难民将立即被驱逐出境。匈牙利总理欧尔班·维克多拒绝接收在欧盟成员国内分配难民的协定，宣称穆斯林将会使基督教的匈牙利彻底陷入混乱。斯洛文尼亚和西班牙筑起了围墙，以阻止欧盟外的移民与难民进入其领土。在英国脱欧中呈现出的清晰的反移民信号在欧盟内反复重现。[3] 作为自由主义与欧盟信条之一的“人员自由往来”，被当今很多欧洲民众深恶痛绝。欧洲呈现出现代化的堡垒模样，人们在堡垒内可以自由往来，但是从外部进入愈加困难。[4] 这与目前的政治举措和多数欧洲民众的愿望相匹配。

英国脱欧带来的经济层面的影响，开启了对欧盟四项核心自由价值的辩论：商品、服务、资本、人员的自由往来不再是不被怀疑的政策；作为二战后欧洲主要成就之一的共同市场也面临威胁，即便英国多数民众也希望能够留在其中。[5] 但是目前欧盟坚定的支持者也认为可能必须采取一些改革，来支持全球化与一体

---

1 Sarah B. Hobolt, “The Brexit Vote: A Divided Nation, A Divided Continent,” *Journal of European Public Policy*, Vol.23, No.9 (2016), pp. 1259-1277.

2 Treib, op. cit.

3 Andrea Bohman and Mikael Hjerm, “In the Wake of Radical Right Electoral Success: A Cross-country Comparative Study of Anti-immigration Attitudes Over Time,” *Journal of Ethnic and Migration Studies*, Vol.42, No.11 (2016), pp. 1729-1747.

4 Claudia Finotelli, “Through the Gates of the Fortress: European Visa Policies and the Limits of Immigration Control,” *Perspectives on European Politics and Society*, Vol.14, No.1 (2013), pp. 80-101.

5 John Curtice, “What Do Voters Want from Brexit?” November 16, 2016, http://whatukthinks.org/eu/wp-content/uploads/2016/11/Analysis-paper-9-What-do-voters-want-from-Brexit.pdf.

化中的“输家”。并且，欧盟“更紧密的联盟”的口号也不再像过去那样流行。欧洲国家发展速度不同，欧盟内一些国家比其他国家的经济融合速度更快，对这个现象带来的好处的讨论更加普遍。[1] 欧元就是一个恰当的例子：理论上，除了丹麦和英国之外的所有欧盟成员国应该使用欧元，但实际上由于一些国家没有加入欧元区，欧元被接纳的进程放缓。

同时，考虑到民族与民粹主义在大量选民中占据主导地位，主流的政党不得不做出反应。[2] 为了回应选民对经济衰退的担忧，欧盟成员国的政治家们谴责资本主义的过度行为导致了全球与欧元区的危机。尽管进展缓慢，仍有多达十个国家正在讨论引入金融交易税，以控制投机性的资金流动。[3] 此外，保护国内产业的承诺正在成为普遍现象。标致雪铁龙集团可能收购德国欧宝和英国沃克斯豪尔两家汽车公司，这促使德国与英国政府要求标致雪铁龙做出不会关闭任何一家工厂的保证。这显示了类似于其他地区的政治家，欧洲政治家也无法承受自由主义实践所带来的问题。

英国过去一直热衷于维护欧盟内部以及欧盟与其他国家之间的经济自由主义。当英国开启脱欧进程时，我们能从欧盟内部看到一个加速的发展趋势，那就是对贸易与投资协定缺乏热情，甚至充满争议。最清楚的例子就是谈判进展缓慢的跨大西洋贸易与投资伙伴协议（TTIP）。欧盟的很多集团从一开始就反对TTIP，农民们担心美国的转基因食品，社会活动家们担心美国式的私有化医疗，隐私拥护者担心对人们网上活动的监视，这些力量都是迫使欧盟显著放缓协议的谈判进程。在本文写作的时候，TTIP可被认定无法成为现实。[4] 即便谈判重启，对协议强烈的反对声音也不会消失。其他潜在的，或者已经实现的协定也正在被重新审视。长久以来被认为（并且自视为）贸易超级强权的欧盟，现在也开始谨慎对待自由贸易与投资。

长久以来被认为（并且自视为）贸易超级强权的欧盟，现在也开始谨慎对待自由贸易与投资。

英国脱欧后的欧洲与亚洲：向现实主义的关系发展？

随着英国脱欧前后自由主义在欧洲展现出衰退，欧盟与中国和亚洲之间的关系将发生改变。亚洲国家不应再期待欧盟将继续支持自由贸易与投资、相对宽松的签证制度以及不受限制的开放政策。这些政策目前在欧洲无法得到选民支持，并且在可预见的将来这一问题仍将持续。没有一个竞选领导人的欧洲政治家能够

1 Tony Barber, “Moving to a Multi-speed Europe,” *Financial Times*, February 2017.

2 Bohman and Hjerm, op. cit.

3 Cecile Barbiere, “FTT Blockage Illustrates Pitfalls of Multi-speed Europe,” *Euractiv*, March 2017.

4 Shawn Donnan, “Trump’s Top Trade Adviser Accuses Germany of Currency Exploitation,” *Financial Times*, January 2017.

公开支持贸易投资与人员的自由往来。商业界也面临类似情况，如果不想承受民众的激烈反应，他们也不敢公开倡导自由主义的观点。在处理与亚洲的关系时这种现象尤其明显，因为很多欧洲人认为制造业与服务业向亚洲的外包，是欧洲就业与生活水平下降的关键原因。[1]

可以说，对自由主义的激烈反对能够在欧洲与亚洲之间的经济关系上得到最明确的体现。作为2006年欧盟委员会发布的《欧洲全球战略》的一部分，欧盟曾发布一项计划，旨在促进与地区内重要伙伴的双边自由贸易协定谈判。[2] 布莱尔和卡梅伦也强烈支持这项较为成功的战略。2017年年初，欧盟与韩国之间的自贸协定已准备开始执行。欧盟与新加坡和越南签署了合作协定，而且大幅加速了与日本、马来西亚、泰国等国的谈判进程。考虑到欧盟是世界最大的经济体，这些协定与谈判不出意外将非常有利于欧盟。例如，在欧盟与韩国之间的自由贸易协定生效后，欧盟对其贸易逆差将转变为顺差。[3] 原本在首尔街道上罕见的德国汽车、意大利时装和英国金融公司，未来将不断增加。当然，因为更加容易进入欧洲市场，韩国的汽车与电视制造商也能获益，不过欧洲的企业将获益更多。

尽管自由贸易给欧盟的企业与消费者带来了明显的优势地位，欧盟在与亚洲的贸易上仍将逐步抛弃自由主义，而倾向于现实主义。这意味着欧盟希望能够在贸易协定中得到更加清晰与即时的利益，并且减少对另一方的让步。欧盟甚至不惮在协议签订之后还提出更多的要求。再以欧盟—韩国自贸协定为例，尽管欧盟委员会公开承认协定对自己非常有利，认为协议生效后五年内欧盟对韩国出口将增长55%，但是欧盟现在已经准备提出修订了。在这些修订中最值得注意的是，欧盟希望自由贸易协定将覆盖在亚洲物流枢纽出口的欧洲产品。[4] 这将意味着欧洲的公司可以在亚洲成本低的地方进行生产，并在双边自贸协定的条款下将产品销往韩国，从而使得这些公司能够减少人力与运输成本。换句话说，欧洲的公司将得到明显的优惠，并且欧盟不必为此向韩国做出回报，因为三星、现代、LG等韩国公司已经在捷克、波兰、斯洛文尼亚等国家设立了工厂。

由于英国脱欧，欧盟与新加坡、越南的自贸协定的生效也被延迟。在与新加坡的协定上，欧洲法院必须做出裁决：该协定是得到欧盟机构的同意即可，还是必须同时得到成员国的批准。没有英国的参与，欧洲议会可能更加倾向于贸易保

---

1 The Economist, “China Has Gained Hugely from Globalisation,” *The Economist*, December 2016.

2 Francesco Pontiroli Gobbi, “Improving EU-Asia Trade Relations,” November 7, 2012, http://www.europarl.europa.eu/RegData/bibliotheque/briefing/2012/120325/LDM_BRI(2012)120325_REV1_EN.pdf.

3 European Commission, “European Union, Trade in Goods with South Korea,” February 16, 2017, http://trade.ec.europa.eu/doclib/docs/2006/september/tradoc_113448.pdf.

4 European Commission, “Trade Boosted by Five Years of EU-Korea Free Trade Agreement,” July 1, 2016, http://europa.eu/rapid/press-release_IP-16-2356_en.htm.

护主义，一些成员国将更不愿意支持这项协定。[1] 在与越南的协定上，欧洲议会已经指责欧盟委员会未能妥善地审查据称在越南存在的侵犯人权问题。[2] 这意味着这项协定在得到欧洲议会批准上将面临很大困难。出于其他一些原因，英国的欧洲议会议员与官员届时将不会敦促欧洲议会批准该协定。

其他寻求与欧盟达成重要投资协定的国家也可以预期到一场艰难的谈判，尽管这些协定并不是那么雄心勃勃。随着《里斯本条约》在2009年生效，建立双边投资协定成为欧盟委员会的职责。目前，欧盟成员国拥有超过1200个双边投资协定，欧盟委员会的目标是以欧盟框架下的协定取而代之。作为欧盟最重要的投资来源国与目的地之一，英国过去不断敦促欧盟委员会加快双边投资协定的谈判进程。然而随着2016年的结束，欧盟本身还没有签订一个双边投资协定。英国脱欧之后，随着欧洲的保护主义愈加普遍，与亚洲国家的任何一个双边投资协定都将更有利于欧盟这个世界最大的经济体。

欧盟与中国之间就投资协定进行的谈判就是一个代表。中国是《里斯本条约》生效之后欧洲最先寻求协商双边投资协定的伙伴，但是谈判一直到2014年还没有显著进展。欧盟的基本立场是明确的：欧盟希望建立起“公平竞争的环境”（a level-playing field），这意味着中国需要按照欧盟对待中国的标准，向欧洲的投资者进行开放，放松对投资的管制。[3] 这个立场看起来可能符合逻辑且令人满意，但这对于中国来说是一个根本性问题。由于欧盟本身对来自中国的外国直接投资更加开放，创造一个公平竞争的环境就意味着中国需要在签证规定、投资者保护或者投资国争端解决机制上做出改革。

若习近平领导的政府愿意实行各种改革，达成与欧盟的双边投资协定将会非常有可能。但如果不是这样，为达成与欧盟的协定，中国政府将被迫引入自己不愿意进行的改革。而如果欧盟在中国不能满足条件时放弃协定，其他经济规模更小的亚洲国家将更难与欧盟签署投资协定，除非欧盟愿意做出重要妥协。

事实上，欧盟及其成员国已经开始对来自亚洲国家的外国直接投资采取了保护主义的措施。它们毫不犹豫地对可疑的，或者是与其利益相悖的潜在投资采取了审查或者限制。欧盟委员会最近对一个连接贝尔格莱德与布达佩斯的高铁项目展开了调查。这个项目是中国提出的“一带一路”倡议的一部分，由包括两家中国国有企业在内组成的合资公司来进行建设。欧盟委员会认为这个项目可能违反

1 Tang See Kit, “Brexit and the EU-Singapore FTA: Further Delays or a Slow-Death?” *Channel NewsAsia*, July 2016.

2 Martin Russell, *Briefing: International Agreements in Progress, EU-Vietnam Free Trade Agreement*, PE589.835, October 2016.

3 Rolf J. Langhammer, “Now Is the Time to Get Serious about EU-China Trade and Investment Relations,” November 23, 2016, https://blog.merics.org/en/blog-post/2016/11/23/now-is-the-time-to-get-serious-about-eu-china-trade-and-investment-relations/.

了欧盟的采购法规。[1] 无论欧盟的这项调查有怎样的理由，不可否认的是，与来自发达国家的投资相比，欧盟对来自中国、印度等国家的投资更加不欢迎。在对待中国时，投资常常被描述为政府主导的决定，目的是影响欧盟成员国的政策。

尽管在英国脱欧之后，欧盟在处理与亚洲的经济关系时会更加倾向现实主义而背离自由主义，不过亚洲国家仍然有一个方法来使欧盟更愿意就协定与条约进行谈判，那就是用英国来牵制欧盟。亚洲国家可以利用与英国建立自贸区的前景，来迫使欧盟做出让步，比以往更快地签署协定。例如，由于英国公投脱欧，停滞不前的欧盟—日本自贸协定谈判已经重启。[2] 同时，亚洲公司可能将他们的活动从英国转移到其他欧洲国家。英国原本是许多亚洲公司进入欧盟市场的门户，由于英国首相特蕾莎·梅明确表示英国将离开单一市场，亚洲企业将不得不搬迁，以继续留在欧盟内部。这可以被亚洲政府用作谈判筹码，以便在任何贸易或投资协定谈判中从欧盟获得更有利的条件。

此外，随着英国离开世界最大规模的市场及其主要的贸易伙伴（欧盟的其他成员），英国将不得不与世界其他国家签订新的贸易协定。考虑到特蕾莎·梅以及未来的英国政府有政治和经济上的必要签订更多自由贸易协定，亚洲国家将发现更容易从英国获得让步。脱欧之后的英国由于经济体量较小，且在进入共同市场时会受阻，其作为投资与贸易伙伴的吸引力在降低。但是很多支持脱欧的群体承诺英国将会更加开放。亚洲国家的政府应该利用这个承诺，利用被削弱的英国，在更加强大的欧盟面前获得更有利的交易。

英国脱欧与欧盟—亚洲政治关系：规范性削弱的欧洲?

随着英国脱离欧盟，欧盟与亚洲的政治关系也面临改变。在欧盟的政界和学界中，一场关于欧盟外交政策本质的辩论愈演愈烈。其中一方认为，欧盟是一个规范性政治力量的代表。这意味着欧盟的外交政策是由道德价值观和公共利益所驱动的，并且是在一系列自由主义的原则，如法治、对民主和人权的追求等原则的基础上制定的。 辩论的另一方认为欧盟并不特殊：概括来说，他们认为欧盟与其他的国际行为体一样，认定自己的利益优先，并利用一切可使用的工具实现自己的利益。当然，欧盟的外交政策的实际情况更为复杂。欧盟的外交政策与大多国家的外交政策一样，既包含规范性的因素，也包含非规范性的因素。但是，欧盟对自身和其外交政策的认识，却可能决定它对亚洲政策的方向。

随着英国脱欧在即，欧盟对于亚洲的政策可能在两个方面发生改变。首先，

1 James Kynge, Arthur Beesley and Andrew Byrne, “EU Sets Collision Course with China over ‘Silk Road’ Rail Project,” *Financial Times*, February 2017.

2 Alberto Mucci, “Brexit Revives Stalled Japan-EU Trade Deal,” *Politico Europe*, December 2016.

许多欧盟政策制定者和研究人员都把欧盟当作是别的地区可以参照的区域一体化的典范。以亚洲为例，1994年欧盟首次出台的对于亚洲的战略，以及之后的各项文件都表明，欧盟认为自己是东盟应当效仿的地区一体化模板。欧盟模式在多大程度上适用于东南亚一直存在争议，不过英国脱欧终止了欧盟作为东盟模范的设想。如果一个由具有相似的政治体系和发展水平的国家构成的区域组织，仍然无法留住它最重要的成员国，那么这个组织就不该成为被仿照的模式。

事实上，欧盟也已经认识到，未来一段时间东盟发展成为东南亚的欧盟的可能性十分渺茫。多年来，尤其是全球金融危机发生之后，欧盟对于东盟的区域一体化的政策主要基于提供东盟需要的建议以及技术性指导，2015年东盟经济共同体的建立就体现了这一趋势。东盟经济共同体效仿了欧洲统一市场的模式，并且也采用了欧盟内部的四大基本流通政策，包括商品、服务、资本和人员的自由流通。但是，东盟经济共同体和欧洲统一市场存在很大不同。最明显的是，东盟的共同市场没有形成一个解决内部争端的平台，人员的自由流通也限制在一些非常特殊的岗位上，而且东盟也没有有力的措施来建立统一的政治和货币联盟。英国脱欧公投之后，欧盟促使东盟效仿欧盟的热情也大为削减。

这一事实反映出，欧盟对于其自身与东盟存在的不同更加尊重。欧盟的亚洲政策可能发生改变的第二个方面也体现了这一点。简单来说，欧盟在与亚洲国家的关系上，不会像之前那样坚持对于一系列的价值观，如民主，法治以及人权的推崇。其实，英国也不是一直都极力捍卫这些原则。英国与其他很多国家一样，为了追求自由贸易，宁愿舍弃这些原则。欧盟自身也在逐渐向现实主义的贸易政策转变，这些政策并不是由价值观所驱动的。并且由于要应对英国脱欧，欧盟在处理与亚洲的关系时坚持这些原则的软实力和精力都在降低。无论怎样，亚洲国家这次也不太可能会接纳欧盟的说教。更重要的是，欧盟内部的许多人认为，欧盟向其他国家推广民主和人权是不被欢迎的，因为这样做分散了欧盟处理更为紧急的内部问题的精力。

这种改变的影响之一将表现为，欧盟将根据亚洲国家本来的情况与其进行交往，而非依照欧洲对亚洲国家的期待。为了减少英国脱欧公投对其影响力的冲击，欧盟需要增强自身的外交力量。如果欧盟卷入所谓普世价值的争论中，它的外交目标将很难实现。欧盟不太可能犯下这一错误，尽管一些欧盟国家，如丹麦和荷兰，以及一些欧盟机构，如欧盟议会等，更希望价值观能够成为欧盟亚洲政策的主导因素之一。欧盟内部关于对缅甸政策的争论就体现了这一点。2014年启动的双边人权对话，就是对一些成员国和欧盟机构的让步，他们担心欧盟在恢复与缅甸的外交和经济关系上走得过快，尽管原本由军政府控制的缅甸已经开始改革。但是这一对话并未减缓欧洲公司和缅甸经济关系的快速发展。就像欧盟和其他东盟国家建立的人权对话一样，这些由精英支持的对话更主要是为了平息欧盟成员国的情绪，而不是欧盟处理与东南亚国家关系中的重点。

英国脱欧最终促进了欧盟针对亚洲规范性政策的转变，这种转变自2005年前后就开始发生。全球金融危机爆发和《里斯本条约》生效之后，一些熟悉亚洲事务的欧洲人开始在不同的欧盟机构中任职。欧盟对外行动服务署（European External Action Service）就聘用了越来越多的了解亚洲国家历史、文化及现实情况的官员，欧盟委员会和欧洲议会也是如此。一些欧盟成员国，如法国、德国和波兰等，都拥有许多非常了解亚洲事务的外交人员和专家。这些专家的真才实学催生了更加现实主义，而非价值观驱使的外交政策。英国脱欧公投之后，这个转变会更加明显。

改变后的欧洲与欧盟—亚洲关系

英国脱欧公投带动了自由主义在欧洲的倒退，事实上，这种倒退也是脱欧公投产生的原因。欧洲有许多像桑德兰这样的城市，这些城市和地区一直没能从20世纪80年代后期去工业化进程的影响中恢复过来，而去工业化进程主要源于全球化、私有化，以及其他影响到欧洲的自由主义或新自由主义思潮。全球金融危机和随之而来的欧元区主权债务危机唤醒了许多欧洲群体的不满情绪。很多欧洲人在危机中失去了他们的工厂或者工作，但是并没有获得帮助，他们开始公开质疑欧盟的经济制度，因为需要对两次金融危机负责的银行家却从危机中脱离出来，没有受到明显损失。许多人对汹涌的难民潮感到担忧，认为当前的欧盟体系不能够有效地帮助他们，英国脱欧正是这种情绪的后果之一。

英国决定退出欧盟的影响之一是，政治和经济精英们真正开始倾听民众声音。在美国，唐纳德·特朗普当选为总统使全世界感到意外。在欧洲，2016年6月英国脱欧公投具有相同的效果。保护主义和对自由主义传统的背离将主导未来几年欧洲的政治和经济决策。正如民主政治所要求的，政治家们正在回应他们的选民的需求。因此，人民的意愿正在推动欧盟进一步远离自由主义。

对于欧盟与亚洲的关系而言，欧盟向民族主义和保护主义的演变对经济关系有着明确的消极后果。欧盟将会继续追求自由贸易与双边投资协定，但与其谈判将更加艰难，因为欧盟要追求自身利益的最大化，减少可能的损失。并且在必要时欧盟也会坚决退出谈判。亚洲国家如果想要获准进入世界最大的市场，将不得不同意比过去做出更多让步。从TPP协定的退出显示，特朗普领导下的美国不愿意推动自由贸易。亚洲国家也许不得不把与欧盟不太有利的协议，视为他们与最强大的经济力量之间推进自由贸易的最佳选择。

不过，在政治和外交方面，亚洲国家可能会欢迎一个更不愿意对外干涉、更加尊重亚洲的欧盟。对于聚焦于恢复其威望的欧盟而言，规范性的价值观将不再是其重点。欧盟将不再将自身呈现为一个可供复制的模式，而是一个值得信赖的和能够平等对话的合作伙伴。这可能会冒犯一些欧洲群体，他们相信欧盟对更加分裂或更不发达的国家而言是光芒一样的存在。但改变后的欧盟会受到亚洲国家的欢迎，它们长期抱怨包括欧盟在内的西方，无法理解每个国家的不同之处。

最后，英国选民离开欧盟的决定已经并将继续对欧盟与亚洲关系产生影响。考虑到脱欧决定背后的原因以及其反映出来的欧洲内外的情况，这种影响不可逆转。一个更少自由主义、更加偏向民族主义和保护主义的欧盟已经成为现实。中国和亚洲其他国家将不得不习惯于此，并据此调整自己的政策。一个更不自由的欧洲长远来看是否会彻底改变欧亚关系，这仍然有待观察。也许等到英国脱欧以及其他危机结束后，欧盟会重新拥抱自由主义。然而，此时欧盟试图从与亚洲国家的关系中获取最大的经济利益，我们可以预期一些摩擦的产生。不过，由于欧盟对亚洲的政策的规范性色彩将减少，摩擦产生的同时，欧亚之间在政治与外交上将会实现更多合作。

由于欧盟对亚洲的政策的规范性色彩将减少，摩擦产生的同时，欧亚之间在政治与外交上将会实现更多合作。

（连晨超 译；李晨 校）

欧洲难民危机与中国的应对策略

陈占杰　刘咏秋

内容提要：近年来，欧洲难民危机成为举世关注的重大国际问题，它在世界范围内引发的政治地震也超出了很多人的预期。国际上一系列让人眼花缭乱的变局，包括特朗普当选美国总统、英国脱欧等“黑天鹅事件”，都和难民问题有着密切联系。难民问题成为世界格局变化的重要推手，也是中国在推进“一带一路”建设、逐步走向世界舞台中央过程中必须妥善应对的一个突出问题。

关键词：欧洲　难民危机　中国策略

一、欧洲难民危机是世界难民问题的一部分

虽然难民问题一直存在，但像本次这样集中爆发的情况为第二次世界大战结束以来所仅见。

根据联合国难民署的统计，目前全球范围内被迫逃离家园的人数为6560万人，其中2250万人为难民；产生难民最多的国家依次为叙利亚（550万人）、阿富汗（250万人）和南苏丹（140万人）；收留难民最多的前六个国家依次是土耳其（290万人）、巴基斯坦（140万人）、黎巴嫩（100万人）、伊朗（97.9万人）、乌干达（94.1万人）和埃塞俄比亚（79.2万人）。[1]

在被迫逃离家园的6560万人中，有30%呆在非洲，其余依次为中东和北非（26%）、欧洲（17%）、美洲（16%）和亚太（11%）。[2]

陈占杰　新华社雅典分社首席记者；刘咏秋　新华社雅典分社记者。

1 联合国难民署 http://www.unhcr.org/figures-at-a-glance.html，最后访问日期：2017年6月22日

2 联合国难民署 http://www.unhcr.org/figures-at-a-glance.html，最后访问日期：2017年6月22日。

据联合国难民署（UNHCR）统计，2015年跨海抵达欧洲的难民人数约为102万人，比2014年增加四倍；[1] 2016年，抵达人数下降为36万人，但失踪和死亡人数从2015年的3771人增加到5096人。[2] 截至2017年6月21日，跨越地中海抵达欧洲的难民人数为82897人。[3]

在此轮难民危机于2015年集中爆发之前，欧盟处理难民问题的指导性原则是1997年生效的《都柏林公约》，[4] 其主要原则是难民应在进入首个欧盟成员国时申请政治庇护，如果之后难民前往其他欧盟成员国，他们可以被遣返回首次入境的欧盟国家。事实证明，这一原则无法招架像2015年那种百万难民涌入欧洲的局面。

《都柏林公约》规定的援助无法招架涌入欧洲的难民潮。

以德国为代表的部分欧盟国家在2015年下半年一度向难民敞开大门，但它们很快发现自己无法承受，于是有了2016年3月的欧盟—土耳其难民问题协议。这一协议很难说是完美的难民问题解决方案，但它至少暂时结束了大量难民无序进入欧洲的局面，也使欧盟能够相对从容地制定和实施更为有效的难民政策。

欧盟国家2015年收到了125.6万份难民申请，2016年收到了120.4万份难民申请，均比2014年的56.3万份增加了一倍以上。过去两年中，在欧盟申请难民资格数量最多的依次为叙利亚人、阿富汗人和伊拉克人，德国又是接收难民申请数量最多的欧盟国家。2016年，排在德国之后的难民申请数量最多的欧盟国家依次是意大利、法国、希腊、奥地利和英国。从难民申请人数与本国人口的比例来看，2016年这一比例最高的国家是德国（每100万人口中有8789人），其次为希腊、奥地利、马耳他、卢森堡和塞浦路斯。[5]

目的地为欧洲国家的难民通常经三个线路跨海抵达欧洲：东线是从土耳其跨海抵达希腊东部的爱琴海诸岛，之后再前往希腊大陆转往欧洲其他地区；中线是从北非抵达意大利；西线是从北非抵达西班牙。2015年欧洲难民危机的一个重要特点是从东线抵达欧洲的难民人数大幅增加。

2016年3月20日，欧盟和土耳其之间关于控制难民流入欧洲的协议开始实施。根据这一协议，所有从土耳其入境希腊的非法难民将被遣返回土耳其，土耳其应采取必要措施防止再有难民进入欧盟国家，欧盟将向土耳其提供资金以资助

1 英国《卫报》，https://www.theguardian.com/world/2015/dec/22/one-million-migrants-and-refugees-have-reached-europe-this-year-iom，最后访问日期：2017年6月22日。

2 联合国难民署，https://data2.unhcr.org/en/documents/download/56484，第5页，最后访问日期：2017年6月22日。

3 联合国难民署，http://data2.unhcr.org/en/situations/mediterranean，最后访问日期：2017年6月22日。

4 欧盟官网，http://eur-lex.europa.eu/legal-content/en/ALL/?uri=CELEX:32013R0604，最后访问日期：2017年6月22日。

5 欧盟官网，http://ec.europa.eu/eurostat/documents/2995521/7921609/3-16032017-BP-EN.pdf/e5fa98bb-5d9d-4297-9168-d07c67d1c9e1，最后访问日期：2017年6月22日。

难民。

这一协议使从东线抵达欧洲的难民人数大幅下降，但中线压力重新加大，仅2016年就有超过18万名难民和移民从北非偷渡到欧洲。德国总理默克尔2017年3月份访问埃及和突尼斯，其主要意图之一，就是希望这两个国家能够扮演类似土耳其在难民问题上扮演的角色。

二、难民危机重塑欧洲政治版图

从2015年开始汹涌而至的难民潮对欧洲政治格局发生了深刻影响，传统上欧盟的“三驾马车”英、法、德三国概莫能外。

2016年6月23日，英国就是否脱离欧盟举行全民公投，结果“脱欧”一方支持率为51.89%，而赞成“留欧”的占48.11%，英国出人意外地脱欧。之后，英国脱欧程序于2017年3月29日正式启动。

在脱欧公投中，移民问题并没有写在选票上，但政治家们认为脱欧公投的结果显示出大多数民众希望通过脱欧来加强英国对自身边界的控制，把自己不想要的移民挡在国门之外。英国人减少移民净流入的想法由来已久，早在1995年就有三分之二的英国人想减少外国移民流入欧洲的数量。[1] 脱欧公投之后出任英国首相特雷莎·梅承诺把每年流入英国的净移民数量从现在的每年约30万人减少到10万人以下，虽然这可能意味着增加税收和减慢经济增长速度。传统上，英国人眼中的移民主要是欧洲其他国家的公民，难民只占其中很小一部分，但脱欧公投的结果和英国政府的表态显示出，英国不少人对接纳难民持怀疑甚至否定的态度。

在此次难民危机中，德国因为短暂开放边界、接收大量难民而赢得了不少赞誉，2015年和2016年共有大约120万名难民进入德国。一些人称德国把难民流入作为解决劳动力短缺问题的一种手段。[2] 在发生难民性侵德国妇女以及驾驶卡车冲击圣诞市场等事件后，德国人对难民的欢迎态度有所改变，但尚未使难民政策产生反转。默克尔表示，类似2015年夏天大量难民集中流入德国的情形不会也绝不应该重演。这是默克尔对执政党内外对其难民问题政策“失控”的回应。

难民问题对法国政局的影响，在今年这个法国大选年体现很明显，其中最引人瞩目的，是国民阵线领导人玛丽娜·勒庞的支持率升高。在5月7日的法国总统选举第二轮投票中，法国前经济部长、“前进”运动候选人埃马纽埃尔·马克龙获得66.10%的有效选票，其竞争对手、极右翼政党“国民阵线”候选人玛丽

1《经济学人》,http://www.economist.com/news/britain/21717418-annual-net-migration-amounts-about-three-times-attendance-manchester-united-football，最后访问日期：2017年6月22日。

2 半岛电视台官网，http://www.aljazeera.com/indepth/opinion/2017/03/core-germany-refugee-policy-170302073029337.html，最后访问日期：2017年6月22日。

娜·勒庞获得33.90%的有效选票。此前，在4月23日法国总统选举首轮投票中，马克龙收获24.01%的选票，位居各候选人之首；勒庞获得21.30%的选票，创造了“国民阵线”在总统选举中的新纪录，其得票率比起2012年总统选举的17.9%增长3.4个百分点。

勒庞在难民问题上持强硬立场。对非法移民，她主张采取包括退出申根区在内的措施大幅度减少流入法国的非法移民数量，废除让非法移民合法化的法律。不但如此，她还主张冻结合法移民流入，反对让移民享有和法国人一样的社会福利。

马克龙在移民问题上和勒庞主张完全相反。他支持默克尔在移民问题上的柔性政策，表示相信法国有能力吸收更多难民，而且认为这些难民将对经济产生积极影响。[1] 另一方面，马克龙认为应该加强边境管控、加速避难申请评估进程、遣返所有不符合避难条件的移民。马克龙5月14日就任法国总统后，第二天就访问德国。他在会晤德国总理默克尔时表示，法国将在难民危机中支持德国立场，两国将就难民政策展开合作。

此前，默克尔领导的基督教民主联盟（基民盟）5月14日赢得关键的北莱茵—威斯特伐利亚州地方选举。北威州是德国人口最多的州，选民人数约占全德五分之一，选举结果对2017年9月的德国大选有一定的指向作用。这意味着，默克尔很可能会在9月份的联邦议会选举中获胜，从而开始她2005年11月以来的第四个德国总理任期。如果是这样，她的难民政策无疑将在很大程度上继续下去。

三、备受争议的欧盟—土耳其难民协议

堪称此次难民危机转折点的事件是从2016年3月20日开始实施的欧盟—土耳其难民问题协议。

叙利亚内战爆发以来，该国500多万人逃到土耳其、约旦、黎巴嫩等邻国，而接纳了290万叙利亚难民的土耳其因为邻近欧洲，成为应对此次难民危机的关键因素，难民问题也成为土耳其与欧盟讨价还价的筹码。

从2015年11月开始，欧盟以向土耳其提供经济援助等条件换取土耳其加强边境控制的方案逐步浮出水面。经过多轮谈判和两次欧盟—土耳其首脑会议，双方于2016年3月18日达成协议，主要内容包括欧盟向土耳其提供30亿欧元资金，用于帮助土耳其境内的难民；在2016年7月之前重启土耳其加入欧盟的谈判；取消土耳其居民进入申根区的签证要求；2016年3月20日之后进入希腊而又不符合

1 “Macron: ‘L’arrivée de réfugiés est une opportunité économique.’” Lefigaro.fr. Retrieved, 2017-02-01, 最后访问日期：2017年7月31日。

申请难民资格的人将被送回土耳其；每从希腊遣返一名叙利亚人到土耳其，另外一名叙利亚人（未试图非法进入欧盟的叙利亚人优先考虑）将获准安置到欧盟国家，其上限暂定7.2万人。

协议生效后，希腊从2017年4月4日开始向土耳其遣返偷渡人员，从土耳其偷渡到希腊的人数则开始显著下降。但批评者认为，这一协议会让决心前往欧洲的移民转走更为危险的路线，比如北非和意大利之间的地中海中线。联合国难民署称，自己不是欧盟—土耳其协议的一部分，不会参与难民的遣返和拘留。另外国际上长期向难民提供人道主义救助的重要非政府组织——无国界医生组织（MSF）、国际救援委员会（International Rescue Committee）、挪威难民理事会（Norwegian Refugee Council）等也纷纷表示，他们不会帮助实施该协议，因为协议规定的整体驱逐措施违反国际法。大赦国际更表示这是一份“疯狂”的协议，并称协议达成之日（2016年3月18日）是难民公约、欧洲和人类历史上“黑暗的一天”。

此前，一直有人指责土耳其在难民问题上“捣鬼”，认为土耳其一方面通过纵容蛇头组织偷渡来减轻自身的难民压力，另一方面通过把大批难民“送”入欧洲来逼迫欧盟让步，为自己谋取经济和政治上的好处。

今年3月16日，欧盟委员会主管移民、内部事务与公民事务的委员阿夫拉莫普洛斯、马耳他内政部长阿贝拉和希腊移民政策部长穆扎拉斯在希腊莱斯沃斯岛考察，评估难民问题的最新情况。他们在考察难民问题现状时表示，一年来各方在应对难民问题方面取得了进展。

阿夫拉莫普洛斯说，和之前的情况相比，可以看出欧盟和土耳其间的协议得到了成功执行。此前，每天有约一万人跨越爱琴海来希腊，目前每天只有40至50人，死亡人数也大幅下降。[1]

希腊警方说，在通过西巴尔干前往中欧地区的通道关闭以及欧盟和土耳其间的难民协议开始实施后，约有6.2万名难民滞留在希腊，其中约3500人在莱斯沃斯岛。[2] 根据该协议，新抵达者在其难民申请评估完成前只能呆在希腊的爱琴海岛屿上，不符合避难资格者将被遣返回土耳其。难民申请过程通常需要数月，希腊很多岛屿上的难民接待设施已经不堪重负。

从希腊的情况来看，由于难民申请程序复杂，而在这一程序完成之前，难民不能被遣返，因此莱斯沃斯岛等难民抵达较多的岛屿压力仍然较大，而进退两难的难民也在不确定中煎熬。

---

1 新华社通稿，http://news.xinhuanet.com/world/2017-03/17/c_1120645234.htm，最后访问日期：2017年7月31日。

2 新华社通稿，http://news.xinhuanet.com/world/2017-03/17/c_1120645234.htm，最后访问日期：2017年7月31日。

四、特朗普在难民问题上无法完全兑现诺言

难民危机爆发以来，国际舞台上的一个准“黑天鹅事件”就是从未担任过任何公职的唐纳德·特朗普在2016年11月8日当选美国总统，此前一直被看好的希拉里·克林顿落败。特朗普鲜明的反移民立场无疑是他当选的重要原因之一。

特朗普在移民问题上的标志性口号是要在美墨边境修建一堵防范非法移民进入美国的墙，并且让墨西哥出钱来修建这堵墙。其他观点和政策建议包括：修改在美国出生即为美国公民的属地主义国籍政策，不授予非法移民在美国出生的子女以美国国籍；通过“凯特法案”[1] 以便严惩非法重新入境的外国罪犯；加强边界管控，在美墨边境修建隔离墙，增加边境巡逻人员的数量；大规模遣返非法移民；严格限制穆斯林人口入境；反对接纳叙利亚难民。

就职之后，特朗普两次颁布行政命令，停止向特定国家的公民发放入境签证。2017年1月27日的行政命令禁止7个国家（伊拉克、伊朗、利比亚、索马里、苏丹、叙利亚、也门）的公民入境。在3月6日的第二个行政命令中，伊拉克被从这个名单中剔除。由于若干美国联邦地方法院和上诉法院法官的反对，这两个行政命令实际上均未得到执行。不过，这种情况在美国联邦最高法院2017年6月26日的决定之后会有所改变。[2]

截至5月26日，美国在2017财政年度实际接纳的难民数量已有45732人，预计到9月30日本财政年度结束总共接纳的难民人数将超过7万人。虽然这一数字低于2016财政年度的84994万人，但它表明特朗普总统把每年接纳的难民人数上限从11万减少到5万的目标将无法实现。[3] 而此前，今年4月份，特朗普的女儿、白宫顾问伊万卡在访问德国时表示，美国可能需要接纳更多的叙利亚难民，“而这本身可能还不够”。[4]

特朗普上任以来美国难民政策的实施表明，特朗普个人的政治主张难以完全实现。这种情况很可能会持续到特朗普总统的任期结束。

---

1 “凯特法案”以32岁的凯瑟琳·斯坦因命名。斯坦因在2015年在加州被一名非法入境的男子枪杀。嫌犯胡安·弗朗西斯科·洛佩兹·桑切斯曾在旧金山市5次被驱逐出境。详见 http://www.chinanews.com/gj/2017/06-29/8264336.shtml，最后访问日期：2017年7月31日。

2 美国联邦最高法院决定：允许总统特朗普签署的移民限制令部分生效，并将于2017年10月对移民限制令进行听证。详见：Per Curiam, Supreme Court of the United States, June 26, 2017,582 U.S.-(2017), https://www.supremecourt.gov/opinions/16pdf/16-1436_l6hc.pdf, 最后访问日期：2017年6月29日。

3《纽约时报》网站，https://www.nytimes.com/2017/05/26/us/politics/united-states-refugees-trump.html?mcubz=0&_r=0，最后访问日期：2017年6月22日。

4《纽约时报》网站，https://www.nytimes.com/2017/04/26/us/politics/ivanka-trump-syria-refugees-humanitarian-crisis.html?mcubz=0，最后访问日期：2017年6月22日。

此次难民危机爆发以来，确实没有看到美国站到应对难民危机的前台；但如果因此说美国对此袖手旁观，也不符合实际。

一直以来，美国都在通过向联合国难民署和粮食计划署等多边机构，以及土耳其、约旦、黎巴嫩等大量接收难民的中东前线国家提供资金，间接帮助难民。此外，美国也保持了每年接纳约7万名难民到本土的纪录。但在接纳叙利亚难民到美国本土的问题上，美国确实十分谨慎：从叙利亚内战爆发的2011年到2016年1月，美国接收的叙利亚难民不到3000人。奥巴马总统在任时承诺接纳更多叙利亚难民，但在国内遭遇极大阻力。特朗普在2015年12月7日发表的一份声明中，主张在恐怖主义问题得到控制之前，不让任何穆斯林进入美国，他在竞选集会上多次表示美国应该对难民关闭大门；美国30位州长也表示拒绝在其辖区安置叙利亚难民。

奥巴马多次表示，支持德国总理默克尔在解决欧洲难民危机方面发挥领导作用。在2016年4月底对德国进行其任内最后一次正式访问时，奥巴马赞扬默克尔处理欧洲难民危机时“站在了历史正确的一面”。美国还同意派遣北约军舰到希腊和土耳其之间的海域，缓解难民危机。

但美国在应对难民危机中发挥的作用与其大国地位和欧洲盟国的期待有较大差距。包括哈佛大学教授穆罗（Edward R. Murrow）在内的一些美国学者主张美国应在难民危机中发挥领导作用，以实际行动表明安置难民不会危害国家安全，戳穿穆斯林极端分子关于美国反对移民的不实宣传，支持欧洲盟国应对其内部的反美、反移民势力，支持和稳定大量接纳难民的中东前线国家（土耳其、约旦和黎巴嫩）。

这些学者提出的具体措施包括：帮助联合国难民署从中东前线国家遣返难民；增加对联合国和世界粮食计划署的援助，以改善前线国家难民营的条件；发挥美国对伊朗、沙特和俄罗斯的影响力，以便让叙利亚实现停火，最终让难民返回家园等。国际救难委员会主席、英国前外交大臣米利班德认为，美国历史上曾经接收一半以上的难民，在接纳、安置难民方面也有丰富的经验，应在解决难民危机中发挥更大作用。

美国的中东、北非政策是导致上述地区动荡、大量难民逃亡的重要原因。因此，**美国不但应该对解决难民问题出钱出力，更应改变其政策，为这些地方恢复和平与稳定发挥积极作用**。目前，特朗普政府的外交政策处于摇摆中，难民产生的根源也就无法消除。

五、难民问题的走向与中国的应对策略

难民问题的规模和复杂程度决定了从根本上解决难民问题几乎是“不可能完成的任务”。但从目前抵达欧洲的难民数量大幅减少这一事实来看，难民问题在

欧盟范围得到了一定程度的控制。未来一段时间，欧洲难民问题有以下几点值得注意：

国际难民问题的规模和复杂性决定了它几乎不可能从根本上获得解决。

第一，欧洲解决难民问题的重点从救助转向依法安置和有限遣返。在2015年百万难民集中涌入的情况下，欧盟没时间也没条件对难民进行仔细甄别，各国的政策重点是确保已经进入欧洲的难民获得基本的人道待遇。从2016年开始，局势逐步得到控制，欧盟各国转而寻求通过政治和法律手段，把进入欧洲的难民数量减少到可以承受的水平。同时，欧盟从资金、人员等方面加大了对希腊等"前线"国家的支持力度，加强边界管控。

第二，欧盟与土耳其之间在难民问题上的讨价还价将会继续。欧盟与土耳其之间达成的难民问题协议远非完美，但它确实起到了控制入欧难民数量的作用。为达到这一目标，欧盟承诺向土耳其提供数十亿欧元的援助，同时给予土耳其公民免签证进入欧洲的待遇。到目前为止，援助资金和签证问题都进展缓慢，土耳其不停地拿难民问题来逼欧洲让步。总体来看，欧盟和土耳其在难民问题上互有需求，欧盟需要土耳其来缓冲难民问题对欧洲的冲击，土耳其则需要欧盟在其入盟谈判等问题上采取灵活立场。土耳其不到万不得已，不会再像2015年那样听任大批难民流向欧洲，但这种可能性始终存在。

第三，消除难民产生的根源任重道远。应该说，目前欧盟采取的所有解决难民问题的方法，都不是治本之道，因为难民产生的根源是中东、北非地区的战乱和持续动荡。而要解决这些问题，没有美国、中国、俄罗斯这些大国的参与，单靠欧盟的力量，几乎是不可能的。由于这些地区矛盾错综复杂，有关各方又各有算盘，短期内该地区恢复和平希望不大，因此难民产生的根源将长期存在。

中国对难民问题并不陌生。抗日战争期间，中国上海成了约3万犹太难民的避风港；与此同时，来自各国的爱心人士在上海市中心建立起了"南市难民区"，从日军枪口下拯救了至少30万中国难民。

作为一个日益走近世界舞台中央的大国，中国一直高度重视难民问题。在这方面，习近平主席和李克强总理对难民危机的根源、解决方式、中国采取的措施等在不同的场合进行了深刻论述。

习近平主席2017年1月18日在联合国日内瓦总部发表了题为《共同构建人类命运共同体》的演讲。习近平指出："当前，难民数量已经创下第二次世界大战结束以来的历史纪录。危机需要应对，根源值得深思。如果不是有家难归，谁会颠沛流离？联合国难民署、国际移民组织等要发挥统筹协调作用，动员全球力量有效应对。中国决定提供2亿元人民币新的人道援助，用于帮助叙利亚难民和流离失所者。恐怖主义、难民危机等问题都同地缘冲突密切相关，化解冲突是根本之策。当事各方要通过协商谈判，其他各方应该积极劝和促谈，尊重联合国发挥斡旋主渠道作用。”[1]

李克强总理2016年9月19日在纽约联合国总部出席第71届联大解决难民和移民大规模流动问题高级别会议并发言，就解决难民问题表明了中国政府的立场。李克强指出：

第一，难民和移民问题关乎世界和平与发展，影响地区稳定。难民和移民问题既有地区性，又有全球性，任何国家都不能置身事外，国际社会必须积极加以应对。

第二，难民和移民问题是一场人道主义危机，拷问着人类社会的良知。国际社会要切实对难民施以援手，使他们感受到人间的温暖和关怀，让他们重新燃起生活的希望。在关注难民问题给欧洲带来危机的同时，也要关注其给叙利亚、阿富汗、索马里、南苏丹等国造成的灾难。

第三，难民和移民问题的解决，需要加强国际合作。当务之急是筹措资金和物资，确保难民的基本生活。还要关注难民和移民差异化的利益诉求，在政策制定、财政投入、社会保障等方面做出因地制宜的安排。要拓宽合法移民渠道，携手打击偷渡、人口贩运、恐怖主义等行为。

第四，难民和移民问题的解决，也离不开来源国的自身努力。战乱冲突、贫穷落后是难民问题的主要根源。世界各国应促进开放联动式增长，减少全球发展不平衡问题，推动共同发展进步。

李克强说，中国将在原有援助规模基础上，向有关国家和国际组织提供专门用于应对难民问题的人道主义援助，同时考虑进一步的支持措施；中国将积极研究把中国—联合国和平与发展基金的部分资金，用于支持发展中国家难民和移民工作；中国将积极探讨同有关国际机构和发展中国家开展难民和移民问题的三方合作。[2]

在2017年5月份举行的“一带一路”国际合作高峰论坛期间，中国政府与世界粮食计划署、联合国国际移民组织、联合国儿童基金会、联合国难民署等国际组织签署了援助协议。

从目前的形势来看，继续参与解决难民问题符合中国的国家利益：

首先，可以巩固与欧盟特别是与德国的关系，构建符合中国战略利益的国际关系格局。欧洲难民问题爆发以来，德国发挥了实际上的领导作用。默克尔接收大量难民的政策虽然在国内外倍受争议，但最近她领导的政党在地方选举中获胜显示出这一政策得到了德国多数民众的理解和支持。法国的总统选举也证明在难民问题上采取开明政策仍将是今后一段时间欧盟国家的主流政策。从另外一个角

1 中华人民共和国国家主席习近平：《共同构建人类命运共同体——在联合国日内瓦总部的演讲》（2017年1月18日，日内瓦），《人民日报》，2017年1月20日，第2版。

2 中华人民共和国国务院总理李克强：《在第七十一届联大解决难民和移民大规模流动问题高级别会议上的讲话》（2016年9月19日，纽约），《人民日报》，2016年9月21日，第3版。

度看，在难民问题上保守、排外的英国和美国，在国内、国际上都陷于政治和道义上的被动。特朗普最近的欧洲之行显示出，既不愿意承担防卫欧洲义务也不愿意在气候变化问题上履行承诺的美国让欧洲极为失望，欧美之间裂痕加剧，欧盟迫切需要外部力量的帮助来解决一系列全球性的棘手问题，而中国是这方面最主要的合作伙伴。在这种背景下，中国和欧盟加强合作可以说势在必行。由于欧洲难民问题是欧盟家门口的迫切问题，在解决这一问题上积极作为，可以巩固与欧盟的关系，加速构建于中国有利的中欧合作关系。

其次，为推进“一带一路”建设创造良好的地缘环境。受难民问题困扰的中东、北非地区是推进“一带一路”建设的关键地区，这些地区实现长治久安有利于把“一带一路”建设推进到欧洲。难民问题的解决，又可以分为人道主义援助和政治解决两个层次。中国一方面可以通过向难民提供紧急救助来缓解人道主义危机，另一方面也可以通过与欧盟、美国、俄罗斯及中东各国合作，尽快实现中东地区的和平，从根本上消除难民产生的土壤。

再次，进一步提高中国民族及宗教工作水平。这一波难民潮中设法进入欧洲的难民绝大部分是穆斯林，且不少人有着较高的教育水平和较好的经济能力，在网络世界和社交媒体上有着相当大的影响。中国通过适当参与难民问题的解决，有助于赢得难民人心，削弱中国境内外极端势力的支持基础，维护中国少数民族地区特别是穆斯林聚居区的繁荣稳定。在此次难民危机中，罗马教皇方济各和东正教普世牧首共同访问希腊集中接纳难民的莱斯沃斯岛，表明基督教两大派别之间的分歧在难民危机和共同的伊斯兰极端势力威胁面前有所弱化。全球天主教信众有12.5亿，东正教信众有2.5亿，两者加起来有15亿人口，应该说是一支不容忽视、甚至有可能对中国有所助力的力量。这两位宗教领袖均较为开明，愿意与外界对话和沟通。在难民问题这样一个政治色彩不太浓的领域与西方主流宗教领导人适当接触，有利于更深入地理解、把握中国境内相关教派的现状和发展趋势，削弱极端主义势力的孳生土壤，进一步提高宗教工作水平。

适当参与难民问题的解决，有助于中国提高民族及宗教工作水平，削弱境内外极端势力的基础。

最后，积累应对难民问题的经验。中国离目前产生大量难民的中东、北非地区较远，但中国周边地区特别是朝鲜半岛和缅甸也存在一些不稳定因素，近两年半岛局势更是出现了一些值得警惕的迹象，在极端情况下中国成为大批难民目的地国或过境国也不是没有可能。密切关注并适度介入难民问题解决，可以积累这方面的经验，应对不测事件。

中国介入难民问题的方式可灵活多样，包括向联合国难民署等多边救援机构捐助，参加甚至组织多边难民问题会议，加强对相关国际非政府组织的支持力度甚至承诺接收一定数量的难民等。中国已经在不少方面采取实际行动。

西太平洋海军论坛与地区海军合作

张　炜

内容提要：西太平洋海军论坛是地区最高层次、机制化的多边海军论坛。在近30年的发展中，论坛的国家地理覆盖范围逐步扩大到东太平洋、印度洋地区，促进了地区海军合作，尤其是其2014年正式通过《海上意外相遇规则》（CUES），受到多方的高度关注及效仿，进一步扩大了论坛的影响力。本文评说了西太平洋海军论坛和“CUES”的产生和发展的历史，对论坛的发展前景进行了预测和评估。

关键词：西太平洋　海军论坛　海军合作

西太平洋海军论坛[1]（以下或简称“西太海军论坛”），是西太平洋地区最高层次、机制化的多边海军论坛，是本地区国家展示本国海军发展、协商开展各种对话与合作活动的重要平台，近年来在地区海上安全合作、特别是海军合作中发挥着重要作用。

一、西太海军论坛的发展进程

1987年，在美国主办的第九届国际海上力量研讨会[2]（以下或简称“ISS”）上，澳大利亚在西太平洋地区小组委员会提出建议，在ISS休会年举办西太平洋地区海军论坛，经讨论协商达成了协议。1988年，首届西太海军论坛在澳大利亚

张炜　南京大学中国南海研究协同创新中心高级研究员。

1 西太平洋海军论坛（Western Pacific Naval Symposium），英文缩写WPN。

2 国际海上力量研讨会（International Seapower Symposium），亦称国际海上力量论坛，英文缩写“ISS”，1969年由美国海军创办，是世界各国海军最高领导人及海军院校领导人参加的全球性海军论坛，每两年在美国海军学院举行一次。

悉尼举行，最初成员国有参加第九届国际海上力量研讨会的12个国家，即澳大利亚、文莱、中国、日本、新西兰、韩国、新加坡、泰国、美国、印尼、马来西亚和巴布亚新几内亚等，为创始会员国。

在成立的初始阶段，西太海军论坛在美国海上力量研讨会的休会年举行，参加美国海上力量研讨会时由当届的主办国报告会议情况，类似其分论坛，议题的关联度也很高。西太海军论坛活动分为两个层次：一是正式论坛会议，两年一次；二是工作小组会议，最初也是两年一次，在论坛正式会议的休会年召开，为论坛会议做准备。

冷战结束后，世界和西太平洋地区的安全环境发生了重大变化，西太海军论坛研讨的主题逐步转向海上安全合作问题。1992年的第三次论坛会议，讨论了海上搜救、防止海洋污染问题，建立信任措施问题也第一次被作为讨论的议题。1994年，第四次西太海军论坛会议在马来西亚槟城举行，建立信任措施问题成为主题。1996年，日本在东京主办第五次论坛会议，会议的突破性进展在于开始讨论地区海军合作问题，提出制定一个以地区性多边防止海上意外事件为目的的“海上军事行动指导原则”问题。随后，日本和澳大利亚共同提出了一个《关于防止海上意外事件的措施草案》。在1997年的菲律宾工作小组会议上，新西兰提出将上述“措施草案”进一步发展为《西太平洋海军研讨会海上军事行动准则》，包括定义、军舰、特别区域、通信、信息交换、军事行动指导原则等18个部分的内容。

在1998年10月韩国主办的第六届西太海军论坛会议上，广泛讨论了地区海上安全形势、21世纪海军的任务、西太国家海军合作前景、西太海军论坛成员国海军合作的方式等问题，提出了反水雷、反海盗、人道主义救援和减灾联合训练、海军与海岸警备队合作等非敏感领域的地区多边海军合作建议，澳大利亚海军以“海上行为指导原则”为题做了专门发言。

2000年是西太海军论坛发展进程中的重要一年。这一年，在新西兰基督城召开的论坛年会正式通过了《西太平洋海军论坛工作章程》，对论坛的宗旨和目标、成员国和观察员国的职责和运作方式进行了全面规范。《章程》明确了论坛的宗旨和目标是实现地区海军合作，即“旨在增进合作，提高共同行动能力，以及通过提供一个能够对共同关心的海上问题进行讨论、信息交换、锻炼和展示能力、交换人员的框架，在各国海军之间建立信任和信心”。[1] 规定了海军首脑级别的正式论坛会议两年一次、工作小组会议每年一次，还进一步明确了对论坛的重大事项，包括成员国、观察员国的加入，采取“成员国一致通过原则”，这也意味着每个成员国均有否决权。

此后，**随着论坛框架下的各种海军合作的发展，西太海军论坛形成了四个层次的活动**：一是正式论坛会议。由海军首脑或其代表参加，每两年一次；二是工

1《西太平洋海军论坛工作章程》，2000年版（Charter on Western Pacific Naval Symposium, 2000）。

作小组会议。是正式论坛会议的预备会议，校级军官参加，每年一次；三是各种专业研讨会。如反水雷、海上搜救、抢险救灾、人道主义救援；四是在专业研讨会基础上进行的海上实兵演练活动等。论坛活动的频度日益提高。

从2002年开始，美国依托其互联网技术优势，为西太平洋海军论坛建立了“APAN”网站，即“All Partners Access Network”（全体参与者可进入网络），成员国海军联络官经注册登记后可“免费”上网，“APAN”由此成为论坛的主要工作平台，也成为论坛框架下各国海军交流的主要平台。

截至2014年，西太海军论坛已经有21个成员国，4个观察员国。[1] 成员国和观察员国中不仅有加拿大、智利等“东太平洋”国家，而且还有印度、孟加拉国等非太平洋国家。2010年，在澳大利亚举办的第十一届论坛年会上，各国对论坛《章程》进行了进一步修改，将申请成为论坛成员的标准由“在西太平洋地区拥有领土国家的海军，并在该地区拥有战略利益”，扩大为“在西太平洋拥有领土的国家的海军；或者在西太平洋拥有重大战略利益、且边界与西太平洋相邻的国家的海军”。[2]

在30年的发展中，西太海军论坛的机制化运作不断巩固，合作性不断加强，成为地区海军实质性多边合作最重要、影响力最大的平台。

二、西太平洋海军论坛的《海上意外相遇规则》（CUES）

从西太海军论坛的发展进程看，其最重要的成果当属制定和通过了《海上意外相遇规则》（以下简称“CUES”）。此前，以美苏《1972年防止海上意外事件协定》和1989年《预防危险军事行动协定》为蓝本，日俄、中俄等地区国家也陆续签署了几个双边协定，但还没有多边协定的先例。从历次论坛会议的组织来看，包括“CUES”的讨论，美国海军都不在一线，其盟国和准盟国澳大利亚、日本、韩国、新西兰、新加坡、菲律宾等国家扮演支柱作用。但美国海军的影响，尤其是以战略引领战术技术、用战术技术实现战略设计的思维方式，对西太海军论坛的重要影响是无疑的。

这里必须提到1997年美国第十四届海上力量研讨会（ISS）。这次会议，美国以“21世纪的海上力量”为主题，集中讨论了“全球化”对未来新世纪的影响，尤其是信息时代对海上安全和海军的挑战。作为应对之策之一，美国在会上散发了其海军条令司令部拟定的条令性文件《多国海上军事行动》。[3] 这一纲领

1 截至2014年，西太海军论坛21个成员国是：澳大利亚、加拿大、智利、法国、印度尼西亚、日本、柬埔寨、汤加、马来西亚、文莱、新西兰、巴布亚新几内亚、中国、秘鲁、菲律宾、韩国、新加坡、俄罗斯、越南、泰国和美国；4个观察员国是：孟加拉、印度、墨西哥和巴基斯坦。

2《西太平洋海军论坛章程》，2010年版。

3 美国海军条令司令部《多国海上军事行动》（Multinational Maritime Operation）。

性条令，对多国海上军事行动的性质和作用、指挥和控制、内部操作程序、计划、后勤等问题都做了系统的规定，并向世界推荐与之相配套的“实验战术1000系列”。[1] 该“实验战术系列”是美国为冷战后适应北约东扩需要而编写的一套联合作战条令，其内容包括作战原则和指挥、通信等具体的战术程序，目的是解决北约与非传统盟国的海上联合作战中“一系列装备和程序上的相互适应问题”，反映了美国海军加强世界领袖地位、为应对21世纪信息时代到来的战略考虑和战术技术准备。

这一思路，翌年便明显反映在1998年韩国主办的西太海军论坛会议上。按照之前1997年菲律宾工作小组会议确定的议题，这次会议原本应当讨论反水雷合作措施（澳大利亚）、反海盗可能的合作领域（新加坡）、海军与海岸警备队可能的合作领域（菲律宾）、关于人道主义救援和减灾联合训练的概念文件（美国），以及海上行为指导原则（澳大利亚）。但在1998年4月，论坛提前召开了一次工作小组会议，协商改变原来的会议主题，比照1997年美国ISS“21世纪的海上力量”的主题，就当前西太地区海上安全形势、21世纪海军的任务、西太国家海军合作前景、西太海军论坛成员国海军合作的方式等问题进行研讨。1998年10月，韩国主办海军首脑级别的论坛会议，对上述问题的讨论，大大提高了论坛的战略层次，如同对各国海军高层进行了一次战略集训。如上所述，会议也讨论了“海上行为指导原则”问题，澳大利亚海军做了重点发言，采纳日本和澳大利亚1996年提出的《关于防止海上意外事件的措施草案》和新西兰1997年提出的《海上军事行动准则》，提出《西太海军论坛海上意外相遇规则（草案）》，即“CUES”，拟制了西太地区海军共同遵守的行为指导原则和规则，并以美国“实验战术1000系列”的“海上通信程序和战术程序”为蓝本，编制了通信程序为附件，使之对各国海军在海上不期而遇的军事行动有了很强的指导性和可操作性。1998年10月的韩国论坛会议还拟定了下届会议的议题：成员国海军内建立共同的海上行动规则；重新审议成员国海上信息交流指南；建立有效的海上防事故行动规章及处理海上意外事故守则；信息技术和通信技术在成员国海军中的应用及标准化问题等，目的显然在于加速推进“CUES”的进程。如此这般，1998年的韩国论坛会议已经基本实现了美国1997年“ISS”战略引领的意图。

1999年，新加坡主办工作小组会议。按照常理，级别较低的工作小组会议不应当决定重大事项，但此次会议却就“CUES”达成了一致并原则通过。会后，澳大利亚海军受托承担了修订和颁发试行的任务。澳大利亚海军参谋长在“颁发函”中指出：论坛无意使其在国际法上具有拘束力，但力荐成员国和观察员国海

1 美国海军条令司令部“实验战术1000系列”，也称《多国海上行动手册》（Multinational Maritime Manuals, formerly “1000 Series” EXTACs），是冷战后适应北约东扩需要诞生的一套作战条令，目的是解决北约与非传统盟国的海上联合作战中“一系列装备和程序上的相互适应问题”，当时出版了15种，其中最重要的是第1种《实验战术1000 海上机动与通信程序》。

军采用该《规则》。

美国当时推动“CUES”的战略意图是将西太各国海军的行为规则和通信程序统一到其主导的框架内，用战术技术优势取得战略优势。

“CUES”的制定和推广，美国的倾力推动及其战略意图是明显的，就是要在其主导下将西太平洋地区各国海军的行为规则和通信程序统一到既定框架内，用战术技术优势取得战略优势。2000年以后，中国对美国在其专属经济区及其上空侦察活动的和平性、合法性不断提出质疑，双方舰机在海上相遇中不时有近距离摩擦，2001年还发生了震惊世界的中美“撞机事件”。在没有双边军事联络机制、没有通信协议、只是参照《国际海上避碰规则》、《国际信号规则》及其国际公用频道通信的情况下，双方在海空军事行动接触中的风险明显增加。于是，美国推动西太海军论坛“CUES”的通过和使用，尤其是推动中国海军使用，便成为当务之急。为此，美国不但在西太海军论坛多边场合下大力推动“CUES”的修订和通过，同时也在中美海军高层互访、海上军事安全磋商双边机制中向中国海军推介“CUES”，并敦促在海上双边军事行动中使用该规则及其通信程序。

中国海军当时不会、也不应该有特别积极的反应。原因很简单，中美在专属经济区军事利用问题上的争论，关乎中国的国家安全；而美国借助“CUES”与中国海空力量建立的规则和通信程序，客观上将成为美国对中国专属经济区及其上空侦察活动的安全工具，尤其是在中国海军装备、技术和人员英语能力处于弱势的情况下。这也决定了“CUES”修订的漫长过程，因为中国必然要在权衡国家利益的前提下提出修订意见，且有相同利益需求的还有俄罗斯、印度等其他地区发展中国家，而美国主导的联盟阵营也必然要坚持其初衷，利益的冲突带来了博弈的长期性——从1998年“CUES”的提出到2014年正式通过，整整用了16年的时间；从2000年的修订开始算，也经过了14年。戏剧性的是，“CUES”的最终通过是在中国主办的西太平洋海军论坛年会上。

2014年4月22日，中国海军首次承办的第十四届西太平洋海军首脑论坛在青岛开幕，年会主题为“合作、信任、共赢”，来自论坛21个成员国和3个观察员国，以及申请成为论坛观察员国的巴基斯坦等25个国家的海军领导人和代表共150余人出席。4月23日是中国的海军纪念日，在这一天，年会还进行了多国海上联合搜救演习，7个国家14艘舰艇参加了演习。为期两天的年会气氛热烈，与会各成员国和观察员国进行了专题研讨，批准巴基斯坦成为论坛观察员国，会议还讨论了论坛各类行政事项，确定了2014—2024年论坛活动安排，等等。当然，会议的最亮点，是一致通过了《海上意外相遇规则》。

中国媒体指出，《海上意外相遇规则》“对海军舰机的法律地位、权利义务以及海上意外相遇时的海上安全程序、通信程序、信号简语、基本机动指南等做了规定。《海上意外相遇规则》对于减少和平时期各国海空军事行为的误解误判、避免海空意外事故、维护地区安全稳定具有积极意义”。中国在此时此地主动推动“CUES”通过，根本原因是利益需求。其一，随着中国海军越来越多的走出去，与美国、日本等国家的海军海上相遇几率越来越高，自身舰机安全也需要建立一个简便易行的行为规则和通信程序；其二，中国海军参与双边和多边联合演习日益增多，“CUES”的多边通用性显然提供了一个有用的工具；其三，随着中国国力的增强和海军实力的增强，显示合作姿态、积极参与地区规则的制定，符合中国的战略利益。因此，对中国来说，可谓深思熟虑、瓜熟蒂落。而对美国等地区联盟国家来说，实现了多年的诉求，当然也很满意，抑或会有些许成就感。可见，“CUES”的通过是西太平洋海军论坛具有里程碑意义的重要成果。

随着中国国力的增强和海军实力的增强，显示合作姿态、积极参与地区规则的制定，符合中国的战略利益。

三、西太平洋海军论坛和地区海军合作的发展前景

西太平洋海军论坛已经走过了30年的道路，作为西太平洋地区唯一的、机制性的、级别最高的多边官方论坛，在促进整个地区的海上安全和海上合作方面，功不可没。

从发展前景看，有以下几点值得关注：

一是论坛的地理覆盖面和影响力将不断扩大。西太平洋海军论坛于1987年在美国及其盟国倡议下成立，旨在推动成员国海军间的务实性合作，共同维护地区海上安全。初始，成员国有12个，包括澳大利亚、文莱、中国、日本、新西兰、韩国、新加坡、泰国、美国、印尼、马来西亚和巴布亚新几内亚，全部为地理位置及有领土在东经160度以西的西太平洋国家。到2000年，论坛接纳了印度、智利等并非西太的国家为观察员，将论坛参与国家的地理范围扩展到太平洋东岸和印度洋。此后，越来越多的太平洋和印度洋沿岸国家要求加入，不但包容了西太地区的所有国家，而且吸纳了法国、加拿大、秘鲁、孟加拉、墨西哥、巴基斯坦等国家，地理范围已经远远超出“西太平洋”地域范围。如前所述，2010年修改的论坛《章程》，将论坛成员国标准由“在西太平洋地区拥有领土国家的海军，并在该地区拥有战略利益”，扩大为“在西太平洋拥有领土的国家的海军；或者在西太平洋拥有重大战略利益且边界与西太平洋相邻的国家的海军”。2014年年会上，针对这一发展趋势，中国海军提出，“可考虑将论坛名称调整为‘太平洋海军论坛’，吸引更多国家参与论坛活动”。地理覆盖范围的扩大与论坛影响力的扩大是相辅相成、相互推动的，从发展趋势看，西太海军论坛的战略影响力将向更大范围辐射，是毫无疑问的。

二是各国海军的信任合作和技术兼容性将不断增大。2000年，西太海军论坛通过了论坛《章程》，正式确定了年会和工作小组会议两个层次的运作机制。是年底即再次提出修改，增加了专题研讨会和海上演练的内容，使论坛彻底摆脱

务虚性质，成为一个地区各国海军进行务实合作的平台。目前，论坛4个层次的活动平均每年至少3—5次，海上搜救、反水雷、潜艇救生、反海盗、海上减灾救灾、医学合作等各种研讨会和联合演练不定期地举行，大大推进了地区各国海军之间的信任与合作。尤其是《海上意外相遇规则》正式通过后，不但为各国海军在海上不期而遇时提供了通信联络、避免误判的安全工具，而且为多边海上军事行动也提供了可借用的、统一的通信程序，这将不断促进地区各国海军技术上的兼容性，加快建立完善海上灾难应急救助机制以应对突发情况的进程，甚至实现统筹协调兵力行动，更有效地进行灾难救助，以及在海上反恐、反海盗行动中实现合作，从而推动地区各国海军更加紧密地团结，为共建新型海军关系注入生机与活力。从实践上看，"CUES"通过后，不但在论坛国家中被广泛使用，而且受到其他多边论坛的关注，如印度洋海军论坛、东盟10+3论坛，都提出适用"CUES"的建议，这将在更大范围内推动各国海军战术技术上的合作，推动海上相互信任，也将在更大范围内提升西太海军论坛的影响力。

三是地区各国将更加理性的处理利益的共同性和博弈性。毋庸讳言，西太海军论坛中的各国海军关系折射的是国家关系、利益关系，其中的博弈性是难以避免、此消彼长的。近年来，随着中国崛起的呼声和影响力的增加，一些国家的疑虑也在增加，地区海上热点频发，成为矛盾聚集地，中美关系、中日关系、中国与东盟相关国家的关系，一度面临困难和困境。然而，从西太海军论坛的发展看，尤其是从"CUES"的正式通过和付诸实施的情况及效果看，各国海军都认识到共同利益大于分歧的基本面，努力寻求共同利益，努力避免误判导致冲突，更加理性的处理矛盾。其中，中美在两国首脑达成的重要共识并签署《关于海空相遇安全行为准则的谅解备忘录》的指导下，于2015年和2016年，分别达成"舰舰相遇安全行为准则"和"空空相遇安全行为准则"，这两个文件对于预防海空意外事件所提供的技术规范和通信程序，也是以"CUES"为基础的。此外，据媒体报道，中日建立海空联络机制的进程也正在推进，可以预测，这个机制有中美两个双边行为准则为前车，其成果也必然借鉴"CUES"。更进一步看，未来中国与东盟的《南海各方行为准则》，也离不开"CUES"这一重要成果。因为"CUES"反映着海上军事行动必然要遵循的内在规律，与各国的海上安全利益，包括海上航行安全利益联系密切，并且是大家的共同利益。当然，这不等于利益分歧就削减了、淡化了，它们仍然存在，比如美国仍在南海实施"航行自由计划"，中国的海空兵力仍旧要进行查证监视甚至驱离行动，双方的外交交涉也照行其道，但形成的新规则在起作用，新规则所包含的理性思维在起作用，这对于避免发生意外事件是重要的，对于避免军事对抗升级为军事冲突、进而对地区安全形势带来重大负面影响，更是至关重要的。

未来中国与东盟的《南海各方行为准则》，也离不开"CUES"这一重要成果。

中美韩关于萨德的认知分歧、根源与解决出路

赵 通

内容提要：围绕萨德问题的纷争一时无解，并呈现出长期化的趋势，这将持续影响中美、中韩的战略安全关系。萨德争议的本质，在于各方对萨德问题的性质和彼此战略意图有完全相左的判断。这种战略层面的认知差异又源自于各方对萨德的一些关键技术性问题存在差异巨大的判断。相关国家之间长期的战略互疑，在这一过程中起了推波助澜的重要作用。因此，萨德纷争进入了各说各话、彼此施压、同受煎熬、但无法妥协的困境。缓解萨德纷争的第一步，是各方需要严肃面对彼此之间存在重大认知分歧这一基本事实。在此基础上，各方才有展开建设性讨论的空间。

关键词：萨德 导弹防御 中美关系 中韩关系 认知

萨德问题已经成为中韩、中美间的棘手问题。近几年来，半岛局势云诡波谲，越发紧张，而相关各方对萨德问题的立场仍存在重大差异，阻碍了各方在推动半岛无核化、化解地区紧张氛围上的切实合作。推动萨德问题的解决，需要建立在充分而准确地了解其他各方对此问题的基本认知之上。然后才可能有针对性地处理矛盾、缩小分歧、找到解决之道。然而，深入研究表明，美国、韩国、中国等相关国家对彼此在萨德问题上的理解、意图、战略动机等根本性问题上存在巨大的认知差异。在对此问题没有深刻认识的情况下，试图解决萨德问题的努力只能是无源之水、无本之木。

为此，本文试图就美国、韩国、中国在萨德问题上的认知差异进行系统地分析和比较研究，希望能为政策决策者和研究者全面客观深入地理解萨德问题有所助益。

赵通 清华—卡内基全球政策中心研究员。

对萨德问题的性质判断

中国外交部门负责人多次指出，萨德问题不仅仅是技术问题，而是战略问题。中方学者也大多认为，萨德问题是一个政治性、战略性问题。与此形成鲜明对比的是，美国、韩国官员及学者倾向于具体地讨论萨德问题，不理解中国为何坚持从战略层面、政治层面看待问题并施加压力。根据笔者对美国国内相关讨论的跟踪，以及与美方官员和学者进行深入对话和参加相关二轨交流的经历，美国国内由于对中方观点的不理解，在其政策圈内已经形成一种共识：中国非常明白萨德不对中国的安全构成严重威胁；中国在萨德问题上并没有实质性的担心；中国是在刻意炒作萨德问题以实现其他战略和政治目的。基于这种认识，美国政策界的主流观点呈现出明显倾向：认为在萨德问题上与中国继续努力沟通不会有实质性结果；既然如此，不如不再回应中方的“无理”要求，而应按照美方的认知继续推动其认为非常“合理”的萨德部署。由于笔者不通韩语，无法直接跟踪韩国国内的讨论，但是基于与韩国学者、官员的交流，类似看法在韩国国内似乎也很有影响力。同时，韩国主流观点还认为：萨德对于韩国安全是有益的；韩国并非是在美国压力下而被迫同意部署。

与此相比较，中方对美韩部署萨德背后动机的理解也同样针锋相对。中方官员、学者一致认为：美国只是以朝核问题为借口引进萨德（甚至有人认为美国故意激化半岛局势）；萨德的部署主要是针对中国（甚至是专门针对中国），以实现损害中国战略安全、改变地区战略平衡、对中国进行战略遏制的目的。同时，中方的主流观点认为：韩国非常明白萨德不能对韩国起到保护作用，主要是迫于美国压力而同意部署；认为韩国为了实现巩固美韩军事同盟关系、确保美国持续对韩国提供安全协助的目的，在明知会严重损害中国重要安全利益的情况下，仍要一意孤行、选边站队。

为了行文的方便，此处暂时把立场相近的美韩归为一方，把中国归为另一方。在这种情况下，如果把美韩和中国对彼此战略意图的认知与双方国内的实际讨论相比较可以发现，双方对彼此的意图认知与双方对自己的意图认知存在巨大差异。双方均认为对方对自己的意图认知极为偏颇，到了彼此难以理解的程度。在这种情况下，双方如继续以彼此的既有认知为前提进行激烈的相互施压与政治博弈，似无法为争端的解决带来希望。相反，现在更需要各方的专家学者深入检视产生这种巨大认知差异的深层次原因，争取为解决萨德争端建立基本共识。

关于萨德对韩国保护能力的认知差异

虽然很多专家学者一致认为，萨德问题是战略问题、政治问题，不是技术问题，但不可否认的是，对萨德系统的技术特征和技术能力的认知是对萨德问题进行政治判断和政治定性的基础。抛开对技术层面的系统性研究和深入讨论，无法进行客观严谨的战略决策。而由于中外政策专家大多专注于政策与战略研究、对相关的复杂技术问题没有深入了解，也没有注意到中外技术专家（包括美国技术专家之间）在一些关键性的技术问题上存在重要争论的情况，因此在一定程度上造成了政策讨论与基本技术事实之间的脱节。这似乎是造成中美韩政策决策者之间彼此战略意图认知差异的重要原因。并且，在可见的公开文献中，也没有对萨德相关技术问题的深入学术讨论。为此，有必要对围绕萨德的一些关键技术问题进行重点梳理，以厘清各方认知差异的源头。

首先，萨德可以在多大程度上对韩国进行保护？中方专家在文章及媒体评论中经常提出：萨德主要用于拦截中程及中远程弹道导弹，并不能拦截短程弹道导弹；而朝鲜对韩国的主要导弹威胁来自于短程导弹；再加上萨德无法有效保护首尔、也无法防御朝鲜的大口径火炮、火箭炮等常规军事打击，因此萨德对韩国的安全毫无作用。即便是在非公开场合的学术性讨论中，中方专家也几乎一致认为萨德对韩国的安全保护作用非常小。这使得中方专家认为：部署萨德并非主要用于应对朝鲜威胁，而更有可能是针对中国。

美韩专家不认同这种判断。他们认为萨德系统可以有效拦截包括短程弹道导弹在内的主要朝鲜导弹威胁，尤其是可以与爱国者低层反导系统配合，对朝鲜导弹进行多层次拦截，可以显著增加拦截成功率。美韩主流专家认为萨德毫无疑问主要是针对朝鲜威胁的。

从技术层面看，萨德系统可以拦截中程弹道导弹（射程在1000至3000公里之间）和中远程弹道导弹（射程在3000至5500公里），但其设计指标是以拦截包括短程导弹在内的多种弹道导弹为目的的。其40至150公里的拦截高度，除了可以在下降段拦截中程和中远程弹道导弹外，射程（按照最低能量弹道计算）在250至1000公里之间的短程弹道导弹也可纳入其拦截范围内。事实上，在萨德系统研发过程中所进行的所有拦截试验当中，大部分试验是针对短程导弹进行拦截的。[1] 中方技术专家也指出：始于2006年的萨德系统现阶段实验项目在至今所有13次拦截试验中，9次的拦截目标是短程导弹，2次的拦截目标是中程导弹。[2] 所以萨德只能拦截中程导弹、不能拦截短程导弹的说法是不准确的。

也有观点认为，韩国现有的爱国者低层反导系统已足以应对朝鲜的导弹威胁，部署萨德完全没有必要。但爱国者系统20公里以下的拦截高度、较低的拦截速度和较短的拦截距离使其只能应对有限的导弹袭击。尤其是无法拦截末端速

1 George Lewis, “Thaad Flight Tests since 2005,” https://mostlymissiledefense.com/2014/01/27/thaad-flight-tests-since-2005-january-27-2014/, accessed on May 20, 2017.

2 王世涛、邢晓莉：《韩国部署萨德系统对中国沿海弹道导弹影响浅析》，《飞航导弹》，2016年第9期，第43页。

度较高的弹头。朝鲜在迄今为止的导弹试验中经常使用抬高弹道的方式缩短中程和中远程导弹的实际飞行距离。这种发射方式如果也在实战中使用的话，将使弹头的末端速度超出爱国者系统的拦截能力之外，但可以由萨德进行拦截。对于萨德与爱国者系统配合拦截的有效性问题，中方技术专家曾指出："THAAD（萨德）系统主要设计用于保护较大的地区和目标，用来保护美国、盟国军队和人口中心以及关键设施免遭近、中程弹道导弹打击"；"THAAD系统的拦截高度达到20至200公里，即大气层的高层和外大气层的低层，与'爱国者'等低层防御中的'末段拦截系统'配合，拦截中短程导弹的飞行中段，形成双层拦截。"[1] 针对萨德可以有效弥补爱国者系统的不足，有中方专家很早就指出："与PAC–3动能拦截弹相比，THAAD拦截弹除了也具有尺寸小、重量轻、便于机动部署等特点外，还有一些PAC–3拦截弹所不具备的突出特点：第一，能够保护更大的区域。按照设计要求，THAAD拦截弹的最大拦截距离可达200公里，拦截高度40至150公里，可以保护直径200公里的广大区域，是一种真正的区域防御武器，而PAC–3拦截弹只能算作一种点防御武器；第二，能实施多次拦截。THAAD拦截弹由于拦截距离远和作战高度高，因此有更多的交战时间，可以采取'射击—观测——再射击'的战术模式：先发射一枚THAAD拦截弹拦截来袭目标；如果拦截失败，可以再发射一枚拦截弹进行拦截；如果再次拦截失败，还可以把目标交给PAC–3进行第三次拦截。作为专门用于对付大规模弹道导弹袭击的防御系统，THAAD系统的独特优势是在防御大规模导弹威胁的同时，为作战部队提供更加灵活的使用选择。THAAD系统不是取代而是补充'爱国者'PAC–3系统以及海军'宙斯盾'弹道导弹防御系统、陆基中段防御系统和美国在世界各地部署的传感器，从而使美军具备多层弹道导弹防御能力。"[2]

因此，从技术层面来看，面对不断提高的朝鲜导弹能力，美国和韩国选择使用萨德与爱国者高低搭配的方式予以应对难以说是绝对不合理的选择。[3] 由于地理因素的制约，韩国首尔城市圈的部分地区距离朝鲜边境过近，确实无法受到萨德系统的保护。这是美韩双方均承认的。但面对核打击这种最严重的安全威胁，很难想象一国政府会仅因为无法有效保护首都而就此放弃对中南部大部分国土的防卫努力。况且韩国可以通过其他方式（比如增加部署在首尔周围的爱国者系统数量）来弥补对首都的保护不足。事实上，美国国防部一份1999年的报告正是

1 胡宝洁、徐忠富、范江涛、冯涛：《美军末段高空区域防御系统现状和发展趋势》，《现代防御技术》，2015年第2期，第7页。

2 岳松堂、薛杰：《模糊了的边界：美国陆军THAAD末段高空区域防御系统》，《现代兵器》，2008年第4期，第44页。

3 施荣：《美国的末段高空区域防御系统》，《中国航天》，2006年第12期，第43—44页；黎平：《"编织"高低空导弹拦截网：美国末段高空区域防御系统扫描》，《中国航天报》，2008年8月21日，第3版；祁昊天：《萨德入韩与美国亚太反导布局的战术与战略考量》，《现代国际关系》，2016年第7期，第13—21页。

这样建议的：在这种情况下，韩国应该使用诸如爱国者这样的低层反导系统来弥补对首尔的保护。[1] 此外，美韩也承认反导系统无法抵御来自朝鲜的常规火炮打击。但美韩两国多年来一直在发展应对朝鲜远程火炮打击的各种主动和被动式防御能力。即使这些防御常规火炮打击的努力不会奏效，美韩似乎也没有理由就此放弃对朝鲜核打击的防御努力。

需要指出的是，即便是反导技术走在世界前列的美国，其现有反导系统的实战能力尚未得到充分检验。萨德系统在实际战场环境中的有效性和可靠性也存在较大的不确定度。美韩似乎也并不指望其反导系统可以毫无遗漏地全部拦截所有来自朝鲜的来袭导弹。朝鲜在未受到严重侵犯的情况下向韩国及驻韩美军基地发动导弹袭击的可能性也很小。因此，美韩部署萨德的目的更有可能是在朝鲜发起导弹袭击的极端情况下尽可能减少美韩损失的保险性举措。毕竟，核导弹袭击不同于常规火炮打击，即使可以多拦截一枚核导弹，也可以避免大量的人员伤亡与财产损失。

美韩部署萨德的目的更有可能是在朝鲜发起导弹袭击的极端情况下尽可能减少美韩损失的保险性举措。

关于萨德影响中国战略安全利益的认知差异

根据主流观点，萨德系统的拦截弹并不对中国的战略安全产生显著威胁。对此，包括中方专家在内的各国专家均无异议。中国与美韩对萨德认知的最大分歧在于：萨德系统的 X 波段雷达（AN/TPY-2）是否会严重损害中国的战略安全利益。这其中又以萨德雷达对中国的战略核威慑能力的影响为最主要关注点。中方专家明确指出，此雷达有可能具备密切跟踪中国洲际弹道导弹上升段飞行过程的能力，甚至可以在主动段（发动机工作阶段）结束后的弹头释放过程中将真弹头与诱饵等假目标区分开来。这种能力对中国战略核威慑的影响在于：在和平时期，此雷达可以通过观测中国的导弹试验，积累弹头释放过程的数据，为区分真弹头与诱饵做技术积累；在战时，萨德雷达可以将观测到的真弹头与诱饵信息实时传递给部署在阿拉斯加州和加利福尼亚州的美国战略反导系统，引导这些战略反导系统排除诱饵的干扰、直接瞄准真弹头进行拦截，从而提高美国战略反导系统对中国洲际弹道导弹弹头的拦截效率。此外，中方专家也指出，部署在韩国境内的萨德雷达，由于距离中国近，可以较早探测到中国向美国发射的洲际弹道导弹，从而为美国争取宝贵的预警时间。美国可以利用更宽裕的预警时间，尝试对中国导弹进行多次拦截，从而增加拦截成功率。

美韩专家对此问题的总体看法是：萨德雷达不具备严重损害中国战略核威慑

1 Department of Defense, “Report to Congress on Theater Missile Defense Architecture Options in the Asia - Pacific Region,” Department of Defense, April 14, 1999.

的能力。关于萨德雷达是否可以区分中国洲际弹道导弹的真弹头与诱饵这一问题，美方官员及专家在中美核问题二轨对话中曾做过大致的反驳，但由于时间和信息保密要求所限没有进行深入的技术讨论。美方同时强调：美国在亚太地区已经存在其他各种早期预警能力，不需要依靠这部萨德雷达来提升其总体预警能力。美国官方曾提出愿意向中方提供技术性简报和说明，但中方没有对此进行积极回应。因此，在官方层面，来自美国政府的具体技术信息不多。但在非官方层面，一些美国技术专家曾对部分相关技术问题进行了总体评估和讨论。比如，麻省理工学院的退休教授、导弹及导弹防御技术专家西奥多·波斯托（Theodore Postol）提出：虽然理论上萨德雷达有可能分区真弹头与诱饵、有可能提升美国对中国导弹的预警时间，但实际上的作用非常小；实现对真弹头与诱饵的区分是非常困难的；萨德雷达不会对美国针对中国的反导能力带来明显帮助。[1]

同时，也有中方学者指出，根据可获得的美国军方技术文献来看，利用萨德雷达对中国导弹的真假弹头进行区分的技术难度很高。[2] 由于各国的洲际弹道导弹使用的分导母舱有不同的设计，而且分导母舱的弹头和诱饵释放过程也很复杂，分导母舱在释放过程中一般会进行复杂的运动姿态调整，所以美国很难通过简单地观测释放过程所带来的动量变化来分区真弹头和诱饵。根据美国陆军科学委员对真假弹头区分问题的研究，美国只有能够进一步地观测到真弹头和诱饵在释放过程中的其他一些更微小的细节差异，才有可能实现真假弹头的区分。比如，真弹头和诱饵如果在释放过程中偶然地被分导母舱的推进器废气喷到，其产生的微动有可能存在细小差别。如果可以对这种非常细微层面的微动差异进行观测，则有可能实现真假弹头的区分。但这对美国观测设备的细微分辨能力提出了极高的要求。而且，美国陆军科学委员的报告指出：这种区分能力的前提是敌方不采取相应的技术手段（比如通过安装小型姿态控制装置）来减少真假弹头的微动差异。[3] 由此看来，某些仅仅因为萨德雷达的探测区间可以覆盖部分中国战略导弹弹头及诱饵释放过程就认为其可以区分中国真假弹头并因此会对中国战略核威慑能力构成“严重”威胁的看法，对问题的分析不够深入并容易误导政策决策者及公众。[4]

因此，如果深入探究萨德雷达对中国洲际导弹真假弹头的区分能力的话，可以发现并不存在绝对而简单的结论。此雷达的区分能力取决于与雷达本身无关

---

1 “Missile Defense Expert Ted Postol on Thaad,” The Peace Report, https://www.youtube.com/watch?v=PRAd5zWdIjE，登录时间：2017年5月19日。

2 观点源自一些中方学者与笔者的私下交流。

3 “Midcourse Discrimination for the Phase One Strategic Defense System: A Report of the Bmd Panel of the Army Science Board,” https://fas.org/spp/military/asbmidcourse.pdf，登录时间：2017年5月19日。

4 王世涛、邢晓莉：《韩国部署萨德系统对中国沿海弹道导弹影响浅析》，《飞航导弹》，2016年第9期，第44—45页。

的众多具体技术因素，而且中国的各种反制技术手段有能力对其进行化解。尤其对于中美这样的军事大国来说，针对真假弹头的伪装与区分的技术对抗是不断进行、没有止境的。正如美方著名导弹防御专家、劳伦斯·利弗莫尔（Lawrence Livermore ）国家实验室的研究员迪恩·维尔克宁（Dean Wilkening）明确指出：就真假弹头的区分而言，存在着多种多样的区分技术，但同时也存在着多种多样的对抗区分（反区分）的技术。并且，针对任何一项区分技术，只要进行足够的研究，都可以找到有效的反区分技术；同样的，针对任何一项反区分的技术，经过充分的研究，也都可以找到更好的区分技术。[1] 美国陆军科学委员的报告也表达了同样的看法："必须认识到的是：（对真假弹头的）区分问题不是一个可以解决的了的问题。相反，这将是一场长期的攻防竞争：一方面是不断提高的突防技术，另一方面是不断提高的反突防技术……究竟这些技术措施是否有效，很难说存在绝对的衡量标准，更多的是双方的主观判断。"[2]

作为美国政府导弹防御政策制订的重要技术骨干，[3] 迪恩·维尔克宁（Dean Wilkening）在美国国内的研讨会上明确指出：如果美国选择正确的技术路线的话，针对朝鲜或伊朗这样的国家，美国也许有机会能在这种区分与反区分的技术竞争中保持一定的领先优势。[4] 言下之意：即使美国做出最佳的技术选择，也很难在与俄罗斯或中国这种实力相近的核大国之间的相关技术竞争中取得明显优势。他的话也同时表明：美国在实际政策上并不寻求针对俄罗斯或中国的真假弹头区分能力。当然，政策永远存在改变的可能。即使美国今天不寻求针对俄罗斯或中国的真假弹头区分能力，并不意味着以后美国不会寻求这方面的能力。但是，从技术层面来看，没有某项技术可以绝对地改变攻防对抗结果并长期锁定优势。在攻防双方长期的技术竞赛当中，某项技术进步或者具体部署行为所带来的影响通常是相对的而非绝对的，是暂时性的而非永久性的。把萨德雷达对中国战略导弹弹头的分辨能力这一尚具较大争议性的技术问题抽离于中美长期军事技术竞赛的宏观背景、把萨德雷达的影响绝对化和极端化，反而容易使自己陷入"只见树木不见森林"的狭隘视角，不利于中国战略资源的合理分配以实现在长期的竞争中取得优势。

---

1 Wilkening, Dean, "Making Sense of Ballistic Missile Defense: An Assessment of Concepts and Systems for U.S. Boost-Phase Missile Defense in Comparison to Other Alternatives," in *American Physical Society "Nuclear Workshop"*, George Washington University, November 1-2, 2013.

2 "Midcourse Discrimination for the Phase One Strategic Defense System: A Report of the Bmd Panel of the Army Science Board".

3 Katie Paul, "Meet Dean Wilkening, the Man Behind the Missile-Shield Decision," Newsweek, http://www.newsweek.com/meet-dean-wilkening-man-behind-missile-shield-decision-215886，登录时间：2017年5月19日。

4 Dean Wilkening, "Making Sense of Ballistic Missile Defense: An Assessment of Concepts and Systems for U.S. Boost-Phase Missile Defense in Comparison to Other Alternatives," in *American Physical Society "Nuclear Workshop"*, George Washington UniversityNovember 1-2, 2013.

此外，现有政策讨论中提出的萨德雷达可能会对中国战略核威慑力量带来损害的另一方式是：萨德雷达部署在韩国后，会使得美国提早探测到中方的洲际或潜射弹道导弹发射，为美国的战略反导系统赢得更多的预警时间。这一判断似乎也过于笼统。理论上，受到萨德雷达影响最严重的中方战略导弹是从渤海区域发射的潜射弹道导弹。在这种情况下，萨德雷达最早也只能在导弹发射后约50秒实现对其的探测。[1] 对于从中国内陆发射的洲际弹道导弹，萨德雷达则需要在导弹发射后更长时间才能实现对其的探测。相较之下，美国的“天基红外系统”卫星（SBIRS）已具备“STG波段”探测能力。[2] 按照中方技术人员的分析，这种红外传感器可以穿透云层，而且高频率的扫描可以在弹道导弹刚一点火时就可探测到其发射，因此可以实现在导弹发射10—20秒内就将预警信息发送至地面指挥控制中心。[3] 由此看来，美国已有其它探测能力可以比在韩国部署的萨德雷达更早地探测到中方导弹。萨德雷达为美国针对中国的反导系统赢得更多预警时间的说法并不准确。

除了“天基红外系统”系列卫星，美国的“空间跟踪与监视系统”（STSS）卫星也被认为有很强的导弹发射早期预警能力。时任美国导弹防御局局长的帕特里克·欧瑞利（Patrick J. O’Reilly）中将于2011年在国会作证时指出：“空间跟踪与监视系统”卫星在之前的两次试验中展现出了比宙斯盾系统的雷达和萨德系统的雷达更优异的表现，为更早和更加精确地追踪目标导弹提供了更好的数据。[4] 除了预警卫星可以提供早期预警外，美国还拥有一支较大规模的海上导弹测量力量，其中既有身躯庞大但行动不便的海基X波段雷达（SBX），也有机动能力较高的各种型号的导弹卫星跟踪测量船。后者以“霍华德·劳伦兹”（Howard O. Lorenzen）号导弹卫星跟踪测量船为代表，装载有功能强大的“眼镜蛇王”（Cobra King）X波段和S波段雷达。这些机动性的导弹测量船，可以在需要时部署在中国周边海域，同样可以起到导弹发射早期预警的作用。综合这些情况来看，萨德雷达对美国针对中国战略导弹的预警能力的提升存在很

萨德雷达对中国战略导弹的确切影响需要放在美国整体预警能力的大背景下去讨论。

1 刘冲：《美国酝酿在韩部署“萨德”系统问题辨析》，《现代国际关系》，2015年第5期，第17页；王世涛、邢晓莉：《韩国部署萨德系统对中国沿海弹道导弹影响浅析》，《飞航导弹》，2016年第9期，第44页；吴日强：《美国亚太反导系统对中国安全的影响及中国的对策》，《中国国际战略评论2014》，第339页。

2 “Sbirs Heo: Space Based Infrared System - Providing Global, Persistent Ir Surveillance and Security,” SBIRS Program, Lockheed Martin Space Systems Company, 2015.

3 张保庆：《美国弹道导弹防御的天眼—天基导弹预警卫星》，北京航天情报与信息研究所，2016年；崔茂东：《天基红外系统探测概率分析与核对抗模型可视化初步》，中国工程物理研究院，硕士论文，2005年，第8页。

4 Patrick J. O’Reilly, “Statement of Lieutenant General Patrick J. O’reilly, Director, Missile Defense Agency, before the Senate Appropriations Committee Defense Subcommittee, Regarding the Fiscal Year 2012 Budget Request Ballistic Missile Defense Programs,” Washington DCMay 25, 2011.

大的争议性，在预警时间上甚至不如美国现有的其它预警系统；其对中国战略导弹的确切影响需要放在美国整体预警能力的大背景下去讨论。美韩后来决定在靠近韩国南部的星州郡部署萨德，也在一定程度上表明其无意追求对中国境内的导弹发射进行最大限度地抵近侦察。[1] 孤立地看待萨德雷达问题，不利于我们准确判断美国的战略意图。

认知差异溯源

中美战略互疑

在以核问题为代表的中美战略安全关系中，存在着长期和深刻的战略互疑。中方对美国的疑虑与美方在一些重要的核政策问题上存在的内部意见不统一、未来战略不明确具有直接关系。在核问题上，美国官方主流政策在最近几十年中逐渐趋于明朗，尤其是奥巴马政府期间，明确提出愿意维持与中国的战略稳定关系，言下之意为美国不寻求破坏中国的战略核威慑能力。但是，美国国内仍然有一些少数的鹰派声音，不愿意受制于与中国的相互确保摧毁关系，希望保持针对中国的绝对核优势地位。有少数美国学者，也从技术角度做出分析，认为军事技术的不断发展使得美国有可能获取针对中国核力量的先发制人打击能力。[2] 这些观点虽然与美国官方主流观点相去甚远，但不可避免地引起了中方专家和政府的警觉。在核问题这种关乎国家安全基石的重大问题上，中国因此不得不以做好最坏准备、料敌以宽的态度进行最严肃的应对。

同时，在与核问题直接相关的导弹防御问题上，美国的政策也存在一定的模糊性。自从1999年《国家导弹防御法》颁布以来，美国在发展针对战略导弹的防御能力上一直遵循的是应对“有限”威胁这一标准。这种有限威胁，指的是来自朝鲜和伊朗这种实力较弱的敌对国家的导弹威胁。不发展针对俄罗斯、中国这种实力相近国家的战略导弹防御能力也是小布什和奥巴马政府的主流政策。[3] 但是，美国国内也一直存在不同声音，认为美国也需要同时拥有针对实力相近国家的战略反导能力。[4] 虽然美国主流观点认为这个目标在技术上和财政上是极难实现的，但是支持发展针对俄罗斯和中国的战略反导能力的少数声音仍然引起了俄罗斯和

---

1 祁昊天:《萨德入韩与美国亚太反导布局的战术与战略考量》,《现代国际关系》，2016年第7期，第19页。

2 Keir A Lieber and Daryl G Press, “The New Era of Counterforce: Technological Change and the Future of Nuclear Deterrence,” *International Security* (2017).

3 Brad Roberts, “Anticipating the 2017 Review of U.S. Missile Defense Policy and Posture,” in *Missile Defense and Defeat: Considerations for the New Policy Review* ed. Thomas Karako, Washington DC: Center for Strategic and International Studies, March 2017.

4 David Trachtenberg, “Time to Reassess U.S. Missile Defense Policy,” in *Information Series Issue No.409* Fairfax, VA: National Institute for Public Policy, 2016.

中国对美国未来政策发展走向和背后战略意图的严重疑虑。随着朝鲜战略导弹能力的快速发展，美国近年来进一步加大了对打造多层次反导能力的重视。2017年的国防授权法首次删除了反导发展以应对"有限"威胁这一标准；特朗普政府上台后，也更加重视导弹防御发展，新政府的导弹防御政策评估报告在如何处理针对中俄的战略反导问题上也具有一定的不确定性；这些都更加引发中俄的不安。

在这种严重战略互疑的背景下，中国把任何美国在亚太地区部署反导能力的举动都视为美国部署全面反导网络、破坏中国核威慑力的大战略中的一环。正如美国一些专家把任何中国加强国防建设的举措都看做中国挑战美国霸主地位的思维倾向一样，中国对美国在反导问题上的战略疑虑使得中国不得不按照最坏的情形去设想美国的未来政策发展和战略意图。中国在萨德问题上的认知，也难以避免地在一定程度上反映了这种倾向；从中美战略互疑的角度来看，这是很自然的结果。

脱离现实地渲染导弹防御威胁，也会对中国的安全利益带来负面影响。

但是，脱离现实地渲染导弹防御威胁，也会对中国的安全利益带来负面影响。从技术层面来看，虽然无法证明美国在韩国部署萨德雷达绝对没有其他附带目的——比如更好地观测中国导弹发射并收集情报，但正如上文的技术分析表明：美国的主要目的是应对朝鲜的导弹发射；其主要目的不是针对中国，也很难想象是为了破坏中国的战略核威慑能力。在此问题上，中国的技术专家也认为：美国在东亚地区部署多部X波段雷达，主要目标是朝鲜；[1]韩国"是基于对朝鲜弹道导弹能够打击己方目标的忧虑"而考虑部署萨德的。[2]弄清楚这个主次问题是很有必要的。它决定了中国应该如何理解萨德问题的性质，并如何进行回应。有些中国时事评论家，在不进行具体技术分析的基础上，断然下结论，认为美国在韩国部署萨德"毫无疑问"是主要针对中国，甚至是唯一针对中国的。如果这种缺乏事实依据的观点成为中国的主流认知，其风险是使中国政府错误评估美国（和韩国）的战略意图，认为美国是在执行一项全面破坏中国战略核威慑的长期战略并要与中国就此问题展开全面对抗。从对美国核政策的具体分析来看，这种理解并不符合事实。但这种认知会使中国做出错误反应，把过多资源投入到进一步扩大核力量方面，而不是用于其他更紧迫、更重要的领域。这不符合中国的长期战略利益。此外，它也加剧了不必要的中美核军备竞赛的风险，使得中美的修昔底德陷阱成为一个自我实现的预言。

威胁性质混淆

需要指出的是，美国迄今为止的政策虽然是不发展针对中俄的战略反导能力，但是也明确宣布：美国要发展针对中俄区域性导弹威胁的反导系统，以保护

1 吴日强：《美国亚太反导系统对中国安全的影响及中国的对策》，第336页。

2 陈士涛、杨建军、马丽：《末端高空区域防御系统及其作战部署》，《飞航导弹》，2011年第5期，第65页。

盟友的安全。[1] 具体到中国来说，区域性导弹主要指能够直接威胁美国在东亚地区盟友的各种短程和中程导弹。在此方面，部署在韩国的萨德拦截弹确实可以帮助韩国和驻韩美军防御来自中国的短程和中程导弹打击；萨德的雷达也可以在一定程度上增强美韩对中国在朝鲜半岛附近发射的短程和中程导弹的探测能力。从更宏观的角度来看，美国在东亚地区部署的各种导弹防御系统，除了帮助美国盟友（尤其是日本）防御来自朝鲜的导弹威胁，也具有帮助美国盟友（尤其是日本）防御来自中国的短程和中程导弹打击的目的。对此、美国政府的公开文件、美国国防部官员，以及美国学者并不否认。[2] 部分中国专家对此也有准确的判断。[3]

但是，针对中国的区域性导弹（短程和中程导弹）与针对中国的战略核导弹（洲际弹道导弹和潜射弹道导弹）相比是两种不同性质的威胁。后者是对中国战略性安全利益的威胁，而前者是战术性层面的安全威胁。威胁对方的战略核力量是破坏两国基本互信的严重挑衅行为；而战术层面的攻防对抗、军事技术竞赛则是军事对手之间的常见行为。美国可以部署先进的萨德雷达，中国也可以有进一步的战术性反制，比如发展更难以被追踪的超高音速导弹，等等。[4] 这种战术层面的军事技术对抗是否应该上升成为国家之间的"战略问题""政治问题"，值得商榷。

在国内学术界的讨论中，缺失的正是对萨德威胁性质的深入研究和明确判断。大家对萨德的具体威胁有多种认知。有人认为是对中国战略核威慑的战略性威胁；有人认为是对中国区域性导弹的威胁；有人认为是对中国飞机等活动情况的暴露而带来的空情情报威胁；也有人认为不存在严重的军事性威胁、但却"必须看清"有限的军事效能背后的"更为深刻的"、"东亚战略格局和地缘政治"方面的"重大影响"。然而，对于政策决策者来说，不同性质的威胁直接影响我们对萨德性质的基本判断。威胁性质不同，需要的外交、军事、经济反制措施的方式、层次、和程度也不同。学术界对此问题尚缺乏系统性的深入分析。

小结与未来展望

中美韩三方迄今为止在萨德问题上存在重大的认知差异。各方对萨德的争论主要聚焦于战略性、政治性层面，却忽视了一个基本事实：各方对萨德所涉及的

---

1 Department of Defense, "Ballistic Missile Defense Review Report," Washington DC: Department of Defense, 2010.

2 Roberts; Tom Z. Collina, "U.S. Pushes Missile Defense Globally" *Arms Control Today* November, 2012.

3 Bin Li, "China and the New U.S. Missile Defense in East Asia," Carnegie Endowment for International Peace, http://carnegieendowment.org/2012/09/06/china-and-new-u.s.-missile-defense-in-east-asia-pub-49297，登录时间：2017年5月19日。

4 张强:《"萨德"拦得住高超声速武器吗？》,《科技日报》，2016年5月24日，第3版。

关键技术问题有非常不同的理解，而这是造成各方对彼此战略意图有巨大认知分歧的重要原因。比如，萨德在多大程度上是针对朝鲜、在多大程度上针对中国？萨德雷达对中国的战略核威慑力量有多大程度的影响？各方如果不能认真对待关于这些关键性技术问题的认知分歧，那么萨德争端的根本性解决将无从谈起。

本文对相关技术问题的回顾和分析表明，很多关键技术问题被过于孤立化、简单化和片面化地理解，其复杂性和争议性没有得到认识，在此基础得出的结论有激化纷争、误导政策风险。

虽然萨德雷达和部分拦截弹发射车已经在韩国部署，但围绕萨德的争端没有因此停息。在朝鲜的核和导弹能力得不到实质性削弱之前，萨德的部署能否在近期撤除还面临着多种现实性障碍。在可预见的未来，萨德问题可能长期困扰中美、中韩关系发展，并妨碍各方在应对朝核问题上的实质性合作。此外，由于美国对中方在萨德问题上立场的不理解，美国的主流观点认为中国刻意夸大萨德威胁以实现其他地缘政治目的。这将加剧中美之间的战略互疑和恶性互动。同时，中国也面临着对萨德问题过度反应的风险。在对萨德的具体威胁没有深入研究的基础上，中国国内关于大力扩张核力量发展的呼声日益高涨。中美之间陷入不必要的核军备竞赛的风险因此提高。这对维护中国的长远利益绝不是好消息。

展望未来，各方迫切需要就文中提到的认知差异认真面对并进行实质性沟通。各方技术专家可以在利用开源文献的基础上，对一些基本的技术问题进行联合研究，并共同发表研究结论。此外，基于立刻撤除萨德面临的各种现实性困难，各方在近期可以探讨一些折中性的合作解决方案。比如，2007年，美国小布什政府曾为了缓解俄罗斯对美国计划在捷克部署反导雷达的忧虑，提出可以让俄罗斯派驻核查人员到美国在捷克的雷达基地，以确保此雷达不以危害俄罗斯战略安全的方式运行。中美韩可以就类似的核查问题进行讨论，允许中国进行合理的监督和核查，以可靠的方式确保萨德雷达只能以不危害中国战略安全的方式运行。另外，中方专家也提出过以更换雷达的方式解决萨德对中国安全的可能威胁。这种雷达替代方案究竟有多大的技术可行性，牵扯到哪些具体的技术调整、研发和部署问题，也需要中美韩的技术专家进行深入的讨论，以获得共识。因此，各方需要避免上纲上线的政治论战，而以就事论事的态度，就如何防止萨德危害中方战略安全进行实质性沟通和对话，寻找实实在在的解决方案。如果各方都能坚持务实的态度，再加以足够的政治意愿，找到有效的技术解决方案是可能的，这也许是解决萨德争端的最大希望所在。

日本出台新安保法案的战略考量及走向分析

方 珂

内容摘要：安倍二次上台执政后，以解禁集体自卫权为目标力推新安保法案落地。随着新安保法案在具体实践中逐步推开，将使战后日本安保政策面临重大转变。虽然日本推行新安保法案有其国家发展的内在逻辑和一定的合理性，但安倍政府片面强调外部安全威胁，强化内部军事力量建设，积极构建地区安全同盟体系，将给地区安全形势以及地区内大国关系走向带来更多不确定性，需要周边国家持续观察并妥善应对。

关键词：安倍政府 新安保法案 日本外交 亚太安全

2016年12月12日，日本政府依据新安保法案正式赋予赴南苏丹维和的自卫队“驰援护卫”和“宿营地共同防卫”两项新任务，使自卫队在境外参与战斗和使用武器成为可能。这一行动是新安保法案通过后首次正式实兵运用，标志着战后日本安全保障战略的调整转型已从理论层面落实到海外军事行动。所谓新安保法案是日本政府经过多年酝酿，在安倍政权的积极推动下于15年获得众参两院批准，并于2016年3月开始正式生效实施的一系列法案的总称。该法案由两部分组成，一是《和平安全法制完善法案》，由《自卫队法》《武力攻击事态法》《周边事态法》《联合国维和行动（PKO）合作法》等10部法律的修正案综合而成；[1] 二是《国际和平支援法案》，是一部随时允许为应对国际争端的他国军队提供后

方珂 中国人民解放军国防大学战略研究所讲师，北京大学国际关系学院博士研究生。

1 10部修正法案，包括《自卫队法修正案》《联合国维和行动（PKO）合作法修正案》《重要影响事态法修正案》《船舶检查法修正案》《武力攻击・存立危机事态法修正案》《美军行动相关措施法修正案》《特定公共设施利用法修正案》《海上运输管制法修正案》《俘虏待遇法修正案》和《国家安全保障会议设置法修正案》。

方支援的新法。新安保法案的出台实施标志着日本安保政策的重大调整，使战后日本行使集体自卫权有了明确的法律保障和依托。随着新安保法案在实践中不断细化，需要对法案本身进行深层解读分析，进一步评估其对地区安全和日本社会的后续影响。

一、新安保法案出台动因

一国安保或者外交政策的制定和变化，与国内政治、国际环境、对外关系以及实力对比的变化有密切关系。二战结束后作为战败国的日本丧失了作为一个主权国家正常的安全保障及军备建设资格。在“和平宪法”与“日美安保条约”的双重作用下，日本开始奉行“重经济、轻军备”的吉田路线，更多依靠美国的安全庇护。随着日本经济的高速发展，在60年代末成为世界主要经济体的同时，大国意识复苏觉醒，在政治安全上寻求独立自主的意愿不断增强。为此，日本于70年代末提出“综合安全保障战略”，主张既要继续加强日美同盟关系及防务合作，还要提升自卫力量建设、搞好经济建设、强化外交运用，从而综合地谋求日本的安全。进入21世纪后，日本逐步确立走“正常国家”道路以实现“政治大国”与“军事大国”的目标，其安全政策开始向“日美同盟+尽量重武装与自主防卫”的方向发生质变，到了安倍二次执政时进而演变为“出发点是要靠自己、现实中则依靠并主动利用日美同盟”的政策思路，积极推动出台新安保法案，为日本解禁集体自卫权奠定法律基础，使其安全政策中的自主性倾向进一步增强。[1]

因此，安倍所推行的安保政策既是对日本安保政策的一贯延续，又有所拓展。延续是指他继承了日本在安保领域需求独立自主的发展目标；拓展是指出台新安保法案，使日本安保政策发生较大转变，加快向海外扩张拓展，寻求在国际事务特别是安全事务中发挥更大作用。安倍政府选择此种路径是日本国内外多重因素相互作用叠加的结果，例如中美日实力对比变动带来国际战略格局调整的刺激，以及日本大国意识增强与社会心态变迁的内在驱动。具体而言，可从三个层级梳理新安保法案出台的背景原因。

（一）对外部安全威胁认知增强所带来的刺激

当前，亚太地区是世界上经济发展最快的地区，并有望成为全球最具活力的政治经济中心；同时，亚太地区发展过程中所面临的安全挑战也无处不在。随着地区战略格局的调整变化，区域内国家间竞争更趋激烈复杂，领土主权、海洋权益等现实争端热度难消，军备竞赛有所抬头；加之恐怖主义、网络安全、环境保护等非传统安全问题日益凸显。这些都给地区安全态势带来诸多不确定和不稳定

1 長島昭久『活米という流儀』講談社，2013年，第234—240頁。

因素，也加重了日本对自身面临的安全环境恶化的担忧。以下三种挑战受到安倍政府高度重视。

首先，安倍政府将朝鲜视为最迫切的威胁，密切关注朝鲜核导开发问题。安倍政府认为“朝鲜开发核武器和导弹依然是地区、国际社会和平与稳定的重大威胁”。[1] 13版《防卫计划大纲》就增加了“朝鲜的核武器及导弹开发以及暗示对我国进行导弹攻击的挑衅言行，都是对我国安全重大且急迫的威胁”等表述。[2] 2015年版《防卫白皮书》也把朝鲜的核导开发升级定位成“重大且紧迫的威胁”。[3] 随着朝鲜继续积极推进核武器和导弹开发计划，朝鲜导弹的射程较以往有显著提升，日本对其担忧和威胁认知也不断增强。今年以来朝鲜接连多次进行远程弹道导弹发射试验，并加快研发公路机动和潜艇发射等多种打击样式。继2017年5月采取高弹道试射一枚导弹后，朝鲜于7月又成功试射一枚“火星14”型弹道导弹。虽然朝鲜导弹的可靠性还有待进一步验证，试射导弹也曾多次失败，但这些不可控因素并不妨碍日本持续增强对朝鲜的威胁认知。2017版《防卫白皮书》草案中，日本就专门开设专栏对朝鲜的核开发和弹道导弹威胁进行了详细介绍，尤其对于朝鲜弹道导弹的远程化表示担忧，认为朝鲜已成为“新阶段的威胁”。

其次，安倍政府将中国视为最大“假想敌”和主要对手，认为正是由于中国崛起引发了地区的不稳定局势。在安倍政府看来，中国的快速崛起是改变亚太战略格局的最大变量，给日本安全带来了强烈的刺激与不确定性。安倍上台后推出的日本战后首份《国家安全战略》报告中就提出“中国在国际社会的影响力日益提高”，“这种力量对比的变化造成了世界各地的秩序不稳定，引发了试图否定现有国界、扰乱海洋秩序的动向”。[4] 而中国军费开支连年递增、军备建设加速发展，以及舰机活动范围拓展、频次增加等行为，都被日本看作“中国威胁论”的佐证，进一步加剧了日本的疑虑和担忧。日本就认为，中国在周边海域扩大并频繁活动，这种动向与中国的军事和安全保障方面的透明性不足相辅相成，成为地区和国际社会的担忧事项。2016年日本《外交蓝皮书》中明确指出，“中国在东海和南海等海域空域，基于与现有国际法不相容的主张，继续尝试单方面改变现

---

1 外務省，「外交青書」2015，日本外務省ホームページ，http://www.mofa.fa.go.jp/mofaj/gaiko/bluebook/2015/pdf/pdfs/1.pdf，上网时间：2016年12月28日。

2 防衛省，「平成2 6年度以降に係る防衛計画の大綱について」，日本防衛省ホームページ，http:www.mod.go.jp/j/approach/agenda/guideline/2014/pdf/20131217.pdf，上网时间：2016年12月30日。

3 防衛省，「平成2 7年版防衛白書」，日本防衛省ホームページ，http://www.mod.go.jp/j/publicatioon/wp2015/pdf/27010102.pdf，上网时间：2016年12月30日。

4 内閣官房，「国家安全保障戦略について」、日本内閣官房ホームページ，http://www.cas.go.jp/jp/siryou/131217anzenhoshou/nss-j.pdf，上网时间：2016年12月30日。

状”。[1] 2016年《防卫白皮书》针对中国增强军备和持续进出海洋的行为，也认为“中国表现出不妥协地实现自己单方面主张的姿态”。[2] 特别是近年来，中国频繁派遣舰机“侵犯”钓鱼岛附近的所谓“日本领海及毗连区”，宣布划设东海防空识别区，以及在南海吹填人工岛礁并部署军用设施，不接受海牙仲裁法庭的裁决等行为，都被日本归结于中国意欲保持对日军事优势及单方面凭借实力改变现状的企图。这在日本看来是不可接受且必须加紧应对的威胁挑战。

第三，安倍政府认为当前东亚安全威胁出现多样化态势，安全环境更为严峻复杂。2013年版《防卫计划大纲》就提出，“虽然爆发冷战期间所担心的那种大国间发生大规模战争的可能性很低，但各种安全课题和不稳定因素正趋于明显和严重。我国面临的安全保障环境进一步严峻”。[3] 2015年日本《外交蓝皮书》进一步明确表述为，“全球化和技术革新快速发展。在这一背景下，大规模杀伤性武器、弹道导弹、国际恐怖组织和网络攻击这些威胁增大，风险出现多样化”。[4] 这些表述说明，日本政府在继续强调领土、主权和海洋经济权益等传统安全方面争端的同时，也越来越注重恐怖主义、大规模杀伤性武器扩散、网络攻击，以及规模自然灾害和公共卫生安全等非传统领域的威胁，认为日本需要进一步提升防卫能力，以便应对来自多方面的安全挑战。

（二）美国战略需求的推动

二战结束以来，日本的安全政策基本上都是围绕所谓“日美基轴”进行的。尤其在安全问题上，日本几乎毫无保留地支持或配合美国的安全战略。即便在“十年九相”的政权更迭频繁时期，历届首相在坚持日美同盟及配合美国亚太战略方面也是基本一致的。因此，日本安保体制能否顺利进行变革，新安保法案能否顺利通过并实施，在很大程度上还要取决于美国的影响。

美国将美日同盟作为全球战略的重要组成部分。为了保证在亚太的安全利益，美国需要日本作为马前卒，并强化日本的安保实力，客观上为日本进行安保法制改革提供了相对宽松的外部环境。安倍第二次上台时，正是美国综合实力相对下降、急需盟友填补其战略空间的时候。美国国防部在2014年发布的《四年防务评估报告》中明确表明由于国防预算逐年减少，不断缩小的部队规模限制了

1 外務省,「外交青書」2016，日本外務省ホームページ，http://www.mofa.fa.go.jp/mofaj/gaiko/bluebook/2016/pdf/pdfs/1.pdf，上网时间：2016年12月28日。

2 防衛省、「平成2 8 年版防衛白書」、日本防衛省ホームページ，http://www.mod.go.jp/j/publicatioon/wp2016/pdf/28010102.pdf，上网时间：2016年12月30日。

3 防衛省,「平成2 6 年度以降に係る防衛計画の大綱について」，日本防衛省ホームページ,http:www.mod.go.jp/j/approach/agenda/guideline/2014/pdf/20131217.pdf，上网时间：2016年12月30日。

4 外務省,「外交青書」2015，日本外務省ホームページ，http://www.mofa.fa.go.jp/mofaj/gaiko/bluebook/2015/pdf/pdfs/1.pdf，上网时间：2016年12月28日。

美军同时对多个偶发事件做出反应的能力，美军可能会在未来的对抗和冲突中更多依赖盟国和伙伴国的贡献，为此要强化关键联盟和伙伴关系，继续推进亚太地区再平衡战略。为有效应对更加多变的亚太地区安全环境，无论奥巴马还是特朗普都多次强调，希望日本能在地区事务中承担更多的责任和义务。为此，美国对于日本推出新安保法案的做法采取了积极支持的态度。在日本出台以解禁集体自卫权为主要目的的新安保法案过程中，美国多次在关键时刻力挺安倍政权。2015年5月14日，美国国务院发言人杰夫·拉特克称，“对日本实施加强美日同盟的举措表示欢迎”；在2016财政年度《国防授权法案》中，美国还宣称“支持包括解禁集体自卫权在内的日本防卫政策变动”。[1]

日本将美国作为谋求与中国争端中占据优势的可靠后盾，在钓鱼岛领土争端、东海海域划界等问题上需要获得美国支持；同时，日本也希望借助美国战略调整的有利时机，通过新安保法案来实现日本安保政策的根本转变。因此，日美两国在通过调整日本现行安保政策，从而强化日本军事实力，并进一步加强日美军事同盟这一问题上有着高度的利益重合。可以说，新安保法案不仅满足了美国进一步强化美日同盟的要求，同时又达到了日本从根本上改变二战后传统安保政策的目的，日美可谓是各有所图，各取所需。

日美两国在通过调整日本现行安保政策，从而强化日本军事实力，并进一步加强日美军事同盟这一问题上有着高度的利益重合。

（三）日本谋求突破和平宪法约束的内在动力

从日本国内政治角度分析，安倍以新安保法案的形式解禁行使集体自卫权，是战后日本保守派政治家试图修改和平宪法，摆脱所谓“战后体制”，成为“正常国家”，实现强大日本目标过程的一个重要阶段。

日本战后始终存在着一股抵抗宪法和平主义的势力，一直试图推翻战后的一系列和平主义政治安排，使日本恢复成能够在政治、安全和外交上实现完全独立自主的“正常国家”。1955年成立的自民党就把“修改宪法”作为“党是”，将“谋求自主修改现行宪法，另外重新探讨占领期诸法制，按照国情进行修改或废除”等内容写入“党的政纲”之中。随着国际形势的发展变化，日本先后通过行使单独自卫权、修改宪法解释、参与海外维和行动等举措，以“小步快跑”的形式谋求突破改变，以期最终彻底解禁集体自卫权，从而架空和平宪法束缚并达到最终修宪的目的。这种修改和平宪法的图谋在当前最直接的表现就是以“积极和平主义”为名，行解禁集体自卫权之实。

安倍在2014年新年贺词中明确提出，“恢复‘强大日本’的战斗已经开始，到2020年日本将全面恢复自己的地位。……届时（日本）将对世界和平与稳定

1 杨子岩:《美为啥支持日本防卫政策转变？》,《人民日报》(海外版）2015年5月19日第6版。

做出超出以往的巨大贡献，而我确信只有‘积极和平主义’才是我国应该承担的‘21世纪的招牌任务’”。[1] 在安倍政府看来，和平宪法所维护的只是日本的和平主义，是“一国和平主义”，是消极的和平主义，在全球化的世界中单独维护日本一国的和平是不现实的，因此日本必须对世界和平有所贡献，才能带来日本的和平。而所谓消极和平主义表现在安全领域就是不行使集体自卫权；日本作为一个大国，有义务在推动世界和平方面发挥能动作用，需要以更加积极的姿态参与国际事务，包括安全事务。解禁集体自卫权也就成为日本实现大国目标，提升国际影响力的必然之举。同时，安倍政府还认为，只有解禁集体自卫权，才能使日美在同盟中实现对等地位成为可能，也使日本更加积极与美开展合作，实施海外军事行动成为可能。最终以新安保法案的正式法律条文形式，将解禁集体自卫权合法法、条文化，在日本政府看来也就变成了顺理成章的事情。

二、新安保法案后日本安全战略的变化特征

新安保法案的出台及实施标志着日本安保政策从渐进式积累量变到跨越式突破质变的转换，为其军事力量的运用方式、运用范围和适用事态等方面都将带来重大调整。

（一）战后首次从法律层面明确解禁集体自卫权

新安保法案涉及安全保障的诸多方面，但核心是解禁集体自卫权，即让日本获得即使自身未受到攻击，也能协助第三国使用武力参与阻止攻击的权利。[2] 虽然作为联合国成员的日本，按照《联合国宪章》第51条规定，在联合国采取必要行动之前，成员国拥有单独自卫权和集体自卫权这两种权利。但是，战后日本历届内阁都以《日本国宪法》第9条为根据，认为即使日本可以拥有“必要最小限度”的实力行使单独自卫权，即本国受到攻击时，使用武力进行阻止的权利；但认为集体自卫权超出了宪法规定范围，因而不可以行使。[3]

安倍二次执政后，为达到解禁集体自卫权，突破军力运用束缚的目的，开始积极推进法理层面的修订工作。2014年5月15日，安倍内阁的咨询机构“关于重建安全保障法律基础恳谈会”在首相安倍晋三的授意下递交了一份关于行使集体自卫权的几种形式和使用范围的报告书，并列举了行使“限定性集体自卫权”的六个条件：“为确保海上要道安全而进行扫雷”“在近邻出现突发情况时进行船

1「安倍内閣総理大臣平成26年年頭所感」，日本首相官邸ホームページ,http://www.kantei.go.jp/jp/96_abe/statement/2014/0101nentou.html，上网时间：2017年2月20日。

2 読売新聞政治部編著『安全保障関連法案——変わる安保体制』信山社，2015年，第3頁。

3 廉德瑰：《安倍解禁集体自卫权的“中美日因素”论析》，《日本学刊》，2014年第6期，第63页。

舶检查、排除对美国舰队的攻击”“美国受武力攻击时进行支援”“在发生给国际秩序带来重大影响的武力攻击时加入多国部队”“针对不理会撤离要求的外国潜水艇加以应对”“限制武装集团在离岛及其周边海域的非法行为”。[1] 在此基础上，安倍内阁于2014年7月1日，以内阁决议案的形式，推翻日本历届内阁遵守的“自卫权发动三条件”，提出了新的“武力行使三条件”，即（1）日本遭到武力攻击，或与日本关系密切国家遭到武力攻击，威胁到日本的存亡，从根本上对日本国民的生命、自由和追求幸福的权利构成明确危险；（2）为保护国家和国民，没有其他适当手段可以排除上述攻击；（3）武力行使限于“必要最小限度”。[2] 决议案称，在同时满足上述三个条件的情况下，允许日本作为“自卫手段行使武力”，从而在事实上解禁了集体自卫权。2015年7月16日和9月19日，安倍又凭借自民党和公明党在两院占据多数议席的优势，分别在众议院和参议院表决通过新安保法案。新安保法案根据“武力行使三条件”，新设立了“存立危机”事态、对多国部队进行后方支援等条文，使日本安保所涵盖的范围进一步扩大。特别是其中的《武力攻击·存立危机事态法》第2条就明确规定，即使日本没有受到直接攻击，但认为自身“存立”受威胁、“国民自由和追求幸福的权利有从根本上被倾覆的危险”时，也可出动自卫队行使武力。新安保法案还允许日本维和部队为保护其他国家维和部队而使用武力，改变了之前只能在保护自己的情况下才能使用武力的规定。[3] 新安保法案的通过实施，使得战后日本首次从法律层面确认了行使集体自卫权的权力，从机制和法律上给国家安全战略的顺畅实施增添了保障，进一步强化了自卫队的军事职能。

（二）日本海外运用兵力将由短期行为变为长期存在

二战结束后，海外军事存在很长一个时期内对日本而言都是无法触碰和突破的禁忌。但冷战结束后，随着国际形势的剧烈变化以及美国自身战略需求，在日美同盟框架下，日本也多次派兵参与联合国维和行动或美国主导的海外军事行动。如赴海湾地区进行扫雷作业，在柬埔寨等地开展维和救援行动等，特别是“9·11”事件后，还积极参与到美国的反恐行动中，支援美国在阿富汗等地打击恐怖主义。但以上海外军事行动均是日本根据需要出台相应法律的情况下进行，属于一事一例的短期行为，不具备长期可持续性。

在新安保法案出台之前，日本自卫队实施海外派兵的法律依据及行动领域主要包括：（1）依据《联合国维和行动（PKO）合作法》（1992年），实施停战监督

1 日本共同社2014年5月15日消息；转引自吕耀东：《日本解禁集体自卫权的过程及战略意图》，《和平与发展》，2016年第4期，第46页。

2 新华网：《日本正式通过解禁集体自卫权内阁决议案》，http://news.xinhuanet.com/world/2014-07/01/c_1111409739.htm，上网时间：2017年2月15日。

3 読売新聞政治部編著：『安全保障関連法案——変わる安保体制』，信山社，2015年，第30—35頁。

等联合国维和行动与人道主义国际救援行动；（2）依据《国际紧急援助队派遣法》（1992年），在外国发生灾害时实施国际紧急援助行动；（3）依据《周边事态法》（1999年）等实施运送在外日侨等其他行动；（4）依据《反恐特别措施法》（2001年），实施支援美国等为消除“9·11”恐怖袭击带来的威胁而采取的军事行动；（5）依据《支援伊拉克重建特别措施法》（2003年），实施伊拉克重建支援行动、维护安全支援行动；（6）依据《应对海盗法》（2009年），在索马里海域实施打击海盗与护航行动。[1] 可以看出，通过不断完善海外派兵的相关法律体系，日本海外派兵所适用的范围不断扩大，任务样式日趋多元，在客观上也为国际和平做出了一定贡献。但需要注意的是，上述法律体系仍将日本的海外军事行动局限在以联合国与日美同盟为主的实施框架内，且其中部分法律为期限法，距离安倍政府所期望的自主性更强的海外长期军事存在还具有很大差距。如为《反恐特别措施法》及后续的《补给支援特别措施法》（2008年）、《支援伊拉克重建特别措施法》，就分别至2010年和2009年到期废止。因此，如何制定一部对多国部队提供后勤支援的永久性法律，进而制定并完善能够囊括各种海外派兵方式的永久性法律，一直是日本政府内部反复探讨的课题，也是安倍内阁期望通过新安保法案达到的重要目标。

在新安保法案中，以海外派兵合法化为目标的法案，主要是指新修订的《国际和平支援法案》。该法案赋予日本海外永久性派兵权，为自卫队在应对所谓的紧急事态时能够随时向海外派兵、向各外国军队实施支援活动提供法律依据。日本在该法案中提出了“国际和平联合应对事态”这一新概念，即全球某地发生危机，和平面临威胁的状态，日本作为国际社会“负责任”的一员，应当为维护国际和平提供物资和派遣维和人员。《国际和平支援法案》的通过，一方面使日本政府应对相关问题时，不再面临“一事一法”的艰难局面，一劳永逸地解决了日本海外派兵的法律程序问题；另一方面，也使日本的海外军事行动不再单纯局限于联合国或日美同盟框架下，采取行动的自由度更加宽泛。但同时，由于海外军事行动的样式和范围得到极大扩展，政府在海外派兵问题上所拥有的自由裁量权，也大大增加了日本卷入国际冲突的风险。

由于海外军事行动的样式和范围得到极大扩展，政府在海外派兵问题上所拥有的自由裁量权，也大大增加了日本卷入国际冲突的风险。

（三）通过区分不同事态降低行使武力的门槛

为使日本成为“能够战争的国家”，更加自由主动地使用军事力量应对各方的挑战威胁，日本新安保法提出三个关键“事态”，即“灰色地带事态”“重要影响事态”“存立危机事态”。这三者紧密关联、相互递进，在军力运用范围、行动

1 読売新聞政治部編著：『安全保障関連法案——変わる安保体制』，信山社，2015年，第174—192頁。

样式和行动对象等多个方面，较之以往都放宽范围、降低标准，开启日本自卫队行使集体自卫权和发起武力攻击的递进条件，具有极大的危险性。

按照日本的解释，“灰色地带事态”是指“既不属于完全的和平时期，但又不属于战争冲突状态，处于这两者中间的范围状况的描述”，即介于武力冲突与和平状态之间的事态。此种状况，不仅包括围绕“领土主权、经济权益等主张对立的背景下针对日本‘尚未达到武力攻击侵犯’级别的事态，也包括从事协助日本防卫活动的美军部队等受到同样侵害的事态”。[1] 当日本研判认为处于“灰色地带事态”时，将主要采取两个层面的方针策略。一是加强自卫队和美军的“无缝”合作，开展保护美军等部队的武器装备等行动；二是强化对离岛周边地区（主要指钓鱼岛）等的防卫警戒，及时制止事态恶化防患于未然。

“重要影响事态”指“海外发生威胁到日本和平与安全的事态，对此事态放任不管的话，或许将发展到对日本的武力攻击”。用“重要影响事态”替换原有的“周边事态”，将自卫队的活动范围从日本周边地区扩大到全球任何区域，实施支援的对象由美军拓展到包含第三方军队，实施支援的内容在燃料补给和医疗救助等基础上增加了提供弹药和空中加油等样式，从而实现安倍政府和日本媒体所称“自卫队能到地球任何一个角落活动”的目标。

所谓“存立危机事态”，指“与日本关系密切国受到武力攻击，日本的生存处于明显危险境地，民众生存、幸福、自由权利受到威胁”时的事态，此时日本可视情行使武力。但对于哪些情况属于“存立危机事态”，安倍本人和相关阁僚在国会答辩中始终未能给出明确答案，仅以霍尔木兹海峡遭到水雷封锁和朝鲜半岛有事作为例证说明。安倍在2015年5月26日的众议院答辩时就解释称，“（存立危机）影响不仅限于经济，因生活物资不足或电力不足对国民生活也带来了致命影响的情况，也需一并综合评估”。[2] 同时，“攻击国的意图、能力、发生地点、事态规模、冲突殃及日本概率、国民受害程度”等因素也可纳入“综合评估”的范围。现实操作中，这种模糊界定实际上给予了首相在决定是否卷入冲突甚至参与战争方面时极大的自由空间。

可以看出，无论是灰色地带事态、重要影响事态，还是存立危机事态，在实际区分时都存在很大的自由模糊空间，更多还是依赖领导人自身的主观判断，动用武力的理由也更加模糊化和随意化，增加了日本主动出击自主解决的可能性，日本行使武力的门槛也因此大大降低，被卷入冲突或战争的风险则大大提高。

---

1 中谷防卫大臣答弁，『第189回国会衆議院我が国及び国際社会の平和安全法制に関する特別委員会議録』18号，2015年7月8日，第38頁。

2 読売新聞政治部編著：『安全保障関連法案——変わる安保体制』，信山社，2015年，第46頁。

三、日本新安保法案的影响

随着新安保法案的不断细化及深入推进，日本将能够更加积极便利地参与海外安全事务，其军事力量发展运用所表露出的外向性和扩张性有所增强。在这一过程中，日本安保政策调整对地区局势、日美同盟关系以及日本社会的影响也将愈发凸显。

（一）对周边地区安全可能带来的影响

首先，不利于中日安全互信的建立，不利于中日关系的良性互动发展，使地区安全面临的不确定性增强。根据战后70余年的历史经验，中日关系顺畅与否将直接关系到东亚地区安全局势的整体稳定。中日建交后的签署的四个政治文件中贯穿始终的是双方加深理解互信、共同维和和平的理念。但此次为了在新安保法案问题上谋求国内反对势力和广大民众对其调整安保政策的理解支持，在最大程度上形成安保战略调整转型的共识，安倍政府、智库及媒体舆论相互配合，竭力渲染周边安全威胁、炒作“中国威胁论”，强调对华“防范”与“遏制”。安倍政府的做法不仅背离了中日之间原有的共识理念，也消耗着中日之间有限的战略互信，使双边关系长期在低位徘徊，竞争摩擦的一面愈发凸显，加大东亚安全风险。

其次，日本军备建设加速发展，进一步增强了中国对日本的担心和疑虑，从而有可能加深中日之间的“安全困境”。随着新安保法案的深入推行，日本自卫队的外向性和扩展性更趋凸显，以西南诸岛为重点，强调远程机动和对地对舰攻击能力的军备建设加速推进，采取军事手段解决周边热点争端的概率大大提升，甚至有可能与中国在钓鱼岛等存在安全争端的问题上擦枪走火和发生直接冲突。日美同盟的强化和日本安保政策更趋于进攻性将迫使中国继续加速军事现代化。而中国的军事装备发展和舰机频繁前出太平洋进行演训，反过来又被日本政府和媒体报道炒作，进一步引发了日本的担忧和中日安全关系的进一步紧张。由于在安全上缺乏足够的战略互信以及共同利益，中日之间已建立的各种对话机制尚未充分发挥作用。虽然中日均认识到构建危机管理机制的重要性和紧迫性，但是由于双方在如何遵守协定、领海领空的区域划分地带等具体方面仍然存在分歧，在东海、南海等问题上的摩擦不时显现，难以实现真正的安全合作。

安倍政府一直坚持认为，出台新安保法案是为了更好地维护日本国民和领土安全，促进日本对国际社会做出更大贡献。但从现实情况及后续发展趋势看，新安保法案非但没有改善日本所处的安全环境，反而在一定程度上加剧了地区安全面临的紧张态势，增大了日本与周边邻国发生冲突乃至卷入战争的可能性。这不能不说是一种讽刺。因此，新安保法案在后续的实施过程中，也必将面临更多的困难和挑战。

（二）对日美同盟关系的影响

日美同盟一直被日本视为安全政策的基石，新安保法案实施后对日美关系的推动作用也将日益显现。一方面，新安保法出台后，在一定程度上强化了美国对东亚安全事务的干涉与掌控能力。在经济衰退、国防预算削减的情况下，美国可以利用日本军事能力增补其在东亚的力量空缺，把增强自卫队力量及其运用视为继续主导亚太事务的关键。特别是特朗普上台后，并没有改变美日同盟的基本框架和双方的基本利益，美国敦促并支持日本在同盟中发挥更大作用和承担更多责任，依然将强化同盟关系作为其东亚军事存在的根本。这在客观上有助于日本新安保法的实施，安倍政府借助美国放松对其管控的这一有利时机，既满足美国继续维护美日同盟的需要，又依靠美国保护日本，同时增强自主防卫能力，更大限度地保护自身安全以及牵制和对抗中国。

另一方面，日本在同盟关系中的作用地位得以提升。新安保法案实施后，日本超出了此前只能为美国提供“基地”和后援的从属角色，可以在与美国并肩作战的名义下，不受约束地参与美军的作战行动，提升干预地区和全球事务的能力，在同盟关系中的地位和作用大大提高。特别是在地区安全事务中，日本正在积极谋求以日美同盟为基础，构筑的“日 + 美 +X”“日 +X”“日 +X+X”的地区安保新体系，以期强化自身在亚太地区安全事务中的主导作用，增强日本对地区事务的影响力。

同时，日美战略利益中的深层次矛盾并未得到解决，反而会随着新安保法案的实施被进一步放大。日本“国家正常化”的最终任务之一就是摆脱美国对日本的控制，实现日本的自主化与大国化。这种对美的离心倾向将始终伴随着日本对自身安保体制的强化和对地区安保体系的构建。可以预见，随着美国实力的相对下降，其对外安全承诺的决心和能力必然下降，日本会越来越多分担美国在东亚的安全责任并进一步坐大，最终必将破坏日美同盟的现实存在基础，进而影响美国的东亚战略。伴随着美国在地区内的战略“有限收缩”进程，这种倾向性可能表现得日趋明显。

（三）对日本社会和民众心理的影响

安倍政府推进新安保法案，对日本社会也带来了极大冲击。首先对日本长期坚持的“和平主义”原则和精神的巨大破坏。日本安保法制的本意是对政府制定安保政策的权力加以限制，使其严格遵循日本宪法的原则和精神，然而安倍的安保法制改革却走向了反面。安倍通过新安保法案在实质上架空了日本“和平宪法”，从具体法律的操作性、实施性角度为日本未来摒弃和平发展道路提供所谓的“法律正当性”，在根本上动摇了日本战后走和平发展道路的政治规范和宪法依据。

其次，进一步强化了现有的一元领导体制，使首相个人意志在安全领域的影响空前增强。通过修改《国家安全保障会议设置法修正案》，日本进一步强化了首相官邸主导体制，将日本国家安全战略的制定权、对自卫队的指挥控制权、对危机状态的处置权都集中在首相手中，形成一元化的领导力。其他的十几名阁僚的作用则会渐渐丧失，成为具体事务的执行者。同时，修改《防卫省设置法》第12条，废止文官统制体制（日本政府通过修订《防卫省设置法》的内阁决议，取消防卫省内文官相对自卫官的优势地位，把对防卫大臣的辅佐权从文官扩大到自卫官，表面上二者地位对等，但实际剥夺了文官相对自卫官的制约权限），使自卫队在日本安全决策中的地位显著提升，改变了文官集团就安全和军事实施有效监管的体制设计，加剧了日本军事发展的危险性和不可控性。

日本进一步强化了首相官邸主导体制，将日本国家安全战略的制定权、对自卫队的指挥控制权、对危机状态的处置权都集中在首相手中，形成一元化的领导力。

最后，诱导塑造民众对安全事务的片面认知，改变深植日本社会的“和平主义”氛围。为达到国民全体对国家安全的紧张性认知，改变战后体制存在的和平主义氛围，安倍政府把全体国民引入对安保议题的关注，为能战国家培育国民基础，着力培养国民“热爱祖国和乡土之心”。但这种“爱国心”并不同于1957年岸信介内阁时的“安定民生”定义，而重在强调周边威胁中产生对抗意识。更令人忧虑的是，在安倍政府的长期渲染和诱导下，日本民众对政府炒作威胁发展军事的做法越来越持理解和认同态度，这无疑会反过来进一步加剧日本国内政治的右倾化，使其最终彻底修改废除“和平宪法”成为可能。

结　论

新安保法案的出台是内外多方面因素共同作用的结果，既有地区战略格局调整变化、地区安全形势更趋严峻复杂的客观事实，也有美国出于自身利益考虑对日进行松绑解套的外部推力，更有安倍个人以及日本政治精英阶层在安全领域谋求突破的夙愿驱使，最终使日本终于得偿所望解禁集体自卫权，在事实上架空了和平宪法的约束。新安保法案的落地实施，不仅为安倍以及后续日本政府在安保领域采取更加外向性和扩张性的政策提供了可靠的法律基础，使政府能在行使武力时获得更大的自由度和主动性，更从根本上动摇了日本民众对于安保问题的认知和态度，使得战后日本坚持了60余年的“和平主义”发展路线受到极大挑战。法律层面实现安保政策的突破后，安倍政府在军事力量建设运用、安全同盟体系构建等诸多方面明显加力，频频出招，各种双边多边防务合作交流接连展开，自卫队在国际社会和周边地区的活动更趋活跃。这一方面有助于提升自卫队自身能力，加速向军事大国乃至军事强国迈进；同时，也为获得国际社会及国内民众对日本发展军事力量的认同发挥作用。但同样难以忽视的是，新安保法案带来日本安保政策的转向，对周边国家和日本社会所带来的冲击影响也是巨大而深刻的。在尚未对历史认识问题有一个清晰的回答之前，日本以渲染安全威胁为由发展军事力量，不可避免地会引起周边邻国的猜忌和戒备。周边国家出于自身安全考虑必然会相应地强化军事力量建设，从而引发地区安全形势的紧张态势。而安倍在未充分向国民作出说明获得理解支持之前，就凭借参众两院的多数席位通过新安保法案，也造成了日本社会的撕裂。尽管安倍政府一再强力压制，但反安保法案的声音还是此起彼伏，反安倍的民众情绪不断蓄积酝酿。此外，特朗普上台后美国的亚太政策如何调整，日本又该如何调整自身政策以配合美国也带有很大地不确定性。这些都是日本政府在后续推进法案实施过程中，所不得不认真考虑的问题，也给日本安保战略走向带来很大变数。

虽然日本安保战略的未来走向及影响还带有一定的不确定性，但从维护中国国家安全和发展的角度出发，还是需要审时度势、未雨绸缪做好应对准备。一是持续研判未来日本战略走向，观其言、察其行，仔细分析国内外各种因素对其的可能影响，把握地区局势总体走向，避免自身出现战略偏差或冒进。二是强化大国间的协调磋商，努力保持地区局势的基本稳定。中美日作为地区内大国，是影响地区安全的主要变量，增进建立彼此间的沟通渠道和安全磋商机制，对稳定地区均势至关重要。三是通过加强中日之间多层面、多渠道的交流合作，增进彼此理解信任，增大中日两国和平发展、合作共赢的民意共识，有效牵制日本国内极右翼势力可能的军事冒险举动。四是增强维护自身安全的能力建设。能战方能止战，只有全面提升军事作战能力，切实增强自身战略威慑力，才能为中国营造和平稳定的发展环境提供坚实基础和保障。

石油时代结束了吗？

胡菁菁

内容提要：当前全球油气行业进入了低景气周期，但从与各种替代能源的比较来看，油气在资源、生产、消费、价格方面仍将具有竞争优势，特别是天然气的未来生产和贸易，已具备大发展的条件。未来较长时期内，油气仍将是世界的主导能源。可再生能源当前受限于技术和成本，未来将具有较好的发展远景。

关键词：石油时代　能源格局　发展趋势

2014年下半年以来，国际原油价格持续下跌，布伦特期货价格从115.06美元/桶最低跌至27.88美元/桶，下降幅度一度超过75%，全球油气行业进入不景气周期。传统的产油大国沙特，公布了旨在摆脱对石油依赖的经济改革计划，大力推动经济转型，出售国家石油公司股权。拉美产油国委内瑞拉，由于赖以维持国家财政的石油收入锐减，通货膨胀飙升，经济濒临崩溃。与此同时，《巴黎气候变化协议》就控制碳排放达成一致，各国纷纷出台碳排征税和新能源补贴政策，全球新能源经济蓬勃发展，电动车生产商特斯拉市值超过通用汽车，成为美国最大汽车生产企业。由此而生的问题是，石油等传统化石能源是否已经穷途末路？我们已经进入“后石油时代”了吗？

一、石油时代的前世今生

全球能源的利用大致经历了从薪柴时代、煤炭时代到石油时代的变迁。人类历史在1880年以前，都主要依靠薪柴等植物能源提供燃料。随着18世纪蒸汽机的

胡菁菁　中国石油天然气勘探开发公司战略发展中心高级经济师。

改良和第一次工业革命的到来，煤炭消费快速增加，到19世纪末20世纪初，煤炭消费在全球一次能源中的份额超过薪柴，世界进入了“煤炭时代”。1859年美国宾夕法尼亚打出第一口油井标志着世界现代石油工业的开端，此后随着内燃机、汽油发动机、汽车、飞机等的先后面世，石油消费迅速增长，并于1964年在消费量和消费份额上全面超过煤炭，成为世界主导能源，从此世界进入了“石油时代”。

“石油时代”具有鲜明的时代特色，整个世界都充满了石油的味道。由于石油资源和政治经济权力的不均衡分布，世界油气供需双方矛盾逐渐激化。沙特、伊拉克等世界主要石油生产国为维护石油收入利益成立了石油输出国组织欧佩克（OPEC），主要石油消费国为应对石油短缺、增强政策协调在经济合作组织（OECD）框架内成立国际能源机构（IEA）。20世纪70年代发生了两次石油危机，石油供应受到严重影响，供需双方形成对峙局面，国际油价短期内上涨高至四倍。基辛格提出了著名的论断，“谁控制了石油，谁就控制了所有国家”。

石油作为重要的战略资源，与战争、财富和权力紧紧地捆绑在一起。由于石油资源极为丰富，中东地区成为大国权力争夺的焦点，当地石油、宗教、历史和大国利益交织，矛盾难以协调，战争和冲突时有发生。两伊战争、海湾战争、伊拉克战争都与石油密不可分，“茉莉花革命”引发的地区局势动荡、美欧对伊朗制裁等也都或多或少打上了石油的烙印。石油资源国掀起的国有化浪潮，打破了以“七姐妹”为代表的西方石油公司对石油资源的控制和垄断，提升了资源国政府对石油资源的控制力和开采收益。石油输出国因为获取巨额收入而拥有了“石油美元”，同时由于石油的交易用美元计价和结算，也使美国拥有了重要的金融权力。长期以来，石油、美元和黄金之间形成了联动关系，其中，石油和黄金价格通常呈现正向变动，石油“黑金”之说名副其实。石油成为国民经济的“血液”，人们往往以“石油对外依存度”的指标，来衡量石油进口国的经济对外依赖程度及其脆弱性。

由于石油资源的多寡很大程度上决定了行业的生存发展，石油行业一直以来对储产量极为关注。《BP世界能源统计年鉴》是由英国石油公司（BP）组织编制的关于世界能源市场的权威统计年鉴，从1951年起就开始追踪世界能源市场发展，当时，煤炭还占世界能源供给的一半以上，石油占世界能源市场的三成。根据BP的统计，全球石油探明储量1980年至2015年之间保持增长态势，35年间共增长了1.5倍，仅在1998和2015年出现了微量缩减，减幅不超过2%。2015年全球石油探明储量为2394亿吨，储采比50.7，即如果石油产量继续保持2015年度43.6亿吨的水平，这些剩余储量可供开采50.7年。[1] 因此，从石油储产量的

1 BP p.l.c., *BP Statistical Review of World Energy*, London, United Kingdom, June 2016, https://www.bp.com/content/dam/bp/pdf/energy-economics/statistical-review-2016/bp-statistical-review-of-world-energy-2016-full-report.pdf, 2017年4月20日访问。

统计数字上来看，石油行业的冬天似乎远未到来。

不过，业内对石油的发展前景存在两种相互对立的观点。悲观论者以美国石油地质学家哈伯特的石油峰值理论为代表，认为石油作为不可再生资源，任何地区的产量都会达到最高点，之后将不可避免地开始下降。哈伯特曾成功预测美国本土石油产量在1970年前后达到峰值。马修·西蒙斯也持类似的石油枯竭论观点，他质疑沙特官方关于其油田资源充足的说法，认为世界很快将面临沙特石油供应的衰竭。[1] 乐观论者一般认为石油储产量可以随着人们认识和技术水平的提高而不断提升。其中，最为极端的是石油无机成因说，认为地球深处的岩浆在温度和压力适宜的条件下，发生一系列化学变化后就可产生石油。该理论认为石油是可再生资源，其推论是只要勘探开发技术足够先进，石油就可取之不尽用之不竭。

随着认识和技术的发展，石油勘探开发大约每十年进入一个新的领域，未来增储上产的潜力仍然广阔。

从实践来看，随着认识和技术的发展，石油勘探开发大约每十年进入一个新的领域，获得新的突破。石油资源基础不断夯实，未来增储上产的潜力仍然广阔。20世纪80年代开始的大规模“下海”获得了不少重大发现，英国和挪威的北海油田、墨西哥湾等地储产量攀升；20世纪90年代后期，深海地区、加拿大油砂获得突破；2008年委内瑞拉重油变为经济可采，2010年以后的美国致密油开始大量上产。2008年委内瑞拉奥里诺科重油带的发现，使得该国石油储量从143亿吨上升到248亿吨，涨幅达73%。美国受益于致密油开发技术的突破，2015年比2010年增产石油2.3亿吨，这一增量相当于四个半的大庆油田高峰产量水平，其规模和影响可见一斑。

从供需形势看，当前世界石油供需总体上呈现“两带三中心”的格局。石油的主要供应带为“中东—中亚—俄罗斯”和“美洲”，前者常规石油资源丰富，原油储产量分别占世界的55% 和49%，后者非常规和海域发展快速，原油储产量分别占世界的33% 和26%。石油的主要消费中心为美国、欧洲和亚太，三地石油消费量分别占世界总量的19.8%、20.7% 和33.6%。欧美为传统的消费中心，但发达经济体消费增速近年已明显放慢，而亚太地区作为新兴消费中心，需求增长迅速[2]。从石油消费的终端部门来看，交通部门一直占据50% 以上的全球石油消费份额，包括机动车、火车、飞机和船舶等主要依靠石油作为燃料和动力，其中，汽车和卡车的石油需求就接近总量的一半。[3]

---

1 马修·西蒙斯:《沙漠黄昏：即将来临的沙特石油危机与世界经济》，徐小杰译，上海：华东师范大学出版社，2005年。

2 常毓文等:《全球油气供需新格局及勘探开发新趋势》,《国际石油经济》,2014年第3期，第54—56页。

3 BP p.l.c:《BP 世界能源展望（2017版）》，第26页，http://www.bp.com/content/dam/bp-country/zh_cn/Download_PDF/EO2017/%E3%80%8ABP%E4%B8%96%E7%95%8C%E8%83%BD%E6%BA%90%E5%B1%95%E6%9C%9B%E3%80%8B%EF%BC%882017%E7%89%88%EF%BC%89%E4%B8%AD%E6%96%87%E6%8A%A5%E5%91%8A%20.pdf, 2017年4月14日访问。

二、石油替代能源的发展前景

（一）煤炭作为基础能源尚未完全退出世界历史舞台

20世纪初，煤炭处于鼎盛时期，其在全球一次能源消费中的占比一度达到70%以上，虽然20世纪中叶以来受到石油和天然气的严重冲击，但时至今日，煤炭仍占全球能源结构的近30%，其中，煤炭在中国、印度、哈萨克斯坦和南非等新兴经济体的能源消费结构中的比重均高达60%左右，中国过去40年三分之二以上的一次能源一直由煤炭提供，鉴于煤炭在中国能源结构中的重要地位，中国采用标准煤作为能源的度量单位。可以说，部分新兴经济体在未来较长一段时间内仍将处于“煤炭时代”。事实上，21世纪的前十年，由于中国的煤炭消费以年均约10%的速度递增，全球煤炭消费占比出现了回升，从2001年的20%上升到2010年的30%，与石油份额仅差三个百分点，煤炭差一点通过“逆袭”而重新占据能源结构的首要位置。

资源方面，全球煤炭储量比石油更为丰富和乐观，储采比达到114。其中，美国、俄罗斯和中国为世界前三大煤炭资源国，探明储量分别占世界总量的26.6%、17.6%和12.8%。值得注意的是，虽然中国煤炭资源丰富，但由于年产量巨大，煤炭产量约占世界总量一半，储采比仅为31。[1]

消费方面，目前来看，中国的煤炭消费在2013年达到峰值，而印度的煤炭消费近年来仍在加速增长，未来将成为全球最大的煤炭增量市场。根据BP的预测，全球煤炭消费量将在2025年左右达到峰值。而根据美国能源信息署的预测，2040年前，全球煤炭消费量将保持年均0.6%的速度增长。[2]

由于煤炭的高碳属性，其未来的发展很大程度上取决于政策导向和煤炭清洁化高效利用技术。美国新任总统特朗普近期废除了联邦土地煤炭开采禁令，美国未来煤炭产业的发展值得持续关注。

（二）天然气发展的黄金时代正在到来

现代天然气工业产生于1820年代的美国，比石油还早，但由于当时限于管道基础设施的缺乏，只能用作城市街道的照明燃料。第二次世界大战以后，美国大力加强天然气管网建设，天然气消费份额快速增加，1958年天然气在美国一次能源消费中的份额达到25.6%，超过煤炭，成为美国第二大主导能源。在全球层面，天然气也于20世纪50年代中期超越薪柴，在世界一次能源消费结构中占比

1 BP p.l.c., *BP Statistical Review of World Energy*, London, United Kingdom, June 2016.

2 BP，《BP 世界能源展望（2017版）》，第37页，U.S. Energy Information Administration, *International Energy Outlook 2016: With Projections to 2040*, p.61. https://www.eia.gov/outlooks/ieo/pdf/0484(2016).pdf, 2017年4月14日访问。

超过10%，成为仅次于石油和煤炭的世界第三大主导能源。[1] 此后，随着中东、北海和俄罗斯等地发现大量天然气资源，西欧天然气管网的构建，以及日本、韩国等对减少石油依赖的需求，全球天然气消费量保持稳步增长，2015年天然气消费份额达到23.8%。

全球天然气资源丰富，储产量保持稳步增长。特别是美国非常规天然气开采取得突破并掀起“页岩气革命”以后，2009年美国天然气产量超越俄罗斯，跃居世界首位。2009—2015年，美国天然气行业继续保持快速发展，储量增长35%，产量增长31%。全球天然气产量近十年来基本保持2%的增长速度，2015年世界天然气储采比达52.8。

长期以来，由于天然气消费必须配之以运输管线，天然气的大规模利用一直受到制约，大量油田伴生气甚至被放空燃烧，导致资源浪费。由于无法像石油和煤炭那样运输和流通，天然气贸易一直限于地区局部范围。液化天然气（LNG）技术的发展，特别是20世纪80年代以后日本、韩国大量进口LNG以及大型LNG船的使用，大幅降低了运输成本。进入21世纪以后，天然气工业更加全球化，天然气贸易已经开始突破区域限制，可以实现真正意义上的全球流通，成为全球性商品。[2]

未来，全球LNG供给能力将快速扩大，LNG贸易将实现大发展。2020年前全球将新建20多个LNG项目，新增1.5亿吨LNG产能，其中，美国投入运行的LNG项目便达13个，产能将扩大到6750万吨。LNG贸易将以七倍于管道气贸易的速度增长，2035年将占全球天然气贸易量的一半。美国LNG出口已经放开，未来大量LNG将涌向现货市场，可能导致以长期贸易协议为主的天然气贸易体系和格局发生根本性变化。

美国LNG出口已经放开，可能导致以长期贸易协议为主的天然气贸易体系和格局发生根本性变化。

与煤炭和石油相比，由于其燃烧时不含硫和粉尘，产生的二氧化碳较少，造成的温室效应较低，是一种相对清洁环保的化石能源，发展前景看好。根据预测，未来20年，天然气将是发展最快的化石能源，全球天然气消费增速大幅快于石油和煤炭，年均增长1.6%。天然气将在2035年前超越煤炭，成为全球第二大主导能源。中国天然气消费将大幅增长，2035年天然气在中国能源消费结构中的比例将上涨一倍，达到11%。全球页岩气产量年均增长5.2%，占天然气总增产量的60%，到2035年页岩气将占天然气总产量的四分之一。[3]

1 王安建等著:《能源与国家经济发展》，北京：地质出版社，2009年，第6页。

2 丹尼尔·耶金:《能源重塑世界》，朱玉犇译，北京：石油工业出版社，2012年，第280—287页。

3 BP,《BP世界能源展望（2017版）》，第15、33页。

（三）非化石能源增速最快，未来发展远景可期

非化石能源主要包括核能、水能、风能、太阳能、地热和生物能等，其中，除核能外，其他非化石能源还可以称作可再生能源。1970年代石油危机以后，基于保障能源供给安全和减轻对化石能源依赖的需求，美欧等发达国家都曾大力鼓励发展非化石能源，特别是可再生能源。为应对气候变化，可再生能源更是成为清洁环保能源的首选。然而，非化石能源要最终发展成为世界主流能源，仍将是一项任重而道远的任务。

非化石能源要最终发展成为世界主流能源，仍将是一项任重而道远的任务。

核能发电是从20世纪50年代开始的，当时苏联和美国相继建成核电站。核电的优点在于核燃料体积小、能量密度高、发电成本低和无大气污染物排放，但是缺点也很显著，放射性物质和废料处理等安全问题令人担忧。美国核电曾在20世纪70年代获得大发展，核能在十年间从零发展到占一次能源消费的约4%。然而，1979年三里岛事故后，美国核电站建设大潮随即终止，100多座核反应堆的建设计划被取消。此外，苏联的切尔诺贝利核事故、2011年日本大地震时的福岛核事故等发生后，各国发展核电的政策变得更为审慎，德国甚至宣布了“零核电”的政策目标。20世纪80年代以来，核能在全球能源消费结构中的比重一直在4%—6%之间徘徊。未来20年，即使核能保持2%的速度增长，其占比份额也无法实现有效突破。

水力发电既清洁环保又可以再生，是一种非常优越的补充型能源。大型水电站的建设周期长、投资大，但水电站建成后，发电效率高、成本低。水电站可以发挥水利灌溉、防洪等综合效应，但也会带来一定的生态影响。由于水力发电是利用水位落差产生电力，受自然条件影响显著，世界上具有较大落差而又可供开发的水能资源总量有限，进一步开发的容量和空间日益减少。从当前的发展趋势来看，水电在世界能源消费中的份额将基本稳定在7%左右。

太阳能和风能的利用具有较大的潜力，但当前仍受制于能量转换效率。目前太阳能光伏发电在硅电池、薄膜光伏技术等的发展基础上，已经取得了较快的进展。未来太阳能的发展仍将主要取决于技术和材料方面的突破，太阳能电池成本的下降和发电效率的提高将推动太阳能获得竞争优势。风能的有效利用也受制于几个问题，一是风电的间歇性问题影响风电装机的利用率；二是风能的分散分布导致风电的入网成本高；三是一些环保组织因为风机产生的噪音和对鸟的伤害而反对风电。[1]

生物能是将植物、动物和微生物等转化为燃料，特别是从玉米、甘蔗等作物中提取乙醇。在美国和巴西等地获得了重要的发展。美国依靠玉米作原料生产乙

1 丹尼尔·耶金:《能源重塑世界》，第506—555页。

醇，而巴西从国内种植的大量甘蔗中提取乙醇作为汽车燃料。从2008年起，巴西的乙醇销量已经超过了汽油。[1] 生物燃料不仅存在着能量密度和成本的问题，还面临着种植相关的水资源、耕地等限制。更重要的是，玉米还是人类的粮食，食物和燃料之争将会持续困扰生物能的利用和发展。

基于当前发展条件预测，未来20年，太阳能年均增长速度8.3%，风能5.7%，生物能4.2%，[2] 但可再生能源的消费总量仍远低于石油、天然气和煤炭等化石能源。如果将水能排除在外，可再生能源将是增速最快的能源，年增速达7.1%，但其在世界一次能源结构中的份额到2035年才能达到10%。[3]

三、能源转型与未来的选择

（一）能源转型将是一个长期的竞争和替代过程

关于能源转型，主要有两种观点，即“三次转型论”和“两次转型论”。三次转型论认为，第一次能源转型大致在英国工业革命时期，煤炭替代薪柴；第二次能源转型出现在19世纪末20世纪初，石油开始替代煤炭；第三次能源转型即将到来，可能是化石能源向可再生能源的转型，也可能是从化石能源走向“多元能源时代”。两次能源转型论从存在形态上将能源资源分为固体、液体和气体三类，第一次能源转型是固体能源向液体能源的转型，即石油对煤炭的替代，第二次能源转型是液体能源向气体能源的转型，目前正处于过渡阶段，2050年世界将完全转向气体能源时代。其他还有“五次转型论”，以大幅提升能源转换效率的工具出现为标志，判断和分析能源转型，如风车、水车、蒸汽机和发电机等的出现。[4]

能源转型是一个持续渐进的过程。由于各国资源禀赋和经济发展阶段不同，欧美国家已经开始由“油气时代”向“可再生 + 天然气”转变，而中国等新兴国家正在从“煤炭时代”向“油气 + 可再生”迈进。历史上，英国率先向煤炭转型，推进工业化进程，获得了经济和军事优势，建立殖民帝国。世界石油工业起源于美国，丰富的石油资源和强大的石油生产能力对美国保持国际竞争优势，进而确立世界霸主地位至关重要。值得注意的是，从18世纪工业革命到19世纪末煤炭确立主导地位，从现代石油工业诞生到石油超过煤炭，都至少间隔一个多世纪。煤炭在20世纪初能源消费中的份额高达70%，20世纪60年代被石油超越时份额仍接近40%，时至今日，煤炭时代虽早已过去，全球煤炭消费份额仍达30%。

---

1 丹尼尔·耶金:《能源重塑世界》，第595页。

2 U.S. Energy Information Administration, *International Energy Outlook 2016: With Projections to 2040*, p.85.

3 BP:《BP 世界能源展望（2017版）》，第15页。

4 朱彤、王蕾:《国家能源转型：德、美实践与中国选择》，杭州：浙江大学出版社,2015年，第65—72页。

替代能源向主导能源的转型，取决于其能否以较高的效率和较低的成本取得相对于其他能源的竞争优势。以美国天然气发电为例，2009年以来，美国页岩气大规模开发，天然气价格一路走低，与此同时，技术进步使燃气机组的发电效率不断提高，单位产能的成本随之下降，另外，一系列环保政策增加了燃煤电厂的成本，最终使得美国天然气发电与煤电的经济性对比发生了逆转，新增电力装机越来越多倾向燃气发电。根据统计，美国天然气联合循环电厂商业成本（不计气候变化、环境等外部性因素）最低，仅为5.3美分/千瓦时，低于水电（6.5美分/千瓦时）、煤电（8.0美分/千瓦时）、核电（10.4美分/千瓦时），也低于陆上风电（7.0美分/千瓦时）、光伏（10.3美分/千瓦时）。如果在商业成本之上再考虑气候变化等其他外部成本，天然气联合循环电厂社会总成本依然最低，为8.4美分/千瓦时。而煤电的社会总成本高达17.4美分/千瓦时。因此，在美国，天然气发电最具有经济竞争优势，得到了快速发展。2016年美国天然气发电比例达33%，超过煤电比例。[1] 反观中国，气电的成本是煤电的2—3倍，与之相应的是，2016年中国天然气发电比例仅为2.5%。[2]

（二）油气在未来很长一段时期仍将扮演重要角色

油气在世界能源中的主导地位远未终结。当前，油气在世界能源消费中占比达56%，油气资源国和石油公司在世界政治经济中仍发挥着举足轻重的作用。未来20年，随着煤炭的消费份额日益降低，天然气的替代作用将更加提升，油气在世界能源消费结构中仍将继续保持一半以上的多数份额。

基于丰富的资源和成熟的技术，未来油气开发前景依然广阔。海域、极地和非常规（包括致密油气、油砂和重油）领域将驱动全球油气开发。其中，仅非常规油气就具备长期健康发展的基础。根据目前的预测，全球非常规油气资源约为常规油气资源总量的4倍。深水、极地也有很大的潜力，未来只要油价足够高、勘探开发成本足够低，可以满足技术经济可采的要求，全球油气资源的开发前景依然广阔。此外，还可以继续挖掘已开发油气田的潜力，通过提高采收率等方法，推动老油田增储上产。

未来油价可能长期保持相对低位。决定国际油价的影响因素很多，不仅包括石油的供需基本面，还包括宏观政治经济形势、金融影响、重大事件等。从历史来看，国际油价的变动具有一定的周期性。20世纪60年代及其以前，在国际大石油的主导下，油价基本长期保持在2美元/桶以下的固定水平。20世纪70年代的两次石油危机，推动油价急剧上涨到30多美元/桶。80—90年代，油价基本稳

1 沈小波、李毅："气电替代煤电难在何处？"《财经》杂志，http://yuanchuang.caijing.com.cn/2016/1214/4211717.shtml，2017年4月13日访问。

2 刘朝全、姜学峰主编：《2016年国内外油气行业发展报告》，北京：石油工业出版社，第284页。

定在20美元/桶上下。21世纪前十年，国际油价在逐步攀升至90美元/桶水平。国际金融危机以后，特别是由于中东北非地区局势的动荡，油价保持在100美元以上的高位。

2014年以来的此轮油价大幅下跌，源于美国非常规油气的大规模开发及其带来的所谓“能源独立”，以及与此同时的中国经济进入了“新常态”。

2014年以来的此轮油价大幅下跌，源于美国非常规油气的大规模开发及其带来的所谓“能源独立”，与此同时，中国经济增长放缓并进入了“新常态”。在美国本土发生的这场“非常规油气革命”，产生了重大的连带效应和影响，不仅导致富含常规石油资源的中东地区地缘重要性有所降低，而且大幅提升了美国对石油生产和定价的话语权。当前及今后一个时期，在供给相对充裕的背景下，油价的涨跌将更多地受到美国非常规石油生产成本左右，而欧佩克对石油供应和油价的主导影响受到进一步削弱。不过，从能源竞争的视角来看，在各国加大对可再生能源的鼓励和补贴政策背景下，低油价可以被视为是石油应对替代能源竞争挑战而作出的反应，用低价保持竞争优势，继续保持主导能源地位。

（三）全球能源的发展呈现清洁化、高效化和多元化趋势

清洁化主要包括能源的无污染和低碳化。当前人们对能源的开采利用上已经达成了共识，即保护环境和应对气候变化。各国政府制定环保法律政策，控制大气、土壤和水体污染，签署《巴黎气候协议》，承诺共同减少碳排放。从清洁化的角度看，电动车的全生命周期仍存在电池的制造和报废后的处理等污染问题，虽然纯电动车在消费使用环节没有产生污染，但基于中国当前煤电比例高达66%的现实，从严格意义上分析，电动车的动力来源并不完全符合清洁化的要求。

高效化就是提高能源使用效率，发展热电联产，提高热能使用效率，运用分布式能源的方式，利用一切可以利用的能源，用能源互联网将各种形式的能源连接起来，实现能源的交换和共享。

多元化指的是当前世界多种能源共同发展，石油、煤炭和天然气等三种化石能源相互竞争、互为补充，非化石能源特别是可再生能源具有较大发展空间和潜力。

根据国际能源署发布的能源投资年度报告统计，2015年世界能源投资1.8万亿美元，其中，化石能源投资占50%（油气46%，煤炭4%），用于提高能源效率的投资占12%，可再生能源投资达3130亿美元，占能源投资总量的近20%，风电、光伏和水电的投资占据可再生能源投资的92%。[1] 全球能源投资明显向清洁能源和提高能效倾斜，未来各种能源之间的竞争将更为激烈。

---

1 International Energy Agency, *World Energy Investment 2016*, Launch Presentation, see https://www.iea.org/newsroom/speeches/WEI2016LaunchPresentation.pdf, 2017年4月17日访问。

"伊斯兰国"组织的网络心理战：范式、影响与反制

黄一洪　朱启超

内容提要："伊斯兰国"是近年窜起的实力最强和影响力最大的恐怖组织，以反人类、反社会为突出特征。该组织善于利用网络开展心理战活动，其策略样式有信仰绑架、场景暗示、欺诈诱导、暴力震慑等，并呈现出线上预告与线下行动紧凑衔接、单向宣传与双向互动高效切换、信息漫灌与精准推送优势互补、显意识宣导与潜意识感召密切协同等一系列特征趋向。"伊斯兰国"在利用网络心理战造成浩大声势并助推自身迅速崛起的同时，也带来了"独狼"式恐袭蔓延、种族对立激化、政治生态极化等一系列现实冲击。其通过网络心理战取得的巨大战果已经产生了极坏的示范效应，对我国境内"三股势力"的"示范引领"尤其需要高度警惕，需要及早采取应对之策。

关键词："伊斯兰国"　网络心理战　策略范式　特征趋向　影响反制对策

2014年6月以来，极端组织"伊斯兰国"异军突起，成为全球实力最强和影响力最大的恐怖组织，对中东地区及世界的和平与稳定构成了重大威胁。该组织以反人类、反社会为突出特征，制造了一系列骇人听闻的恐怖主义事件，如集体屠杀、斩首行刑、煽动恐袭、奴役少数族裔和妇女等。相较于其他恐怖组织，"伊斯兰国"有着明确的"建立政教合一的伊斯兰国家"[1]的建国理念并付诸实践，在占领区实行准国家化管理，"信念"更具煽动性，行动更具组织性。尤其值得关注的是，"伊斯兰国"经常在社交媒体上攻心夺势，利用现代互联网大打心理

黄一洪　国防科技大学国家安全与军事战略研究中心讲师；朱启超　国防科技大学国家安全与军事战略研究中心主任，研究员，国防科技大学人文与社会科学学院硕士生导师。

1 刘中民、俞海杰：《"伊斯兰国"的极端主义意识形态探析》，《西亚非洲》，2016年第3期，42页。

战，在短时间内造成了浩大声势并助推其迅速崛起。可以说，对网络心理战的运用是“伊斯兰国”迅速崛起的重要原因。本文在深入分析“伊斯兰国”网络心理战的策略范式、特征趋向及现实冲击的基础上，提出了恐怖主义网络心理战的应对之策，为主权国家打击网络空间恐怖主义、防治“独狼”式恐袭提供参考借鉴。

一、“伊斯兰国”网络心理战的策略范式

早在2005年，基地组织头目艾曼·扎瓦赫里（Ayman al-Zawahri）就认识到网络心理战的巨大潜力，他在给基地组织伊拉克分支头目穆萨布·扎卡维（al-Zarqawi）的信中写道：要夺取民心，超过一半的战斗正发生在互联网战场，在网络战中我们和对手比赛的是心理和头脑。[1] 应用网络信息技术，“伊斯兰国”充分挖掘了网络心理战的潜力并取得“成效”。其网络心理战策略样式大致可归纳为以下几点：

要夺取民心，超过一半的战斗正发生在互联网战场，在网络战中我们和对手比赛的是心理和头脑。

（一）信仰绑架

伊斯兰主义兴起于20世纪70年代，后逐步成为一股席卷伊斯兰国家的政治思潮，它提倡以伊斯兰教法作为国家法律和社会规范，以伊斯兰思想指导国家的对外政策，进而增强伊斯兰世界的凝聚力。而“伊斯兰国”作为伊斯兰主义极端化的典型代表，其在意识形态方面走得更远。“伊斯兰国”强调先知穆罕默德和《古兰经》的神圣性，任何质疑、违背、修改都被视为叛教，对叛教、逐出教门的非信徒施加严酷的刑罚。2014年9月份，“伊斯兰国”的首席发言人阿布·穆罕默德·阿德纳尼酋长号召法国加拿大等西方国家的穆斯林找到不信道者，并把他们“用石头砸碎脑袋”、毒死、用车撞死或者“毁坏他们的庄稼”。[2] “伊斯兰国”主张以“圣战”方式在中东地区乃至更大范围内建立实施伊斯兰教法的所谓“哈里发国家”，并通过现代网络将它的极端思想传播到世界各地，在信仰上成功绑架了陷入认同危机、生存危机和发展危机的边缘穆斯林群体，乃至陷入精神困顿的非穆斯林青年，不仅使其成员能够在世界范围内得到补充，对其表示效忠的分支机构也不断扩散。

（二）场景暗示

暗示是在非对抗的条件下，通过语言、表情、体语以及符号对他人的心理和

1 “*Letter to al-Zarqawi from al-Zawahri*,” NBC，Nov.10, 2005, http://www.nbcnews.com/id/9666242/#.WHOWpCjlBG0，上网时间：2016年10月17日。

2 Graeme Wood, “What ISIS Really Wants,” *The Atlantic*，Mar 2015, http://www.theatlantic.com/magazine/archive/2015/03/what-isis-really-wants/384980/，上网时间：2016年10月17日。

行为发生影响，使之接受暗示者的意见和观点，或者按暗示的方式去活动。[1]“伊斯兰国”注重布置各种场景对其极端思想进行包装，通过心理暗示在潜移默化中影响受众。在“伊斯兰国”网上发布的视频图像中，经常出现“蒙面人”与“被斩首者”两种对比形象，将“蒙面人”暗喻为压抑的青年，将“被斩首者”暗喻当地政府或西方大国权威，把前者对后者实施斩首的过程解读为青年群体抗争社会权威的历程。“伊斯兰国”把这种视频阐释为“英雄的革命史”，鼓励青年效仿视频中“蒙面人”那样“无所畏惧”“勇往直前”。[2] 为了更接地气，“伊斯兰国”尝试制作了炫目的战争视频，用火爆的战争场面吸引青年网民关注，向青年人传递“圣战”是正义之战的心理暗示。“伊斯兰国”还精心制作了手游“圣战模拟器”（Jihad Simulator），通过逼真的游戏体验令玩家产生参与圣战就是维护正义的幻觉。[3]

（三）欺诈诱导

依托网络尤其是移动互联网技术实施信息欺诈是“伊斯兰国”的惯用伎俩。早在2012年，“伊斯兰国”就在推特上开设了自己的账户——“喜讯的黎明”（The Dawn of Glad Tidings），用阿拉伯语在该平台上宣传和发布相关信息。当用户申请成为“喜讯的黎明”的好友时，就默许“伊斯兰国”向自己的账户发布推特信息，这使“伊斯兰国”的推特账户好友多达数百甚至数千个，[4] 营造广受欢迎的假象。此外，“伊斯兰国”还运用其他一些手段对网民实施欺诈诱导，如利用网络技术获取推特用户的电子邮箱，向他们发送宣传资料；开展温情攻势，在社交平台上发布“圣战”士兵与小动物的温馨合影，消除潜在支持者的抗拒感等。[5] 在“伊斯兰国”的欺骗性诱导面前，很多年轻女性中招。据英国《每日邮报》最新披露，在“伊斯兰国”的“浪漫攻势”下，两位奥地利少女前往叙利亚加入了该组织，并充当这一组织的“女性形象代言人”，经常利用社交网站炫耀自己的生活，鼓动其他青少年效仿。[6]

---

1 王利群、税柯、高蓬勃等：《不战而屈人之兵：心理战》，广州：世界图书出版社，2010年版，第53页。

2 柳思思：《“伊斯兰国”的互联网攻势及其影响》，《现代国际关系》，2016年第2期，第32—63页。

3 U.S. Government Publishing Office, *The Evolution of Terrorist Propaganda: the Paris Attack and Social Media*, U.S.Government Publishing Office Report，Jan. 27，2015，p.2. http://docs.house.gov/meetings/FA/FA18/20150127/102855/HHRG-114-FA18-Transcript-20150127.pdf，上网时间：2016年10月28日。

4 曾向红、陈亚州：《“伊斯兰国”的资源动员和策略选择》，《国际展望》，2015年第2期，第103—122页。

5 Barrett, *The Islamic State*, New York: the Soufan Grouppp, pp.24-34, http://soufangroup.com/wp-content/uploads/2014/10/TSG-The-Islamic-State-Nov14.pdf，上网时间：2016年10月28日。

6 Corey Charlton, “Teenage Girl Jihadists Hunted by Interpol Inspire First Copycats as Two More Austrian Children Try to Run Away to Syria to Join ISIS”, *Daily Mail*, Sep. 10, 2014, http://www.dailymail.co.uk/news/article-2750637/Teenage-girl-jihadists-inspire-copycats-try-run-away-Syria-join-ISIS.html，上网时间：2016年10月28日。

（四）暴力震慑

“伊斯兰国”在攻城略地的同时，为了彻底摧毁对手的抵抗意志，还利用网络社交媒体账号大肆转发处决人质的高清视频、录音等，不断开发残忍程度更高的杀人手段，且毫不避讳其中的血腥暴力镜头。2014年7月25日，多达50位叙利亚士兵被“伊斯兰国”集体斩首的照片被发布到社交媒体上，头和身体就在大街上随意抛置。[1] 同年8月，在发布了美国记者詹姆斯·福莱（James Foley）被斩首的视频后，“伊斯兰国”在发表了“要让更多美国人人头落地”的宣言，并时不时发表对西方国家和包括什叶派在内的“异教徒”的诅咒与恐吓。[2] 2015年2月，“伊斯兰国”发布了一段名为“致十字架国的一封血书”的视频，视频显示了圣战分子将21名埃及裔基督徒集体斩首的画面。[3]《伊斯兰国：恐怖大军内幕》作者哈桑认为，“伊斯兰国的想法是，暴力事件一定要平稳上升，持续不断地去震慑、去恐吓。在这个意义下，随机的暴力行为已经远远不够。要不断变本加厉，变得更加残暴，要有创造力、令人瞠目结舌地残暴……”[4]

二、“伊斯兰国”网络心理战的特征趋向

美国国土安全部部长詹·约翰逊在2015年5月10日的讲话中指出：“伊斯兰国”媒体战略的空前成功，标志着全球恐怖威胁进入了“全新阶段”。[5] 伴随网络社交媒体爆炸式发展而野蛮生长起来的“伊斯兰国”，其网络心理战行为表现出一系列新的特征趋向。

（一）线上预告与线下行动紧凑衔接

“伊斯兰国”组织特别注重行动预告与恐袭行动的“零时差”操作，通过两者之间的高度吻合树立“言必信、行必果”的“英雄”形象，从而放大其在网络

---

1 Alroy Menezes, “ISIS Kills 50 Syrian Soldiers，Beheads Many In Raqqa,” *IBTimes*, July 26，2014, http://www.ibtimes.com/isis-kills-50-syrian-soldiers-beheads-many-raqqa-1639948，上网时间：2016年10月16日。

2 “Another American Hostage Threatened with Death,” CBSNEWS, Aug 20, 2014, http://www.cbsnews.com/news/steven-sotloff-american-journalist-threatened-with-isis-execution/，上网时间：2016年10月16日。

3 Leila Fadel, “ISIS Beheadings In Libya Devastate An Egyptian Village,” *NPR News*，Feb 17，2015, http://www.npr.org/sections/parallels/2015/02/17/386986424/isis-beheadings-in-libya-devastate-an-egyptian-village，上网时间：2016年10月17日。

4 A. Larry Ross, “Why ISIS Is So Brutal,” *The Christian Post*, July 20, 2016, http://www.christianpost.com/news/166696/，上网时间：2016年11月1日。

5 William McCants, Clint Watts, “Experts Weigh in：Can the United States Counter ISIS Propaganda?” *Brookings*, July 13, 2015, http://www.brookings.edu/blogs/markaz/posts/2015/07/13-us-counter-isis-propaganda-watts，上网时间：2016年11月6日。

舆论场的震慑力。2014年8月到9月中旬，为谴责和抵制美国等西方各国的军事干预，“伊斯兰国”在发出严厉警告之后虐杀了一批来自西方国家的俘虏，并在社交网站上大肆宣扬。它曾以“‘伊斯兰国’给美国的信息”为题制作视频，强调（斩首俘虏的）所有罪责应由美国和加拿大承担，并预告还将采取类似的报复行为，直至美国等西方国家停止包括军事行动在内的一切干预活动。[1] 2014年9月21日，“伊斯兰国”头目阿布·穆罕默德·阿德纳尼以《你们确实需要警惕了》为题发表讲话，号召成员们杀害西方国家的“怀疑者”。[2] 随后，澳大利亚、加拿大和美国等国家果然遭到了“伊斯兰国”的报复性恐怖袭击。显然，当恐怖袭击采取线上预告与线下行动相结合的方式展开时，不仅大大增强了恐怖事件的震慑效果，也使当事国在承担惨痛损失的同时，承受反恐不力的巨大舆论压力。在“线上预告”与“线下行动”之间实现紧凑衔接已成为“伊斯兰国”开展网络心理战的惯用模式。

（二）单向宣传与双向互动高效切换

早在2000年，学者伊芭拉（M. Ybarra）对1501名10—17岁经常上网的青少年进行访谈，询问他们上网和网络互动的相关情况。结果显示，95%的年轻人表示在过去一年中自己通过网络互动和他人建立了友谊，其中75%的网络友谊被认定为亲密友谊，7%被描述为恋情。青年人比较容易在网上与他人成了朋友，对于那些性格孤僻、内向的个体来说更是如此。在社交媒体尚未兴起之前，“基地”等恐怖组织受制于网络媒介的局限性，其网络心理战行为更多体现为一种“粗放式”的单向动作，成本高且效果不明显。受益于移动互联网时代社交媒体的快速发展，“伊斯兰国”的网络心理战效率更高、成本更低廉，更多地通过与青年人的联络互动达成心理战目标。比如说，“伊斯兰国”经常利用私人账号发布有关战斗、生活场景的视频和自拍照，吸引关注，在跟帖中与青年人积极互动，淡化恐怖色彩，甚至让人产生参加圣战是一种有趣体验的心理错觉。[3]“伊斯兰国”还在twitter上发起话题，与全世界青年人共同讨论其教义、建国理念等，

---

1 Karen Yourish, “The fates of 23 ISIS hostages in Syria,” *The New York Times*, Nov 17, 2014, http://www.nytimes.com/interactive/2014/10/24/world/middleeast/the-fate-of-23-hostages-in-Syria.Html?_r=0，上网时间：2016年11月29日。

2 Robert Spencer, “lslamic State: We Will Conquer Your Rome，Break Your Crosses，and Enslave Your Women，by the Permission of Allah”, *Jihad Watch*, Sep. 21, 2014, http://www.jihadwatch.org/2014/09/Islamic-state-we-will-conquer-your-rome-break-your-crosses-and-enslave-your-women-by-the-permission ofallah，上网时间：2016年10月18日。

3 柳思思:《“伊斯兰国”的互联网攻势及其影响示》,《现代国际关系》,2016年第2期，第32—63页。

有效扩大了其影响范围，吸引了为数不少的西方青年人投身“圣战”。[1]

（三）信息漫灌与精准推送优势互补

据2011年3月17日《卫报》报道披露，美国军方已研发出一种新型软件，该软件可以让一名美国军人在登录网站时同时拥有10个“马甲”，利用伪造身份及虚假IP地址积极发声，从而达到引导舆论的效果。[2] 可见，“话筒”的大小、“声音”的高低、“和声”的众寡能在一定程度上左右网络舆论走向。基于此，“伊斯兰国”积极利用社交媒体进行“漫灌”式宣传，将网络空间作为其向国际社会宣示重大行动、炫耀武装力量、鼓吹极端教义的重要阵地。据统计，“伊斯兰国”每天活跃在全球各大社交网站上有超过9万条的视频信息和文字图片，仅在“推特”（Twitter）上与其相关的页面就有近5万个。[3] 在信息漫灌的同时，“伊斯兰国”重点查寻潜在“培养对象”，通过向他们精准推送信息进行“攻心”。美国布鲁金斯学会研究员J.M．伯杰认为，“伊斯兰国”雇用专业招募人员，按照2对1或3对1的比例去招募那些有潜在倾向、可能发动“独狼”式攻击的人。[4] 而最新的技术手段也让“伊斯兰国”很容易找到合适的“培养对象”。例如，一些浏览器可根据使用者选择的不同语言而显示不同的内容，而且每一次鼠标的点击都会被记录下来，用来分析哪些内容最受关注、被谁关注。基于这些收集到的信息，基地组织会主动联系那些符合要求的“培养对象”。

（四）显意识宣导与潜意识感召密切协同

潜意识是潜藏于主体心底而未被察觉到的意识。潜意识层面的心理战就是要在作用对象完全没有防备心理的情况下，不知不觉地接受刺激的影响，进而产生预期的心理和行为反应。“伊斯兰国”的社交账号上不仅有赤裸裸的恐吓与直白的说教，也有大量的经过巧妙包装的信息，目的是影响人的潜意识。通过对作用对象显意识与潜意识的协同作战实现心战效应的最优化。比如说在人员招募上，一方面，“伊斯兰国”利用网络高调宣示其建国理念，明确传达其核心价值，以

---

1 Douglas A Ollivant, Terrence K. Kelly, “Defeating the Islamic State：Crafting a Regional Approach,”*War on the Rocks*, July 22, 2014, http：//www.rand.org/blog/2014/07/defeating-the-Islamic-state-crafting-a-regional-approac.html，上网时间：2016年11月2日。

2 Nick Fielding, Ian Cobain, “Revealed：US Spy Operation That Manipulates Social Media,” *The Guardian*, Mar 17, 2011, http://www.guardian.co.uk/technology/2011/mar/17/us-spy-operation-social-networks?intcmp=239，上网时间：2016年9月6日。

3 J.M.Berger, Jonathon Morgan, “The ISIS Twitter Census：Defining and Describing the Population of ISIS Supporters on Twitter,” Center for Middle East Policy, Mar. 20, 2015, p.53, https://www.brookings.edu/wp-content/uploads/2016/06/isis_twitter_census_berger_morgan.pdf，上网时间：2016年9月6日。

4 J.M. Berger, “Senate Testimony on ISIS Recruitment,” *Intel Wire*, May 7, 2015, http://news.intelwire.com/2015/05/social-media-evolving-front-in.html，上网时间：2016年11月6日。

吸引志同道合者。“伊斯兰国”的终极目标是建立政教合一的“哈里发”国家，围绕这个目标，“伊斯兰国”通过多种方式建立、塑造并维护其巨大的品牌吸引力。在建国目标指引下，只要支持“圣战”这个核心价值并愿意为其献身的穆斯林和非穆斯林群体都可申请加入该组织。[1] 另一方面，“伊斯兰国”刻意渲染西方国家对穆斯林的残酷迫害，以唤起他们潜藏心底的悲痛情绪，引起情感共鸣。2014年12月9日，ISIS发布了《中情局虐囚报告》，讲述了伊斯兰教徒被中情局工作人员虐待的过程。[2] “十字军们对穆斯林的折磨”已然成为ISIS吸引新成员的核心口号。[3]

三、“伊斯兰国”网络心理战的影响

随着现代网络技术的发展运用，网络世界与物理世界交相融汇，虚拟与现实的界限日渐模糊，共同组成人类生存的“大生态系统”。作为该系统的重要一环，网络空间一些局部的细微的变化都有可能给物理空间带来冲击，甚至对整个系统造成颠覆性的影响。“伊斯兰国”的网络心理战以网络空间为主战场，其影响早已突破了网络与物理的界限，在壮大自身的同时，也给目标对象造成了现实损伤。概括而言，主要体现在以下四个方面：

（一）塑造标杆组织形象，蚁集“圣战”力量

“伊斯兰国”通过采取精心设计的网络心理战手段，大力宣扬建立一个持久“哈里发”国家的宏伟目标，把自己包装成极端组织标杆，不仅在本地区招募了大量青年，而且吸引了大约20730名外籍人员在伊拉克和叙利亚为其冲锋陷阵，其中，有3000名突尼斯人、2500名沙特人、1500名俄罗斯人、1200名法国人、600名英国人（具体构成如图所示），已经超过了20世纪80年代阿富汗冲突所吸引到的20000名外籍人员的记录。[4] 与此同时，随着“伊斯兰国”影响力的日益扩大，许多极端组织——如利比亚的“伊斯兰教法守护者”（Ansar al-Shari’a in

---

1 David Ignatius, “How to Fight the Islamic States ‘Brand Appeal’,” *The Washington Post*, May 12, 2015, http://www.washingtonpost.com/blogs/post-partisan/wp/2015/05/12/how-to-fight-the-islamic-state-brand-appeal/，上网时间：2016年11月28日。

2 Matthew Weaver, “CIA Torture Report: Global Reaction Roundup,” *The Guardian*, Feb 24, 2015, http//www.theguardian.com/usnews/2014/dec/10/cia-torture-report-globalreaction-roundup，上网时间：2016年11月28日。

3 Josie Ensor, “Jihadists Call for Retaliation over US Torture Report,” *The Telegraph*, Feb 27, 2015, http://www.telegraph.co.uk/news/worldnews/nothamerica/usa/11284212/Jihadistsissue-c all-for-retaliation-against-US-over-torturereport.html，上网时间：2016年11月27日。

4 Peter R. Neumann, “Foreign fighter total in Syria/Iraq now exceeds 20,000; surpasses Afghanistan conflict in the 1980s,” ICSR, Jan 26, 2015, http://icsr.info/2015/01/foreign-fighter-total-syriairaq-now-exceeds-20000-surpasses-afghanistan-conflict-1980s/，上网时间：2016年10月6日。

Libya)、尼日利亚的"博科圣地组织"(Boko Haram)等，纷纷表达向"伊斯兰国"效忠之意，自愿接受其领袖巴格达迪的指导。[1]

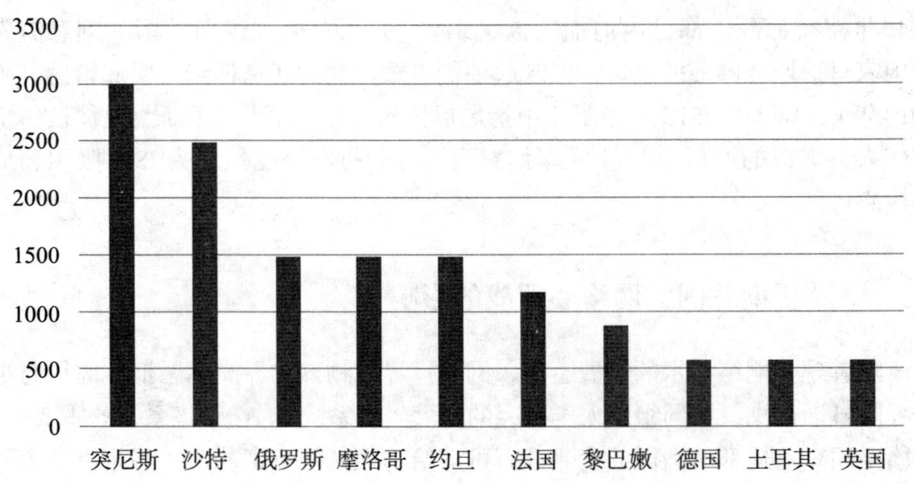

图 "伊斯兰国"的外籍成员人数

本图由笔者绘制，数据来源于国际激进化研究中心(ICSR)。[2]

(二)满足青年成就动机，煽动"独狼"恐袭

以恐怖事件多发国家法国和比利时为例，据欧盟统计局的统计数据显示，在2016年9月，法国与比利时青年失业率分别为23.9%、21.2%；从1983年至2016年，两国青年失业率平均高达20%以上。[3][4] 一方面，居高不下的失业率很容易导致年轻人产生相对剥夺感，从而诱发强烈的逆反心理。另一方面，年轻人成就动机[5] 强烈，希望做出成就以获得更多关注和认可。现实和预期的巨大落差使年轻人很容易产生挫败感。"伊斯兰国"利用社交媒体向青年群体灌输"圣战"是伟大事业的理念，鼓励年轻人通过发起"独狼"式恐怖袭击支持"圣战"、献身

1 Al Jazeera, "ISIL Accepts Boko Haram's Pledge of Allegiance," *Aljazeera*, Mar 13, 2015, http://america.aljazeera.com/articles/2015/3/13/isil-accepts-boko-haram-pledge-of-allegiance.html，上网时间：2016年10月6日。

2 Peter R. Neumann, Foreign fighter total in Syria/Iraq now exceeds 20,000; surpasses Afghanistan conflict in the 1980s," ICSR, Jan 26, 2015, http://icsr.info/2015/01/foreign-fighter-total-syriairaq-now-exceeds-20000-surpasses-afghanistan-conflict-1980s/，上网时间：2016年10月6日。

3 Trading Economics, "France Youth Unemployment Rate 1983-2016," http://www.tradingeconomics.com/france/youth-unemployment-rate，上网时间：2016年10月8日。

4 Trading Economics, "Belgium Youth Unemployment Rate 1983-2016," http://www.tradingeconomics.com/belgium/youth-unemployment-rate，上网时间：2016年10月8日。

5 作者注：成就动机是指个体为取得成就，达到既定目标而积极努力的动机。

"圣战"以实现自我价值，一定程度上满足了部分青年人的成就动机。据2014年的一项民调显示，在18—24岁年龄段的法国人中，对"伊斯兰国"持正面态度的比例高达27%，远高于法国穆斯林人口5%—10%的比重。[1]与"伊斯兰国"获得青年人广泛认同相伴而生的是欧美国家迅速上升的"独狼"恐袭频次。从2016年7月14日到8月3日，法国、德国和英国在短短20天内接连发生7起"独狼"恐袭事件，伤亡369人，超过2010—2013年人数的总和[2]。2017年以来，大大小小的各类袭击事件已发生315起，造成1953人死亡。[3]

（三）渲染伊斯兰极端主义，激化种族对立

"伊斯兰"在阿拉伯语中意即"顺从""和平"；"穆斯林"意为"顺从者""和平者"。追求和平、仁爱是伊斯兰教的基本宗旨和原则之一。[4]《古兰经》中有许多关于和平、仁爱的表述，例如："如果他们倾向和平，你也应当倾向和平，应当信赖真主"；"恶行应得同样的恶报。谁愿饶恕而且和解，真主必报酬谁。真主确是不喜爱不义者的。"等等。可见，伊斯兰教并不必然极端激进。然而，由于种种原因，在当代阿拉伯伊斯兰世界，形形色色的极端主义思想相继滋生蔓延，恐怖组织不断成型泛滥，作为其中影响力最大、波及范围最广的"伊斯兰国"，其意识形态体现出了强烈的不容异己、崇尚暴力的极端主义本质。"伊斯兰国"利用现代社交媒体传播其极端诉求，大肆渲染极端伊斯兰主义，严重扭曲了伊斯兰教崇尚和平、仁爱的核心价值，损害了穆斯林群体形象，导致人们对穆斯林的看法陷入暴恐幻象的怪圈，继而导致在西方居住的穆斯林受到当地社会排斥，增大其成为本土化的恐怖分子的风险，[5]从而陷入被排斥——发动恐袭——进一步被排斥——继续发动恐袭的恶性循环。[6]

"伊斯兰国"利用现代社交媒体所传播的极端诉求，最终会增大在西方居住的穆斯林成为恐怖分子的风险。

1 Allahpundit, "Good News：16% of People in France View ISIS Favorably," *Hot Air*, Aug. 26, 2014, http://hotair.com/archives/2014/08/26/good-news-16-of-people-in-france-view-isis-favorably/，上网时间：2016年10月8日。

2 闫帅：《"独狼"恐怖主义现象及其治理探析》，《现代国际关系》2014年第5期，第48页。

3 Victoria Woollaston, "Global Reign of Terror: Map Plots Every Terrorist Attack and Death in Real-time," WIRED, Apr. 3, 2017, http://www.wired.co.uk/article/terrorism-map-global，上网时间：2017年4月30日。

4 刘中民、俞海杰：《"伊斯兰国"的极端主义意识形态探析》，《西亚非洲》，2016年第3期，第59页。

5 Sara Miller Llana，Colette Davidson, "An Uncomfortable Time to be Muslim in France," *The Christian Science Monitor*, Jan. 14, 2015, http://www.csmonitor.com/World/Europe/2015/0114/An-uncomfortable-time-to-be-Muslim-in-France-video，上网时间：2016年10月29日。

6 Jamie Bartlett, "You Can'T Prevent Terrorism by Singling out Muslims," *The Telegraph*, Feb. 19, 2015, http://www.telegraph.co.uk/news/uknews/terrorism-in-the-uk/11422164/You-cant-prevent-terrorism-by-singling-out-Muslimsr.html，上网时间：2016年10月26日。

（四）激起社会恐慌情绪，极化政治生态

“伊斯兰国”在中东攻城略地的同时，通过网络向全世界炫耀战果，煽动针对域外国家的“独狼”式恐袭，并借助社交媒体将恐袭造成的社会恐慌情绪成倍放大，大大超过了民众心理承受阈值。据皮尤中心2016年9月7日公布的调查结果显示，40% 的美国受访民众表示，恐怖袭击发生的可能性要比“9·11”时更大，31% 认为与“9·11”时一样大，所占比例为15年来最高。[1] 恐慌情绪蔓延成为美国和欧洲右翼民粹主义抬头的重要诱因。《经济学人》封面文章指出，“右翼民粹主义者有一种新形式的怨气。多年来，在大西洋两岸，他们在这样的信念上茁壮成长，即认为自私的精英不能或不会应付普通劳动人民的问题。现在，民粹主义者被另一种担忧喂养，他们认为政府不能或不愿保障其公民的安全”。[2] 当地时间2016年6月12日，美国发生奥兰多恐袭事件后，民调显示以“全面禁止穆斯林入境”[3] 等激烈排外言论为竞选口号的唐纳德·特朗普（Donald Trump）支持率出现了大幅增长，[4] 特朗普对穆斯林群体的大肆抨击虽然有悖传统政治正确，却出乎意料助其赢得总统大选。与之类似，《查理周刊》恐袭事件及巴黎恐怖袭击发生后，主张反全球化、反穆斯林移民的法国极右翼政党“国民阵线”在当地时间2015年12月6日开始的大区选举中取得历史性突破，以27.96% 的得票率领先全国，[5] 该政党主席勒庞在2017年的法国总统选举中更是以21.3% 的高支持率挺进第二轮。[6]

四、应对恐怖主义组织网络心理战的对策

当前，在国际力量的大力介入下，僵持多年的中东反恐局面有了很大改观，

1 Pew Research Center, “15 Years After 9/11, a Sharp Partisan Divide on Ability of Terrorists to Strike U.S.” Sep. 7, 2016, http://www.people-press.org/2016/09/07/15-years-after-911-a-sharp-partisan-divide-on-ability-of-terrorists-to-strike-u-s/，上网时间：2016年11月2日。

2 “Illiberalism：Play with fire,” *The Economist*, Dec. 12th, 2015, p.13.

3 Russell Berman, “Donald Trump’s Call to Ban Muslim Immigrants,” *The Atlantic*, Dec 7, 2015, http://www.theatlantic.com/politics/archive/2015/12/donald-trumps-call-to-ban-muslim-immigrants/419298/，上网时间：2016年12月5日。

4 Daniel Politi, “Support for Trump and Muslim Ban Grows in Week After Orlando Shooting,” *Slate*, June 18, 2016, http://www.slate.com/blogs/the_slatest/2016/06/18/support_for_trump_and_muslim_ban_grows_after_orlando_shooting.html，上网时间：2016年12月5日。

5 San BALL, “France’s Far-right National Front Tops First Round of Regional Vote,” *France*, 24, Dec. 6, 2015, http://www.france24.com/en/20151206-france-far-right-national-front-le-pen-tops-first-round-regional-elections，上网时间：2016年12月5日。

6 2017年法国大选第一轮投票最终结果。环球网，2017年4月25日。http://world.huanqiu.com/hot/2017-04/10535368.html?referer=huanqiu，上网时间：2017年5月3日。

“伊斯兰国”盘踞地持续萎缩。随着国际社会打击力度的进一步加大，该组织的影响力将随着实体的萎缩而逐渐消减衰退，但其通过网络心理战取得的战果已经产生了极坏的示范效应，将鼓动更多恐怖组织采取类似行动，其对“三股势力”在我国境内渗透的“示范引领”作用尤其需要高度警惕。因此，在网络空间开展反恐怖主义心理战不仅必要，而且十分紧迫。笔者认为可以采取以下措施：

“伊斯兰国”组织的网络心理战对我国境内“三股势力”的“示范引领”尤其需要高度警惕。

第一，加大网络监管力度。“伊斯兰国”的网络心理战之所以“成效显著”，与网络监管的缺失密不可分。一面是国际互联网用网人数持续增长，[1] 使得“伊斯兰国”投送信息的范围大幅扩张；而另一面是由于理念、技术、资金等因素所限，各主权国家对互联网的监管力度强弱不均。这客观上为“伊斯兰国”开展网络心理战提供了便利条件。我国互联网用户规模庞大，截至2016年6月，网民人数达7.1亿，手机网民人数达6.56亿，[2] 与此形成鲜明对比的是网络监管薄弱，各种恐吓、暴力、色情、欺诈、诽谤、谩骂、触犯他人隐私等内容大量存在，网络犯罪、病毒感染、黑客攻击、数据失窃等问题层出不穷，垃圾短信、网络谣言等屡见不鲜，网络监管力度亟待加大。

第二，创新网络监管技术手段。美国智库布鲁金斯学会研究员J.M．伯杰在2015年5月7日对参议院证词中说，“伊斯兰国”依靠人海战术去在线推送他们的信息，“雇得起2000人每人每天发送150条推文”。[3] 为了在推特上封锁“伊斯兰国”的声音，美国政府投入了大量的人力物力财力，效果却并不明显。而且，随着网络技术的飞速发展，网络心理战的进攻手段也必然随之进化发展。因此，必须在网络监管上另辟蹊径，改变网络心理战的攻防不对称态势。如：发动群众广泛参与网络监管，积极举报恐怖有害信息；加速大数据、云计算等最新技术的转化应用，通过提升网络监管技术抵消恐怖势力的用网能力，等等。

第三，强化企业主体责任。目前国际上90%的互联网恐怖活动是利用社交网站进行的。[4] 新式移动社交媒体是网络进化的必然产物，更是互联网企业创新的偶得之物，其高互动性特征使恐怖组织俘获受众的能力大幅提升，因而被“伊

---

1 根据国际电信联盟（ITU）的统计数据显示，2016年底全球互联网用户将达35亿，相当于全球人口的47%，较2015年增长9.4%，参见 Gaborone, Botswana, *World Telecommunication/ICT Indicators Symposium*, November 21-23, 2016, http://www.itu.int/en/ITU-D/Statistics/Documents/events/wtis2016/WTIS16-Final-report.pdf，上网时间：2016年12月8日。

2 数据引自央视新闻微博客户端。

3 J.M. Berger, “Senate Testimony on ISIS Recruitment,” *Intel Wire*, May 7, 2015, http://news.intelwire.com/2015/05/social-media-evolving-front-in.html，上网时间：2016年12月2日。

4 Gabriel Weimann, “90% of Organized Terrorism on Web Conducted through Social Media,” Washington, January 14, 2012, http://www.newstrackindia.com/newsdetails/2012/01/14/0-90-of-organized-terrorism-on-web-conducted-through-social-media-Expert.html，上网时间：2016年12月9日。

斯兰国”当作开展网络心理战的主要作战平台。一些互联网企业提供了革命性的网络产品（如 facebook、twitter、新浪微博、微信等），却对产品可能诱发的网络恐怖主义活动估计不足，而后又囿于商业利益或市场规范，不愿意主动修复产品中存在的问题。应敦促相关企业切实担负起社会责任，把国家安全和公众利益放在首位，通过立法明确其责任范围。

第四，加强国际反恐合作。由于互联网的全球属性，滋生其上的恐怖活动必然具有广泛的国际性，从“伊斯兰国”网络心理战的表现来看，其作战地点分布全球，其造成的冲击也跨越了种族和地域限制，主权国家很难独力应对。因此，反击恐怖组织的网络心理战，必须寻求国际合作，敦促某些国家摒弃其一贯奉行的反恐双重标准，告别其“支持损他、打击损我”的思维模式，在携手共治的基础上，力争实现网络反恐领域的信息共享、技术共享、人才共享。

结束语

本文聚焦于“伊斯兰国”组织网络心理战范式研究，在此基础上，一些与之相关的问题有待进一步深入研究：1. 传统心理战与物理战虽然也有交汇，但边界还算清晰，而随着两者延伸到虚拟世界，那么网络心理战与网络物理战有多大程度的交汇？边界是清晰还是模糊，或者说边界是否还存在？ 2. 网络心理战是传统心理战在虚拟世界的自然延伸，其作战范式与传统心理战既一脉相承，又有许多新发展、新突破，它的演进路径能否为我们揭示网络心理战的未来发展动向？3. 应对网络心理战是一项系统工程，如何形成跨领域、跨部门以及与国际社会相协调的合作机制，将是未来网络空间反恐必须引起足够重视的新课题。

《中国国际战略评论》征稿启事

《中国国际战略评论》(*China International Strategy Review*)是由北京大学国际战略研究院主办的年度刊物。本刊主要发表国际战略相关领域的学术研究和政策研究成果，既包括“大战略”层面的宏观评论展望，也涵盖对现实国际问题的微观分析探讨；既以国内学者的论述为主体，又向海外学者的真知灼见敞开大门。本刊致力于为中国的对外战略决策提供智力支持，引导公众全面、准确、理性地认识国家安全与国际战略问题，尤其重视兼具战略性、现实性和开创性的科研成果与国际事务评论。热诚欢迎海内外学者惠赐佳作。

来稿内容依次包括：题目、作者姓名、内容提要(250—400字)、关键词(3—5个)、正文。文章篇幅(不包括注释)为8000—10000字，注释(页下注)务须规范谨严。另请提供作者简介及详细通讯地址。本刊仅接受原创性稿件，来稿文责自负，恕不退稿，稿件寄出3个月后未收到用稿通知可自行处理。刊物每年5月出版后即付稿酬，并赠样刊两本。本刊将逐步实行双向匿名审稿制度，对来稿有删改权，如有异议，请来稿时注明。

投稿请以电子邮件方式将文章电子版发至编辑部电子信箱：IISS@pku.edu.cn。

《中国国际战略评论》编辑部

图书在版编目（CIP）数据

中国国际战略评论 2017 / 王缉思主编. —北京：世界知识出版社，2017. 9
ISBN 978-7-5012-5587-0

Ⅰ.①中… Ⅱ.①王… Ⅲ.①国际形势—研究—2017 ②对外政策—研究—中国—2017 Ⅳ.①D5 ②D820

中国版本图书馆CIP数据核字（2017）第235206号

责任编辑　袁路明
责任出版　赵　玥
责任校对　陈可望
封面设计　田　林

书　　名　中国国际战略评论2017
Zhongguo Guoji Zhanlüe Pinglun 2017

主　　编　王缉思

出版发行　世界知识出版社
地址邮编　北京市东城区干面胡同51号（100010）
电　　话　010-65265923（发行）　010-85119023（邮购）
网　　址　www.ishizhi.cn
经　　销　新华书店
印　　刷　北京京科印刷有限公司
开本印张　787×1092毫米　1/16　23印张
字　　数　475千字
版次印次　2017年10月第一版　2017年10月第一次印刷
标准书号　ISBN 978-7-5012-5587-0
定　　价　58.00元